深海动力定位

白勇　王芳　编著

哈尔滨工程大学出版社
Harbin Engineering University Press

内容简介

本书主要介绍了深海动力定位(dynamic positioning)系统及其关键技术。作为各类作业船舶、半潜式平台、水面与水下航行器等进行海上特种作业的主要定位选择,动力定位关乎整船的安全。本书介绍了动力定位所涉及的数学模型、信号质量检查与故障检测、滤波与状态估计、观测器设计、控制器设计、推力分配、能力分析、考虑水下立管角度响应的动力定位控制、体系结构等关键内容。

本书可为船舶与海洋工程领域的电气控制工程师、软件工程师等企业员工提供参考,也可为船舶与海洋工程专业领域的师生提供参考。

图书在版编目(CIP)数据

深海动力定位/白勇,王芳编著.—哈尔滨:哈尔滨工程大学出版社,2022.9

ISBN 978-7-5661-3430-1

Ⅰ.①深… Ⅱ.①白…②王… Ⅲ.①船舶定位-动力定位 Ⅳ.①U675.6

中国版本图书馆 CIP 数据核字(2022)第 139318 号

深海动力定位

SHENHAI DONGLI DINGWEI

选题策划 雷 霞
责任编辑 刘海霞
封面设计 李海波

出版发行 哈尔滨工程大学出版社
社　　址 哈尔滨市南岗区南通大街 145 号
邮政编码 150001
发行电话 0451-82519328
传　　真 0451-82519699
经　　销 新华书店
印　　刷 哈尔滨市石桥印务有限公司
开　　本 787 mm×1 092 mm 1/16
印　　张 13.25
字　　数 334 千字
版　　次 2022 年 9 月第 1 版
印　　次 2022 年 9 月第 1 次印刷
定　　价 49.80 元

http://www.hrbeupress.com

E-mail:heupress@hrbeu.edu.cn

前　言

动力定位（dynamic positioning，DP）技术是应不断壮大的石油和天然气勘探需求而发展起来的。从20世纪80年代初开始，随着北海油田、墨西哥湾油田的大规模开发，动力定位系统开始应用于海上钻井。进入20世纪90年代，海上油气勘探开发逐步向深水（500～1 000 m）与超深水（1 500 m以上）区域发展，动力定位系统的需求也越来越大。据不完全统计，20世纪70年代末全球装备动力定位系统的船舶与海洋平台不超过30艘，到2000年底超过了1 000艘，而到2002年底已超过了1 200艘。

近年来，动力定位船舶的类型和用途变得多样，包括海底钻探船、浮式生产储存装载、管道与电缆敷设船、平台支持船、潜水器支持船、科学考察船、消防船、深潜救生艇、游轮等。其在用途上增加了许多与近海石油和天然气业无关的功能，包括海底电缆敷设和维修、水文测量、失事船勘查、打捞和故障排除、挖泥作业、消防作业、海底管道防护、海上设备安装与起重、海洋平台供给、水雷对抗、海底开采等。此外，动力定位还被应用于火箭发射平台的定位、军用船的修理/维护支持、船到船的调度，以及操纵常规运输船等。

随着海洋经济时代的到来，海洋开发和探索的范围将越来越广，深海油气的开发、海底勘探和开采、海底可燃冰等新能源的开发等逐步成为海洋研究的重点课题，这些都对浮式结构物本身的操纵和定位有着越来越高的要求，动力定位技术作为一项关键的技术支撑，在深海资源的开发过程中将承担越来越重要的角色。

全书主要分为10章，浙江大学的白勇完成第二至四章的编著，浙大城市学院的工芳完成了第一章、第五至十章以及此书的总编订。感谢浙江大学的蒋凯恩、张大朋、赵亮同学，杭州电子科技大学的黄亚飞同学、南方科技大学的陈登硕同学等在各自专业领域为这本书所贡献的时间和精力。感谢挪威科技大学的Sørensen教授对本书相关章节所提出的专业意见与建议，同时感谢哈尔滨工程大学的付明玉教授、南方科技大学的安松研究员对本书所提出的宝贵意见和建议。

感谢水下机器人技术重点实验室科工局稳定支持课题（JCKYS2022SXJQR－01）、浙大城市学院引进人才启动经费的支持。感谢哈尔滨工程大学出版社一如既往的支持。书中存在的疏漏与不妥之处，希望阅读此书的广大读者批评与指正，我们会持续改进。

编著者

2022年6月

目　　录

第一章　动力定位(DP)系统简介

船舶自动闭环控制的历史可以追溯到1911年Elmer Sperry所建立的第一套用于航向保持的船舶自动操舵装置"Metal Mike"[1]，其作用相当于一个熟练的舵手。通过使用反馈控制和自动增益调整，"Metal Mike"可以应对不同的海况。1922年，Nicholas Minorsky在对位置反馈控制系统进行详细分析时提出了今天我们所熟知的比例-积分-微分(proportional-integral-derivative，PID)控制律[2]。

20世纪60年代，用于控制船舶水平位置和航向的自动控制系统得到了发展，这些系统可以同时控制船舶水平面的三个自由度运动(纵荡、横荡和艏摇)，今天被称为动力定位(dynamic positioning，DP)系统。根据挪威船级社(Det Norske Veritas，DNV)、美国船级社(American Bureau of Shipping，ABS)和英国劳埃德船级社(Lloyd's Register of Shipping，LR)等船级社的定义，动力定位(DP)船舶是指能够只通过推进器系统来实现自动位置和艏向保持(固定位置或预设轨迹)的船舶，如图1.1所示。通过在主推进器外安装槽道推进器或者可以使用能够产生不同方向推力的全回转推进器实现上述功能。

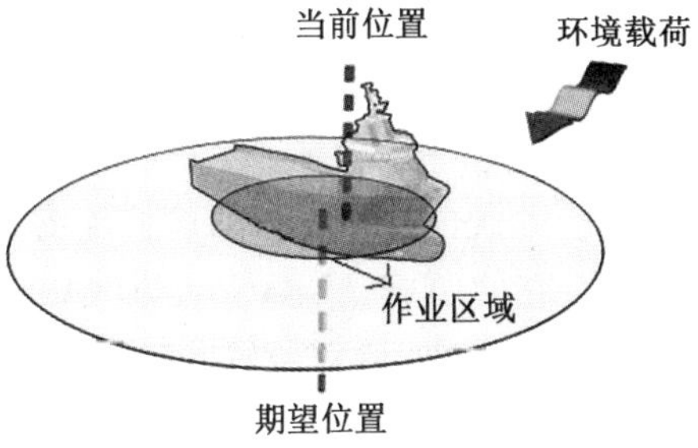

图1.1　动力定位船舶作业示意图

在动力定位(DP)船舶中，推进器是定位的唯一动力，而推进器辅助锚泊系统(thruster assisted position mooring system，PM)主要是通过锚泊系统来保持位置，推进器只是作为锚泊系统的补充。在恶劣的环境条件下，辅助推进器通过速度反馈控制形式来增加阻尼，以尽可能减小船舶的漂移和锚链中的张力。与动力定位(DP)船舶类似，没有风向标效应的转塔式锚固船舶的推进器也用于艏向的自动控制。

海上油气产业的发展推动了动力定位(DP)技术的发展。如今，动力定位(DP)系统已经广泛应用于不同类型的海洋船舶和海上作业，如图1.2所示，其主要应用领域包括：

●海洋油气产业：典型应用包括海洋支持船、钻井平台和钻井船、穿梭油轮、电缆和管道铺设船、浮式生产储卸油装置(floating production off-loading and storage units，FPSO)、起重船、地质勘探船和其他多用途船舶等。其中，电缆和管道的铺设还需要跟踪功能。

●航运：除了自动驾驶仪外，当前航运行业对海运/商用船舶提出了更高层次的自动化需求。这需要将高速或低速条件下的自动跟踪控制耦合到规划系统中；此外，还需要更加先进的气象导航和气象规划系统。自动入坞系统以及在受限海域作业使用动力定位(DP)

系统进行精确定位将在未来得到更加广泛的应用。

图 1.2　动力定位系统的海上应用

●游船和游艇:游船和游艇市场也需要利用更先进的自动定位控制。在某些特殊海域,如具有脆弱珊瑚礁的海域不允许使用锚,为此需要动力定位(DP)系统来实施定位。同时,在港口和受限水域同样需要进行精确定位。

●渔业:对精确定位、降低燃油消耗和智能捕捞的需求会促进更加先进的导航和定位控制系统的发展。

20 世纪 60 年代出现的第一代动力定位(DP)系统采用常规的 PID 控制方法,并采用低通/陷波滤波器来抑制由波浪引起的运动。20 世纪 70 年代中叶,Balchen[3]等提出了一种更加先进的基于线性最优控制和 Kalman 滤波理论的控制方法。Balchen[4]等、Grimble[5-6]等、Fung 和 Grimble[7]等、Saelid[8]等以及后来的 Sørensen 等和 Strand[9-11]等对 Balchen 的工作进行了改进和补充。

近年来,对船舶动力定位(DP)系统的功能、设计方法、传感器和整体可靠度的研究取得了长足的发展,但仍有许多有待研究的领域。GPS 和 GLONASS 等全球卫星导航系统的引入增加了位置测量的有效性并降低了成本,这对位置测量来说是至关重要的。这进一步促进了动力定位(DP)系统在传统油气行业外的诸如商船、游艇、游船和渔业等领域的广泛应用。

动力定位(DP)系统长期以来一直被应用于低速领域,其基本作用是使船保持固定位置和艏向或者从一个位置缓慢移动至另一个位置。此外,还有针对电缆和管道铺设以及水下机器人作业的专业跟踪功能。近年来,传统的自动驾驶仪的功能已经变得更加先进。由于环境扰动和漂移的影响,通常需要航迹纠正功能来对航向设置点进行修正,以保证船舶沿直线行驶。例如,当船舶需要按照由多个路径坐标点确定的预设航迹航行时,需要采用路径点跟踪(way-point tracking)。目前的发展趋势是将高速条件下作业功能与动力定位(DP)功能结合起来,即设计一个适用于所有速度范围和不同作业类型的统一系统。

1.1　系统概述

以图 1.3 所示的动力定位(DP)钻井平台为例,它包含下列系统:

●动力系统。

●船舶控制或自动化系统。

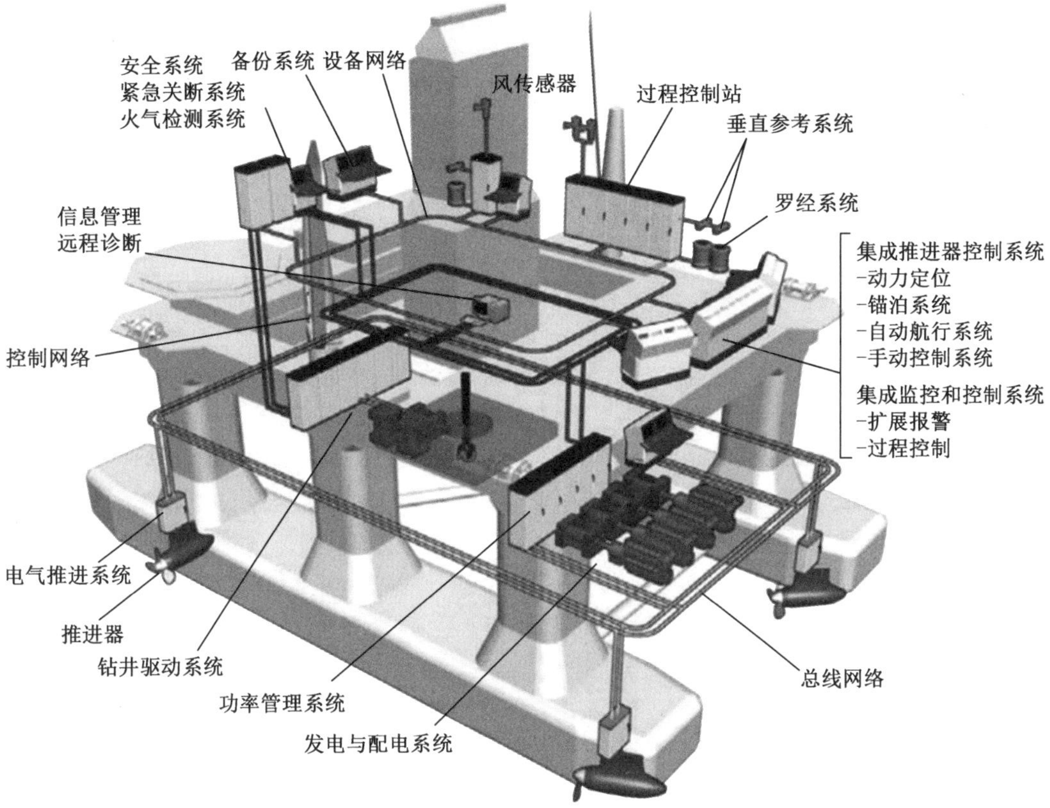

图 1.3　动力定位深水钻井平台的配套系统

●定位系统:包括 DP 系统或者 PM 系统、传感器和位置参考系统,以及提供精确的船舶运动、位置、艏向等测量值和修正值的硬件、软件及传感器。

●自动航行系统:用于自动巡航时自动航线保持和航线转换。

●操纵杆系统:用于手动控制推进器系统,以便实现船舶在纵荡、横荡以及艏摇的运动,通常包括自动航向控制功能。应当注意的是,操作员不单独控制每个推进器,只是发出一个期望控制指令,然后,推力分配算法将这个期望控制指令映射到正在工作的推力器的各个推力设定点上。

●推进器手动控制系统:用于对每个推进器的手动控制。

●推进器系统:包括所有为动力定位(DP)、操纵和巡航提供推力的组件和系统。

●设备系统:包括钻井、卸载、起重、油气生产等。

●系泊系统:通常是由 n 条连接到结构物并按照一定模式水平展开的缆线组成。在海底处,缆线与锚相连。扩散式系泊系统用于半潜船和转塔锚固船。对于后者,锚索与船舶上的转塔相连,而转塔可以相对船体进行转动。锚索的数量不一,通常为 6 ~ 12 根。通过绞盘可以调整锚索的长度和预应力,从而决定整个系泊系统的刚度。

●安全系统。

●辅助系统,包括暖通空调(heating, ventilation and air condition, HVAC)系统、冷却水系统、液压系统等。

1.1.1 动力系统

动力系统:包括所有为船舶提供动力的单元。发电与配电系统主要包括以下几个部分:

●原动机和发电机,原动机由柴油机或者涡轮机驱动,油电混合驱动也是未来的一个趋势选项。

●带有主配电盘和配电盘的配电系统。如图 1.4 所示,配电系统通常分割为两段、三段或多段,可通过母线或母线馈线连接和分开各段。

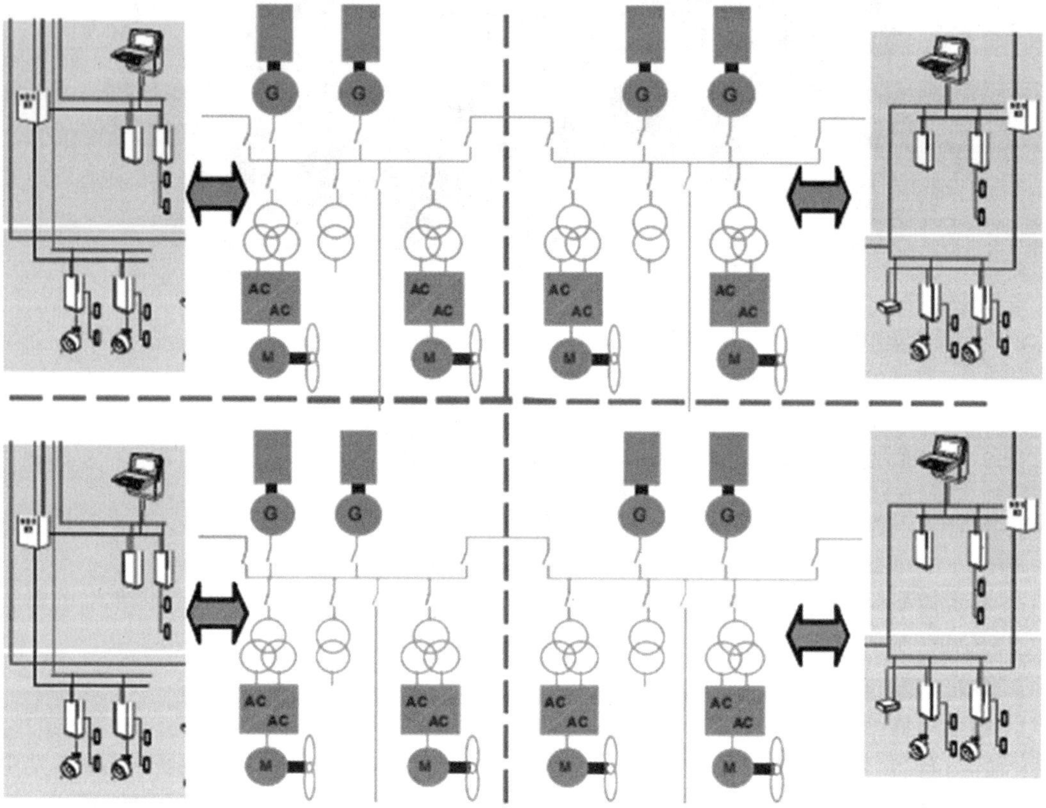

图 1.4　某钻井平台的配电系统

●各类用于主配电板或低压配电板和电机控制中心的交流电压供电用的变压器。

●用于变频的旋转变频器。

●传感器设备和自动化系统的不间断电源(uninterruptible power supply,UPS)。

●电缆,包括电缆布线和隔离。

1.1.2 推进系统

推进系统通常由原动机(如动力机、发电机)和推进器组成。一艘船舶上可装备多种类型的推进器。常规船舶的后部通常有一个主推进器;另一种常见的推进器是槽道推进器,其位于穿过船体并可以产生固定方向的横向力的槽道内;还有一种是全回转推进器,它可以在水平面内产生任意方向的推力。如图 1.5 所示,某船舶配备了 3 个全回转推进器,1 个槽道推进器。主推进器和槽道推进器的推力方向是固定的,而全回转推进器的推力方向可以手动调节或者通过控制系统进行自动调节。方向舵和主推进器的组合使用可以在船尾产生横向力的作用。动力定位(DP)系统主要控制的是推进器的推力和方向。然而,由于不能直接测量推进器的推力,通常控制的是推进器的旋转速度和螺距,推进器的伺服机构必须能够做出准确和快速的响应,这就是我们通常所说的底层推力控制(low-level thrust control)。

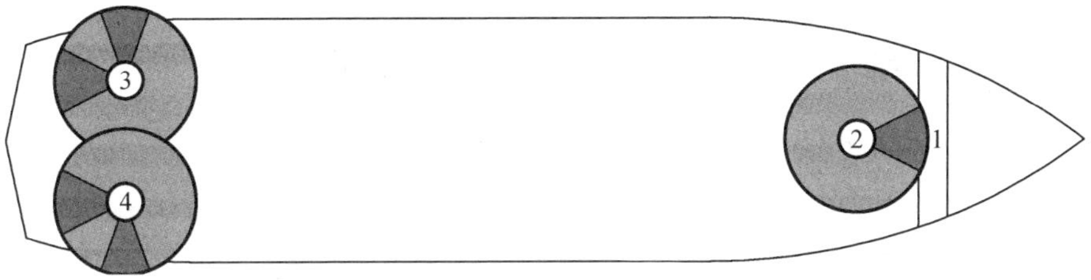

图 1.5　动力定位(DP)船舶的推进器布置图

1.1.3　船舶自动化系统

船舶自动化系统的解决方案主要有两个方向:综合自动化系统、单机自动化系统。这两类系统存在于大多数船舶中。然而,由于综合自动化系统能够更好地处理复杂的功能和任务,因此在配备复杂、先进的推进系统及其位置保持系统的船舶中更常见。

●船上的控制功能包括暖通空调(HVAC)控制、货物和压载控制、紧急关断系统和火气检测、卸载控制、发动机控制等。

●用于发电机、停电预防、功率限制、负载分配和减载的功率管理系统(power management system,PMS)。对于先进的船舶会采用先进的功率管理系统来进行功率的智能规划和分配。

●操作站(operator stations,OS),包括人机交互接口以及各类显示终端和操作面板。

●中心控制计算机,包括相应的中央处理单元(CPU)及其 I/O 模块,通常称之为过程控制站或控制器。

●分布式控制器或可编程逻辑控制器(PLC),通常面向就地控制,具备对中心控制计算机的接口。

●不同控制层级的通信总线。

●相关的线缆、分隔以及线缆路由。

在较大型的系统中,动力系统、自动化系统与动力定位(DP)系统通过数据网络进行连接,动力定位(DP)系统的功能是在本地处理站中实现的。这些系统需要满足必要的冗余度级别和通信实时性的要求,以保证定位系统的可靠性。如今的趋势是将所用的自动化系统集成在一个网络之中,如图 1.6 所示。

动力定位操作员通过操作员工作站(operator station,OS)上的人机界面(human-machine interface,HMI)进行操作。操作员工作站通常配备有一套操纵杆系统,使得操作员可以直接控制横荡、纵荡以及艏摇方向上的推力。人机界面(HMI)应该设计友好,能提供足够的信息为操作员决策。

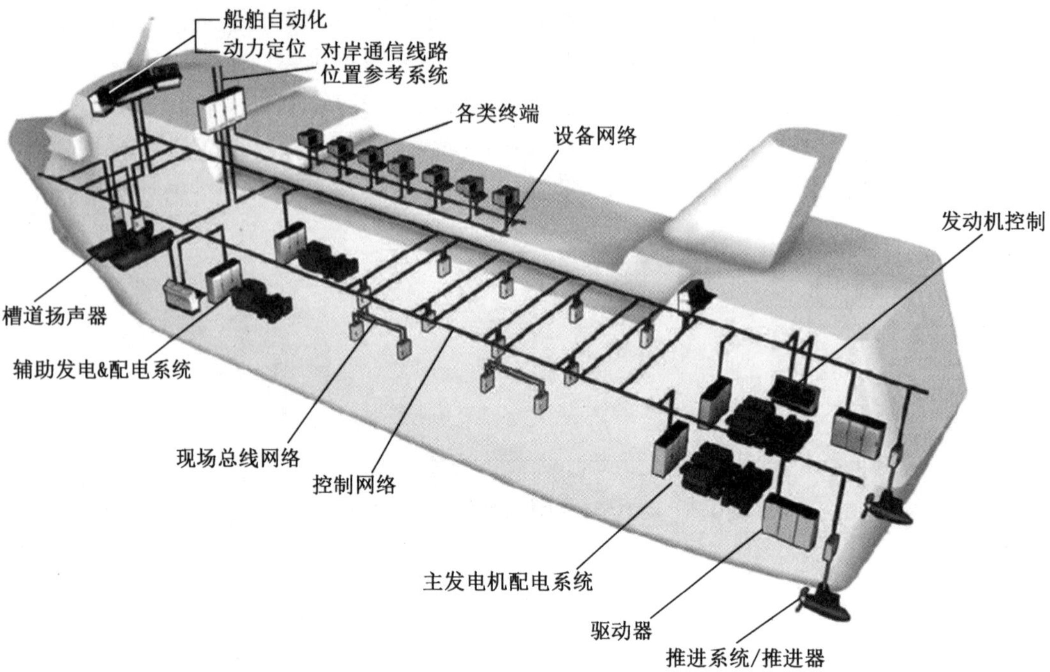

图 1.6 船上自动化设备的网络拓扑结构

基于标准化通信协议的物理集成确保了设备的连接性,并将控制器和操作员工作站集成为 3 个网络级别:设备和控制器之间的底层实时现场总线网络(real time field bus network),连接控制器和操作员工作站的实时控制网络(real time control network),连接各种办公系统和信息管理系统的办公设备网(office plant network),如图 1.7 所示。最后一级网络开放卫星通信到船舶运营商或供应商的陆地办公室。通常我们采用 I/O 的数量来定义一个自动化系统的规模,并将应用程序划分为低端或高端部分。对于如图 1.3 所示的钻井平台,I/O 信号的数量可能为 10 ~ 15 000 个。对于常规供应船,I/O 信号的数量通常低于 1 500 个信号。

1.1.4 位置参考系统和传感器系统

DP 系统的测量部分通常分为位置参考系统和传感器系统。常用的位置参考系统主要有:

● 卫星导航系统:海洋船舶最常使用的导航系统是美国的 GPS 系统,该系统可以实现全球覆盖。另一个系统是俄罗斯的 GLONASS 系统,该系统只能覆盖某些地区[12]。此外,还有欧洲的 Gallileo 系统以及中国的北斗卫星导航系统。使用差分全球定位系统(DGPS)可以在特定区域实现米级的定位精度,而采用载波差分全球定位系统(CDGPS)可以实现亚分米级的定位精度。广域增强系统的发展有望在全球范围内提供米级的定位精度。当使用卫星导航系统时,为了获得可靠的位置信息至少需要 4 颗卫星(其中 3 颗用于海平面导航)。如果船舶进入阴影区域并且冗余信号不可用,则不能进行位置测量。其他如电离层干扰和水面反射等因素也会导致位置测量精度降低(在最坏情况下甚至可能导致测量失效)。差分全球定位系统(DGPS)在 1 m 半径内的精度可以达到 95%。

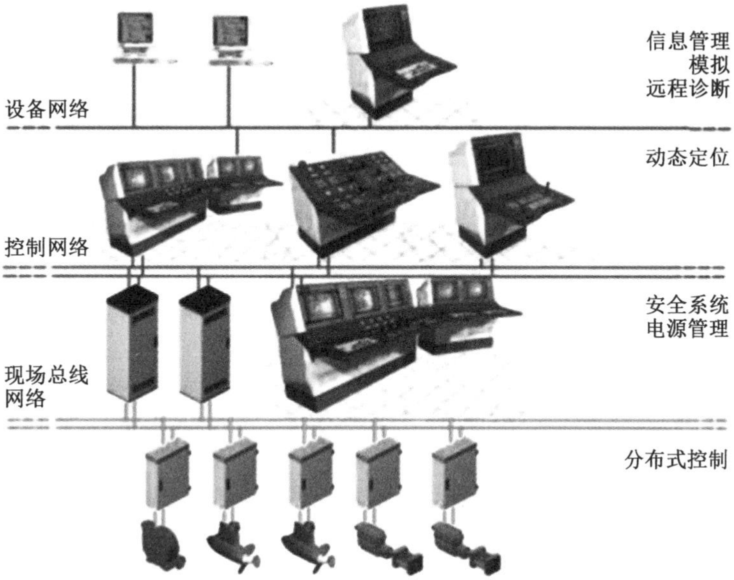

图 1.7　船上自动化系统的分层结构

●水声定位参考(HPR)系统:通过安装在海底固定位置的一个或者多个应答器,以及安装在船体底部的一个或者多个换能器来测量船舶的位置。HPR 系统的精度取决于水深和应答器与换能器之间的水平距离。常用的测量方法有短基线(SBL)、超短基线(USBL)和长基线(LBL)。

●张紧锁系统:张紧锁系统用于测量船舶静止时的相对位置。该系统含有沉入海底的重物。重物通过缆线与船舶连接,船上有绞车可以保持缆线中的张力恒定。测量得到缆线上下两端的角度和缆线的长度,然后通过求解含有 3 个变量的 3 个几何方程便可求得船舶的相对位置(x,y,z)。

除上述系统外,位置参考系统还有微波系统(Artemis,Microrager,Micro Fix)、无线电波系统(Syledis)、光学系统(激光束)和立管角位置测量系统。其中,立管角位置测量系统安装在与钻探作业船舶连接在一起的海洋立管上。

传感器系统包括:

●电罗经或磁罗经,能够测量船舶艏向。

●垂直参考单元(vertical reference unit,VRU),能够测得船舶的垂荡、横摇和纵摇,也可以测得角速度。垂直参考单元的一个主要功能是修正由 GPS 和 HPR 等系统等测得的横摇和纵摇数据。对于深水 DP 作业来说,横摇和纵摇信号的精度必须足够高,以提供精确的 HPR 位置测量数据。

●惯性测量单元(inertial measurement unit,IMU),含有三轴陀螺仪和加速度传感器,可以用来测量船体坐标系下的横荡、纵荡和垂荡加速度,横摇、纵摇和艏摇的角加速度以及相应的欧拉角[13-14]。惯性测量单元可以与 DGPS 和 HPR 得到的数据集成在一起,从而得到准确的速度估计值。多数情况下,只需要将 IMU 测得的欧拉角与 DGPS 结合使用。这是最低的配置情况,因为将 GPS 天线测量得到的位置信息转化为位于船体中线上的船体坐标系下的位置信息时需要欧拉角。

●风传感器,用来测量相对船舶的风向和风速。

●吃水传感器,用于测量不同吃水范围下的船舶的吃水值。

●环境传感器:波浪传感器(有效波高、方向和峰值频率)、海流传感器(海平面和不同水深处的海流速度和方向)。环境传感器在近海装置中非常普遍。

●其他由作业类型决定的传感器,例如,对于铺管船来说,动力定位(DP)系统还需要测量和利用管的张力。

很多装置需要进行冗余测量,测量的数量和类型由船级社规定(例如,可以参考 DNV 的相关规定)。冗余测量可以提高定位系统的安全性和可用性。

船舶的艏向通常由动态精确的电罗经进行测量。然而,船舶进行急转弯时,陀螺仪会产生稳态的偏移,这种偏移会随着航向的稳定而逐渐趋向于零。使用 GPS 可以得到更加精确的艏向数据,并避免漂移效应。对于锚泊船来说,缆绳长度和张力的测量结果通常连接到 PM 控制系统。任何定位系统都需要测量船舶的位置和航向。测量风速和相对方向的风传感器通常用于风前馈控制中。在大多数商业化的定位系统中,纵荡和横荡速度的精度往往不足,需要对其进行在线估计。按照 DNV 提出的指导规则,底层系统的位置参考数据的精度通常是 20% 水深的半径范围以内,基于表面系统的位置参考数据的精度通常是 3 m 半径以内。动力定位(DP)系统最简单的传感器和导航配置通常至少包括一个位置参考系统、一个指南针、一个用于测量横摇和纵摇的 VRU 和一个风传感器。可以通过多个测量装置来增加动力定位(DP)系统的冗余度。然而,不仅要考虑配置上的要求,还要考虑基于不同测量原理的系统来满足冗余度的要求。

当今的趋势是传感器系统和位置参考系统之间的集成化。最近几年,精确的惯性测量单元(IMU)的价格已经降低。这一趋势使得惯性导航系统(基于 IMU 的传感器单元)和其他位置参考系统(例如 GPS)之间的集成化成为可能。

1.2 运行模式

DP 和 PM 系统的控制功能与横荡、纵荡和艏摇自由度紧密相连。如果有足够的推力能满足力和力矩的需要,可以认为横荡、纵荡和艏摇自由度独立于实际的推进器配置情况。横荡、纵荡和艏摇自由度可以在下列操作模式下进行独立控制。

手动控制:操作者可以使用操纵杆和旋钮来生成手动控制所需的横荡和纵荡方向的力设置点和艏摇方向的力矩设置点。

阻尼控制:在这种模式下,控制反馈来自船舶的低频估计速度,其目的是将船舶保持在指向零点的特定轴线上。该操作模式尤其适用于锚固船,因为有效阻尼可以减少锚固船可能的大幅振荡运动,从而降低系泊系统的应力。阻尼控制也可以用于 DP 船舶以实现运输操作和固定地点操作之间的平滑转换。

设定点(set-point)控制:该模式下,控制反馈来自船舶的低频速度和位置/艏摇角度的估计值。目的是使得实际轴线保持在给定的设定点位置或艏向。

跟踪控制:该模式下船舶跟踪一个根据新旧位置或者艏向设定点计算得到的参考轨迹。

最常见的 DP 操作模式是三轴的设定点(set point)控制模式,通常被称为位置保持。其他全自动化的操作模式有天气最优位置保持(weather optimal positioning control,WOPC)和横摇－纵摇阻尼位置保持。在第一种情况下,船舶自动趋向艏向,环境载荷的影响被最小化;在后一种情况下,通过水平面的推力分量来抑制横摇和纵摇运动。不同模式的组合是常见的,例如,在半自动模式下,通过操纵杆来手动控制横荡和纵荡,对艏向进行自动控制。还有其他用于电缆、管道铺设和 ROV 作业等跟踪作业的定制 DP 功能。

在 PM 系统中,特别是在恶劣天气条件下,经常采用组合控制模式,即在横荡和纵荡方向采用阻尼控制模式,在艏向方向采用设置点控制模式。当船舶趋向于平衡位置,可以通过系泊力来平衡平均环境载荷。如果能够设置一个恰当的艏向设定点,则船舶在平衡位置处能够实现推力使用和油耗的最优化。对于转塔锚固船舶,艏向自动控制通常是最重要的功能。环境条件下的最优艏向可以使环境载荷和应力对系泊系统的影响最小化。

1.3　定位系统的功能和模块

市场上不同供应商提供的定位系统可能是采用不同的方法设计的,但是其基本的定位功能差不多是基于相同的原则来实现的。动力定位系统模块如图 1.8 所示。

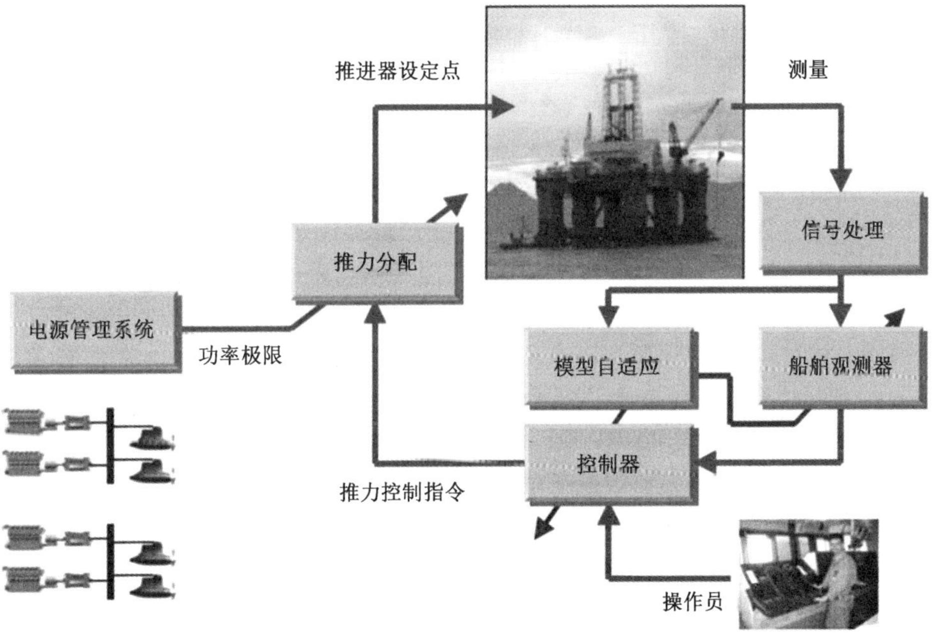

图 1.8　动力定位系统模块示意图

1. 信号处理

外部传感器得到的所有信号需要在独立的信号处理模块中进行彻底分析和检查。这包括单个信号的测试以及冗余信号存在时传感器信号的加权和投票。单个信号质量的验证通常包括对信号范围和方差、冻结信号和信号野值的测试。一旦检测出错误信号，定位系统会舍弃这些信号。当系统进一步利用来自每个传感器组的加权信号时，不能含有任何间断点以保证操作的安全性。

2. 船舶观测器

滤波和状态观测是定位系统的重要特征。目前，多数情况下不能得到船舶速度的准确测量值。因此，必须通过状态观测器利用含有噪声信号的位置和艏向信号对速度进行估计。

位置和艏向信号会受到风、浪和海流导致的有色噪声的影响。然而，只有缓慢变化的扰动应该通过推进系统来消除，而由一阶波浪载荷引起的振荡运动不应该进入反馈回路。所谓的推进器的波频调制会给推进系统造成不必要的磨损。在观测器中需要使用滤波技术，其将测量得到的位置和艏向信号分解为低频（LF）信号和波频（WF）信号。位置、艏向和速度的低频估计信号在控制器的设计中会加以利用。当位置和艏向信号暂时不可用时还需要观测器。这种情况被称为航位推算，此时观测器得到的估计信号在控制回路中加以利用。观测器的另一个功能是对由二阶波浪载荷和海流引起的未知的、不可测量的力和力矩进行估计。

3. 控制器

定位系统可以运行在不同的模式下。控制器逻辑决定了内部系统的状态处理、模式转换和模型自适应等。在不同操作模式之间需要进行平滑转换。

4. 反馈控制律

动力定位（DP）系统的控制器通常为比例微分（PD）类型（多变量或者纵荡、横荡和艏摇方向上的解耦）。PD 类型的反馈来自对位置和艏向偏差以及速度的低频估计，但采用的控制方法五花八门。传统的解耦控制器和线性二次控制器得到了广泛的应用。除比例和微分外，还需要积分来消除环境载荷带来的静差。动力定位（DP）系统的控制器需要针对定位精度、油耗和推进系统的磨损等进行优化设计。在定位控制器的设计中，控制输入是横荡和纵荡方向的力以及艏摇方向的力矩，这样的控制称为高层（high-level）控制，因为实际的控制输入是间接控制推进器的转速（RPM 控制）或者螺旋桨的螺距（pitch）。对于全回转推进器，每个推进器的推力方向也是控制输入。

5. 规划系统和参考轨迹

在进行跟踪作业时，船舶从一个位置和艏向移动到另一个位置和艏向，需要参考模型来实现平滑转换。在大多数基本情况下，由操作员指定一个期望的位置和艏向，参考系统会生成船舶需要遵循的平滑参考轨迹/路径。更为先进的规划系统包含航点跟踪功能、最优路径规划和长途航行所需的气象导航功能。规划系统可以与电子海图系统连接在一起。

6. 前馈控制律

最常见的前馈控制方法是风前馈。通过测量风速和风向来计算作用在船舶上的力和力矩的估计值，从而可以实现对不同风载荷的快速干扰抑制。为了提高跟踪作业时系统的性能，需要计算参考前馈（reference feedforword）。这是通过船舶的动力学模型和参考模型的参考加速度与速度来实现的。在位置系泊系统中，通常只在艏摇方向设计风前馈控制器，这是因为系泊系统可以对横荡和纵荡方向的静风载荷进行补偿。此外，还需要缆线断裂检测算法来检测缆线中的张力信号和船舶的运动，从而可以自动检测锚链的断裂情况。当检测到缆线断裂时，就会激活前馈控制器来补偿由于缆线断裂损失的力和力矩。这会降低周围未断裂的缆线上的载荷，从而避免其他缆线也发生断裂。

7. 推力分配

高层反馈和前馈控制器计算横荡和纵荡方向的控制力以及艏摇方向的控制力矩。推力分配模块计算每个推进装置的控制力和控制力矩。推力分配算法需要针对油耗、推进装置的磨损及得到横荡、纵荡和艏摇方向的最优推力进行优化。此外，还需要考虑转速饱和/俯仰输入和方向的限制。推力分配模块也是连接定位系统和电力管理系统的主要模块。定位系统需要消耗电能，具有很高的优先级。在任何情况下，推力分配模块必须都能限制推进器的功率，以避免电力系统的过载或断电。Durham[15] 和 Sørdalen[16] 对推力分配问题进行了深入研究。推力分配模块持续地从电力管理系统接收不断更新的输入信号，这些信号包括可用电力和当前的电力设备配置。这可以避免其他重要耗电设备的断电和卸载。

8. 模型自适应

描述船舶动力学特性的数学模型的参数会随着操作和环境条件的改变而改变。在设计基于模型的观测器和控制器时，定位系统需要自动对不同船舶吃水、受风面积和海况下的船舶模型和控制器增益提供必要的修正。这可以通过增益调整或者使用非线性和自适应方法来实现。此外，还可以采用其他的自适应控制和估计方法进行处理。

9. 咨询系统

在变化的环境和运行条件下，使用咨询系统对船舶进行诊断，模拟和分析未来的运行需求变得越来越重要，这对于优化运营计划至关重要。这样的系统与动力定位(DP)系统集成在一起，其典型功能描述如下：

DP 和 PM 船舶运动模拟器。模拟器包括环境和船舶运动的数学模型。操作者可以使用当前的环境条件或者指定任何环境条件来对定位系统的性能进行模拟。此外，还可以模拟电力或者驱离(drive-off)和漂移(drift-off)等故障。在 PM 系统中，也可以模拟一根或者多根缆线的故障。

影响分析。这是一种先进的定位能力分析形式，可以持续验证船舶在当前条件下发生不同故障时能否保持自身的位置和艏向。这些故障包括一个或者多个推进器、一个机舱或者多个缆线等的损失。很多情况下还有类似的离线分析版本，可以根据操作者的要求对任何环境条件、操作或者故障进行模拟。

1.4　动力定位的等级与规范

在多数情况下，船东决定动力定位(DP)系统的等级。中国船级社(CCS)、挪威船级社(DNV)、美国船级社(ABS)、劳埃德船级社(LRS)等均对动力定位(DP)系统的等级做出了相关规定。国际海事组织(International Marine Organization, IMO)对动力定位(DP)提出了相关的指导方针，以便为各类新建船舶的动力定位(DP)系统提供一个国际标准。制订指导方针和等级规则的目的是为动力定位(DP)系统推荐设计准则、必要设备、操作要求、测试及文档系统，以便降低对人员、船舶自身、其他船舶和结构物、水下安装和环境等造成的风险。

考虑动力定位(DP)船舶在全球不同地区进行作业,这种标准化为各沿海国家提供了一个制订定义安全要求的级别的本地规章制度和满足动力定位(DP)船舶冗余度及操作要求的有用工具。国际海事组织(IMO)对使用自动推力辅助的系泊船没有做出相关规定。挪威船级社(DNV)①拥有名为 POSMOOR ATA 的船级社符号,劳埃德船级社(LRS)也有名为 PM 或 PM T1 的船级社符号。美国石油协会(American Petroleum Institute,API)②发布了一个用于分析、设计和评估锚泊浮式结构的更为通用的文件。动力定位(DP)系统中软件和硬件的要求与冗余度的级别密切相关,冗余度的定义如下。

定义 1.1(冗余度):当发生单个故障时,组件或者系统维持或者恢复其功能的能力。这一属性可以通过安装多个组件或者采用活动部件的替代方法来实现。

一个动力定位(DP)系统由共同作用来实现足够可靠的位置保持能力的组件和系统组成。这种系统的可靠性由位置保持能力丧失导致的相关后果的程度决定。后果越严重,系统应该越可靠。为了反映这一原则,按对可靠度的要求将系统分为 3 个不同的设备等级。设备等级取决于特定的动力定位(DP)操作,这些操作取决于沿海国家的规章制度或者动力定位(DP)运营商公司与客户之间达成的协议。以下是对不同设备等级的简短描述。

等级 1:单故障情况下船舶可能发生定位失常。动力定位(DP)系统不冗余。

等级 2:单故障情况下任一主动组件或者系统都不会发生定位失常。例如,动力定位(DP)系统的所有主动组件都必须有冗余,硬件必须至少含有 2 个相互独立的带有自检程序、冗余数据传输和设备接口的电脑程序,还必须至少含有 3 个相互独立的位置参考系统、3 个测量垂直方向运动的传感器系统、3 个电罗经和 3 个风传感器。

等级 3:与等级 2 相同,但是还有技术设计和物理布局上的冗余度要求。

等级 2 和等级 3 应该具有“影响分析”功能,可以持续地验证船舶在最严重的单故障条件下能否保持在目标位置。

国际海事组织(IMO)也对设备等级和操作类型之间的关系做出了规定。例如,根据 IMO 的规定,动力定位(DP)钻井作业和油气开采要求的设备等级为等级 3。

1.5 动力定位安全方面的考虑

动力定位(DP)系统的主要目的是在特定的环境窗口内即所谓的设计环境内使船舶位置和艏向保持在一定的偏移范围之内。为了达到预期的定位能力,系统各组件应该满足一定的可靠性和必要的冗余度要求。为确保这一点,需要采用如下所述的几种设计方法。

1.5.1 定位能力与仿真

在设计阶段,验证功率和推力容量能否为船舶提供必要的舱容是非常重要的。这可以通过静态或者动态分析来验证。在静态分析中,只需要考虑由风、海流和波浪引起的平均

① Det Norske Veritas(DNV). Rules and Regulations of Mobile Offshore Units, Special Equipment and Systems. Additional Class, Part 6, Chapter 2: Position Mooring(POSMOOR). Norway, 1996.

② American Petroleum Institute(API). Recommended Practice for Design and Analysis of Station keeping Systems for Floating Structures. Exploration and Production Department, API Recommended Practice 2SK, First Edition, US, 1995.

缓慢变化的载荷即可。

需要的数据包括：

(1)船舶的主要参数：排水量、长度、宽度和作业吃水。

(2)与方向有关的风、海流和波浪漂移系数，从中可以计算得到相应的力和力矩。

(3)动力定位(DP)船舶能够工作的最大环境条件(风速、有效波高和海流速度)。

重要参数有主导波的周期和波浪的统计描述，通常用 Bretscheider 谱、Pierson-Moskowitz 谱或者 JONSWAP 谱等波谱来描述波浪特性。

根据经验，在设计环境中，负载最大的推进器用于补偿静载的推力不能超过最大推力的 80%，剩余的 20% 用于补偿动载。静态分析的结果可以用“性能曲线”来描述，如图 1.9 所示，这是 ABB 公司的 DP 能力分析曲线界面。通常来说，具有 20% 余量的静态分析太保守。这意味着静态分析应该与动态分析相互补充，在动态分析中，推力分配、推进器的固有动力学特性和动态推进器损失、方向角禁区和整个控制回路等在最终的验证中都需要考虑在内。传统的性能模拟通常忽略功率限制，而功率限制往往是故障模拟中最重要的限制因素。考虑功率限制的性能分析在电力设备的设计中也扮演着重要角色，例如，有多少电力总线、每个总线上的电量和哪个推进器与多个总线相连等。

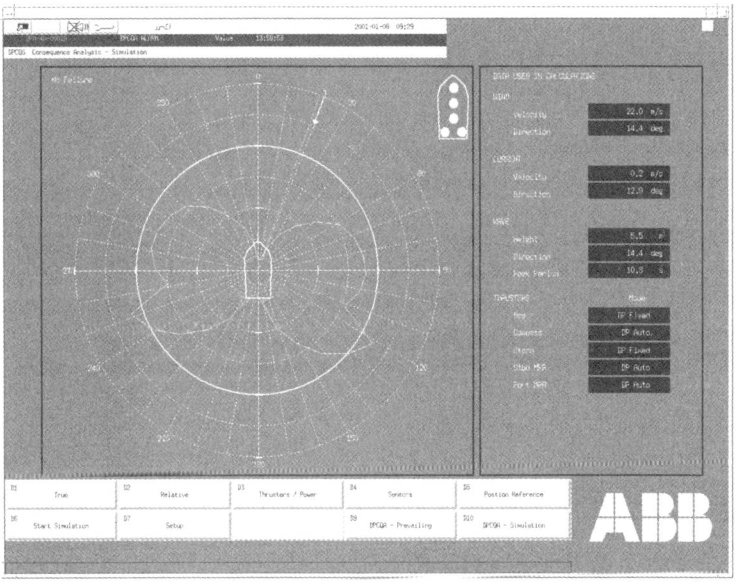

图 1.9 补给船的典型 DP 能力分析曲线界面

1.5.2 可靠性和冗余度

从安全角度来看，动力定位(DP)系统可以被看作 4 个不同的子系统。每个子系统可以进一步划分为更小的系统。例如：

层级 1：电力系统。层级 2：发电机、配电系统、变频器等。

层级 1：推进系统。层级 2：主推进器、槽道推进器、全回转推进器。

层级 1：定位控制系统。层级 2：计算机和 I/O、操作员人机界面、不间断电源、操作员交互。

层级 1:传感器系统。层级 2:罗经、位置参考系统、风传感器。

从底层开始,可以指定每个子组件的可靠性。根据冗余度的等级,可以采用统计方法来计算整个系统的可靠性和可用性。每个部件的特性有:

- 故障率 λ,定义为每百万小时的最大故障数量。
- 平均故障间隔时间(mean time between failures,MTBF),对于单个组件表示为

$$\mathrm{MTBF}=\frac{1}{\lambda}$$

- 单个部件的总故障时间 T_{d},包括平均维修时间(mean time to repair,MTTR)。
- 可用性 A,定义为

$$A=\frac{\mathrm{MTBF}}{\mathrm{MTBF}+T_{\mathrm{d}}}$$

上述特征是在可靠性分析中为每个组件或每个级别指定的,并且将在最高级别代表整个系统的特征。

1.5.3 故障分析

在项目初始阶段进行设计更改的成本很小,但是随着项目的进行,设计更改的成本会大大增加。系统的微小变化可能会导致项目延误以及调试和试航期间的巨大额外成本。在新船的整个设计阶段,可以通过不同的可靠性方法彻底研究整个系统的可靠性,以发现系统设计错误,从而最大程度地降低风险。船级社或 IMO 指南不需要对 DP 系统及其子系统进行此类分析,但是沿海国家、石油公司或客户,以及入级要求可能还会对此提出要求。

评估这种复杂系统的可靠性有多种方法,失效模式和影响分析(failure mode and effect analysis,FMEA)就是比较常用的一种。FMEA 是一种定性的可靠性分析方法,可以系统地分析一个系统内可能发生的每一种故障模式,并确定对系统、任务和人员造成的影响。采用危害性分析(criticality analysis,CA)可以对 FMEA 进行扩展分析,这是一种按故障概率和后果对故障模式进行排序的定量过程。

参考文献

[1] BENNET S. A history of control engineering 1800—1930[M]. London:Peter Peregrinus,1979.

[2] MINORSKY N. Directional stability of automatic steered bodies[J]. Journal of the American Society of Naval Engineers,2009,34(2):280 – 309.

[3] BALCHEN J G,JENSSEN N A,SALID S. Dynamic positioning using kalman filtering and optimal control theory[C]// IFAC/IFIP Symposium on Automation in Offshore Oil Field Operation,Amsterdam,1976:183 – 186.

[4] BALCHEN J G,JENSSEN N A,ELDAR M,et al. A dynamic positioning system based on Kalman filtering and optimal control[J]. Modeling,Identification and Control,1980,1(3):135 – 163.

[5] GRIMBLE M J,PATTON R J,WISE D A. The design of dynamic ship positioning control systems using stochastic optimal control theory[J]. Optimal Control Applications and

Methods,1980,1(2):167－202.

[6] GRIMBLE M J,PATTON R J,WISE D A. Use of Kalman filtering techniques in dynamic ship positioning systems [J]. Control Theory & Applications Iee Proceedings D, 1980, 127 (3):93.

[7] FUNG P T K,GRIMBLE M. Dynamic ship positioning using self-tuning Kalman filter[J]. IEEE Transaction on Automatic Control,1983,28(3):339－349.

[8] SAELID S,JENSSEN N A,BALCHEN J G. Design and analysis of a dynamic positioning system based on Kalman filtering and optimal control[J]. IEEE Transactions on Automatic Control,1983,28(3):331－339.

[9] SØRENSEN A J,SAGATUN S I,FOSSEN T I. Design of a dynamic positioning system using model-based control[J]. IFAC Journal of Control Engineering Practice,1996,4(3):359－368.

[10] SØRENSEN A J,STRAND J P. Positioning of small-waterplane-area marine constructions with roll and pitch damping[J]. IFAC Journal of Control Engineering Practice,2000,8 (2):205－213.

[11] STRAND J P. Nonlinear position control systems design for marine vessels[J]. Doctoral Dissertation,Department of Engineering Cybernetics,Norwegian University of Science and Technology,1999.

[12] PARKINSON B W,SPIKER J J. The global positioning system:theoryand applications[M]. Reston:American Institute of Aeronautics and Astronautics,1996.

[13] BRITTING K R. Inertial navigation system analysis[M]. [S. I.]:Wiley Interscience,1971.

[14] TITTERTON D H,WESTON J L. Strapdown inertial navigation technology[M]. Reston:The American Institute of Aeronautics & Astronautics,1997.

[15] DURHAM W C. Constrained control allocation [J]. Journal of Guidance, Control and Dynamics,1993,24(4):703－711.

[16] SØRDALEN O J. Optimal thrust allocation for marine vessels[J]. IFAC Journal ofControl Engineering Practice,1997,5(9):1223－1231.

第二章　动力定位船舶的数学模型

根据实际作业条件的不同，可将船舶简要地分为位置保持、低速运动和高速运动3种模型（图2.1）。动力定位（DP）船舶或者推进器辅助锚泊系统（PM）船舶通常可以看作位置保持、低速或者低弗劳德数应用。这一假设特别应用于船舶数学模型的推导以及后续的控制器设计。需要注意的是，常用的操纵模型通常只考虑低频运动，如果还需要同时考虑波频运动的影响，则通过线性叠加来实现。

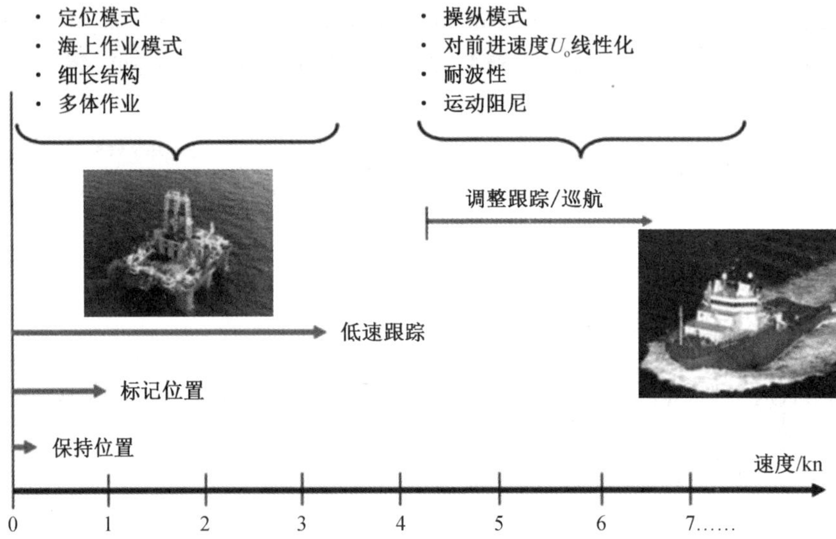

图2.1　船舶模型简要分类

得益于计算机算力的进步以及Matlab和Simulink等控制系统设计工具箱的发展，用于控制系统设计和验证的数值模拟得到了广泛的应用。数值模拟成功的关键在于得到实际设备或者过程的足够详细的数学模型。同样的趋势出现在工业领域，这要得益于通过半实物仿真（hardware-in-the-loop，HIL）对控制系统进行安全和性能测试，这样不仅减少了调试和海试的时间，而且降低了运行期间由于软件缺陷和错误的控制系统配置导致的事故风险。

在控制器设计中，除了实际被控系统的固有周期（共振）等因素外，还要考虑各自由度和子系统之间的耦合效应，例如开环控制和闭环控制下船舶、立管和系泊系统的耦合效应。耦合效应和固有周期可能会被环境载荷或者控制系统自身（如果在设计阶段未考虑周全）激发。图2.2给出了波浪载荷、船舶、半潜式平台、立管和系泊系统的典型固有周期，也包括动力定位系统的工作范围或者带宽。

为了得到基于模型的观测器和控制器，一个简化的但足以描述实际系统物理特性的数学模型已经足够。然后，将系统物理特性的结构信息整合进控制器设计，从而可以实现相比传统PID控制方法更好的性能和鲁棒性。对于非线性因素占主导地位的过程，基于非线性模型的控制设计可以简化总体的控制算法,因而可以避免对不同工作点的线性化。

因此,数学模型可以从两个复杂度层级进行表述:

控制对象模型(control plant model)是一个只包含被控对象或设备的主要物理特性的数学模型。该模型只含有控制器设计所需的部分信息,也可以用于基于李雅普诺夫稳定性和无源性原理的稳定性分析。

过程对象模型或仿真模型(process plant model)是一种高精度模型,是对实际的被控过程或设备的全面描述。该模型的主要目的是模拟实际的动力学过程,它可以用于控制系统的数值性能和鲁棒性的分析与测试。

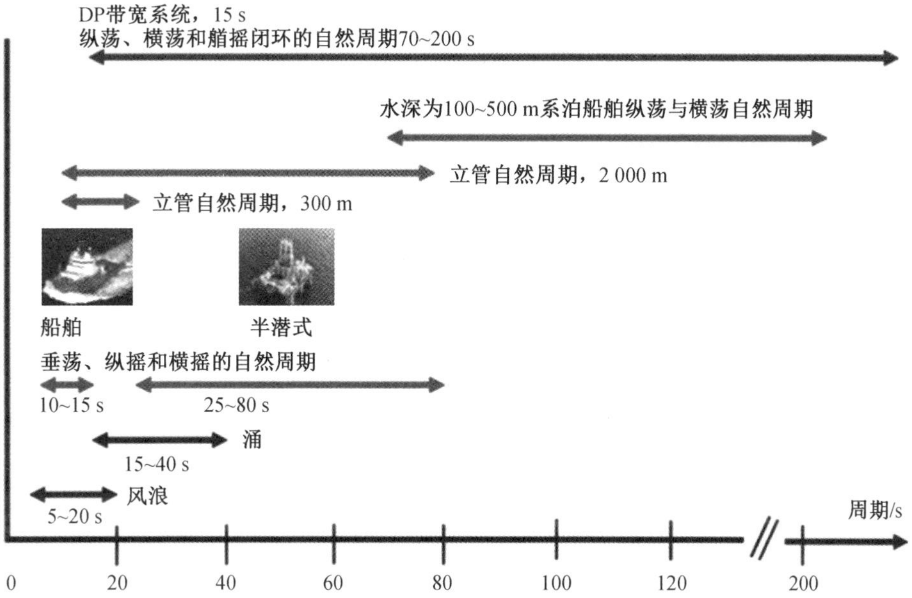

图 2.2　各类海洋结构物的系统周期

由于过程信息的缺乏导致难以获得准确的模型,控制对象模型常常被用作过程对象模型,这可能导致控制器设计得不合理,因为在设计控制器时我们假设模型是完美的。Goodwin 等[1]提出,使用校正模型(calibration model)来描述过程对象模型,使用标称模型(nominal model)来描述控制对象模型。

本章将重点介绍过程对象模型,具体指船舶动力学以及外力和外力矩(作用于船舶上的环境载荷、推进器推力和系泊系统的作用力)的数学建模。控制对象模型将在控制器设计章节进行描述。

2.1　环境模型

环境模型是对海洋船舶进行模拟所必不可少的。2.3 节描述的是作用于船上的环境载荷,而本节针对的是波浪、风和海流等环境载荷的模型。

2.1.1 波浪

不规则波浪通常用波浪谱 $S(\omega,\psi)$ 来描述，$S(\omega,\psi)$ 通常分为频率谱 $S(\omega)$ 和方向分布函数 $D(\omega,\psi)$，其形式如下：

$$S(\omega,\psi)=S(\omega)D(\psi,\omega) \tag{2.1}$$

波浪谱在所有频率和方向上的积分表示特定海况下的总波浪能 S_{tot}：

$$S_{tot}S(\omega,\psi)=\int_0^{\infty}\int_0^{2\pi}S(\omega,\psi)\mathrm{d}\psi\mathrm{d}\omega \tag{2.2}$$

由于线性假设，从波浪谱中提取的谐波分量可以进行叠加。

(1)频率谱

频率谱 $S(\omega)$ 表示特定海况下不同频率的能量分布，其在所有频率上的积分表示该海况下的全部能量。如图 2.3 所示，对于一个给定的频率谱，通过选择一组频率 ω_q 和频率间隔 $\Delta\omega_q$ 来覆盖谱线下方区域，可以提取一组代表总能量的谐波分量。波浪的振幅 ζ_{aq} 由谱值 $S(\omega_q)$ 决定，形式如下：

$$\zeta_{aq}=\sqrt{2S(\omega_q)\Delta\omega_q} \tag{2.3}$$

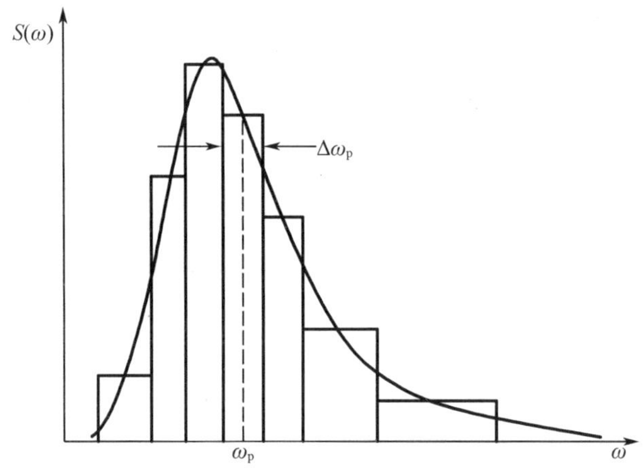

图 2.3 波浪频率谱

使用一个恒定的频率间隔 $\Delta\omega$，假定谐波具有在 $0\sim2\pi$ 均匀分布的相位角(ϕ_q)。那么，每个谐波分量可以表示为

$$\zeta_q(t)=\zeta_{aq}\cos(\omega_q t+\phi_q) \tag{2.4}$$

谐波只是代表波浪在一个方向上的总能量，为了将不同波浪方向包含在内，必须增加一个分布函数。波谱中的最大频率表示为 ω_{max}，频率波谱通常使用有效波高 H_s 和峰值频率 ω_p 来定义。将波列中的波高由大到小依次排列，式中最大的 1/3 部分波高的平均值称为有效波高 H_s，峰值频率 ω_p 是频率谱峰值处的频率。波高是指相邻的波峰和波谷间的垂直距离，是波浪振幅的两倍。

(2)分布函数

分布函数 $D(\omega,\psi)$ 表示波浪各方向上的能量分布，以平均波向 ψ_0 为跨度，但是通常将其简化为只是方向的函数。分布函数在$(-\pi,\pi)$上的积分必须一致，以保证特定海况下的波浪总能量保持不变。为了获得不同方向波浪振幅的比例因子,需要选择一组方向(ψ_r)和方向间隔($\Delta\psi_r$),以保证曲线下方的区域被包含在内(与频率谱的方式类似,如图 2.4 所示)。接下来将使用一个恒定的方向间隔 $\Delta\psi$。

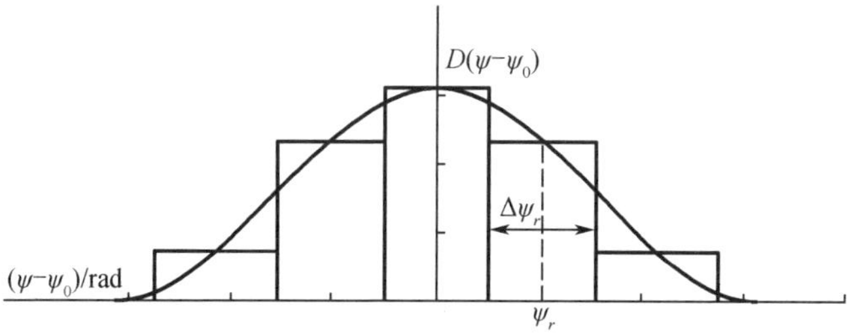

图 2.4　分布函数

注:ψ_0—平均波向。

(3)波浪谱

波浪谱 $S(\omega,\psi)$ 由频率谱和分布函数组成,代表不同频率和方向上的能量分布。波浪谱 $S(\omega,\psi)$ 在方向上的积分就是频率谱 $S(\omega)$,在方向和频率上的积分就是波浪的总能量:

$$\int_0^{\infty}\int_{\psi_{0-\pi}}^{\psi_{0+\pi}} S(\omega,\psi)\,\mathrm{d}\psi\,\mathrm{d}\omega = \int_0^{\infty} S(\omega)\,\mathrm{d}\omega \tag{2.5}$$

在图 2.5 的波浪谱[2]中,每个四边形由 $\Delta\omega$ 和 $\Delta\psi$ 组成,表示一个谐波的振幅。波浪振幅 ζ_{aqr} 经过修正后的形式如下:

$$\zeta_{aqr} = \sqrt{2S(\omega_q,\psi_r)\Delta\omega\Delta\psi} \tag{2.6}$$

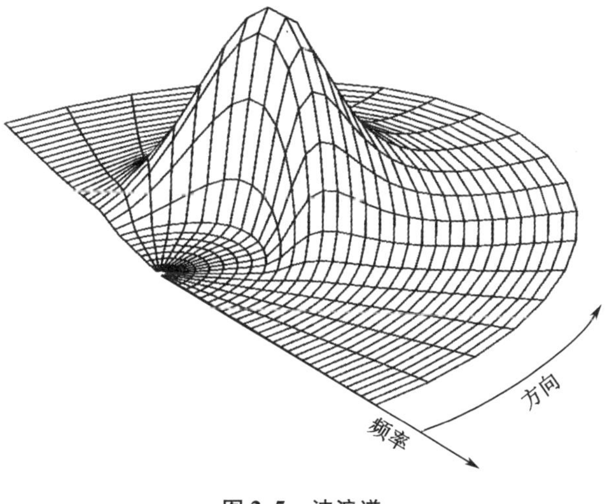

图 2.5　波浪谱

每个谐波分量由 4 个参数来表示:方向 ψ_r、频率 ω_q、振幅 ζ_{aqr} 和相位角 ϕ_{qr}。注意,所有谐波分量的相位角在 0 ~2π 均匀分布。在地面坐标系下,波面高度在坐标(x,y)下的表示形式为

$$\zeta_{qr}(x,y,t) = \zeta_{aqr}\sin[\omega_q t + \phi_{qr} - k_q(x\cos\psi_r + y\sin\psi_r)] \tag{2.7}$$

式中,k_q 为波浪数;λ_q 为波长,有 $k_q = 2\pi/\lambda_q$。深水的色散关系为 $\omega_q^2 = kg$,g 为重力加速度,

波浪数是通过波浪频率得到的。在定义坐标系时,需要保证($\psi_r=0$)的波浪的传播方向为北方。时刻 t 时,在位置(x,y)处的所有波浪分量在频率 N 和方向 M 处的总高度为

$$\zeta(x,y,t) = \sum_{q=1}^{N}\sum_{r=1}^{M}\sqrt{2S(\omega_q,\psi_r)\Delta\omega\Delta\psi}\sin[\omega_q t + \phi_{qr} - k_q(x\cos\psi_r + y\sin\psi_r)] \tag{2.8}$$

不同坐标下,波浪高度的表达式可能不同。

(4)具体实现

为了更真实地模拟实际情况,需要保持尽可能少的波浪分量的数量(从而减少工作量)。可以对式(2.8)定义的波浪谱进行适当的修改。

①随机频率和方向

式(2.8)的周期为 $T=2\pi/\Delta\omega$,这意味着波浪分量的数量很大,会带来巨大的计算量,一个更好的解决方式是在每一个频率间隔($\omega_q-\Delta\omega/2,\omega_q+\Delta\omega/2$)内随机选择一个频率[2]。为了更进一步地模拟真实情况,可以在每个方向间隔($\psi_r-\Delta\psi/2,\psi_r+\Delta\psi/2$)内随机选择方向。Faltinsen[2]建议波浪分量的数量可以高达 1 000。

②舍弃无关紧要的分量

在使用或不使用随机频率和方向的情况下,谐波分量的总量 n_{grid} 都等于网格中方向数和频率数的乘积,即 $n_{grid}=N\cdot M$。然而,在高频和低频以及远离平均波浪方向的方向处,波浪所含的能量很少。这意味着上述区域内波浪分量的振幅很小,对总能量的贡献也很小。

所以,一个降低计算量的方法是舍弃振幅接近零的波浪分量。第一步是选择一个尽可能低的最大频率 ω_{max}(图 2.3),从而可以在波浪谱的尾部舍弃无关紧要的波浪分量。一个简单的方法是定义一个截断因子 ξ,使得

$$\omega_{max}=\xi\omega_p \tag{2.9}$$

ξ 的取值为(2,3)。第二步是用自定义的界限($\psi_0-\psi_{lim},\psi_0+\psi_{lim}$)来替换方向谱的外部界限($\psi_0-\pi,\psi_0+\pi$)(图 2.4),从而可以舍弃方向谱外部界限中无关紧要的波浪分量。在选择 ψ_{lim} 的值时,平均方向 ψ_0 附近处的取值要比远离平均方向处的取值更大。ψ_{lim} 的一个典型最大值为 65°。

一种更加有效的方法是对各个波浪分量的能量进行测试,然后舍弃掉所含能量过少的分量,具体方法有:

a. 首先选取一个波浪数 n_{waves},满足 $n_{waves}\leqslant n_{brid}$。求得每个波浪分量的能量 $S(\omega_q,\psi_r)$,然后按照降序进行排列。选择前 n_{waves} 个波浪分量进行模拟。这种方法的优点是可以自定义波浪数量,缺点是不能保证是否会损失掉重要的波浪分量。如果 $n_{waves}=n_{grid}$,则所有的波浪分量都会用到。

b. 选择一个波浪分量相对能量范围 $\kappa\in(0,1)$,当波浪分量的能量与总能量的比值小于 κ 时,舍弃该波浪分量。

$$\frac{S(\omega_q,\psi_r)}{S_{tot}}<\kappa\Rightarrow\text{舍弃该分量} \tag{2.10}$$

这种方法的优点是可以保证能量高于自定义的能量范围的波浪分量能够保存下来,缺点是不能控制波浪分量的数量。如果 $\kappa=0$,则所有的波浪分量都会用到。

(5)常见的波浪谱

常见的波浪谱有 Pierson-Moskowitz(PM)波浪谱、ITTC/ISSC 波浪谱、JONSWAP 波浪谱

及 Torsethaugen 双峰谱。

①PM/ITTC/ISSC 波浪谱

PM 波浪谱的一般形式为

$$S(\omega)=\frac{A}{\omega^5}\exp\left(-\frac{B}{\omega^4}\right) \tag{2.11}$$

该波浪谱适用于开阔海域充分发展的海况，采用了 19.5 m 高度处的风速：

$$A=0.008\ 1g^2;B=0.74(g/V)^4 \tag{2.12}$$

可以采用峰值频率 ω_p 来代替风速：

$$A=0.008\ 1g^2;B=\frac{5}{4}\omega_p^4 \tag{2.13}$$

在开阔海域，ITTC/ISSC 波浪谱是相同的，需要的参数包括有效波高 H_s 和波浪的峰值频率 ω_p：

$$A=0.31H_s^2\omega_p^4;B=1.25\omega_p^4 \tag{2.14}$$

②JONSWAP 波浪谱

根据 Myrhaug 的研究，JONSWAP 波浪谱的公式表述如下：

$$S(\omega)=\alpha\frac{g^2}{\omega^5}\exp\left[-\frac{5}{4}\left(\frac{\omega_p}{\omega}\right)^4\right]\gamma^{\exp\left[-\frac{1}{2}\left(\frac{\omega-\omega_p}{\sigma\omega_p}\right)^2\right]} \tag{2.15}$$

式中，α、γ 和 σ 为待确定参数；ω_p 为峰值频率；γ 为一个峰值参数，在 1 ~ 7 取值。当 $\alpha=0.008\ 1$、$\gamma=1$ 时，JONSWAP 波浪谱和 PM 波浪谱一样。JONSWAP 波浪谱来自挪威北海某区域的测量结果，该区域相对狭窄并靠近陆地。JONSWAP 波浪谱适用于不完全发展的海域，波峰的坡度要远陡于 PM 波浪谱。γ 值越大，波峰的坡度越陡。Faltinsen[2] 建议选取下列参数：

$$\gamma=3.3;\sigma=\begin{cases}0.07 & \omega\leqslant\omega_p\\ 0.09 & \omega>\omega_p\end{cases};\alpha=0.2\frac{H_s^2\omega_p^4}{g^2} \tag{2.16}$$

为了使 JONSWAP 波浪谱保持在有效区域，Myrhaug 建议对 H_s 和 ω_p 进行如下限制：

$$1.25/\sqrt{H_s}<\omega_p<1.75/\sqrt{H_s} \tag{2.17}$$

如果没有 γ 的相关信息，挪威船级社建议根据 H_s 和 ω_p 对 γ 进行取值：

$$\begin{aligned}&k=\frac{2\pi}{\omega_p\sqrt{H_s}}\\ &k\leqslant3.6\Rightarrow \qquad \gamma=5\\ &k\leqslant5.0\Rightarrow \qquad \gamma=e^{(5.75-1.15k)}\\ &k>5.0\Rightarrow \qquad \gamma=1\end{aligned} \tag{2.18}$$

③双峰(Torsethaugen)波浪谱

前面所述的波浪谱只是针对风浪，不能很好地描述涌浪。Torsethaugen 提出了一种双峰波浪谱：低频峰对应涌浪，高频峰对应本地风浪。该波浪谱由北海海域的实验数据经过曲线拟合得到，符合 Norsok 标准。所有的参数都是通过有效波高和谱峰周期得到的。整个波浪谱由主要和次要两个谱峰组成。对于充分发展的海域，次要波峰会消失，波浪能量会集中在谱峰周期为 $T_p=2\pi/\omega_p$ 的窄波峰附近。在有效波高 H_s 相同的情况下，未完全发展海域的主峰周期要大于完全发展海域的主峰周期，还存在当地风浪引起的次要谱峰。当主峰周期较小时，不能只通过风浪来确定波浪总能量，还需要考虑涌浪的能量。当 $T_p>$

6.6H_s 时，主峰是由涌浪产生的；当 $T_p < 6.6H_s$ 时，主峰是由风浪产生的。当涌浪占主导地位时，波浪谱的形状与波浪谱有很大的区别。本书中没有提供双峰波浪谱的具体形式，请参阅 Marine Systems Simulator GNC Toolbox。

④各波浪谱的比较

图 2.6 对 PM、ITTC 和 JONSWAP 3 种波浪谱进行了比较，其中 $H_s = 6$、$\omega_p = 1.5/\sqrt{H_s} \approx 0.61$。PM 波浪谱没有考虑实际波高，所含的能量要低于其他两种波浪谱。ITTC 波浪谱和 JONSWAP 波浪谱含有的能量接近，但是 JONSWAP 波浪谱在 ω_p 附近的能量更多。图 2.7 描述了 H_s 不变的情况下双峰波浪谱随峰值频率变化的情况。粗线表示的两个波浪谱分别表示一个涌浪为主（低频峰为主）的波浪谱和一个风浪为主的波浪谱。

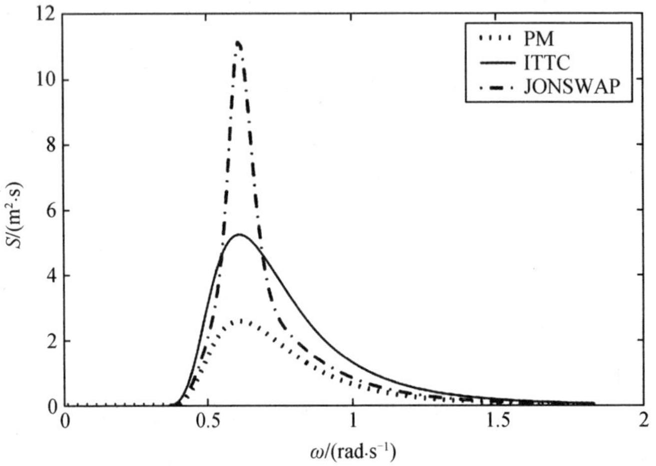

图 2.6　PM、ITTC 和 JONSWAP 波浪谱的比较

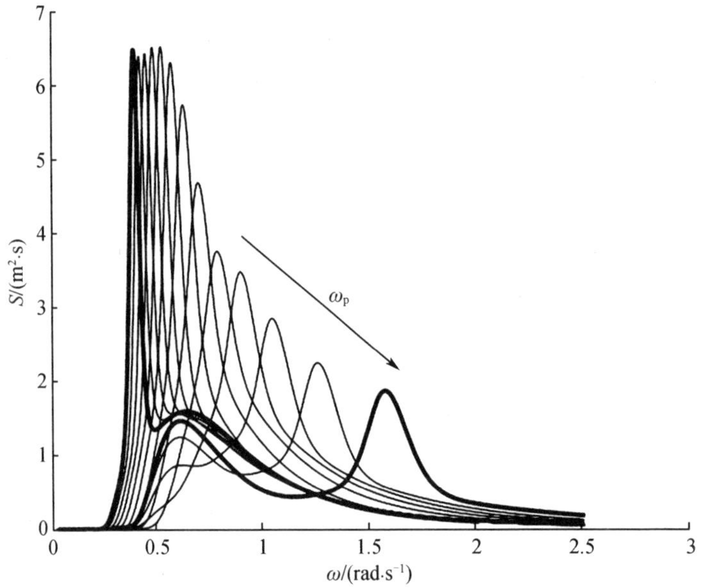

图 2.7　不同 ω_p 和 H_s 下的双峰波浪谱

⑤线性波理论的局限性

线性波浪理论只考虑了非破碎波浪，非破碎波浪建模的一个经验法则如下：

$$h/\lambda \leqslant 1/7 \\ \Downarrow \\ \lambda \geqslant 7h \tag{2.19}$$

式中，h 为波浪高度；λ 为波长，和波浪数 k 的关系如下：

$$k = \frac{1}{\lambda} \tag{2.20}$$

深水中的色散关系为

$$k = \frac{\omega^2}{g} \tag{2.21}$$

式中，ω 为波浪频率；g 为重力加速度。二者存在如下关系：

$$\omega = \sqrt{kg} = \sqrt{\frac{g}{\lambda}} \leqslant \sqrt{\frac{g}{7h}} \approx \sqrt{\frac{1.4}{h}}$$

定义波浪振幅 $\zeta = h/2$，可以得到用波浪振幅表示的最大有效波浪频率：

$$\omega \leqslant \sqrt{\frac{g}{14\zeta}} \approx \sqrt{\frac{0.7}{\zeta}}$$

或者用波浪频率表示的最大有效波浪振幅：

$$\zeta \leqslant \frac{g}{14\omega^2} \approx \frac{0.7}{\omega^2}$$

将波浪的长高比记为 μ，则可以通过 h 和 κ 来计算相应的波浪频率：

$$\mu = \frac{\lambda}{h}$$

$$\omega = \sqrt{\frac{g}{\mu h}}$$

⑥常用的分布函数

最常用的分布函数是 Myrhaug 提出的，形式如下：

$$D(\psi - \psi_0) = \begin{cases} \dfrac{2^{2s-1}s!\ (s-1)!}{\pi(2s-1)!}\cos^{2s}(\psi - \psi_0) & 当 -\dfrac{\pi}{2} < (\psi - \psi_0) < \dfrac{\pi}{2} \\ 0 & 其他 \end{cases} \tag{2.22}$$

s 是一个整数，ITTC 波浪谱推荐其值取 1，ISSC 波浪谱推荐其值取 2。图 2.8 给出了不同 s 值下的分布函数。随着 s 值的增大，波浪能量向平均方向 ψ_0 处集中。

⑦风和海浪的联合分布

描述风和海浪的参数是相互独立的。Johannessen 等[3]根据 1973—1999 年挪威北海北部海域的测量数据提出了一种风（用海平面以上 10 m 处的平均风速 $\overline{U}_{10}$来描述）和海浪（用有效波高 H_s 和波峰周期 $T_p = 2\pi/\omega_p$ 来描述）的联合分布形式。根据经验，可用有效波高来描述平均波峰周期和平均风速：

$$E(T_p) = 4.883 + 2.680H_s^{0.54} \tag{2.23}$$

$$E(\overline{U}_{10}) = 1.764 + 3.426H_s^{0.78} \tag{2.24}$$

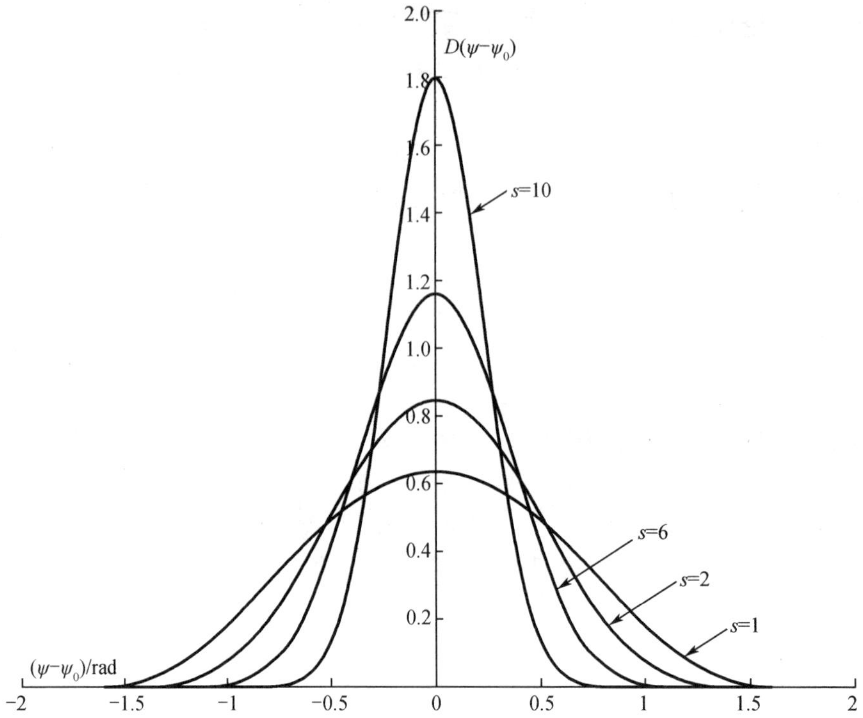

图 2.8　一个典型的分布函数

2.1.2　风

风载荷通常由两部分组成:平均值和波动值。随着距地面的距离增大,平均值降低,波动值近似不变。风载荷实际上是一个三维现象,但是通常只考虑水平面内的速度。

(1)平均速度

海拔 z 处的平均速度 $\overline{U}$ 为

$$\frac{\overline{U}(z)}{\overline{U}_{10}}=\frac{5}{2}\sqrt{\kappa}\ln\frac{z}{z_0};z_0=10\ \exp\left(-\frac{2}{5\sqrt{\kappa}}\right) \tag{2.25}$$

式中,$\overline{U}_{10}$ 为 10 m 海拔处 1 h 平均风速;κ 为海面阻力系数。平均风速中缓慢变化的部分可以由一阶高斯 - 马尔可夫过程(Fossen[4])求解:

$$\dot{\overline{U}}+\mu\overline{U}=\omega \tag{2.26}$$

式中,ω 为高斯白噪声;μ 为一个常数,且 $\mu\geqslant 0$。当 $\mu=0$ 时,这是一个随机游走过程。对风速大小进行如下限制:

$$0\leqslant\overline{U}_{\min}\leqslant\overline{U}\leqslant\overline{U}_{\min} \tag{2.27}$$

风向变化的部分也可以通过类似的方法求得

$$\dot{\psi}+\mu_2\psi=\omega_2 \tag{2.28}$$

$$\psi_{\min}\leqslant\psi\leqslant\psi_{\max} \tag{2.29}$$

式中,ω_2 为白噪声;μ_2 为一个正常数。

(2)阵风

与描述波浪的方式类似,通常采用风谱来描述风。一个广泛使用的风谱为 Harris 风谱:

$$S(f)=\frac{4\kappa L\overline{U}_{10}}{(2+\hat{f}^{2})^{\frac{5}{6}}},\hat{f}=\frac{Lf}{\overline{U}_{10}} \tag{2.30}$$

式中,L 为特征尺寸;κ 为海平面阻力系数;f 为海拔处的频率。例如,可以有如下的取值:$L=1\ 800$ m、$\kappa=0.002\ 6$。Harris 风谱是基于陆地上的测量数据,其表达式随着研究工作的深入不断变化。挪威石油工业技术标准(Norsok Standard)建议使用如下风谱:

$$S(f)=320\frac{\left(\frac{U_{10}}{10}\right)^{2}\left(\frac{z}{10}\right)^{0.45}}{(1+x^{n})^{\frac{5}{3n}}},n=0.468$$
$$x=172f\left(\frac{z}{10}\right)^{2/3}\left(\frac{U_{10}}{10}\right)^{-3/4} \tag{2.31}$$

图 2.9 为 $\overline{U}_{10}=10$ m/s 时的 Harris 和 Norsok 波浪谱,可以清楚地看出 Norsok 波浪谱在低频区域含有更多的能量。

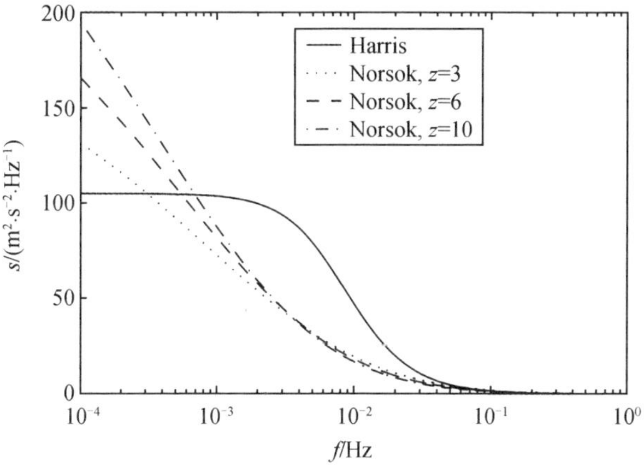

图 2.9　Harris 和 Norsok 风谱

通过将所需海拔处的平均值和波动值进行叠加可以实现对风况的描述。波动值的描述方法与波浪谱中海况的描述方式相同。定义第 i 个谐波分量为

$$U_{gi}(t)=\sqrt{2S(f_i)\Delta f_i}\cos(2\pi f_i t+\phi_i) \tag{2.32}$$

式中,f_i 为频率;Δf_i 为频率间隔;ϕ_i 为均匀分布的相位角。含有 N 个波动分量的风载荷可以记作:

$$U(z,t)=\overline{U}(z)+\sum_{i=1}^{N}U_{gi}(t) \tag{2.33}$$

2.1.3　海流

通常,可以将海流分为两部分:

●表面流,用于水面船舶响应的建模。

●全剖面流(full current profile),用于立管和锚线等的建模。

(1)表面流

对于水面船舶或者临近水面的其他设备的建模,一个二维的海流模型便可满足要求。如果海流由 V_c 大小和北东坐标下的方向 ψ_c 表示,则海流的速度矢量 $\boldsymbol{\nu}_c$ 可以写作:

$$\boldsymbol{\nu}_c = [V_c\cos(\psi_c) \quad V_c\sin(\psi_c) \quad 0]^T \tag{2.34}$$

海流速度中变化的部分可以由一阶高斯-马尔可夫过程(Fossen[4])求解:

$$\dot{V}_c + \mu V_c = \omega \tag{2.35}$$

式中,ω 为高斯白噪声;μ 为一个常数,且 $\mu \geqslant 0$。当 $\mu \geqslant 0$ 时,这是一个随机游走过程。对海流的速度大小进行如下限制:

$$V_{c,\min} \leqslant V_c \leqslant V_{c,\max} \tag{2.36}$$

海流方向的变化部分也可以通过类似的方法求得

$$\dot{\psi}_c + \mu_2 \psi_c = \omega_2 \tag{2.37}$$

$$\psi_{c,\min} \leqslant \psi_c \leqslant \psi_{c,\max} \tag{2.38}$$

此外,还可以将海流划分为潮汐流和风产生的流。如果存在实际的测量数据,可以将这两部分海流进行区分,但大多数情况下,不需要将这两部分进行分离。

(2)全剖面流

在有些应用场景中,需要得到海流随水深变化的实际海流分布。如果没有实际的测量数据,挪威船级社建议采用下列海流分布形式:

$$V_c(z) = V_{c,\text{tide}}(z) + V_{c,\text{wind}}(z) \tag{2.39}$$

$$V_{c,\text{tide}}(z) = V_{c,\text{tide}}\left(\frac{h-z}{h}\right)^{1/7} \quad 当\ z \geqslant 0 \tag{2.40}$$

$$V_{c,\text{wind}}(z) = V_{c,\text{wind}}\left(\frac{h_0-z}{h_0}\right)^{1/7} \quad 当\ 0 \leqslant z \leqslant h_0 \tag{2.41}$$

$$V_{\text{wind}}(z) = 0 \quad 当\ z \geqslant h_0 \tag{2.42}$$

式中,$V_c(z)$ 为海流速度分布,它是水深 z 的函数;$V_{c,\text{tide}}$ 为海平面的潮流流速;$V_{c,\text{wind}}$ 为海平面的风流流速;h 为水深;h_0 为风流的参考深度,$h_0 = 50$ m。

海平面的风流流速可以取 $V_{c,\text{wind}} = 0.015\overline{U}_{10}$,$\overline{U}_{10}$ 为海平面以上 10 m 处的平均风速。此外,波浪会引起水面高度的变化,从而对水深带来影响,需要对海流分布进行垂直方向的修正。当水深较大时,可以忽略这种影响。

2.2 运动学

2.2.1 坐标系

研究船舶运动学所用的几种坐标系如图 2.10 和图 2.11 所示。

● 地球固定坐标系用 $X_EY_EZ_E$ 表示,船舶的位置与方向是在相对于某设定原点下的地球坐标系所测得。需要注意的是,每种位置参考系统都有其局部参考系,需要将局部参考系转换到通用的地球固定坐标系。

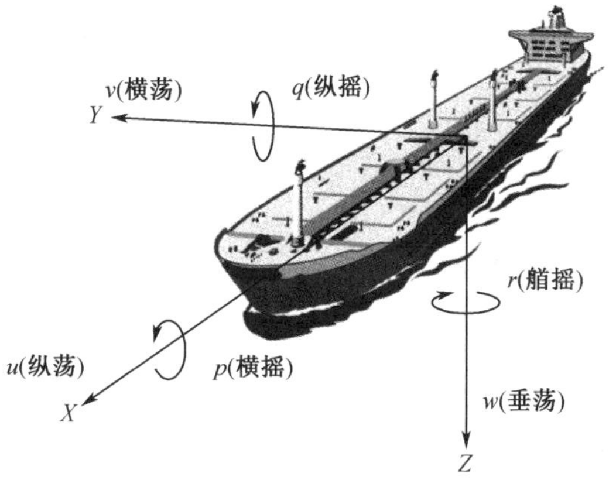

图 2.10　船体坐标系下的 6 自由度运动

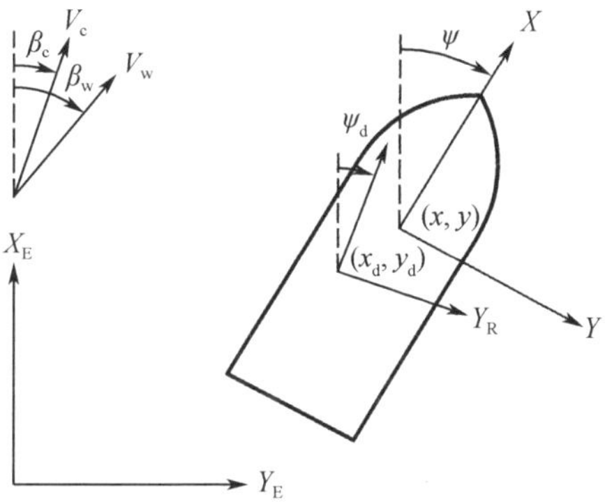

图 2.11　各参考坐标系

●在耐波性分析中，水动力坐标系 $X_hY_hZ_h$ 跟随船舶一起运动，其 x 轴指向船舶前进方向，y 轴指向右舷，z 轴指向正下方。假设平面 X_hY_h 是固定的，平行于水平面。假设船舶关于该坐标系以小幅度振荡，从而采用线性理论对扰动进行建模。通常，在前进耐波性分析中，水动力坐标系以恒定的船舶速度 U 向前运动。在位置保持作业时（动力定位），水动力坐标系是固定于地球的，因此用平行参考坐标系 $X_RY_RZ_R$ 表示该系。该坐标系可以旋转至期望的艏向角 ψ_d，原点可以移动至期望的位置坐标 x_d 和 y_d 处，以便进行特定位置的研究。小振幅假设使得该坐标系可以方便地用于控制策略的设计中。

●船体坐标系 XYZ 固定于船体，x 轴指向船首，y 轴指向右舷，z 轴指向正下方。对于船舶来说，通常假设其重心位于船体的中线上，船体的水下部分关于 xz 平面（左舷/右舷）对称。假设坐标原点位于平均振动位置（即浮心）。因此，重心在船体坐标系下的坐标为（x_G，0，z_G）。在该坐标系下计算作用于船舶的运动和载荷。

由 SNAME[5] 定义的地球固定坐标系下的位置和方向以及船体坐标系下的平移和转动速度的形式如下：

$$\begin{aligned}\boldsymbol{\eta}_1 &= [x \quad y \quad z]^{\mathrm{T}}, \boldsymbol{\eta}_2 = [\phi \quad \theta \quad \psi]^{\mathrm{T}} \\ \boldsymbol{\nu}_1 &= [u \quad v \quad \omega]^{\mathrm{T}}, \boldsymbol{\nu}_2 = [p \quad q \quad r]^{\mathrm{T}}\end{aligned} \tag{2.43}$$

式中，$\boldsymbol{\eta}_1$ 为地球固定坐标系下的位置矢量；$\boldsymbol{\eta}_2$ 为欧拉角矢量；$\boldsymbol{\nu}_1$ 为船体坐标系下的横荡、纵荡和垂荡线速度矢量；$\boldsymbol{\nu}_2$ 为船体坐标系下的横摇、纵摇和艏摇角速度矢量。

2.2.2 欧拉角

(1)线速度

欧拉角是通过一系列非任意的旋转变换得到的，这些旋转变换包括：

●平移地球固定坐标系 $X_3Y_3Z_3$，使其原点与船体坐标系 XYZ 的原点重合。

●将坐标系 $X_3Y_3Z_3$ 绕 Z_3 轴旋转角度 ψ，新的坐标系记作 $X_2Y_2Z_2$。

●将坐标系 $X_2Y_2Z_2$ 绕 Y_2 轴旋转角度 θ，新的坐标系记作 $X_1Y_1Z_1$。

●将坐标系 $X_1Y_1Z_1$ 绕 X_1 轴旋转角度 ϕ，新的坐标系记作 XYZ。

该旋转次序可以表述为如下的数学形式[10]：

$$\boldsymbol{J}_1(\boldsymbol{\eta}_2)=\boldsymbol{C}_{z,\psi}^{\mathrm{T}}\boldsymbol{C}_{y,\theta}^{\mathrm{T}}\boldsymbol{C}_{x,\psi}^{\mathrm{T}} \tag{2.44}$$

式中

$$\boldsymbol{C}_{z,\psi}=\begin{bmatrix} \mathrm{c}\psi & \mathrm{s}\psi & 0 \\ -\mathrm{s}\psi & \mathrm{c}\psi & 0 \\ 0 & 0 & 1 \end{bmatrix} \tag{2.45}$$

$$\boldsymbol{C}_{y,\theta}=\begin{bmatrix} \mathrm{c}\theta & 0 & -\mathrm{s}\theta \\ 0 & 1 & 0 \\ \mathrm{s}\theta & 0 & \mathrm{c}\theta \end{bmatrix} \tag{2.46}$$

$$\boldsymbol{C}_{x,\psi}=\begin{bmatrix} 1 & 0 & 0 \\ 0 & \mathrm{c}\phi & \mathrm{s}\phi \\ 0 & -\mathrm{s}\phi & \mathrm{c}\phi \end{bmatrix} \tag{2.47}$$

定义旋转矩阵 $\boldsymbol{J}_1(\boldsymbol{\eta}_2)\in \boldsymbol{SO}(3)$ 为

$$\boldsymbol{J}_1(\boldsymbol{\eta}_2)=\begin{bmatrix} \mathrm{c}\psi\mathrm{c}\theta & -\mathrm{s}\psi\mathrm{c}\phi+\mathrm{c}\psi\mathrm{s}\theta\mathrm{s}\phi & \mathrm{s}\psi\mathrm{s}\phi+\mathrm{c}\psi\mathrm{c}\phi\mathrm{s}\theta \\ \mathrm{s}\psi\mathrm{c}\theta & \mathrm{c}\psi\mathrm{c}\phi+\mathrm{s}\phi\mathrm{s}\theta\mathrm{s}\psi & -\mathrm{c}\psi\mathrm{s}\phi+\mathrm{s}\theta\mathrm{s}\psi\mathrm{c}\phi \\ -\mathrm{s}\theta & \mathrm{c}\theta\mathrm{s}\phi & \mathrm{c}\theta\mathrm{c}\phi \end{bmatrix} \tag{2.48}$$

式中，$\mathrm{c}\cdot=\cos(\cdot)$，$\mathrm{s}\cdot=\sin(\cdot)$，$\mathrm{t}\cdot=\tan(\cdot)$。$\boldsymbol{SO}(3)$ 表示三阶特殊正交群。船舶在地球固定坐标系下的线性速度可以表示为

$$\dot{\boldsymbol{\eta}}_1=\boldsymbol{J}_1(\boldsymbol{\eta}_2)\boldsymbol{\nu}_1 \tag{2.49}$$

(2)角速度转换

船舶在地球坐标系下的角速度可以表示为

$$\dot{\boldsymbol{\eta}}_2=\boldsymbol{J}_2(\boldsymbol{\eta}_2)\boldsymbol{\nu}_2 \tag{2.50}$$

船体坐标系下的角速度可以表示为[6]

$$\boldsymbol{\nu}_2=\begin{bmatrix} \dot{\phi} \\ 0 \\ 0 \end{bmatrix}+\boldsymbol{C}_{x,\phi}\begin{bmatrix} 0 \\ \dot{\theta} \\ 0 \end{bmatrix}+\boldsymbol{C}_{x,\phi}\boldsymbol{C}_{y,\theta}\begin{bmatrix} 0 \\ 0 \\ \dot{\psi} \end{bmatrix}=\boldsymbol{J}_2^{-1}(\boldsymbol{\eta}_2)\dot{\boldsymbol{\eta}}_2 \tag{2.51}$$

由式(2.51)可以求得

$$J_2^{-1}(\boldsymbol{\eta}_2)=\begin{bmatrix}1 & 0 & -\mathrm{s}\theta\\ 0 & \mathrm{c}\phi & \mathrm{c}\theta\mathrm{s}\phi\\ 0 & -\mathrm{s}\phi & \mathrm{c}\theta\mathrm{c}\phi\end{bmatrix} \tag{2.52}$$

$$J_2(\boldsymbol{\eta}_2)=\begin{bmatrix}1 & \mathrm{s}\phi\mathrm{t}\theta & \mathrm{c}\phi\mathrm{t}\theta\\ 0 & \mathrm{c}\phi & -\mathrm{s}\phi\\ 0 & \mathrm{s}\phi\mathrm{c}\theta & \mathrm{c}\phi/\mathrm{c}\theta\end{bmatrix},\mathrm{c}\theta\neq 0 \tag{2.53}$$

式中，$\mathrm{c}\cdot=\cos(\cdot)$，$\mathrm{s}\cdot=\sin(\cdot)$，$\mathrm{t}\cdot=\tan(\cdot)$。

地球固定坐标系下，船舶的线速度和角速度可以表示为

$$\dot{\boldsymbol{\eta}}=\begin{bmatrix}\dot{\boldsymbol{\eta}}_1\\ \dot{\boldsymbol{\eta}}_2\end{bmatrix}=\begin{bmatrix}J_1(\boldsymbol{\eta}_2) & \mathbf{0}_{3\times 3}\\ \mathbf{0}_{3\times 3} & J_2(\boldsymbol{\eta}_2)\end{bmatrix}\begin{bmatrix}\boldsymbol{\nu}_1\\ \boldsymbol{\nu}_2\end{bmatrix}=J(\boldsymbol{\eta}_2)\boldsymbol{\nu} \tag{2.54}$$

对于横摇角和纵摇角较小，且稳心处于稳定状态的船舶，一个常用的运动学近似如下：

$$\dot{\boldsymbol{\eta}}=J(\boldsymbol{\eta}_2)\boldsymbol{\nu} \tag{2.55}$$

$$\Downarrow\quad \boldsymbol{\eta}_2=[0\quad 0\quad \psi]^{\mathrm{T}}$$

$$\dot{\boldsymbol{\eta}}=J(\psi)\boldsymbol{\nu} \tag{2.56}$$

式中

$$J(\psi)=\begin{bmatrix}C_{z,\psi}^{\mathrm{T}} & \mathbf{0}_{3\times 3}\\ \mathbf{0}_{3\times 3} & I_{3\times 3}\end{bmatrix} \tag{2.57}$$

当横摇角 ϕ 和纵摇角 θ 较小时，近似认为 $\cos\phi\approx 1$、$\cos\theta\approx 1$、$\cos\phi\approx 1$ 和 $\cos\theta\approx 1$。

(3)3 自由度运动学方程(水平运动)

很多实际应用只关注水平运动模式，只需要得到水平面内的近似运动学方程即可。将 6 自由度的运动学方程简化为只含有横荡、纵荡和艏摇 3 个自由度的运动学方程：

$$\dot{\boldsymbol{\eta}}=R(\psi)\boldsymbol{\nu},R^{-1}(\psi)=R^{\mathrm{T}}(\psi) \tag{2.58}$$

式中

$$R(\psi)=C_{z,\psi}^{\mathrm{T}}=\begin{bmatrix}\mathrm{c}\psi & -\mathrm{s}\psi & 0\\ \mathrm{s}\psi & \mathrm{c}\psi & 0\\ 0 & 0 & 1\end{bmatrix}$$

在平行参考坐标系中：

$$\dot{\boldsymbol{\eta}}_{\mathrm{R}}=R(\psi-\psi_{\mathrm{d}})\boldsymbol{\nu} \tag{2.59}$$

其他文献对参考坐标系的一些规定可以作为参考。Faltinsen[2] 用 A_{ij}、B_{ij} 和 C_{ji} 来表示附加质量、波浪辐射阻尼和恢复系数，并规定 x 轴指向船尾，y 轴指向右舷，z 轴指向上方；Newman[7] 规定，x 轴指向船首，y 轴指向船底，z 轴指向右舷；SNAME[5] 规定，x 轴指向船尾，y 轴指向右舷，z 轴指向船底。

在平行参考坐标系 $X_{\mathrm{R}}X_{\mathrm{R}}X_{\mathrm{R}}$ 中，假设艏摇方向运动的幅值较小($|\psi-\psi_{\mathrm{d}}|\approx 0$)，则可以得到

$$\dot{\boldsymbol{\eta}}_{\mathrm{R}}=R(\psi-\psi_{\mathrm{d}})\boldsymbol{\nu}\approx I_{3\times 3}\boldsymbol{\nu} \tag{2.60}$$

式中，$I_{3\times 3}\in\mathbb{R}^{3\times 3}$，是单位矩阵。在平行参考坐标系下不需要考虑非线性运动，方便用于线性控制器的设计。

对于砖塔锚泊船或锚泊半潜平台等锚泊结构,通常将地球固定坐标系的原点设置在锚泊系统的自然原点。船体坐标系的原点位于锚泊系统的几何中心处;对于转塔锚泊船,原点位于转塔的中心处。

2.3 船舶动力学

海洋船舶的动力学模型通常可由一个低频(low-frequency,LF)模型和一个波频(wave-frequency,WF)模型叠加而成。因此,船舶的运动是相应的 LF 运动和 WF 运动之和,如图 2.12 所示。WF 运动是由一阶波浪载荷引起的。在小振幅假设下,WF 运动可以用线性模型来表示。LF 运动是由二阶波浪载荷、流载荷、风载荷、系泊系统和推进力引起的。LF 运动通常是非线性运动,但是在特定操作地点可以进行线性化假设。

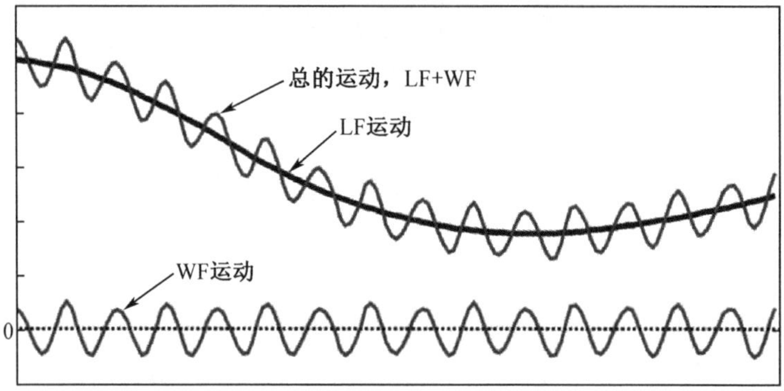

图 2.12 外部扰动作用下的船舶运动

对于水面船舶,只有水平方向的运动(横荡、纵荡和艏摇)是控制的目标。在定位系统的设计中,只需要考虑 LF 模型中水平面内的运动就足够了。通常来说,这是一个合理的假设,因为垂直面内的运动(垂荡、横摇和纵摇)对控制问题的影响较小。然而,在某些情况下,这一假设可能会给控制性能带来不可接受的不利影响。Sørensen 等[8]建议,根据横摇和纵摇的固有周期是否在定位控制器的带宽范围内将控制问题分为两类。因此,建模问题可以视为一个 3 自由度或 6 自由度问题。

●3 自由度:对于传统船舶和双体船,在设计控制器时只需要考虑 3 自由度的低频模型即可。对于这些船舶,可以假设低频垂直面内的动力学和推进器之间不会产生相互影响。

●6 自由度:对于海洋结构物来说,小水线面和低稳心高度会导致较慢的静水压恢复,推进器的作用会引起垂直面和水平面的耦合作用。典型的例子是半潜式平台和小水线面双体船,其横摇和纵摇固有周期通常在 35 ~ 65 s。如果垂直方向的固有阻尼特性较小,推进器的作用可能使横摇和纵摇的幅值在共振区域升高到 2° ~ 5°。由此产生的振动会给船员带来不适感,在某些情况下甚至会对操作产生不利影响。此时水平面和垂直面内的自由度都需要进行考虑。

WF 模型通常需要考虑船舶的 6 个自由度。必须使用垂直面内的 WF 运动来修正测量得到的位置信号。这可以在未受干扰的自由水面进行,并使 z 轴穿过重心和浮心。因此,原始的位置参考系统的测量数据会受到垂直面内运动的强烈影响，影响程度取决于 GPS 天线、水声位置参考系统传感器和 Artemis 接收器等相对于所定义的坐标原点的位置。

2.3.1 非线性低频船舶模型

船体坐标系下，船舶低频（LF）运动的 6 自由度（横荡、纵荡、垂荡、横摇、纵摇、艏摇）非线性方程可以写作如下形式：

$$\boldsymbol{M}\dot{\boldsymbol{\nu}} + \boldsymbol{C}_{\mathrm{RB}}(\boldsymbol{\nu})\boldsymbol{\nu} + \boldsymbol{C}_{\mathrm{A}}(\boldsymbol{\nu}_r)\boldsymbol{\nu}_r + \boldsymbol{D}(\boldsymbol{\nu}_r) + \boldsymbol{G}(\boldsymbol{\eta}) = \boldsymbol{\tau}_{\mathrm{env}} + \boldsymbol{\tau}_{\mathrm{moor}} + \boldsymbol{\tau}_{\mathrm{ice}} + \boldsymbol{\tau}_{\mathrm{thr}} \tag{2.61}$$

其中，方程右侧各项表示作用于船舶上的广义外力。横荡、纵荡和垂荡方向的力与横摇、纵摇和艏摇方向的力矩统称为广义力。$\boldsymbol{\tau}_{\mathrm{env}} \in \mathbb{R}^6$ 表示作用于船舶上的除流载荷以外的缓慢变化的环境载荷。海流的作用已经通过相对速度矢量的引入包含在方程左侧中。$\boldsymbol{\tau}_{\mathrm{thr}} \in \mathbb{R}^6$ 表示推进系统产生的广义力。虽然只有水平面内的横荡、纵荡和艏摇自由度是控制的目标，但是推进器的实际位置仍会引起垂直面内自由度和水平面内自由度的耦合。如上所述，对于小水线面海洋结构来说，考虑垂直面内的推力分量是非常重要的。锚泊系统的作用用 $\boldsymbol{\tau}_{\mathrm{moor}} \in \mathbb{R}^6$ 表示。$\boldsymbol{\tau}_{\mathrm{ice}} \in \mathbb{R}^6$ 表示冰上作业时平整冰、浮冰和冰脊对船舶的作用。Nguyen 等[9]提出了平整冰的模型。

（1）广义惯性力

定义系统惯性矩阵 $\boldsymbol{M} \in \mathbb{R}^{6\times6}$（含附加质量）

$$\boldsymbol{M} = \begin{bmatrix} m - X_{\dot{u}} & 0 & -X_{\dot{w}} & 0 & mz_{\mathrm{G}} - X_{\dot{q}} & 0 \\ 0 & m - Y_{\dot{v}} & 0 & -mz_{\mathrm{G}} - Y_{\dot{p}} & 0 & mx_{\mathrm{G}} - Y_{\dot{r}} \\ -Z_{\dot{u}} & 0 & m - Z_{\dot{w}} & 0 & -mx_{\mathrm{G}} - Z_{\dot{q}} & 0 \\ 0 & -mz_{\mathrm{G}} - K_{\dot{v}} & 0 & I_x - K_{\dot{p}} & 0 & -I_{xz} - K_{\dot{r}} \\ mz_{\mathrm{G}} - M_{\dot{u}} & 0 & -mx_{\mathrm{G}} - M_{\dot{w}} & 0 & I_y - M_{\dot{q}} & 0 \\ 0 & mx_{\mathrm{G}} - N_{\dot{v}} & 0 & -I_{zx} - N_{\dot{p}} & 0 & I_z - N_{\dot{r}} \end{bmatrix} \tag{2.62}$$

式中，m 为船舶质量；I_x、I_y 和 I_z 分别为关于 x、y 和 z 轴的惯性矩；$I_{xz} = I_{zx}$ 为惯性积。Faltinscn[2]定义了低速条件下，沿相应轴和耦合轴方向的加速度引起的 6 个自由度的附加质量系数 $X_{\dot{u}}$、$X_{\dot{w}}$、$X_{\dot{q}}$、$Y_{\dot{v}}$、$Y_{\dot{p}}$、$Y_{\dot{r}}$、$Z_{\dot{u}}$、$Z_{\dot{w}}$、$Z_{\dot{q}}$、$K_{\dot{v}}$、$K_{\dot{p}}$、$K_{\dot{r}}$、$M_{\dot{u}}$、$M_{\dot{w}}$、$M_{\dot{q}}$、$N_{\dot{v}}$、$N_{\dot{p}}$、$N_{\dot{r}}$。可以看出，系统惯性矩阵是对称和正定矩阵，即 $\boldsymbol{M} = \boldsymbol{M}^{\mathrm{T}} > 0$ 和 $\dot{\boldsymbol{M}} = 0$。

（2）广义科氏力和向心力

$$\boldsymbol{C}_{\mathrm{RB}}(\boldsymbol{\nu})\boldsymbol{\nu} + \boldsymbol{C}_{\mathrm{A}}(\boldsymbol{\nu}_r)\boldsymbol{\nu}_r$$

矩阵 $\boldsymbol{C}_{\mathrm{RB}}(\boldsymbol{\nu}) \in \mathbb{R}^{6\times6}$ 是刚体的反对称科氏力和向心力矩阵（Fossen[6]）：

$$\boldsymbol{C}_{\mathrm{RB}}(\boldsymbol{\nu}) = \begin{bmatrix} 0 & 0 & 0 & c_{41} & -c_{51} & -c_{61} \\ 0 & 0 & 0 & -c_{42} & c_{52} & -c_{62} \\ 0 & 0 & 0 & -c_{43} & -c_{53} & c_{63} \\ -c_{41} & c_{42} & c_{43} & 0 & -c_{54} & -c_{64} \\ c_{51} & -c_{52} & c_{53} & c_{54} & 0 & -c_{65} \\ c_{61} & c_{62} & -c_{63} & c_{64} & c_{65} & 0 \end{bmatrix} \tag{2.63}$$

式中

$$
\begin{array}{llll}
c_{41}=mz_{\mathrm{G}}r & c_{42}=mw & c_{43}=m(z_{\mathrm{G}}p-v) & \\
c_{51}=m(x_{\mathrm{G}}q-w) & c_{52}=m(z_{\mathrm{G}}r+x_{\mathrm{G}}p) & c_{53}=m(z_{\mathrm{G}}q+u) & c_{54}=I_{xz}p-I_{z}r \\
c_{61}=m(v+x_{\mathrm{G}}r) & c_{62}=-mu & c_{63}=mx_{\mathrm{G}}p & c_{64}=I_{y}q \\
c_{65}=I_{x}p+I_{xz}r & & &
\end{array}
\tag{2.64}
$$

Wichers 将流的作用分为势能部分和黏性部分。附加质量(包含流载荷势能部分)的科氏力和向心力矩阵可以写作

$$
\boldsymbol{C}_{A}(\boldsymbol{\nu}_{r})=\begin{bmatrix}
0 & 0 & 0 & 0 & -c_{\mathrm{a}51} & -c_{\mathrm{a}61} \\
0 & 0 & 0 & -c_{\mathrm{a}42} & 0 & -c_{\mathrm{a}62} \\
0 & 0 & 0 & -c_{\mathrm{a}43} & -c_{\mathrm{a}53} & 0 \\
0 & c_{\mathrm{a}42} & c_{\mathrm{a}43} & 0 & -c_{\mathrm{a}54} & -c_{\mathrm{a}64} \\
c_{\mathrm{a}51} & 0 & c_{\mathrm{a}53} & c_{\mathrm{a}54} & 0 & -c_{\mathrm{a}65} \\
c_{\mathrm{a}61} & c_{\mathrm{a}62} & 0 & c_{\mathrm{a}64} & c_{\mathrm{a}65} & 0
\end{bmatrix}
\tag{2.65}
$$

式中

$$
\begin{array}{lll}
c_{\mathrm{a}42}=-Z_{\dot{w}}w-X_{\dot{w}}u_{r}-Z_{\dot{q}}q & c_{\mathrm{a}43}=Y_{\dot{p}}p+Y_{\dot{v}}v_{r}+Y_{\dot{r}}r & \\
c_{\mathrm{a}51}=Z_{\dot{q}}q+Z_{\dot{w}}w+X_{\dot{w}}u_{r} & c_{\mathrm{a}53}=-X_{\dot{q}}q-X_{\dot{u}}u_{r}-X_{\dot{w}}w & c_{\mathrm{a}54}=Y_{\dot{r}}v_{r}+K_{\dot{r}}p+N_{\dot{r}}r \\
c_{\mathrm{a}61}=-Y_{\dot{v}}v_{r}-Y_{\dot{p}}p-Y_{\dot{r}}r & c_{\mathrm{a}62}=X_{\dot{u}}u_{r}+X_{\dot{w}}w+X_{\dot{q}}q & c_{\mathrm{a}64}=X_{\dot{q}}u_{r}+Z_{\dot{q}}w+M_{\dot{q}}q \\
c_{\mathrm{a}65}=Y_{\dot{p}}v_{r}+K_{\dot{p}}p+K_{\dot{r}}r & &
\end{array}
\tag{2.66}
$$

(3)广义的阻尼和流载荷 $\boldsymbol{D}(\boldsymbol{\nu}_r)$

阻尼向量可以分为一个非线性分量和一个线性分量:

$$\boldsymbol{D}(\boldsymbol{\nu}_{r})=\boldsymbol{D}_{\mathrm{L}}\boldsymbol{\nu}_{r}+\boldsymbol{d}_{\mathrm{NL}}(\boldsymbol{\nu}_{r},\gamma_{r}) \tag{2.67}$$

流载荷的作用通常是通过引入一个相对速度矢量包含在非线性阻尼项中:

$$\boldsymbol{\nu}_{r}=[u-u_{\mathrm{c}}\quad v-v_{\mathrm{c}}\quad w\quad p\quad q\quad r]^{\mathrm{T}} \tag{2.68}$$

定义横荡和纵荡方向的水平流载荷分量为

$$\boldsymbol{u}_{\mathrm{c}}=V_{\mathrm{c}}\cos(\beta_{\mathrm{c}}-\psi),\ v_{\mathrm{c}}=V_{\mathrm{c}}\sin(\beta_{\mathrm{c}}-\psi) \tag{2.69}$$

式中,V_{c} 和 β_{c} 分别是流速和流向。需要注意的是,此处不考虑垂荡、横摇、纵摇和艏摇方向的流速分量。定义总相对流速度为

$$U_{\mathrm{cr}}=\sqrt{u_{r}^{2}+v_{r}^{2}} \tag{2.70}$$

式中,$u_{r}=u-u_{\mathrm{c}},\nu_{r}=\nu-\nu_{\mathrm{c}}$。

相对阻尼角(drag)由式(2.71)求得

$$\gamma_{r}=\mathrm{atan2}(-v_{r},-u_{r}) \tag{2.71}$$

式中,atan2(a,b)的取值范围是$[-\pi,\pi]$。

(4)非线性阻尼和流载荷

假设垂直方向的运动较小,则 6 自由度的非线性阻尼向量的形式表示如下:

$$\boldsymbol{d}_{\mathrm{NL}}(\boldsymbol{\nu}_r,\gamma_r)=0.5\rho_{\mathrm{w}}L_{\mathrm{pp}}\begin{bmatrix} DC_{\mathrm{c}x}(\gamma_r)|U_{\mathrm{cr}}|U_{\mathrm{cr}} \\ DC_{\mathrm{c}y}(\gamma_r)|U_{\mathrm{cr}}|U_{\mathrm{cr}} \\ BC_{\mathrm{c}z}(\gamma_r)|w|w \\ B^2C_{\mathrm{c}\phi}(\gamma_r)|p|p+z_{py}DC_{\mathrm{c}y}(\gamma_r)|U_{\mathrm{cr}}|U_{\mathrm{cr}} \\ L_{\mathrm{pp}}BC_{\mathrm{c}\theta}(\gamma_r)|q|q-z_{px}DC_{\mathrm{c}x}(\gamma_r)|U_{\mathrm{cr}}|U_{\mathrm{cr}} \\ L_{\mathrm{pp}}DC_{\mathrm{c}\psi}(\gamma_r)|U_{\mathrm{cr}}|U_{\mathrm{cr}} \end{bmatrix} \tag{2.72}$$

式中，$DC_{\mathrm{c}x}(\gamma_r)$、$DC_{\mathrm{c}y}(\gamma_r)$、$DC_{\mathrm{c}y}(\gamma_r)$、$DC_{\mathrm{c}\phi}(\gamma_r)$、$DC_{\mathrm{c}\theta}(\gamma_r)$和$DC_{\mathrm{c}\psi}(\gamma_r)$是通过特定船舶的模型试验测得的无量纲阻力系数；$B$是船宽；$\rho_{\mathrm{w}}$是水的密度；$L_{\mathrm{pp}}$是垂线间长；$D$是吃水。沿横荡和纵荡方向的非线性阻尼和流载荷产生的力矩也会对船舶的横摇和纵摇产生影响。

当相对流载荷角度$|\beta_{\mathrm{c}}-\psi|\gg 0$时，可以采用交叉流原理（Faltinsen[2]）来计算横荡和艏摇方向的非线性流载荷。横荡方向的交叉流方程为

$$d_2=0.5\rho_{\mathrm{w}}\int_{L_{\mathrm{pp}}}D(x)C_{\mathrm{cy}}^{\mathrm{2D}}(\gamma_r,x)(v_r+rx)|v_r+rx|\mathrm{d}x \tag{2.73}$$

式中，$D(x)$是沿纵向变化的吃水；$C_{\mathrm{cy}}^{\mathrm{2D}}(\gamma_r,x)$是二维的阻力系数。类似地，艏摇方向的交叉流方程可以写作

$$d_6=0.5\rho_{\mathrm{w}}\int_{L_{\mathrm{pp}}}D(x)C_{\mathrm{cy}}^{\mathrm{2D}}(\gamma_r,x)(v_r+rx)|v_r+rx|\mathrm{d}x \tag{2.74}$$

为了简化计算，假设$D(x)=D$，阻力系数在整个船舶长度上是个常数，即$C_{\mathrm{cy}}^{\mathrm{2D}}(\gamma_r,x)=C_{\mathrm{cy}}^{\mathrm{2D}}$。Faltinsen[2]给出了船舶$C_{\mathrm{cy}}^{\mathrm{2D}}$的典型值（在0.45～1.4取值，取决于雷诺数）。对于细长船舶，由于船尾处垂直涡流的影响，阻力系数是三维的形式。

将坐标原点置于船中，使得原点到船首的距离为$L_{\mathrm{pp}}/2$，到船尾的距离为$-L_{\mathrm{pp}}/2$。则式(2.73)可以写作

$$\begin{aligned} d_2 &= 0.5\rho_{\mathrm{w}}DC_{\mathrm{cy}}^{\mathrm{2D}}\int_{L_{\mathrm{pp}}}(v_r+rx)|v_r+rx|\mathrm{d}x \\ &= 0.5\rho_{\mathrm{w}}DC_{\mathrm{cy}}^{\mathrm{2D}}\left(\begin{aligned}&\int_0^{L_{\mathrm{pp}}/2}[\mathrm{sgn}(v_r)|v_r^2+rv_rx|+\mathrm{sgn}(rx)|rv_rx+r^2x^2|]\mathrm{d}x+\\ &\int_{-L_{\mathrm{pp}}/2}^{0}[\mathrm{sgn}(v_r)|v_r^2+rv_rx|+\mathrm{sgn}(rx)|rv_rx+r^2x^2|]\mathrm{d}x\end{aligned}\right) \\ &= 0.5\rho_{\mathrm{w}}DC_{\mathrm{cy}}^{\mathrm{2D}}\left(\begin{aligned}&\mathrm{sgn}(v_r)\left[\left|\frac{L_{\mathrm{pp}}}{2}v_r^2+\frac{L_{\mathrm{pp}}}{8}v_rr\right|+\left|\frac{L_{\mathrm{pp}}}{2}v_r^2-\frac{L_{\mathrm{pp}}^2}{8}v^rr\right|\right]+\\ &\mathrm{sgn}(r)\left[\left|\frac{L_{\mathrm{pp}}^2}{8}v_rr+\frac{L_{\mathrm{pp}}^3}{24}r^2\right|-\left|-\frac{L_{\mathrm{pp}}^2}{8}v_rr+\frac{L_{\mathrm{pp}}^3}{24}r^2\right|\right]\end{aligned}\right) \end{aligned} \tag{2.75}$$

sgn是一个符号函数，满足

$$\mathrm{sgn}(x)=\begin{cases}1 & x\geqslant 0\\ -1 & x<0\end{cases}$$

注意，$\mathrm{sgn}(rx)=\mathrm{sgn}(r)\mathrm{sgn}(x)$。

类似地，式(2.74)可以写作

$$d_6=0.5\rho_{\mathrm{w}}DC_{\mathrm{cy}}^{\mathrm{2D}}\int_{L_{\mathrm{pp}}}x(v_r+rx)|v_r+rx|\mathrm{d}x$$

$$= 0.5\rho_{\mathrm{w}} DC_{\mathrm{cy}}^{\mathrm{2D}} \left(\begin{aligned} &\int_0^{L_{\mathrm{pp}}/2} [\mathrm{sgn}(v_r x)\,|v_r^2 x + r v_r x^2| + \mathrm{sgn}(r x^2)\,|r v_r x^2 + r^2 x^3|]\,\mathrm{d}x + \\ &\int_{-L_{\mathrm{pp}}/2}^{0} [\mathrm{sgn}(v_r x)\,|x v_r^2 + r v_r x^2| + \mathrm{sgn}(r x^2)\,|r v_r x^2 + r^2 x^3|]\,\mathrm{d}x \end{aligned} \right|$$

$$= 0.5\rho_{\mathrm{w}} DC_{\mathrm{cy}}^{\mathrm{2D}} \left(\begin{aligned} &\mathrm{sgn}(v_r)\left[\left|\frac{L_{\mathrm{pp}}^2}{8}v_r^2 + \frac{L_{\mathrm{pp}}^3}{24}v_r r\right| - \left|-\frac{L_{\mathrm{pp}}^2}{8}v_r^2 + \frac{L_{\mathrm{pp}}^3}{24}v_r r\right|\right] + \\ &\mathrm{sgn}(r)\left[\left|\frac{L_{\mathrm{pp}}^3}{24}v_r r + \frac{L_{\mathrm{pp}}^4}{64}r^2\right| - \left|-\frac{L_{\mathrm{pp}}^3}{24}v_r r - \frac{L_{\mathrm{pp}}^4}{64}r^2\right|\right] \end{aligned} \right)$$

(2.76)

注意，$\mathrm{sgn}(rx^2)=\mathrm{sgn}(r)\mathrm{sgn}(x^2)=\mathrm{sgn}(r)$。

由于艏摇角速度 r 的影响要比 v_r 的影响小，可以认为

$$d_2 = 0.5\rho_{\mathrm{w}} \int_{L_{\mathrm{pp}}} D(x) C_{\mathrm{cy}}^{\mathrm{2D}}(\gamma_r, x)(v_r + rx)\,|v_r + rx|\,\mathrm{d}x \approx 0.5\rho_{\mathrm{w}} L_{\mathrm{pp}} D C_{\mathrm{cy}}(\gamma_r)\,|U_{\mathrm{cr}}|\,U_{\mathrm{cr}}$$

$$d_6 = 0.5\rho_{\mathrm{w}} \int_{L_{\mathrm{pp}}} D(x) C_{\mathrm{cy}}^{\mathrm{2D}}(\gamma_r, x)x(v_r + rx)\,|v_r + rx|\,\mathrm{d}x \approx 0.5\rho_{\mathrm{w}} L_{\mathrm{pp}}^2 D C_{\mathrm{c}\psi}(\gamma_r)\,|U_{\mathrm{cr}}|\,U_{\mathrm{cr}}$$

如果横荡方向的阻力系数是通过模型试验测得的，则式(2.73)和式(2.74)中的二维阻力系数可以写作

$$C_{\mathrm{cy}}^{\mathrm{2D}} = C_{\mathrm{cy}}(\pi/2) \tag{2.77}$$

(5)线性阻尼

对于接近于零的速度，线性阻尼要比非线性阻尼更加重要。线性波漂移阻尼与层流表面摩擦引起的严格正定的线性阻尼矩阵 $\boldsymbol{D}_{\mathrm{L}} \in \mathbb{R}^{6\times 6}$ 的形式如下：

$$\boldsymbol{D}_{\mathrm{L}} = -\begin{bmatrix} X_u & 0 & X_w & 0 & X_q & 0 \\ 0 & Y_v & 0 & Y_p & 0 & Y_r \\ Z_u & 0 & Z_w & 0 & Z_q & 0 \\ 0 & K_v & 0 & K_p & 0 & K_r \\ M_u & 0 & M_w & 0 & M_q & 0 \\ 0 & N_v & 0 & N_p & 0 & N_r \end{bmatrix} \tag{2.78}$$

这种线性阻尼不能与波频模型中与频率相关的波辐射阻尼混淆。在低频模型中，波辐射阻尼的振动频率较低，其影响可以忽略，特别是对于水平运动。对于垂直面内的运动(纵荡、横摇和艏摇)，势流阻尼在控制所需的频率范围之内，在 LF 模型中需要进行考虑。纵荡方向的波浪漂移阻尼可以看作是船舶前进过程中的附加阻尼，大小与有效波高的平方成比例。

多数情况下，很难计算阻尼系数，通常需要结合经验公式、模型试验和计算流体力学来得到阻尼系数。表 2.1 给出了不同海况下水平面内占主要地位的阻尼作用。垂荡、横摇和纵摇的情况与横荡和艏摇类似。

表 2.1　不同海况下纵荡、横荡及艏摇的阻尼

	高海况	低海况
纵荡	线性波浪拖曳 非线性湍流 表面摩擦	当 $\lvert u_r \rvert > 0$ 时,非线性湍流表面摩擦 当 KC 数较低、$u_r \to 0$ 时,线性层流表面摩擦
横荡	非线性造涡 线性波浪拖曳	当 $\lvert v_r \rvert > 0$ 时,非线性造涡 当 KC 数较低、$v_r \to 0$ 时,线性层流表面摩擦
艏摇	非线性造涡 线性波浪拖曳	当 $\lvert v_r \rvert > 0$ 时,非线性造涡 当 KC 数较低,v_r,$r \to 0$ 时,线性层流表面摩擦

表 2.1 中的 Keulegan-Carpenter(KC)数的定义为

$$\mathrm{KC} = UT/D$$

式中,U 为自由流速;T 为振荡周期;D 为特征长度。对于横荡和艏摇,涡流引起的非线性阻尼起主导作用,当速度非常低时,线性阻尼起主导作用,这表明此时以层流表面摩擦为主。现有文献中,一些作者在模型中未包含任何线性阻尼项。相反,他们将小速度(u_r,v_r,$r \to 0$)下的阻尼系数提高到很高的数值。然而,从控制的角度来看,模型中应该包含线性项和非线性项,因为这更符合实际情况。

可以利用专业软件或者模型试验来得到这些系数。在过去的几年中,波浪漂移阻尼的重要性得到了越来越多的重视,一些研究人员(Finne 等[10])在设计水动力软件时已经将波浪漂移阻尼预测包含在内。可以采用交叉流原理和切片理论来计算横荡和艏摇方向的黏性阻尼。交叉流原理认为,由于流经船体的交叉流的影响,流动会产生分离,因此分离流体对船体周围压力的影响会产生横向力。该方法采用了经验阻力系数,从这个意义上说,是一种半经验方法。参考文献[11],可以得到传统船舶在水平面内的非线性阻力系数。除了采用半经验方法外,还可以进行模型试验。在模型试验中需要注意比例效应对黏性力的影响。从层流向湍流的变化取决于雷诺数的大小,这在模型试验和实际中是不同的。还可能会对分离点和涡流阻尼产生影响。在分离点已经明确定义的情况下(如舭龙骨),比例效应对涡流阻尼的影响不明显。波浪漂移阻尼不受比例效应的影响。

如果已经得到了其他船舶基于模型试验或数值计算的数据,经验表明,这些现有的数据可以很好地估计具有类似几何形状的船舶的系数。更多关于阻尼的计算,读者可以自行参考文献[2][7][12]。

当对船舶采用线性表面摩擦引起的线性阻尼项时,建议在相对速度超过 0.25 m/s 的情况下减低这些阻尼项的贡献。注意,要保留波浪漂移引起的线性阻尼。

(6)广义恢复力 $\boldsymbol{G}(\boldsymbol{\eta})$

在横摇角和纵摇角较小的情况下,恢复力向量可以线性化为 $\boldsymbol{G}(\boldsymbol{\eta})$,式中,$\boldsymbol{G} \in \mathbb{R}^{6\times6}$,是一个参数为线性广义重力和浮力系数的矩阵,关于 xz 面对称,表达式如下

$$\boldsymbol{G} = -\begin{bmatrix} 0 & 0 & 0 & 0 & 0 & 0 \\ 0 & 0 & 0 & 0 & 0 & 0 \\ 0 & 0 & Z_z & 0 & Z_\theta & 0 \\ 0 & 0 & 0 & K_\phi & 0 & 0 \\ 0 & 0 & M_z & 0 & M_\theta & 0 \\ 0 & 0 & 0 & 0 & 0 & 0 \end{bmatrix} \tag{2.79}$$

式中

$$Z_z \triangleq -\rho_w g A_{WP} \tag{2.80}$$

$$Z_\theta = M_z \triangleq \rho_w g \iint_{A_{WP}} x\mathrm{d}A \tag{2.81}$$

$$K_\phi \triangleq -\rho_w g \nabla(z_G - z_B) - \rho_w g \iint_{A_{WP}} y^2 \mathrm{d}A = -\rho_w g V \overline{GM}_T \tag{2.82}$$

$$M_\theta \triangleq -\rho_w g \nabla(z_G - z_B) - \rho_w g \iint_{A_{WP}} x^2 \mathrm{d}A = -\rho_w g V \overline{GM}_L \tag{2.83}$$

式中,g 为重力加速度;A_{WP}为水线面面积,$\mathrm{d}A = \mathrm{d}x\mathrm{d}y$;$\nabla$为排开水的体积;$\overline{GM}_T$ 和$\overline{GM}_L$ 分别为横向和纵向的稳心高度。

2.3.2 环境载荷

作用于船舶上并缓慢变化的环境载荷由以下各部分组成:

$$\boldsymbol{\tau}_{env} = \boldsymbol{\tau}_{wind} + \boldsymbol{\tau}_{wave2} \tag{2.84}$$

注意,流载荷矢量已经包含在非线性阻尼项中的相对速度矢量中。

(1)风载荷模型

风载荷由平均风载荷、缓慢变化的风载荷和快速变化的风载荷 3 部分组成。定义相对风速矢量为

$$\boldsymbol{\nu}_{rw} = [u - u_w \quad v - v_w \quad w \quad p \quad q \quad r]^T \tag{2.85}$$

定义各风速分量为

$$u_w = V_w \cos(\beta_w - \psi), u_w = V_w \sin(\beta_w - \psi) \tag{2.86}$$

式中,V_w 为风速;β_w 为风向。定义总相对风速的大小为

$$U_{wr} = \sqrt{u_{rw}^2 + v_{rw}^2} \tag{2.87}$$

式中,$u_{rw} = u - u_w$,$v_{rw} = v - v_w$。

定义相对风角为

$$\gamma_w = \mathrm{atan2}(-v_{rw}, -u_{rw}) \tag{2.88}$$

风载荷矢量可以写作

$$\boldsymbol{\tau}_{wind} = 0.5\rho_a \begin{bmatrix} A_x C_{wx}(\gamma_w) |U_{wr}| U_{wr} \\ A_y C_{wy}(\gamma_w) |U_{wr}| U_{wr} \\ 0 \\ A_y L_{yz} C_{wy}(\gamma_w) |U_{wr}| U_{wr} \\ -A_x L_{xz} C_{wx}(\gamma_w) |U_{wr}| U_{wr} \\ A_y L_{oa} C_{w\psi}(\gamma_w) |U_{wr}| U_{wr} \end{bmatrix} \tag{2.89}$$

式中，ρ_a 为空气密度；L_{oa} 为船舶的总长度；L_{xz} 为横向原点到风载荷作用点的垂直距离；L_{yz} 为纵向原点到风载荷作用点的垂直距离；A_x 和 A_y 分别为船舶水上部分在 xz 面和 yz 面的投影面积。$C_{wx}(\gamma_w)$、$C_{wy}(\gamma_w)$ 和 $C_{w\psi}(\gamma_w)$ 分别是横荡、纵荡和艏摇方向的无量纲风载系数。这些系数通常是通过模型试验或半经验公式得到的（Isherwood[13] 和 Blendermann[14]）。

在位置保持作业中，风速通常要远大于船舶速度，因此相对风角可以简化为 $\gamma_w = \beta_w - \psi$ 和 $U_{wr} = \sqrt{u_w^2 + v_w^2}$。

(2)波浪载荷模型

波浪漂移载荷是低频模型中总外激力的重要组成部分。二阶波浪载荷由平均波浪载荷、缓慢变化的波浪载荷和快速变化的波浪载荷组成。对于动力定位应用来说，快速变化的二阶波浪载荷可以忽略。Newman[15] 和 Faltinsen[2] 采用二次传递函数来描述二阶波浪载荷：

$$
\begin{aligned}
\tau^i_{\text{wave2}} &= \bar{\tau}^i_{wm} + \tau^i_{wsv}, i = 1,2,3,\cdots,6 \\
&= \sum_{j=1}^{N}\sum_{k=1}^{N} A_j A_k \{ T^{ic}_{jk}\cos[(\omega_k - \omega_j)t + \varepsilon_k - \varepsilon_j] + T^{is}_{jk}\sin[(\omega_k - \omega_j)t + \varepsilon_k - \varepsilon_j] \}
\end{aligned}
\quad (2.90)
$$

式中，ω_j 为波浪频率；A_j 为波浪振幅；ε_j 为随机相位角；上标 c 和 s 分别表示 cos 和 sin。二次传递函数 T_{jk} 取决于一阶和二阶速度势。此外，计算所有 ω_k 和 ω_j 组合下的 T_{jk} 会耗费很多时间，需要进行一些简化。需要注意的是，$k=j$ 时的传递函数 T_{jj} 表示平均波浪载荷，只需要一阶速度势就可以计算。缓慢变化的波浪载荷是指 $\omega_k - \omega_j$ 较小的波浪载荷。通常，T_{jk} 不会随频率有显著变化。Newman[15] 提出了下列具有较高精度的近似形式：

$$T^{ic}_{jk} = T^{ic}_{kj} = \frac{1}{2}(T^{ic}_{jj} + T^{ic}_{kk}) \quad (2.91)$$

$$T^{is}_{jk} = T^{is}_{kj} = 0 \quad (2.92)$$

缓慢变化的载荷用平均漂移载荷来近似替代，因此计算过程大为简化，计算时间大大缩短。这种基于波浪漂移系数的近似方法将得到更加深入的应用。通过将海洋波浪谱（通常为 Pierson-Moskowitz 波浪谱）分为 N 个频率间隔和振幅，可以将波浪漂移载荷写作下列形式：

$$
\begin{aligned}
\tau^i_{\text{wave2}} &= \bar{\tau}^i_{wm2} + \tau^i_{wsv} \\
&= 2\{ \sum_{j=1}^{N} A_j [T^i_{jj}(\omega_j, \beta_{\text{wave}} - \psi)]^{1/2}\cos(\omega_j t + \varepsilon_j) \}^2
\end{aligned}
\quad (2.93)
$$

式中，T^i_{jj} 为与频率相关的波浪漂移函数；β_{wave} 为平均波浪方向（与风载荷和流载荷遵循同样的 sign 变换）。这一近似方法的缺点是高频分量没有实际的物理意义，可以通过数字滤波来克服这一缺点。式(2.93)经过扩展也可以将波浪传播包含在内。一般来说，二阶波浪载荷要远小于一阶波浪载荷。二阶波浪载荷与波浪振幅的二次方成正比，而一阶波浪载荷与波浪振幅的一次方成正比。

2.3.3　线性波频率模型

线性理论假设波浪是小波幅运动。现有文献中，波频运动是在流体动力学框架内计算的。船舶在波浪中的流体动力学问题是作为波浪反射（wave reaction）和波浪激励（wave excitation）两个子问题来解决的（Faltinsen[2]）。这里假设势能理论忽略黏性效应。

●波浪反射：当船舶被迫以波浪激励频率振荡时作用在船舶上的力和力矩。此时的流体动力学载荷被确定为附加质量项和波浪辐射阻尼项。

●波浪激励：当船舶的振荡受到抑制并存在入射波时作用在船舶上的力和力矩。此时，波浪激励载荷有 Froude-Kriloff 力和力矩（未受扰动的压力场引起）以及绕射力和力矩（船舶干扰压力场引起）。

在位置保持作业中，假设关于坐标 x_d、y_d 和 ψ_d 的运动幅值较小，水动力坐标系下的波频运动耦合方程可以写作：

$$\begin{aligned} \boldsymbol{M}(\omega)\ddot{\boldsymbol{\eta}}_{Rw}+\boldsymbol{D}_p(\omega)\dot{\boldsymbol{\eta}}_{Rw}+\boldsymbol{G}\boldsymbol{\eta}_{Rw}&=\boldsymbol{\tau}_{wave1} \\ \dot{\boldsymbol{\eta}}_w&=\boldsymbol{J}(\bar{\boldsymbol{\eta}}_2)\dot{\boldsymbol{\eta}}_{Rw} \end{aligned} \tag{2.94}$$

式中，$\boldsymbol{\eta}_{Rw}\in\mathbb{R}^6$，为局部坐标系下的波频运动向量；$\boldsymbol{\eta}_w\in\mathbb{R}^6$，为地球固定坐标系下的波频运动向量，$\bar{\boldsymbol{\eta}}_2=[0\quad 0\quad \psi_d]^T$；$\boldsymbol{\tau}_{wave1}\in\mathbb{R}^6$，为一阶波浪激励向量，取决于船舶相对于入射波方向的艏向；$\boldsymbol{M}(\omega)\in\mathbb{R}^{6\times6}$，为系统惯性矩阵，除了包含船舶的质量和惯性矩，还包括由频率决定的附加质量；$\boldsymbol{D}_p(\omega)\in\mathbb{R}^{6\times6}$，为波浪辐射阻尼矩阵；$\boldsymbol{G}\in\mathbb{R}^{6\times6}$，为重力和浮力（只影响垂荡、横摇和纵摇）引起的线性化的恢复系数矩阵。Triantafyllou[16] 认为系泊缆线不会对波频运动产生影响。

通常来说，一个时域的方程不能用频域内的系数来表示。然而，这是一个广泛使用的伪微分方程。方程中的附加质量项和波浪辐射阻尼项的一个重要特性是记忆效应，这一效应在不稳定情况下（例如，艏向角快速变化）尤为重要。通过引入一个卷积积分或延迟函数（Newman[7]）或状态空间模型（Kristiansen 等[17] 和 Fossen[18]）来考虑记忆效应的影响。

对船舶响应进行分析的模型试验和数值模拟的结果通常以传递函数或系数表格的形式呈现。这些结果可以用于波浪引起的线性运动、二阶波浪漂移运动和缓慢变化的运动。线性理论在很大程度上足够描述波浪引起的运动，尤其适合于中等海况。在不规则海况条件下，可以通过增加不同振幅、频率和方向的常规波浪的结果来计算船舶的响应。在恶劣海况条件下，非线性因素的作用越来越重要，还需要进一步的深入研究。

2.3.4 推力伺服模型

通常，完美的控制行为不考虑推进器动力学的影响，但这并不符合实际情况，因为推力响应受到执行器动力学和驱动系统的影响。当控制频率升高时，会导致相位滞后和振幅减小等指令功能下降。水流对推进器叶片的干扰也会导致推进器效率下降，这是由推进器与推进器、推进器与船体之间的相互作用以及流载荷和船舶速度等因素导致的。此外，自由表面的影响也会降低推进器的效率。水流干扰导致的推进器效率的下降可以通过控制器进行补偿。全尺寸试验的经验表明，一阶模型大致近似于实际系统。因此，可以用下列的简化模型来描述推进器动力学：

$$\boldsymbol{\tau}_{thr}=-\boldsymbol{A}_{thr}(\boldsymbol{\tau}_{thr}+\boldsymbol{\tau}_c) \tag{2.95}$$

式中，$\boldsymbol{\tau}_c\in\mathbb{R}^3$，为控制器产生的横荡、纵荡和艏摇方向的推力。推进器动力学对角矩阵 $\boldsymbol{A}_{thr}=\mathrm{diag}\{1/T_1,1/T_2,1/T_3\}$。

参考文献

[1] GOODWIN G C, GRAEBE S F, SALGADO M E. Control system design[M]. New Jersey: Prentice Hall, 2001.

[2] FALTINSEN O M. Sea load on ships and offshore structures[M]. Cambridge: Cambridge University Press, 1990.

[3] JOHANNESSEN K, MELING T S, HAVER S. Joint distribution for wind and waves in the northern north sea[J]. International Journal of Offshore and Polar Engineering, 2002, 12(1): 1-8.

[4] FOSSEN T I. Marine control systems, guidence, navigation, and control of ships, rigs and underwater vehicles[M]. Trondheim: Marine Cybernetics, 2002.

[5] SNAME. Nomenclature for treating the motion of a submerged body through a fluid[J]. Technical and Research Bulletin, 1950.

[6] FOSSEN T I. Guidance and control of ocean vehicles[M]. Chichester: John Wiley & Sons Ltd., 1994.

[7] NEWMAN J N. Marine Hydrodynamics[M]. Cambridge: MIT Press, 1977.

[8] SϕRENSEN A J, STRAND J P. Position of small-waterplane-area marine constructions with roll and pitch damping[J]. Control Engineering Practice, 2000, 8(2): 205-213.

[9] DONG T N, SϕRBϕ A H, SϕRENSEN A J. Modelling and control for dynamic positioned vessels in level ice[J]. IFAC Proceedings Volumes, 2009, 42(18): 229-236.

[10] FINNE S, GRUE J. On the complete radiation-diffraction problem and wave-drift damping of marine bodies in the yaw mode of motion[J]. Journal of Fluid Mechanics, 1998, 357: 289-320.

[11] OCIMF. Prediction of wind and current loads on VLCCs[M]. 2nd ed. London: Witherby & Co. Ltd., 1994.

[12] FALTINSEN O M, SORTLAND B. Slow drift eddy marking damping of a ship[J]. Applied Ocean Research, 1987, 9(1): 37-46.

[13] ISHERWOOD R M. Wind resistance of merchant ships[J]. Transactions of Royal Institution of Naval Architects, 1972, 115: 327-338.

[14] BLENDERMANN W. Die windkräfte am shiff[M]. Germany: Institut für Schiffbau der Universität Hamburg, 1986.

[15] NEWMAN J N. Second-order, slowly-varying forces on vessels in irregular waves[J]. Marine Vehicles, 1974: 182-186.

[16] TRIANTAFYLLOU M S. Cable mechanics for moored floating systems[J]. Floating Structures, 1994.

[17] KRISTIANSEN E, EGELAND O. Frequency-dependent added mass in models for controller design for wave motion damping[C]// In Proceedings of 6th Conference on Manoeuvring and Control of Marine Crafts, Girona, Spain, 2003.

[18] FOSSEN T I. Handbook of marine craft hydrodynamics and motion control[M]. New York: John Wiley & Sons Ltd, 2010.

第三章　信号质量检查与故障检测

精确的控制性能取决于可靠的传感器信号,不可靠的传感器信号会影响控制系统的精确性和安全性。因此,需要检测质量不佳的传感器信号,并且对现有的信号做最优处理,如图 3.1 所示的信号处理模块,对每个信号进行检查,并在信号处理模块中对不良信号进行处理。

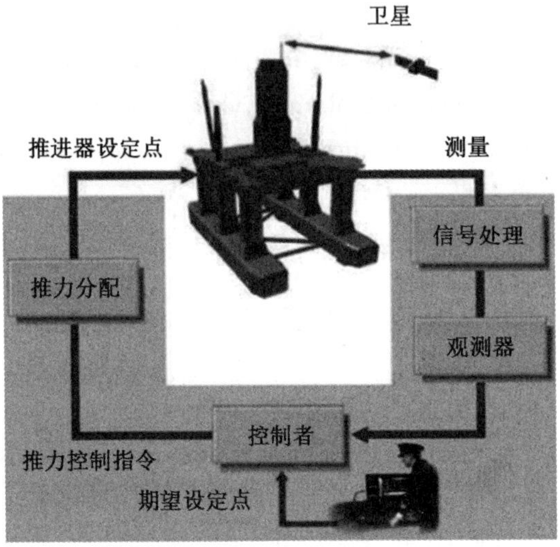

图 3.1　控制器结构示意图

许多安全性要求较高的海上作业要求必须具有冗余的传感器。这意味着,需要安装两套或者多套传感器来测量同一个状态信息,并连接至控制系统。冗余的传感器的类型可以相同,也可以不同。例如,动力定位系统在测量北东坐标系下的位置时,可能采用两个差分全球定位系统(differential global positioning systems,DGPS),GPS 是基于卫星的定位系统。采用一个差分全球定位系统(DGPS)和一个水声定位参考系统(hydroacoustic positioning reference,HPR)的组合方案可以取得更好的效果,HPR 是水下的定位系统。此外,在硬件、软件和测量原理上都存在冗余度。有关规范还规定,当动力定位船舶进行安全性要求很高的作业时,要求有 3 套及以上的传感器设备,这是因为在进行这些作业时,位置信号的缺失会导致致命事故、严重的污染或者重大的经济损失,这就是所谓的三级(class 3)设备等级。这意味着,如果 3 套传感器中有一个发生故障,则必须停止动力定位操作。为了提高系统的整体可用性以及降低停租天数,船东可能会要求安装 4 套或者更多的传感器系统。具有冗余的传感器信号,可对信号处理提出额外的要求权重(最值得信赖的一种)和信号漂移(信号表决可用于拒绝偏差较大的传感器)。因此,以一致的方式处理多个信号对于确保安全和最佳操作至关重要。

3.1 单个信号的测试

图 3.1 所示的信号处理模块可以对所有的传感器信号、位置参考系统的信号和推力装置的反馈信号进行质量检查。对单个信号的质量检查请参阅文献[1]。

下述测试可以用于单个信号。如果检测到信号故障，则该信号将不能使用。

- 信号范围测试；
- 方差测试；
- 野点测试。

3.1.1 开窗术

用于计算信号方差的各种窗口化方法请参阅文献[2]。所谓窗口化，即对信号 $x[k]$ 进行如下处理：

$$p[k]=x[k]\omega[k] \tag{3.1}$$

式中，$\omega[k]$ 为有限时间窗信号。在实际中，我们只能够在一个有限时间间隔内测量信号，这段有限时间称为时间窗。则用于分析的实际信号为

$$p[k]=\begin{cases}x[k], & -M\leqslant k\leqslant M\\ 0, & \text{其他}\end{cases} \tag{3.2}$$

式中，$-M\leqslant k\leqslant M$ 为时间窗口。

使用矩形窗，则有限时间窗信号可以写为

$$w[k]=\begin{cases}1, & -M\leqslant k\leqslant M\\ 0, & \text{其他}\end{cases} \tag{3.3}$$

值得注意的是，采用矩形窗可能会导致傅里叶变换时发生超调，即与所谓的吉布斯(Gibbs)现象有关。而采用指数窗和汉宁窗可以改善这一状况。具体细节请参阅文献[2]和文献[3]。

3.1.2 信号范围测试

大部分的可用信号都有一个特定的范围。例如，陀螺仪传感器的信号输出范围为0°~360°。如果信号处理模块收到了超出该范围的陀螺仪信号，则认为该信号为故障信号。所以，要求信号在特定的范围之内：

$$x[k]\in[x_{\min},x_{\max}] \tag{3.4}$$

3.1.3 方差测试

信号方差表示信号的振幅和频率的变化。例如，测量噪声的水平越高，则方差越高。同时，信号方差也受到过程噪声（例如恶劣海况）的影响。信号方差并不是故障，但应该反映在计算过程之中。

$t=k$ 时的信号序列 $\{x[k]\}$ 由信号本身和 $n-1$ 时的历史值组成，即

$$\{x[i]:i=k-(n-1),\cdots,k-1,k\} \tag{3.5}$$

序列的平均值 $\bar{x}_k$ 为

$$\bar{x}_k = \frac{1}{n}\sum_{i=k+1-(n-1)}^{k} x[i] \tag{3.6}$$

相应的方差为

$$\sigma_k^2 = \frac{1}{n-1}\left(\sum_{i=k-(n-1)}^{k} x[i]^2 - n\bar{x}_k^2\right) \tag{3.7}$$

定义

$$y[k] = \frac{1}{n}\sum_{i=k+1-(n-1)}^{k} x[i]^2 \tag{3.8}$$

将式(3.7)写为递推形式:

$$\sigma_{k+1}^2 = \frac{n}{n-1}[y[k+1] - (\bar{x}[k+1])^2] \tag{3.9}$$

式中

$$y[k+1] = y[k] + \frac{1}{n}((x[k+1])^2 - \{x[k-(n-1)]\}^2) \tag{3.10}$$

较高的方差意味着传感器可能出现故障或者测量不精确。如果信号一直不变或发生冻结(frozen signal),此时可能传感器发生故障,从而导致零方差。因此,在方差测试中需要同时考虑上限和下限,如图 3.2 所示。

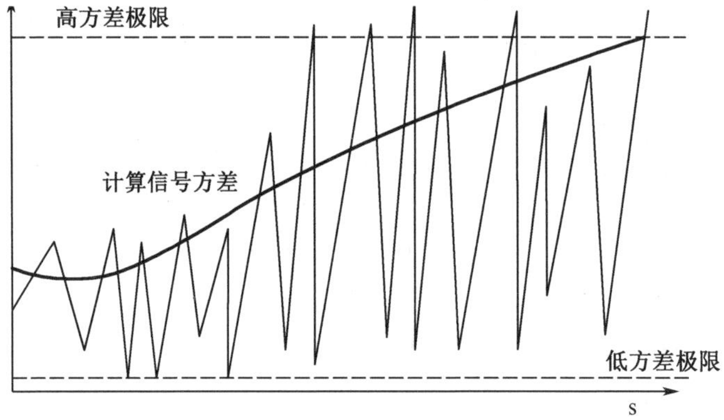

图 3.2　信号方差测试

3.1.4　野点测试

如果检测到野点的存在,则应该去除该信号。野点是指测量中出现的明显不同于之前的测量信号的信号,如图 3.3 所示。采样值 $x[k]$ 满足下列条件时可以被接受:

$$x[k] \in [\bar{x}_k - a\sigma, \bar{x}_k + a\sigma] \tag{3.11}$$

式中,a 为第 3 ~9 个时间间隔。通常,用计算值来代替野点。计算值可以是之前的样本值、平均值或者最小方差的估计值。

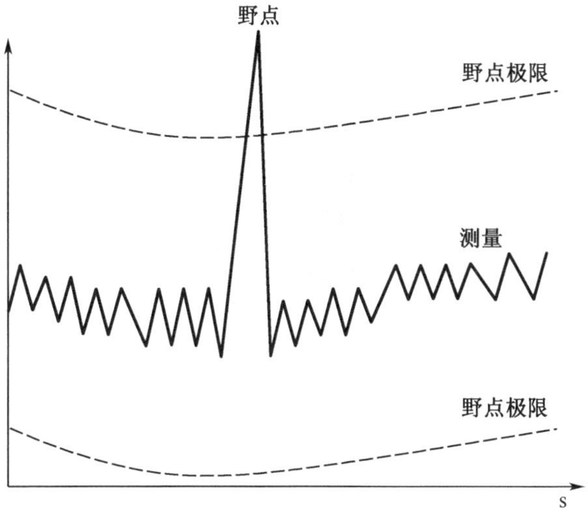

图 3.3　野点测试

3.2　冗余测量数据的处理

冗余传感器或者位置参考系统的存在可以提高故障检测、加权和投票的可能性。对来自不同传感器或者位置参考系统的信号进行比较,不同来源的信号的差异意味着故障的出现。采用加权准则来计算控制器的最优输入数据。

3.2.1　投票

信号处理模块提供了用于检测传感器和位置参考系统漂移的两种级别的投票表决。

如果存在两套传感器或位置参考系统,则信号处理模块可以检测出两种来源信号之间的漂移。然而,在没有检测到单个信号故障的情况下,不能检测出是哪个传感器或位置参考系统出现故障。一旦检测到信号故障,操作者会得到提示。

如果存在 3 套或者更多的传感器或位置参考系统,信号处理模块还可以进行投票表决,以检测出哪种来源的信号是实际漂移信号,如图 3.4 所示。图 3.4 中,3 个测量信号各不相同,但是可以看出,2 号传感器信号明显偏离于 1 号和 3 号传感器信号。当漂移量超过指定范围时,投票表决算法会自动对 2 号传感器信号进行处理。

3.2.2　加权

当存在冗余传感器或者位置参考系统时,信号处理模块会对单个信号进行加权处理,以便计算最优的平均信号。单个信号的加权系数的计算有两种方式:根据信号方差自动计算和手动设置。采用自动方式时,方差较高的传感器信号的加权系数较低,对加权后的信号的影响也就较小。然而,如果方差过小,则加权计算中会舍弃掉该信号。

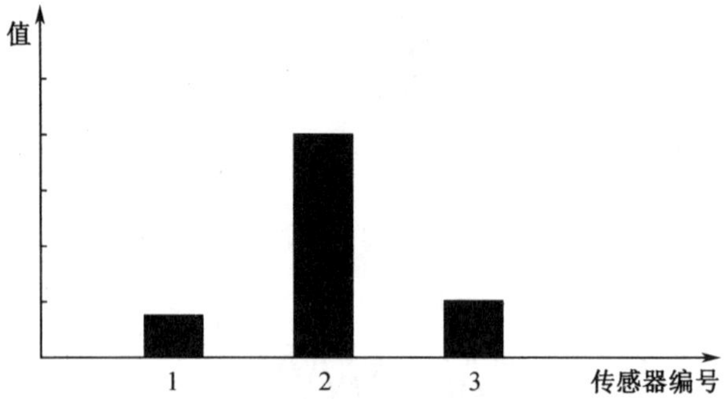

图 3.4　冗余测量信号的表决

假设存在 3 个传感器信号 x_1、x_2 和 x_3，相应的加权系数为 w_1、w_2 和 w_3，则传感器信号的加权过程如下

$$x_w = \frac{w_1 x_1 + w_2 x_2 + w_3 x_3}{w_1 + w_2 + w_3} \tag{3.12}$$

用 n 个独立的加权信号之和来表示无偏差的估计信号：

$$\hat{x} = \sum_{i=1}^{n} s_i x_i \tag{3.13}$$

式中

$$\sum_{i=1}^{n} s_i = 1 \tag{3.14}$$

加权系数可以根据信号方差自动计算或者由操作者手动设置。对于手动设置的加权系数

$$s_i = \frac{w_i}{\sum_{k=1}^{n} w_k} \tag{3.15}$$

对于自动设置的加权系数

$$s_1 = \frac{\sigma_2^2}{\sigma_1^2 + \sigma_2^2} \tag{3.16}$$

$$s_2 = \frac{\sigma_1^2}{\sigma_1^2 + \sigma_2^2} \tag{3.17}$$

n 个信号的自动权重算法为

$$s_i = \frac{\prod_{j \neq i} \sigma_j^2}{\sum_{k=1}^{n} \prod_{j \neq i} \sigma_j^2} \tag{3.18}$$

3.2.3　传感器的使能和不使能

操作者禁用传感器或者传感器的突然故障都会导致信号的偏移，如图 3.5 所示。这种情况下，可以采用信号过滤来避免上述情况的发生，如图 3.6 所示。

当传感器信号丢失时，滤波器应该被激活。需要设定一个恰当的时间周期，这取决于信号的偏差以及信号的最大变化率。信号丢失后不可避免地会发生信号平均值的变化，但

是滤波器会避免这种不期望的响应。

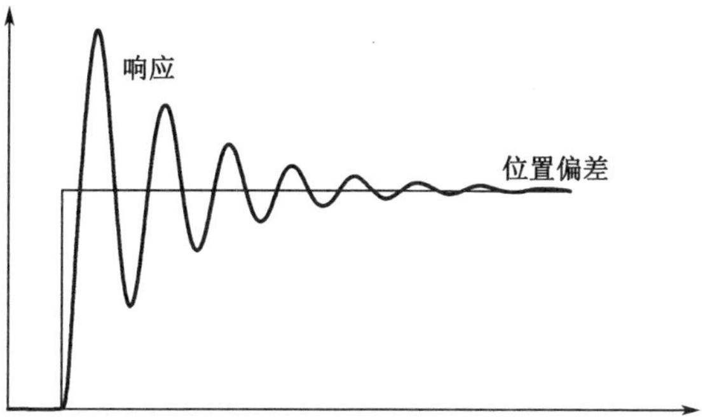

图 3.5　位置测量信号的阶跃效应

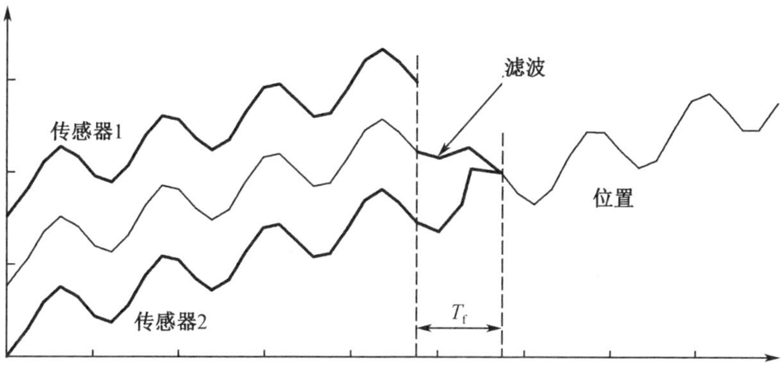

图 3.6　位置信号滤波

用 y_w 表示发生故障后新的加权信号，则通过求解式（3.19），可以得到进入控制系统中新的加权信号

$$\dot{y}_{fw} = -\frac{1}{T_f}y_{fw} + \frac{1}{T_f}y_w \tag{3.19}$$

滤波不应造成传感器测量相位变化过大，当一个传感器重新正常工作时，测量数据应保持平滑且不需要进行滤波。

参考文献

[1] GRØVLEN Å, SØRENSEN A J, AARSET M F. Aspects of dynamic positioning: impacts of signal processing and local thrust control in integrated power [C]// Automation and Positioning System, 1998.

[2] OPPENHEIM A V, WILLSKY A S, NAWAB S H. Signals and systems [M]. 2th ed. New Jersey: Prentice Hall, 1997.

[3] CHRISTIANSEN D. Electronics engineer's handbook [M]. 4th ed. New York: IEEE Press, McGraw-Hill, 1996.

第四章　滤波与状态估计

为了成功地设计工业控制系统，除了需要恰当的信号处理过程外，对信号进行滤波处理也是必不可少的。本章的主要内容包括：

●测量噪声的过滤。由于外部扰动和传感器内部的特性，大部分传感器信号都掺杂着噪声信号。如果不采取预防措施，噪声信号可能会对控制器的性能造成不利的影响。通过滤波处理，我们可以改变噪声信号的频率分量的相对振幅，或者可以完全消除某些频率分量的影响。

●不可测量数据的重建。在很多应用中，某些重要的过程状态并不能通过测量得到。其原因包括，没有合适的传感器或者安装相应传感器的成本过高。此时，可以采用基于状态估计的复杂模型。状态观测器的主要目的是，重建不可观测的信号并在信号进入反馈控制系统前对其进行滤波。在动力定位系统中，状态观测器的输入信号为传感器数据，例如，惯性测量装置测得的船舶垂荡、横摇和纵摇运动信号，陀螺仪测得的船舶艏向信号和位置参考系统（DGPS 等）测得的船舶在北东坐标系下的位置信号等。

●船位推算。工业应用领域的经验表明，最常见的控制系统故障为传感器故障。在对安全性要求很高的海洋工程应用中，在控制系统突发故障时，如果没有进行及时的信号替代，则会导致严重的后果。而采用基于模型的滤波器，至少在一定的时间段内，可以用预测的传感器信号代替测量信号。然后，采用该过程和传感器本身的数学模型预测控制系统所需的信号。只采用模型预测计算状态信息的方法称为船位推算。将观测器用于故障诊断和容错控制中的虚拟传感器的设计，是目前的研究热点。

本章将对常用的模拟和数字滤波器以及基于模型的滤波器（观测器）的基本特性进行介绍，所涉及的理论适用于大多数的工业控制问题，具体可以参阅文献[1]至文献[6]。与故障诊断和容错控制相关的知识可以参考文献[7]。

4.1　模拟和数字滤波

文献[5]将能够改变系统功率谱的形状的线性时不变系统称为频率整形滤波器。能够保证某些频率基本不失真，并能显著减弱其他频率的滤波器称为频率选择滤波器。由于应用范围较广，本章首先介绍频率选择滤波器，其中最常见的理想滤波器有：

●低通滤波器，能够使零至截止频率之间的信号通过，而减弱或消除所有较高频率的信号。

●高通滤波器，能够使高频信号通过，而减弱或消除零至截止频率之间的信号。

●带通滤波器，能够使高低截止频率之间的信号通过，而减弱或消除带宽之外的信号。

●带阻滤波器，能够消除高低截止频率之间的信号，而使其他信号顺利通过。

●全通滤波器，能够令所有频率的信号通过，并产生可预测的相位漂移。

例 4.1　一个理想的连续的低通滤波器是指能够使 $-\omega_c \leqslant \omega \leqslant \omega_c$ 范围内的复指数信号

$e^{j\omega t}$通过，并且能过滤掉其他所有频率的信号的线性时不变系统，其中，ω_c 为截止频率。因此，其频率响应为

$$h(j\omega)=\begin{cases}1, & |\omega|\leqslant\omega_c\\ 0, & |\omega|>\omega_c\end{cases} \tag{4.1}$$

对于复指数信号 $e^{j\omega t}$，理想的低通滤波器通常具有关于 $\omega=0$ 对称的频率响应，并且有 $|h(j\omega)|=1$。

理想的滤波器可以用于描述理想化的系统。然而，在实际应用中很难达到理想情况，必须将滤波器近似为非理想滤波器。非理想滤波器具有一个从滤波通带至滤波阻带的渐进的过渡频带。滤波通带和滤波阻带可以接受的偏差极限 δ_1 和 δ_2 如图 4.1 所示。滤波通带中的频率响应与零点的偏离量称为通带波动，滤波阻带中的频率响应与零点的偏离量称为阻带波动。此外，对于控制应用来说，滤波器的相位特征也非常重要。对于非理想化的滤波器来说，在过渡带宽的宽度以及阶跃响应的上升时间、延迟时间和超调量之间需要进行权衡。

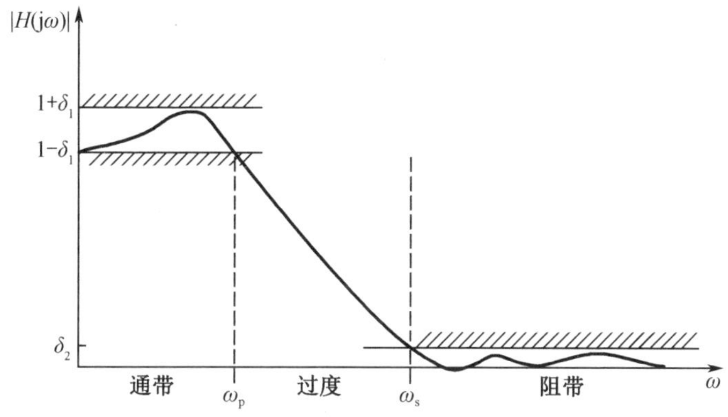

图 4.1　低通滤波器的振幅特征的容差

4.1.1　非理想低通滤波器

n 阶的 Butterworth 滤波器是一类广泛使用的低通滤波器(可参考文献[5])。$n=1,2$ 和 3 时的频率范围为

$$n=1, b(s)=\frac{\omega_c}{s+\omega_c} \tag{4.2}$$

$$n=2, b(s)=\frac{\omega_c^2}{(s^2+\sqrt{2}\omega_c s+\omega_c^2)} \tag{4.3}$$

$$n=3, b(s)=\frac{\omega_c^3}{(s^2+\omega_c s+\omega_c^2)(s+\omega_c)} \tag{4.4}$$

时域内的滤波器可以写为

$$n=1,\ \dot{x}_f+\omega_c x_f=\omega_c x \tag{4.5}$$

$$n=2,\ \ddot{x}_f+\sqrt{2}\omega_c\dot{x}_f+\omega_c^2 x_f=\omega_c^2 x \tag{4.6}$$

$$n=3,\quad \dddot{x}_{\mathrm{f}}+2\omega_{\mathrm{c}}\ddot{x}_{\mathrm{f}}+2\omega_{\mathrm{c}}^{2}\dot{x}_{\mathrm{f}}+\omega_{\mathrm{c}}^{3}=\omega_{\mathrm{c}}^{3}x \tag{4.7}$$

式中，x 为需要滤波的输入信号；x_{f} 为滤波后的输出信号；ω_{c} 为截止频率。Butterworth 滤波器能够保证在滤波通带范围内的频率响应振幅尽可能地平滑，如图 4.2 所示。此外，还有 Chebyshev 滤波器、Bessel 滤波器、Legendre-Papoulis 滤波器和 Elliptic 滤波器等其他类型的低通滤波器，更多细节请参阅文献[6]。

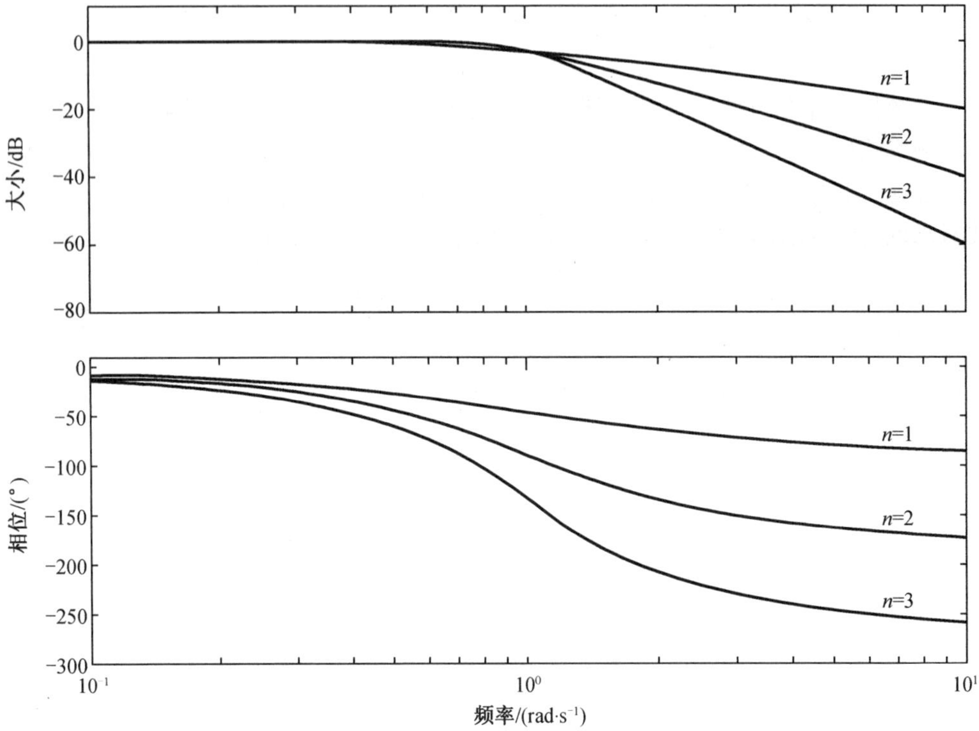

图 4.2　滤波器的 Bode 图

4.1.2　非理想高通滤波器

对低通滤波器进行如下变换

$$s\rightarrow\frac{1}{s} \tag{4.8}$$

则可以得到一个高通滤波器。

4.1.3　陷波滤波器

陷波滤波器是一种常见的带通滤波器，其形式为

$$h_{n}=\prod_{i=1}^{r}\frac{s^{2}+2\varsigma_{ni}\omega_{i}s+\omega_{i}^{2}}{s^{2}+2\varsigma_{di}\omega_{i}s+\omega_{i}^{2}} \tag{4.9}$$

式中，ω_i 为滤波器的中心频率；r 为中心频率的数量；$\varsigma_{ni}\ll 1$ 和 $\varsigma_{di}>0$ 分别为分子和分母的阻尼比。通常令 $\varsigma_{ni}=0.1$ 和 $\varsigma_{di}=1$。过去通常将陷波滤波器和低通滤波器串联来进行滤波。中心频率的数量通常为 3，其在波浪频率附近的分布如图 4.3 所示。

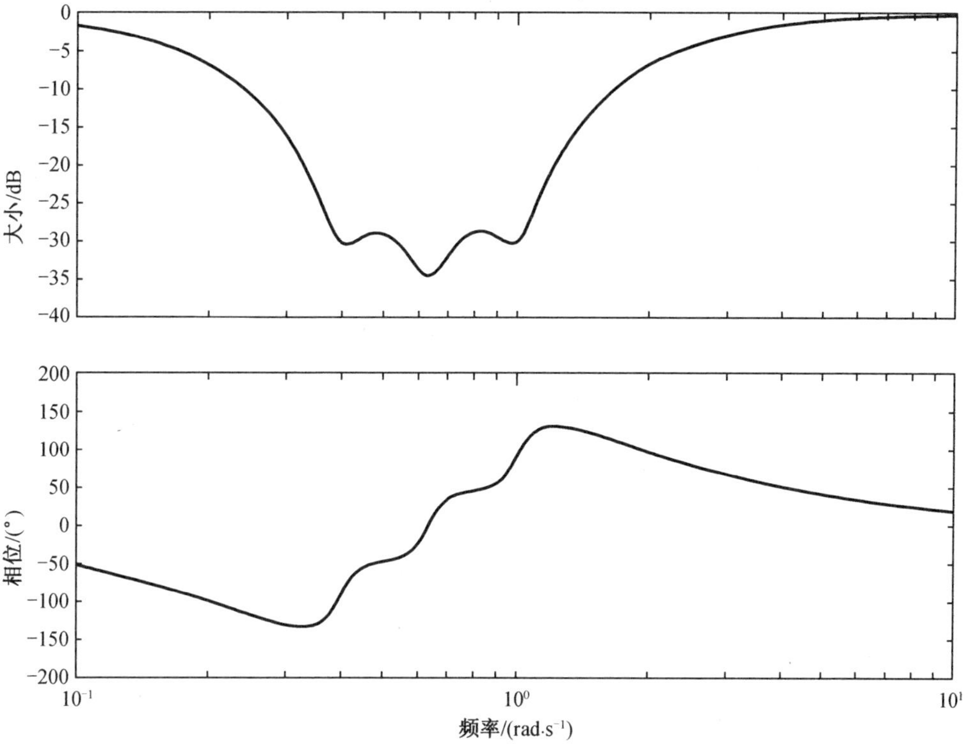

图 4.3　低通滤波

($\varsigma_{ni}=0.1$、$\varsigma_{di}=1$、$\omega_1=0.4$ rad/s、$\omega_2=0.63$ rad/s、$\omega_3=1.0$ rad/s)

4.1.4　数字滤波

数字滤波能够提供很多与模拟滤波相同的频率选择功能。数字滤波器通常可以定义为等效的模拟滤波器。然而,很多数字滤波器使用一些独特的技术。数字滤波器相比模拟滤波器的优势在于可以保证特定等级的稳定性,参数可调节,以及可以在动态范围较宽、精度较高的宽频率范围内进行操作。

考虑等式

$$\dot{x}=u \tag{4.10}$$

对式(4.10)进行近似

$$\frac{x[k+1]-x[k]}{T}=(u[k+1]+u[k])\frac{1}{2} \tag{4.11}$$

进行 z 变换

$$\frac{(z-1)x[z]}{T}=\frac{1}{2}(z+1)u[z]$$

$$\Updownarrow$$

$$x[z]=\frac{T(z+1)}{2(z-1)}u[z] \tag{4.12}$$

定义了模拟滤波器 $h(s)$ 后,如果要得到离散滤波器 $H(z)$,则需要基于梯形近似方法将

$h(s)$中的 s 替换为

$$s=\frac{2(z-1)}{T(z+1)} \tag{4.13}$$

令 $z=e^{i\omega T}$,得到

$$s=\frac{2(e^{i\omega T}-1)}{T(e^{i\omega T}+1)}=i\frac{2}{T}\tan\left(\frac{\omega T}{2}\right)=iv \tag{4.14}$$

式中,v 为与 ω 对应的离散频率,当$\frac{\omega T}{2}\to\frac{\pi}{2}$时,$v\to\infty$;$\omega=\frac{\pi}{T}$,为 Nyquist 频率,是用离散滤波器近似表示模拟滤波器的绝对上界。

线性常系数滤波器主要分为两种:有限脉冲响应(FIR)滤波器和无限脉冲响应(IIR)滤波器。

有限脉冲响应(FIR)滤波器的形式为

$$\begin{aligned} y[k] &= b_0u[k]+b_1u[k-1]+\cdots+b_nu[k-n] \\ &= \sum_{i=0}^{n} b_iu[k-i] \end{aligned} \tag{4.15}$$

式中,系数$\{b_i\}$称为滤波器抽头权重。用 z 变换表示的滤波器离散传递函数可以写为

$$H(z)=\sum_{i=0}^{n} b_iz^{-i} \tag{4.16}$$

该滤波器传递函数只含有零点(没有极点)。所以,有限脉冲响应(FIR)滤波器被称为全零点或者横向滤波器。如果滤波器的输入有界(例如,对于所有的 i,$|u(i)|\leqslant 1$),则最大输出值 $y(i)$ 为 $\sum|b_i|$。如果所有的抽头权重$\{b_i\}$都有界,则滤波器的输出同样是有界的,从而可以保证稳定性。此外,$H(z)$的相位图具有恒定的斜率,且为线性的。

例 4.2 移动平均滤波器通常采用 FIR 形式,对于任意的 k,例如 k_0,其输出 $y[k]$为 k_0 附近的 $u[k]$的平均值。两点平均滤波器可以写为

$$y[k]=\frac{1}{2}(u[k-1]+u[k]) \tag{4.17}$$

三点平均滤波器(three-point average filter)可以写为

$$y[k]=\frac{1}{3}u[k-1]+u[k]+u[k+1] \tag{4.18}$$

无限脉冲响应(IIR)滤波器的形式为

$$\begin{aligned} y[k] = &-a_1y[k-1]-a_2y[k-2]-\cdots-a_ny[k-n]+ \\ &b_0u[k]+b_1u[k-1]+\cdots+b_nu[k-n] \end{aligned} \tag{4.19}$$

式中,参数$\{a_i\}$和$\{b_i\}$为滤波器抽头权重。与有限脉冲响应(FIR)滤波器相比,无限脉冲响应(IIR)滤波器的阶次较低,且能满足一个给定的频率响应振幅设计指标。然而,其相位图通常不是线性的。有限脉冲响应(FIR)滤波器只能以数字滤波器的形式实现,而无限脉冲响应(IIR)滤波器还可以以模拟滤波器的形式来实现。

最典型的无限脉冲响应(IIR)滤波器有 Tsjebyscheff、Elliptic 和 Butterworth。将式(4.13)代入式(4.2)~式(4.4)可以推导出离散形式的 Butterworth 无限脉冲响应(IIR)滤波器。

4.2 状态估计

模拟滤波器并不适合于所有的控制应用。在很多情况下,需要进行处理的信号的频带并不完全独立,由此造成的一个对控制不利的因素便是滤波器会引入相位滞后。带宽的降低以及增益和相位裕度的下降会影响控制性能和稳定裕度,因此对于控制目的来说,应该小心使用高阶的低通滤波器。通常情况下,目标信号由不同频带的频率分量组成,这些分量的频率之间有轻微的重叠,对于许多海洋应用来说尤其如此。

在工业控制系统中,许多与控制相关的状态变量不能测量,或者测量的成本过高。因此,利用已知的测量信号来重构这些状态变量便显得尤为重要,即所谓的状态估计。

观测器或状态估计器:利用已有的输入输出测量信号来进行状态变量的重构。

在海洋船舶的动力定位中,观测器的主要目的是利用位置测量信号来估计速度以及海流和波浪的拖曳力。例如,可以通过采用陷波滤波器来抑制波浪谱峰值频率附近的波浪引起的扰动,进而可以对一阶波浪扰动进行滤波。传感器测量得到的位置和艏向信号会受到风、波浪和海流引起的有色噪声的影响。然而,只有缓变的扰动可以通过推进系统来抵消,而由波浪引起的振荡运动信号则不应该进入反馈控制回路。这是通过所谓的波浪滤波技术来实现的,该技术可以将位置和艏向的测量信号分解为低频(LF)和浪频(WF)分量。采用 DGPS 或者多普勒计程仪可以得到船舶速度的精确测量数据,但仍然需要设计一个状态估计器来满足船级社对定位系统的相关规定。在位置和艏向测量信号缺失的情况下,观测器必须能够以航位观测模式运行,以保证观测器预测的速度、位置和艏向信号进入反馈回路。这些测量信号的缺失不会影响定位精度。当缺失的测量信号重新出现后,观测器需要保证预测信号平滑地过渡到真实信号。

4.2.1 固定增益估计器

当系统中不存在建模参数和噪声等不确定因素时,系统为确定性系统。在这种理想情况下,可以构造一个确定性观测器来说明状态估计器的概念,如图 4.4 所示。而实际情况中常常存在建模不确定性以及测量信号与控制信号噪声,在观测器设计中可以采用随机理论,其中最出名的随机观测器为 Kalman 滤波器。

1. 连续时间固定增益观测器

考虑下列形式的线性时不变系统的控制对象模型:

$$\dot{\boldsymbol{x}} = \boldsymbol{Ax} + \boldsymbol{Bu} \tag{4.20}$$

$$\boldsymbol{y} = \boldsymbol{Dx} \tag{4.21}$$

上述系统为完全确定的,假设为可观的(实际是具有足够的可检测性)。这意味着可以通过输入和输出来估计系统状态。构造观测器的第一步是要求观测器能够精确地复制控制对象模型:

$$\dot{\hat{\boldsymbol{x}}} = \boldsymbol{A}\hat{\boldsymbol{x}} + \boldsymbol{Bu} \tag{4.22}$$

$$\hat{\boldsymbol{y}} = \boldsymbol{D}\hat{\boldsymbol{x}} \tag{4.23}$$

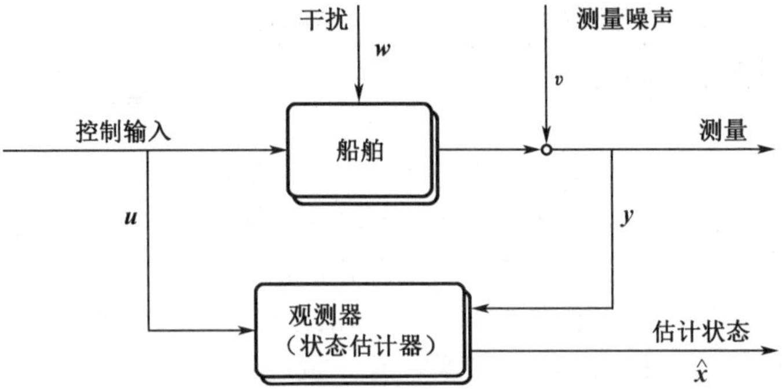

图 4.4　状态估计器框图

式中，$\hat{\boldsymbol{x}}$ 为估计状态向量。但是如果初始条件 $\boldsymbol{x}(t_0)$ 和 $\hat{\boldsymbol{x}}(t_0)$ 不相同的话，则观测器将不能得到正确的状态信息。为了避免上述情况的发生，将测量输出 $\boldsymbol{y}$ 和估计输出 $\hat{\boldsymbol{y}}$ 的差值插入观测器中：

$$\dot{\hat{\boldsymbol{x}}} = \boldsymbol{A}\hat{\boldsymbol{x}} + \boldsymbol{B}\boldsymbol{u} + \boldsymbol{K}_e(\boldsymbol{y} - \hat{\boldsymbol{y}}) = \boldsymbol{A}\hat{\boldsymbol{x}} + \boldsymbol{B}\boldsymbol{u} + \boldsymbol{K}_e\boldsymbol{D}(\boldsymbol{x} - \hat{\boldsymbol{x}}) \tag{4.24}$$

状态反馈增益矩阵 $\boldsymbol{K}_e$ 可以用于调试观测器。将式(4.24)代入式(4.20)中可以得到误差的动力学方程：

$$\begin{aligned}\frac{\mathrm{d}}{\mathrm{d}t}\tilde{\boldsymbol{x}} &= \dot{\boldsymbol{x}} - \dot{\hat{\boldsymbol{x}}} = \boldsymbol{A}(\boldsymbol{x} - \hat{\boldsymbol{x}}) - \boldsymbol{K}_e\boldsymbol{D}(\boldsymbol{x} - \hat{\boldsymbol{x}}) \\ &= (\boldsymbol{A} - \boldsymbol{K}_e\boldsymbol{D})(\boldsymbol{x} - \hat{\boldsymbol{x}}) = (\boldsymbol{A} - \boldsymbol{K}_e\boldsymbol{D})\tilde{\boldsymbol{x}}\end{aligned} \tag{4.25}$$

因此，当$(\boldsymbol{A} - \boldsymbol{K}_e\boldsymbol{D})$的特征值的实部为负时，误差向量 $\tilde{\boldsymbol{x}}$ 会以指数形式接近于零。图 4.5为用于说明控制对象模型概念的确定性观测器框图。

如果 $\boldsymbol{K}_e$ 的选取标准是只使得 $\hat{\boldsymbol{x}}$ 快速收敛于 $\boldsymbol{x}$，则极点会远离至左半平面。这将会扩大观测器的带宽，这意味着 $\hat{\boldsymbol{x}}$ 对 $\boldsymbol{u}$ 和 $\boldsymbol{y}$ 中的噪声将更加敏感。在选择 $\boldsymbol{K}_e$ 时，需要在观测的快速性和噪声的抑制能力之间进行取舍，而最优观测器可以实现最佳的折中，参见文献[8]。

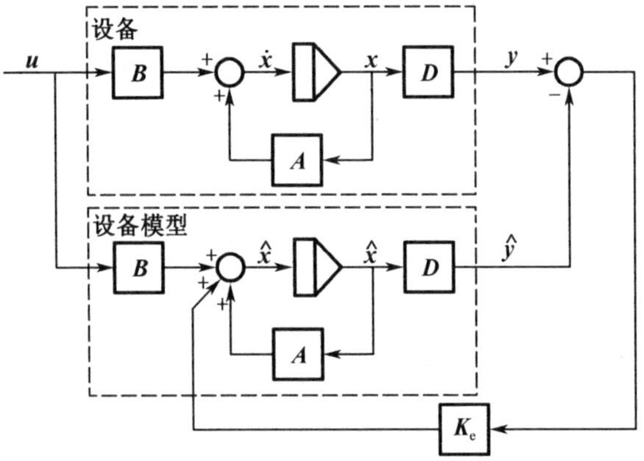

图 4.5　用于说明控制对象模型概念的确定性观测器框图

2. 离散时间固定增益观测器

考虑离散系统的控制对象模型：

$$\boldsymbol{x}[k+1]=\boldsymbol{\Phi x}[k]+\Delta \boldsymbol{u}[k] \tag{4.26}$$

$$\boldsymbol{y}[k]=\boldsymbol{Cx}[k] \tag{4.27}$$

利用控制对象模型可以得到下列观测器：

$$\hat{\boldsymbol{x}}[k+1]=\boldsymbol{\Phi}\hat{\boldsymbol{x}}[k]+\Delta \boldsymbol{u}[k]+\boldsymbol{L}(\boldsymbol{y}[k]-\hat{\boldsymbol{y}}[k]) \tag{4.28}$$

$$\hat{\boldsymbol{y}}[k]=\boldsymbol{C}\hat{\boldsymbol{x}}[k] \tag{4.29}$$

式中，$\boldsymbol{L}$ 为状态反馈增益矩阵；$\hat{\boldsymbol{x}}$ 为 $\boldsymbol{x}$ 的估计量。误差的动力学方程为

$$\begin{aligned}\tilde{\boldsymbol{x}}[k+1]&=\boldsymbol{\Phi}\tilde{\boldsymbol{x}}[k]-\boldsymbol{L}(\boldsymbol{y}[k]-\hat{\boldsymbol{y}}[k])\\&=\boldsymbol{\Phi}\tilde{\boldsymbol{x}}[k]-\boldsymbol{LC}(\boldsymbol{x}[k]-\hat{\boldsymbol{x}}[k])=(\boldsymbol{\Phi}-\boldsymbol{LC})\tilde{\boldsymbol{x}}[k]\end{aligned} \tag{4.30}$$

需要选择合适的 $\boldsymbol{L}$，以确保式(4.30)为渐进稳定，这意味着$(\boldsymbol{\Phi}-\boldsymbol{LC})$的特征值的大小必须在单位圆范围内。只有当系统可观时，这点才是可能的。

对于式(4.26)和式(4.27)定义的动力学系统，可以采用完全状态信息和正增益矩阵 $\boldsymbol{G}>0$ 来定义一个反馈控制律：

$$\boldsymbol{u}[k]=-\boldsymbol{Gx}[k] \tag{4.31}$$

$$\boldsymbol{x}[k+1]=\boldsymbol{\Phi x}[k]-\Delta\boldsymbol{Gx}[k]=(\boldsymbol{\Phi}-\Delta\boldsymbol{G})\boldsymbol{x}[k] \tag{4.32}$$

如果不能得到完全的状态信息，则需要采用式(4.28)定义的观测器，在计算控制输入 $\boldsymbol{u}=-\boldsymbol{G}\hat{\boldsymbol{x}}[k]$时用观测向量 $\hat{\boldsymbol{x}}$ 替换 $\boldsymbol{x}$。这在已有文献中被称为确定性等价原理或分离定理。反馈系统的闭环误差动力学方程为

$$\begin{aligned}\boldsymbol{x}[k+1]-\hat{\boldsymbol{x}}[k+1]&=(\boldsymbol{\Phi}-\Delta\boldsymbol{G})\boldsymbol{x}[k]-(\boldsymbol{\Phi}-\Delta\boldsymbol{G})\hat{\boldsymbol{x}}[k]-\boldsymbol{LC}\,\tilde{\boldsymbol{x}}[k]\\&=(\boldsymbol{\Phi}-\boldsymbol{LC}-\Delta\boldsymbol{G})\tilde{\boldsymbol{x}}[k]\end{aligned} \tag{4.33}$$

上述方程为 $2n$ 阶方程(n 为控制对象模型的阶次)。矩阵$(\boldsymbol{\Phi}-\Delta\boldsymbol{G})$的特征值是全状态信息的闭环极点配置问题的特征值。假设观测器的$(\boldsymbol{\Phi}-\boldsymbol{LG})$的特征值要大于控制器的特征值。这两个问题的解是对偶解，这两个系统的稳定性问题可以单独进行分析[6]。该对偶原理可以扩展到更加复杂的控制器和观测器问题，且是非线性控制和观测器设计的研究课题。

4.2.2　最小二乘估计器

本节的部分内容基于文献[9]的研究成果。可以通过测量向量 $\boldsymbol{y}$ 和之前得到的状态向量的先验估计值 $\bar{\boldsymbol{x}}$ 来预测静态线性随机过程的状态向量 $\boldsymbol{x}$。采用下式来描述测量值：

$$\boldsymbol{y}=\boldsymbol{Cx}+\boldsymbol{v} \tag{4.34}$$

式中，$\boldsymbol{C}$ 为已知矩阵；$\boldsymbol{v}$ 为测量信号噪声。假设 $\boldsymbol{v}$ 与 $\boldsymbol{x}$ 在统计学上是独立的，具有正定的协方差矩阵 $\boldsymbol{V}$ 和等于零的期望值，满足：

$$\mathrm{E}[\boldsymbol{v}]=0,\mathrm{cov}[\boldsymbol{v}]=\mathrm{E}[\boldsymbol{vv}^{\mathrm{T}}]=\boldsymbol{V}>0,\mathrm{E}[\boldsymbol{xy}^{\mathrm{T}}]=0 \tag{4.35}$$

状态向量的先验估计值 $\bar{\boldsymbol{x}}$ 同时也是校正后的状态向量 $\boldsymbol{x}$ 的期望值，可以由协方差矩阵 $\bar{\boldsymbol{X}}$ 求得

$$\mathrm{E}[\boldsymbol{x}]\bar{\boldsymbol{x}},\mathrm{cov}[\boldsymbol{x}]=\mathrm{E}[(\boldsymbol{x}-\bar{\boldsymbol{x}})(\boldsymbol{x}-\bar{\boldsymbol{x}})^{\mathrm{T}}]=\bar{\boldsymbol{X}}>0 \tag{4.36}$$

利用 $\bar{\boldsymbol{x}}$ 和 $\boldsymbol{y}$ 来得到 $\boldsymbol{x}$ 的权重最小二乘法的表达式如下：

$$J=\frac{1}{2}[(\boldsymbol{x}-\bar{\boldsymbol{x}})^{\mathrm{T}}\boldsymbol{P}(\boldsymbol{x}-\bar{\boldsymbol{x}})+(\boldsymbol{y}-\boldsymbol{Cx})^{\mathrm{T}}\boldsymbol{Q}(\boldsymbol{y}-\boldsymbol{Cx})] \tag{4.37}$$

式中,$\boldsymbol{P}$ 和 $\boldsymbol{Q}$ 分别为半正定和正定权重矩阵。通过令 J 的导数为零,可以得到令 J 最小的值 $\hat{\boldsymbol{x}}$:

$$\left.\frac{\mathrm{d}J}{\mathrm{d}\boldsymbol{x}}\right|_{(\boldsymbol{x}=\hat{\boldsymbol{x}})}=\boldsymbol{P}(\hat{\boldsymbol{x}}-\bar{\boldsymbol{x}})-\boldsymbol{C}^{\mathrm{T}}\boldsymbol{Q}(\boldsymbol{y}-\boldsymbol{C}\hat{\boldsymbol{x}})=0 \tag{4.38}$$

$$(\boldsymbol{P}+\boldsymbol{C}^{\mathrm{T}}\boldsymbol{Q}\boldsymbol{C})\hat{\boldsymbol{x}}=\boldsymbol{P}\bar{\boldsymbol{x}}+\boldsymbol{C}^{\mathrm{T}}\boldsymbol{Q}\boldsymbol{Y}=(\boldsymbol{P}+\boldsymbol{C}^{\mathrm{T}}\boldsymbol{Q}\boldsymbol{C})\bar{\boldsymbol{x}}+\boldsymbol{C}^{\mathrm{T}}\boldsymbol{Q}(\boldsymbol{y}-\boldsymbol{C}\bar{\boldsymbol{x}}) \tag{4.39}$$

$$\hat{\boldsymbol{x}}=\bar{\boldsymbol{x}}+(\boldsymbol{P}+\boldsymbol{C}^{\mathrm{T}}\boldsymbol{Q}\boldsymbol{C})^{-1}\boldsymbol{C}^{\mathrm{T}}\boldsymbol{Q}(\boldsymbol{y}-\boldsymbol{C}\bar{\boldsymbol{x}})=\bar{\boldsymbol{x}}+\boldsymbol{K}(\boldsymbol{y}-\boldsymbol{C}\bar{\boldsymbol{x}}) \tag{4.40}$$

式中,$\hat{\boldsymbol{x}}$ 是经过测量后改进得到的 $\boldsymbol{x}$ 的预测值,称为 $\boldsymbol{x}$ 的修正预测值。$\hat{\boldsymbol{x}}$ 的不确定性由估计误差 $\tilde{\boldsymbol{x}}=\boldsymbol{x}-\hat{\boldsymbol{x}}$ 的协方差给出,用 $\hat{\boldsymbol{X}}$ 表示,表达式如下

$$\begin{aligned}
\hat{\boldsymbol{X}}&=\mathrm{E}[\tilde{\boldsymbol{x}}\tilde{\boldsymbol{x}}^{\mathrm{T}}]=\mathrm{E}[(\boldsymbol{x}-\hat{\boldsymbol{x}})(\boldsymbol{x}-\hat{\boldsymbol{x}})^{\mathrm{T}}]\\
&=\mathrm{E}[(\boldsymbol{x}-\bar{\boldsymbol{x}}-\boldsymbol{K}(\boldsymbol{y}-\boldsymbol{C}\bar{\boldsymbol{x}}))(\boldsymbol{x}-\bar{\boldsymbol{x}}-\boldsymbol{K}(\boldsymbol{y}-\boldsymbol{C}\bar{\boldsymbol{x}}))^{\mathrm{T}}]\\
&=\mathrm{E}[(\boldsymbol{x}-\bar{\boldsymbol{x}}-\boldsymbol{K}(\boldsymbol{C}\boldsymbol{x}+\boldsymbol{v}-\boldsymbol{C}\bar{\boldsymbol{x}}))(\boldsymbol{x}-\bar{\boldsymbol{x}}-\boldsymbol{K}(\boldsymbol{C}\boldsymbol{x}+\boldsymbol{v}-\boldsymbol{C}\bar{\boldsymbol{x}}))^{\mathrm{T}}]\\
&=\mathrm{E}[(\boldsymbol{x}-\bar{\boldsymbol{x}}-\boldsymbol{K}\boldsymbol{C}(\boldsymbol{x}-\bar{\boldsymbol{x}})-\boldsymbol{K}\boldsymbol{v})(\boldsymbol{x}-\bar{\boldsymbol{x}}-\boldsymbol{K}\boldsymbol{C}(\boldsymbol{x}-\bar{\boldsymbol{x}})-\boldsymbol{K}\boldsymbol{v})^{\mathrm{T}}]\\
&=\mathrm{E}[((\boldsymbol{I}-\boldsymbol{K}\boldsymbol{C})(\boldsymbol{x}-\bar{\boldsymbol{x}})-\boldsymbol{K}\boldsymbol{V})((\boldsymbol{I}-\boldsymbol{K}\boldsymbol{C})(\boldsymbol{x}-\bar{\boldsymbol{x}})-\boldsymbol{K}\boldsymbol{v})^{\mathrm{T}}]\\
&=\mathrm{E}[(\boldsymbol{I}-\boldsymbol{K}\boldsymbol{C})(\boldsymbol{x}-\bar{\boldsymbol{x}})(\boldsymbol{x}-\bar{\boldsymbol{x}})^{\mathrm{T}}(\boldsymbol{I}-\boldsymbol{K}\boldsymbol{V})^{\mathrm{T}}-\boldsymbol{K}\boldsymbol{v}(\boldsymbol{x}-\bar{\boldsymbol{x}})^{\mathrm{T}}(\boldsymbol{I}-\boldsymbol{K}C)^{\mathrm{T}}-\\
&\quad(\boldsymbol{I}-\boldsymbol{K}\boldsymbol{C})(\boldsymbol{x}-\bar{\boldsymbol{x}})\boldsymbol{v}^{\mathrm{T}}\boldsymbol{K}^{\mathrm{T}}+\boldsymbol{K}\boldsymbol{v}\boldsymbol{v}^{\mathrm{T}}\boldsymbol{K}^{\mathrm{T}}]\\
&=(\boldsymbol{I}-\boldsymbol{K}\boldsymbol{C})\mathrm{E}[(\boldsymbol{x}-\bar{\boldsymbol{x}})(\boldsymbol{x}-\bar{\boldsymbol{x}})^{\mathrm{T}}](\boldsymbol{I}-\boldsymbol{K}\boldsymbol{C})^{\mathrm{T}}+\boldsymbol{K}\mathrm{E}[\boldsymbol{v}\boldsymbol{v}^{\mathrm{T}}]\boldsymbol{K}^{\mathrm{T}}-\\
&\quad\boldsymbol{K}\mathrm{E}[\boldsymbol{v}(\boldsymbol{x}-\bar{\boldsymbol{x}})^{\mathrm{T}}](\boldsymbol{I}-\boldsymbol{K}\boldsymbol{C})^{\mathrm{T}}-(\boldsymbol{I}-\boldsymbol{K}\boldsymbol{C})\mathrm{E}[(\boldsymbol{x}-\bar{\boldsymbol{x}})\boldsymbol{v}^{\mathrm{T}}]\boldsymbol{K}^{\mathrm{T}}\\
&=(\boldsymbol{I}-\boldsymbol{K}\boldsymbol{C})\bar{\boldsymbol{X}}(\boldsymbol{I}-\boldsymbol{K}\boldsymbol{C})^{\mathrm{T}}+\boldsymbol{K}\boldsymbol{V}\boldsymbol{K}^{\mathrm{T}}
\end{aligned} \tag{4.41}$$

因为 $\mathrm{E}[\boldsymbol{v}]=\mathrm{E}[\boldsymbol{x}\boldsymbol{v}^{\mathrm{T}}]=0$,选择 $\boldsymbol{P}$ 和 $\boldsymbol{Q}$ 的一个方法是使得偏方差矩阵 $\hat{\boldsymbol{X}}$ 中的对角项之和最小。根据文献[9],有

$$\boldsymbol{P}=\bar{\boldsymbol{X}}^{-1},\boldsymbol{Q}=\boldsymbol{V}^{-1} \tag{4.42}$$

增益矩阵 $\boldsymbol{K}$ 为

$$\boldsymbol{K}=(\bar{\boldsymbol{X}}^{-1}+\boldsymbol{C}^{\mathrm{T}}\boldsymbol{V}^{-1}\boldsymbol{C})^{-1}\boldsymbol{C}^{\mathrm{T}}\boldsymbol{V}^{-1}=\bar{\boldsymbol{X}}\boldsymbol{C}^{\mathrm{T}}(\boldsymbol{C}\bar{\boldsymbol{X}}\boldsymbol{C}^{\mathrm{T}}+\boldsymbol{V})^{-1} \tag{4.43}$$

可以看出,$\hat{\boldsymbol{x}}$ 是无偏差的,这意味着后验估计的期望值等于先验期望值:

$$\mathrm{E}[\hat{\boldsymbol{x}}]=\mathrm{E}[\boldsymbol{x}]=\bar{\boldsymbol{x}}$$

4.2.3 离散 Kalman 滤波器

考虑下列形式的离散线性时不变系统:

$$\boldsymbol{x}[k+1]=\boldsymbol{\Phi}\boldsymbol{x}[k]+\Delta\boldsymbol{u}[k]+\boldsymbol{\Gamma}\boldsymbol{w}[k] \tag{4.44}$$

$$\boldsymbol{y}[k]=\boldsymbol{C}\boldsymbol{x}[k]+\boldsymbol{v}[k] \tag{4.45}$$

假设上述系统为可观的,过程噪声 $\boldsymbol{w}[k]$ 和传感器噪声 $\boldsymbol{v}[k]$ 为协方差矩阵已知的离散高斯白噪声。即 $\boldsymbol{w}[k]\sim\mathrm{N}(\bar{\boldsymbol{w}},\boldsymbol{W}[k])$ 和 $\boldsymbol{v}[k]\sim\mathrm{N}(\bar{\boldsymbol{v}},\boldsymbol{V}[k])$。定义过程扰动的平均值为

$$\mathrm{E}[\boldsymbol{w}[k]]=\bar{\boldsymbol{w}} \tag{4.46}$$

过程扰动的协方差矩阵为正定的,其定义为

$$\mathrm{E}[(\boldsymbol{w}[k]-\boldsymbol{w})(\boldsymbol{w}[k]-\bar{\boldsymbol{w}})^{\mathrm{T}}]=\boldsymbol{W}[k]\delta_{kj} \tag{4.47}$$

式中,当 $k=j$ 时,$\delta_{kj}=1$;$k\neq j$ 时,$\delta_{kj}=0$。定义传感器噪声的平均值为

$$\mathrm{E}[\boldsymbol{v}[k]]=\bar{\boldsymbol{v}}=0 \tag{4.48}$$

传感器噪声的协方差矩阵为正定的,其定义为

$$\mathrm{E}[(\boldsymbol{v}[k]-\bar{\boldsymbol{v}})(\boldsymbol{v}[k]-\bar{\boldsymbol{v}})^{\mathrm{T}}]=\boldsymbol{V}[k]\delta_{kj} \tag{4.49}$$

假设过程扰动和传感器噪声是不相关的,即

$$\mathrm{E}[\boldsymbol{v}[k]\boldsymbol{w}[k]^{\mathrm{T}}]=0 \tag{4.50}$$

定义初始条件的期望值为

$$\mathrm{E}[\boldsymbol{x}[0]]=\bar{\boldsymbol{x}}(0) \tag{4.51}$$

初始条件的协方差矩阵为正定的,定义为

$$\mathrm{E}[(\boldsymbol{x}[0]-\bar{\boldsymbol{x}}(0))(\boldsymbol{x}[0]-\bar{\boldsymbol{x}}(0))^{\mathrm{T}}]=\bar{\boldsymbol{X}}_0 \tag{4.52}$$

假设过程扰动和传感器噪声与初始条件是不相关的,即

$$\mathrm{E}[(\boldsymbol{x}[0]-\bar{\boldsymbol{x}}(0))\boldsymbol{w}[k]^{\mathrm{T}}]=0 \tag{4.53}$$

$$\mathrm{E}[(\boldsymbol{x}[0]-\bar{\boldsymbol{x}}(0))\boldsymbol{v}[k]^{\mathrm{T}}]=0 \tag{4.54}$$

需要说明的是,如果实际扰动不满足高斯分布的话,可以将扰动转换为(近似处理)白噪声驱动的扰动模型。随后,将扰动模型包含在增广状态向量中。

假设,已知数据:

$$\boldsymbol{Y}_k=\{\boldsymbol{y}[i],\boldsymbol{u}[i]\mid i\leqslant k\} \tag{4.55}$$

采用 $\boldsymbol{Y}_k$ 对 $\boldsymbol{x}[k+m]$ 进行估计有以下 3 种情况(图 4.6):

- $m<0$ 时,平滑过渡;
- $m=0$ 时,进行滤波;
- $m>0$ 时,进行预测。

首先考虑 $m=1$ 的情况,即所谓的一步预测。然后是 $m=0$ 时的滤波情况。

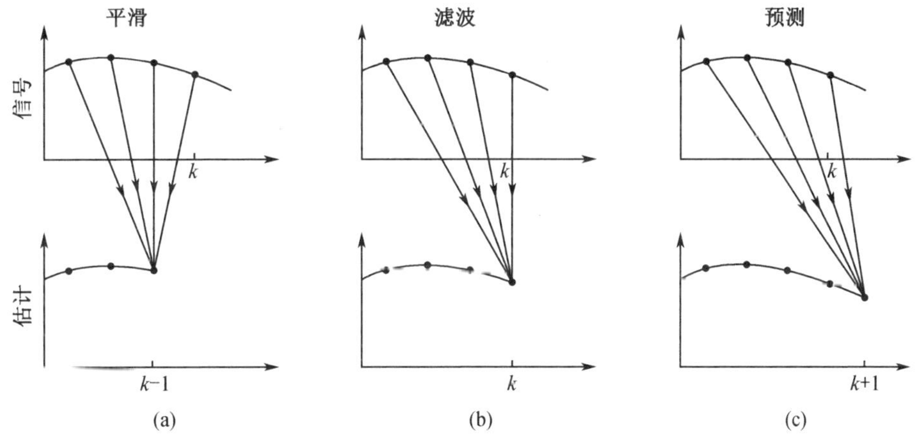

图 4.6　平滑过渡、滤波和预测

Kalman 滤波器——预测

用向量 $\hat{\boldsymbol{x}}$ 来表示状态向量 $\boldsymbol{x}$ 的估计量。考虑式(4.44)和式(4.45)给出的系统,并假设状态向量的估计量为过去输入的函数:

$$\hat{\boldsymbol{x}}[k+1\mid k]=\boldsymbol{\Phi}\hat{\boldsymbol{x}}[k\mid k-1]+\Delta\boldsymbol{u}[k]+\boldsymbol{\Gamma}\bar{\boldsymbol{w}}[k]+\boldsymbol{K}[k](\boldsymbol{y}[k]-\hat{\boldsymbol{y}}[k]) \tag{4.56}$$

$$\hat{\boldsymbol{y}}[k]=\boldsymbol{C}\hat{\boldsymbol{x}}[k\mid k-1] \tag{4.57}$$

在式(4.56)中引入了一个新的反馈项 $\boldsymbol{K}[k](\boldsymbol{y}[k]-\hat{\boldsymbol{y}}[k])$。$\boldsymbol{K}[k]$ 为 $n\times n$ 的增益矩阵,也被称为 Kalman 滤波器增益矩阵。标记 $\hat{\boldsymbol{x}}[k+1\mid k]$ 用于表示基于时刻 k 的测量数据对

$\boldsymbol{x}[k+1]$的估计值。只要测量向量的预测值$\hat{\boldsymbol{y}}[k]$与测量向量$\boldsymbol{y}[k]$能够完美吻合，则该反馈项将不再起作用。式(4.56)和式(4.57)是由式(4.44)和式(4.45)确定的线性时不变系统的一个观测器。

联立式(4.56)和式(4.44)可以得到预测值的误差动力学方程：

$$\tilde{\boldsymbol{x}}[k+1|k]=\boldsymbol{x}[k+1]-\hat{\boldsymbol{x}}[k+1|k] \tag{4.58}$$

$$\tilde{\boldsymbol{x}}[k+1|k]=\boldsymbol{\Phi}\tilde{\boldsymbol{x}}[k|k-1]+\boldsymbol{\Gamma}(\boldsymbol{w}[k]-\overline{\boldsymbol{w}}[k])-\boldsymbol{K}[k](\boldsymbol{y}[k]-\hat{\boldsymbol{y}}[k]) \tag{4.59}$$

$$\tilde{\boldsymbol{x}}[k+1|k]=(\boldsymbol{\Phi}-\boldsymbol{K}[k]\boldsymbol{C})\tilde{\boldsymbol{x}}[k|k-1]+\boldsymbol{\Gamma}(\boldsymbol{w}[k]-\overline{\boldsymbol{w}}[k])-\boldsymbol{K}[k]\boldsymbol{v}[k] \tag{4.60}$$

$$\tilde{\boldsymbol{x}}[k+1|k]=(\boldsymbol{I}-\boldsymbol{K}[k])\left(\begin{pmatrix}\boldsymbol{\Phi}\\ \boldsymbol{C}\end{pmatrix}\tilde{\boldsymbol{x}}[k|k-1]+\begin{pmatrix}\boldsymbol{\Gamma}(\boldsymbol{w}[k]-\overline{\boldsymbol{w}}[k])\\ \boldsymbol{v}[k]\end{pmatrix}\right) \tag{4.61}$$

需要说明的是，如果不考虑$\boldsymbol{\Gamma}(\boldsymbol{w}[k]-\overline{\boldsymbol{w}}[k])-\boldsymbol{K}[k]\boldsymbol{v}[k]$的影响，则可以看出通过选择合适的$\boldsymbol{K}[k]$可以使式(4.61)为渐进稳定的。因此，只要$(\boldsymbol{\Phi},\boldsymbol{C})$满足可观性标准，则即便系统是不稳定的，误差动力学方程也可以收敛于零。因此，$n\times n$的可观性矩阵$\boldsymbol{Q}_{do}$为满秩矩阵。

然而，在设计$\boldsymbol{K}[k]$时还要考虑噪声特性的影响，以使误差动力学的方差最小化，即

$$\overline{\boldsymbol{X}}[k]=\mathrm{E}[(\tilde{\boldsymbol{x}}[k]-\mathrm{E}(\tilde{\boldsymbol{x}}[k]))(\tilde{\boldsymbol{x}}[k]-\mathrm{E}(\tilde{\boldsymbol{x}}[k]))^{\mathrm{T}}] \tag{4.62}$$

误差$\tilde{\boldsymbol{x}}$的期望值为

$$\mathrm{E}[\tilde{\boldsymbol{x}}[k+1]]=(\boldsymbol{\Phi}-\boldsymbol{K}[k]\boldsymbol{C})\mathrm{E}[\tilde{\boldsymbol{x}}[k]] \tag{4.63}$$

令$\mathrm{E}[\boldsymbol{x}[0]]=\overline{\boldsymbol{x}}(0)$。如果$\hat{\boldsymbol{x}}[0]=\overline{\boldsymbol{x}}(0)$，则$\mathrm{E}[\tilde{\boldsymbol{x}}[0]]=0$，对于所有的$k>0$，误差动力学的平均值为零，且与$\boldsymbol{K}[k]$独立。由于$\mathrm{E}[\tilde{\boldsymbol{x}}[k]]$独立于$\boldsymbol{w}[k]$和$\boldsymbol{v}[k]$，则由式(4.61)可以得到

$$\begin{aligned}\overline{\boldsymbol{X}}[k+1]&=\mathrm{E}[(\tilde{\boldsymbol{x}}[k+1]-\mathrm{E}[\tilde{\boldsymbol{x}}[k+1]])(\tilde{\boldsymbol{x}}[k+1]-\mathrm{E}[\tilde{\boldsymbol{x}}[k+1]])^{\mathrm{T}}]\\&=\mathrm{E}[\tilde{\boldsymbol{x}}[k+1]\tilde{\boldsymbol{x}}[k+1]^{\mathrm{T}}]\\&=(\boldsymbol{I}-\boldsymbol{K}[k])\left(\begin{pmatrix}\boldsymbol{\Phi}\\ \boldsymbol{C}\end{pmatrix}\overline{\boldsymbol{X}}[k]\begin{pmatrix}\boldsymbol{\Phi}\\ \boldsymbol{C}\end{pmatrix}^{\mathrm{T}}+\begin{pmatrix}\boldsymbol{\Gamma}\boldsymbol{W}[k]\boldsymbol{\Gamma}^{\mathrm{T}} & \boldsymbol{0}_{n\times n}\\ \boldsymbol{0}_{n\times n} & \boldsymbol{V}[k]\end{pmatrix}\right)\begin{pmatrix}\boldsymbol{I}_{n\times n}\\ -\boldsymbol{K}[k]^{\mathrm{T}}\end{pmatrix}\end{aligned} \tag{4.64}$$

此外，$\overline{\boldsymbol{X}}[0]=\overline{\boldsymbol{X}}_0$。由式(4.64)可知，如果$\overline{\boldsymbol{X}}[k]$为半正定的，则$\overline{\boldsymbol{X}}[k+1]$也是半正定的。

定义二次损耗函数为

$$J(\boldsymbol{x}-\hat{\boldsymbol{x}},\boldsymbol{y}-\hat{\boldsymbol{y}})=((\boldsymbol{x}-\hat{\boldsymbol{x}})^{\mathrm{T}},(\boldsymbol{y}-\hat{\boldsymbol{y}})^{\mathrm{T}})\begin{pmatrix}\boldsymbol{Q}_x & \boldsymbol{Q}_{xy}\\ \boldsymbol{Q}_{xy}^{\mathrm{T}} & \boldsymbol{Q}_y\end{pmatrix}\begin{pmatrix}\boldsymbol{x}-\hat{\boldsymbol{x}}\\ \boldsymbol{y}-\hat{\boldsymbol{y}}\end{pmatrix} \tag{4.65}$$

式中，$\boldsymbol{Q}_y>0$，为对称的正定矩阵；$\boldsymbol{Q}_x\geqslant 0$，为对称的半正定矩阵。式(4.65)关于$\boldsymbol{x}$的最小值可以由下式得到

$$\left.\frac{\partial J(\boldsymbol{x}-\hat{\boldsymbol{x}},\boldsymbol{y}-\hat{\boldsymbol{y}})}{\partial \boldsymbol{x}}\right|_{\boldsymbol{x}=\hat{\boldsymbol{x}}}=0 \tag{4.66}$$

存在$\boldsymbol{K}$，满足

$$\boldsymbol{Q}_y\boldsymbol{K}\boldsymbol{C}=\boldsymbol{Q}_{xy}^{\mathrm{T}} \tag{4.67}$$

则式(4.65)可以写为

$$\begin{aligned}J(\boldsymbol{x}-\hat{\boldsymbol{x}},\boldsymbol{y}-\hat{\boldsymbol{y}})=&(\boldsymbol{x}-\hat{\boldsymbol{x}})^{\mathrm{T}}[\boldsymbol{Q}_x-(\boldsymbol{K}\boldsymbol{C})^{\mathrm{T}}\boldsymbol{Q}_y\boldsymbol{K}\boldsymbol{C}](\boldsymbol{x}-\hat{\boldsymbol{x}})+\\&[\boldsymbol{y}-\hat{\boldsymbol{y}}+\boldsymbol{K}\boldsymbol{C}(\boldsymbol{x}-\hat{\boldsymbol{x}})]^{\mathrm{T}}\boldsymbol{Q}_y[\boldsymbol{y}-\hat{\boldsymbol{y}}+\boldsymbol{K}\boldsymbol{C}(\boldsymbol{x}-\hat{\boldsymbol{x}})]\end{aligned} \tag{4.68}$$

由于式(4.68)中含有$\boldsymbol{y}-\hat{\boldsymbol{y}}$的二次项，且两者都大于或者等于零，可以看出，式(4.68)取得最小值的条件为

$$y-\hat{y}=-KC(x-\hat{x}) \tag{4.69}$$

由于$Q_y>0$,可以看出 K 为唯一的。最小值为

$$J(x-\hat{x},y-\hat{y})=(x-\hat{x})^{\mathrm{T}}[Q_x-(KC)^{\mathrm{T}}Q_yKC](x-\hat{x}) \tag{4.70}$$

可以得到,$\alpha^{\mathrm{T}}\bar{X}[k+1]\alpha$ 取得最小值时满足

$$K[k](V[k]+C\bar{X}[k]C^{\mathrm{T}})=\Phi\bar{X}[k]C^{\mathrm{T}} \tag{4.71}$$

对于任意的 α,如果 $V[k]+C\bar{X}[k]C^{\mathrm{T}}$ 为正定的,则

$$K[k]=\Phi\bar{X}[k]C^{\mathrm{T}}(V[k]+C\bar{X}[k]C^{\mathrm{T}})^{-1} \tag{4.72}$$

将式(4.72)代入式(4.64)中,得到

$$\bar{X}[k+1]=\Phi\bar{X}[k]\Phi^{\mathrm{T}}+\Gamma W[k]\Gamma^{\mathrm{T}}-\Phi\bar{X}[k]C^{\mathrm{T}}(V[k]+C\bar{X}[k]C^{\mathrm{T}})^{-1}C\bar{X}[k]\Phi^{\mathrm{T}} \tag{4.73}$$

Kalman 滤波器预测部分由式(4.56)和式(4.57)定义。如果($V[k]+C\bar{X}[k]C^{\mathrm{T}}$)是正定的,则误差动态的最小方差是最小的。如果扰动和测量误差是高斯的,则 Kalman 滤波器的增益矩阵由式(4.72)确定,误差动力学的协方差矩阵$\bar{X}[k+1]$由式(4.73)确定。

需要说明的是,如果满足 $\mathrm{E}[v[k]]=0$,则有可能实现无偏差的估计。$\Phi\bar{X}[k-1]\Phi^{\mathrm{T}}$ 表示系统动力学特性对误差动力学的方差矩阵的影响;$\Gamma W[k]\Gamma^{\mathrm{T}}$ 表示扰动增强时,方差矩阵会随之增加;方差的增加情况如下式所示

$$-\Phi\bar{X}[k-1]C^{\mathrm{T}}(V[k-1]+C\bar{X}[k-1]C^{\mathrm{T}})^{-1}C\bar{X}[k-1]\Phi^{\mathrm{T}} \tag{4.74}$$

由于其并不取决于测量数据,且认为其他所有项为已知的,所以有可能对式(4.72)和$\bar{X}[k|k-1]$进行预计算。对于 Φ、Γ 和 C 为常数的线性时不变系统,当$\bar{X}[k+1]\to\bar{X}_\infty$,且 $K[k]\to K_\infty$ 时,可以得到式(4.72)的解。

Kalman 滤波器　—滤波

考虑式(4.56)和式(4.57)给出的线性时不变系统。如果矩阵($V[k]+C\bar{X}[k|k-1]C^{\mathrm{T}}$)为正定的,则可以得到一个最优的滤波器。校正器如下

$$\hat{x}[k|k]=\bar{x}[k|k-1]+K_{\mathrm{f}}[k](y[k]-C\bar{x}[k|k-1]) \tag{4.75}$$

预测器如下

$$\begin{aligned}\bar{x}[k+1|k]&=\Phi\hat{x}[k|k]+\Delta u[k]+\Gamma\bar{w}[k|k]\\&=\Phi\bar{x}[k|k-1]+\Delta u[k]+\Gamma\bar{w}[k|k]+K[k](y[k]-C\bar{x}[k|k-1]\end{aligned} \tag{4.76}$$

式中

$$K_{\mathrm{f}}[k]=\bar{X}[k|k-1]C^{\mathrm{T}}(V[k]+C\bar{X}[k|k-1]C^{\mathrm{T}})^{-1} \tag{4.77}$$

$$K[k]=\Phi K_{\mathrm{f}}[k] \tag{4.78}$$

估计误差动力学的协方差矩阵用 Ricatti 方程表示为

$$\bar{X}[k+1|k]=\Phi\bar{X}[k|k-1]\Phi^{\mathrm{T}}+\Gamma W[k]\Gamma^{\mathrm{T}}-K[k](V[k]+C\bar{X}[k|k-1]C^{\mathrm{T}})K[k]^{\mathrm{T}} \tag{4.79}$$

$$\bar{X}[k|k]=\bar{X}[k|k-1]-\bar{X}[k|k-1]C^{\mathrm{T}}(V[k]+C\bar{X}[k|k-1]C^{\mathrm{T}})^{-1}CX[k|k-1] \tag{4.80}$$

$$\bar{X}[0|-1]=\bar{X}_0 \tag{4.81}$$

4.2.4 扩展 Kalman 滤波

在前面的章节中，我们假设过程动力学可以用一个线性时不变系统来描述。然而，很多情况下过程动力学是非线性的。在海上动力定位应用中，运动学从地球固定坐标系和船体运动坐标系之间进行转换时会引入非线性。避免非线性的一个常用方法是采用扩展 Kalman 滤波器。

考虑一个离散的非线性时变状态空间模型：

$$\begin{aligned} \boldsymbol{x}[k+1] &= \boldsymbol{f}_k(\boldsymbol{x}[k],\boldsymbol{u}[k]) + \boldsymbol{\Gamma}\boldsymbol{w}[k] \\ \boldsymbol{y}[k] &= \boldsymbol{h}_k(\boldsymbol{x}[k]) + \boldsymbol{v}[k] \end{aligned} \tag{4.82}$$

在扩展 Kalman 滤波器中，需要对非线性动力学 $\boldsymbol{f}[k]$ 和测量数据 $\boldsymbol{h}[k]$ 进行线性化：

$$\boldsymbol{\Phi}[k] = \left.\frac{\partial \boldsymbol{f}_k(\boldsymbol{x}[k],\boldsymbol{u}[k])}{\partial \boldsymbol{x}[k]}\right|_{\boldsymbol{x}[k]=\hat{\boldsymbol{x}}[k]} \tag{4.83}$$

$$\boldsymbol{C}[k] = \left.\frac{\partial \boldsymbol{h}_k(\boldsymbol{x}[k])}{\partial \boldsymbol{x}[k]}\right|_{\boldsymbol{x}[k]=\hat{\boldsymbol{x}}[k]} \tag{4.84}$$

经过上述假设后，在离散 Kalman 滤波器方程中，可以用 $\boldsymbol{\Phi}[k]$ 和 $\boldsymbol{C}[k]$ 来代替 $\boldsymbol{\Phi}$ 和 $\boldsymbol{C}$，在每次线性化时都要更新 Kalman 滤波器的增益矩阵 $\boldsymbol{K}$。在实际操作中，常常在一系列预先设定的操作点附近对模型进行局部线性化，然后将单个的预先计算好的 Kalman 滤波器应用于每个模型。离散 Kalman 滤波器框图如图 4.7 所示。通过恰当的增益规划技术，可以得到合适的滤波器模型。

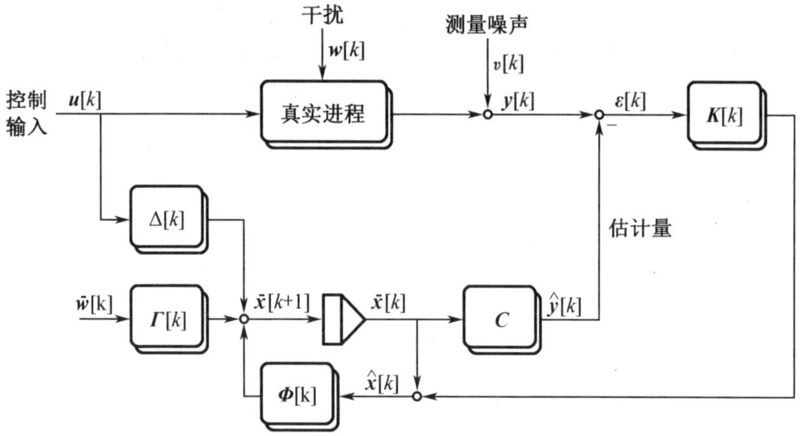

图 4.7　离散 Kalman 滤波器框图

参 考 文 献

[1] JOHANSSON R. System modeling & identification [M]. New Jersey: Prentice Hall, Englewood Cliffs, 1993.

[2] EGELAND O. Servoteknikk [M]. Trondheim: Tapir Forlag, 1993.

[3] FOSSEN T I. Guidance and Control og Ocean Vehicls[M]. Chichester: John Wiley & Sons Ltd., 1994.

[4] CHRISTIANSEN D. Elactronics engineer's handbook[M]. 4th ed. New Jersey: IEEE Press, McGraw-Hill, 1996.

[5] OPPENHEIM A V, WILLSKY A S, NAWAB S H. Signals and systems[M]. 2nd ed. New Jersey: Prentice Hall, 1997.

[6] ÅSTRÖM K J, WITTENMARK B. Computer-controlled systems[M]. 3rd ed. New Jersey: Prentice Hall, 1997.

[7] BLANKE M, KINNAERT M, LUNZE J, et al. Diagnostics and fault-tolerant control[M]. Berlin: Springer-Verlag, 2003.

[8] ANDERSON B D O, MOORE J B. Optimal control: linear quadratic methods[M]. Englewood Cliffs: Prentice-Hall, 1989.

[9] HENRIKKSEN R. Stokastiske systemer-analyse, estimering og regulering[M]. Norwegian: Institutt for Teknisk Kybernetikk, NTNU, 1998.

[10] BAGCHI A. Optimal control of stochastic systems[M]. Upper Saddle River: Prentice Hall International, 1993.

第五章　动力定位观测器设计

本章主要是介绍用于常规水面船舶和进行位置保持作业及低速追踪作业的钻井平台的一些观测器的设计方法。设置观测器的目的[1]包括位置和速度估计、偏差估计、滤波等。Fossen 等[2]所提出的观测器在海洋工程动力定位中的应用是比较广泛的。滤波和状态估计是控制系统的重要特征。传感器测量得到的信号中常常会含有各种噪声,如果不采取预防措施会对动力定位系统和推进器辅助锚泊系统的控制器的性能产生不利影响[3-5]。动力定位系统中观测器的主要功能包括:

●重建非测量数据。在很多应用中,一些重要的过程状态不能通过测量得到。典型的原因是没有合适的传感器或者是成本过高。在这些情况下,可以采用基于滤波-状态估计的复杂模型。观测器的主要目的是对非测量数据进行重建,再将重建的数据应用于反馈控制系统进行滤波。状态观测器的输入数据来自惯性测量单元(IMU/VRS/MRU)、陀螺和位置参考系统(DGPS,HPR,Artemis,Taut Wire,Fanbeam 等)。

●船位推算。所有设备都会发生一定概率的故障。许多工程应用经验表明,控制系统最常见的故障之一是传感器故障。在对安全性要求较高的海洋工程领域,如果没有足够的代替信号,突发的控制系统故障会带来严重的后果。采用基于模型的滤波器至少可以在特定时间段内用模型预测信号来代替实际信号。

●滤波。海洋船舶的运动可以分为低频(LF)部分和波频(WF)部分。对于大多数定位系统来说,波频运动不是控制的主要目标。其原因在于波频运动在特定作业中并不重要,或者是因为船舶没有足够的功率和推力来对波频运动进行补偿。相对而言,后者是主要原因。这样在浪费燃油的同时也会加大对推进设备造成额外的磨损,因此是完全没有必要的。为了避免上述问题,波浪滤波器会过滤掉波频运动。

下面主要介绍 3 种用于定位和速度观测的方法:

●扩展 Kalman 滤波器设计(1976 年提出):传统的基于 Kalman 滤波的估计器将一组预定义的恒定艏摇角线性化(通常由 36 个操作点组成,间隔为 10°),以覆盖从 0°到 360°的整个艏向包络[6-11]。当这种估计器与线性二次高斯、PID 或 H∞ 结合使用时,不能保证整个非线性系统的总体稳定性。然而,这些系统自 20 世纪 70 年代以来已经被多个动力定位制造商使用。采用线性理论的代价在于,运动学方程的线性化会降低系统的性能。此外,在这种情况下,滤波器增益和不同部分之间的开关转换的数量过多。

●非线性观测器设计(1998 年提出):非线性观测器由 Fossen 等[2]提出。非线性观测器包括波浪滤波、速度和偏差状态估计,经过钝化设计后可以证明为全局渐进稳定的。与 Kalman 滤波器相比,非线性观测器调节参数的数量大大减少,并且可以更加直接地耦合到系统中。通过使用非线性公式可以简化软件算法。Fossen 等[2]设计的观测器已经被 Aarset 等[12]、Loria 等[13]用于输出反馈控制器设计。

●自适应非线性观测器设计(1999 年提出):通过一种增强设计技术,将非线性和无源观测器进一步扩展为自适应滤波器[14]。这意味着可以对波浪频率模型进行在线递归估计,以保证在不同海况下进行精确滤波。然而,极端海况下的动力定位作业已经表明,采用相同的控制器策略的前提下,相比于在普通海况下的表现,自适应滤波的性能在极端海况下会出现严重的下降[15]。

5.1 控制对象模型

通常将船舶运动模型分为低频(LF)模型和波频(WF)模型。非线性低频运动方程用于描述二阶平均和缓慢变化的波浪载荷、流载荷、风载荷和推进器的作用力下的船舶运动。船舶的波频运动是由一阶波浪载荷引起的。对于基于船舶运动模型的观测器和控制器设计,一个简化的数学模型和控制对象模型就可以满足要求,因为这些简化的模型足以描述整个系统的主要物理特性。

5.1.1 低频控制对象模型

为了进行控制器的设计和分析,对船舶运动方程进行简化后可导出一个非线性低频运动控制对象模型(横荡、纵荡和艏摇方向):

$$\dot{\boldsymbol{\eta}} = \boldsymbol{R}(\psi)\boldsymbol{\nu} \tag{5.1}$$

$$\boldsymbol{M}\dot{\boldsymbol{\nu}} + \boldsymbol{D}\boldsymbol{\nu} + \boldsymbol{R}^{\mathrm{T}}(\psi)\boldsymbol{G}\boldsymbol{\eta} = \boldsymbol{\tau} + \boldsymbol{R}^{\mathrm{T}}(\psi)\boldsymbol{b} \tag{5.2}$$

式中,$\boldsymbol{\nu} = [u \quad v \quad r]^{\mathrm{T}}$;$\boldsymbol{\eta} = [x \quad y \quad \psi]^{\mathrm{T}}$;$\boldsymbol{b} \in \mathbb{R}^3$,为偏差向量;$\boldsymbol{\tau} = [\tau_x \quad \tau_y \quad \tau_\psi]^{\mathrm{T}}$,为控制输入向量。旋转矩阵表示如下:

$$\boldsymbol{R}(\psi) = \begin{bmatrix} \mathrm{c}\psi & -\mathrm{s}\psi & 0 \\ \mathrm{s}\psi & \mathrm{c}\psi & 0 \\ 0 & 0 & 1 \end{bmatrix}$$

对于低速状态下的情形,式(5.1)和式(5.2)中的各矩阵的形式如下所示:

$$\boldsymbol{M} = \begin{bmatrix} m - X_{\dot{u}} & 0 & 0 \\ 0 & m - Y_{\dot{v}} & mx_{\mathrm{G}} - Y_{\dot{r}} \\ 0 & mx_{\mathrm{G}} - N_{\dot{v}} & I_z - N_{\dot{r}} \end{bmatrix}$$

$$\boldsymbol{D} = \begin{bmatrix} -X_u & 0 & 0 \\ 0 & -Y_v & -Y_r \\ 0 & -N_v & -N_r \end{bmatrix}, \boldsymbol{G} = \begin{bmatrix} -X_x & 0 & 0 \\ 0 & -Y_y & 0 \\ 0 & 0 & -N_\psi \end{bmatrix}$$

这里,假设 $\boldsymbol{G}$ 是常对角矩阵。需要注意的是,动力定位系统没有刚度矩阵,即 $\boldsymbol{G} = \boldsymbol{0}_{3\times3}$。然而,对于锚泊系统,会存在系泊缆线所导致的恢复项。

5.1.2 波频控制对象模型

在控制器的设计过程中,采用含有解耦的谐波振荡器的合成白噪声驱动过程来对船舶的波频运动进行建模。合成波频模型可以写为下列状态空间的形式:

$$\begin{aligned} \dot{\boldsymbol{\xi}}_w &= \boldsymbol{A}_w \boldsymbol{\xi}_w + \boldsymbol{E}_w \boldsymbol{w}_w \\ \boldsymbol{\eta}_w &= \boldsymbol{C}_w \boldsymbol{\xi}_w \end{aligned} \tag{5.3}$$

式中,$\boldsymbol{\eta}_w \in \mathbb{R}^3$,为位置和艏向的高频测量向量;$\boldsymbol{w}_w \in \mathbb{R}^3$,为零均值高斯白噪声向量;$\boldsymbol{E}_w \in$

$\mathbb{R}^{6\times6}$，为噪声幅值；$\boldsymbol{\xi}_w \in \mathbb{R}^6$。虽然有时需要采用更高阶的模型，但绝大多数情况下一个线性二阶波频模型足以用来描述船舶的波频运动[16]。系统矩阵 $\boldsymbol{A}_w \in \mathbb{R}^{6\times6}$、摄动矩阵 $\boldsymbol{E}_w \in \mathbb{R}^{6\times6}$ 和测量矩阵 $\boldsymbol{C}_w \in \mathbb{R}^{6\times6}$ 的形式如下：

$$\boldsymbol{A}_w = \begin{bmatrix} \boldsymbol{0}_{3\times3} & \boldsymbol{I}_{3\times3} \\ -\boldsymbol{\Omega}^2 & -2\boldsymbol{\Lambda\Omega} \end{bmatrix}$$

$$\boldsymbol{C}_w = [\boldsymbol{0}_{3\times3} \quad \boldsymbol{I}_{3\times3}], \boldsymbol{E}_w = \begin{bmatrix} \boldsymbol{0}_{3\times3} \\ \boldsymbol{K}_w \end{bmatrix} \tag{5.4}$$

式中，$\boldsymbol{\Omega} = \mathrm{diag}\{\omega_1 \quad \omega_2 \quad \omega_3\}$；$\boldsymbol{\Lambda} = \mathrm{diag}\{\zeta_1 \quad \zeta_2 \quad \zeta_3\}$；$\boldsymbol{K}_w = \mathrm{diag}\{K_{w1} \quad K_{w2} \quad K_{w3}\}$。该模型对应于式(5.5)：

$$\frac{\eta_{w_i}}{w_{w_i}}(s) = \frac{K_{w_i} s}{s^2 + 2\zeta_i \omega_i s + \omega_i^2} \tag{5.5}$$

从实际角度来看，波频模型的各个参数是由当前海况的缓慢变化的变量所决定的。通常，在北海的风浪海域，与波浪频率 $\omega_i = 2\pi/T_i$ 对应的波浪周期 T_i 的范围在 5 ~ 20 s，涌浪的周期甚至在 20 s 以上。而与之相对应的阻尼比 ζ_i 的常见范围在 0.05 ~ 0.10。然而，在波长较长的海域要特别留意阻尼比的取值。

5.1.3 偏差模型

在水面船 3 自由度动力定位中，常假设纵荡、横荡和艏摇 3 自由度的环境扰动作用力是缓慢变化的。因此，环境力估计模型可表述为如下一阶高斯 – 马尔可夫过程：

$$\dot{\boldsymbol{b}} = -\boldsymbol{T}_b^{-1}\boldsymbol{b} + \boldsymbol{E}_b \boldsymbol{w}_b \tag{5.6}$$

式中，$\boldsymbol{w}_b \in \mathbb{R}^3$，为零均值高斯白噪声；$\boldsymbol{T}_b \in \mathbb{R}^{3\times3}$，为包含时间常数的对角矩阵；$\boldsymbol{E}_b \in \mathbb{R}^{3\times3}$，为对角矩阵，表示环境扰动力的幅值。偏差模型中包含了由二阶波浪载荷、海流载荷和风载荷引起的缓慢变化的力和力矩所导致的变化。此外，还包含建模过程中的误差。

当时间向量 $\boldsymbol{T}_b \in \mathbb{R}^{3\times3}$ 为零时，一阶高斯 – 马尔可夫模型可演化为维纳过程：

$$\dot{\boldsymbol{b}} = \boldsymbol{E}_b \boldsymbol{w}_b \tag{5.7}$$

5.1.4 测量值

测量方程可以写为

$$\boldsymbol{y} = \boldsymbol{\eta} + \boldsymbol{\eta}_m + \boldsymbol{v} \tag{5.8}$$

式中，$\boldsymbol{V} \in \mathbb{R}^3$，为零均值高斯测量噪声向量。

5.1.5 最终的控制对象模型

最终，可以得到如下的控制对象模型：

$$\dot{\boldsymbol{\xi}} = \boldsymbol{A}_w \boldsymbol{\xi} + \boldsymbol{E}_w \boldsymbol{w}_w$$

$$\dot{\boldsymbol{\eta}} = \boldsymbol{R}(\psi)\boldsymbol{\nu}$$

$$\dot{\boldsymbol{b}} = \boldsymbol{E}_b \boldsymbol{w}_b$$

$$\boldsymbol{M}\dot{\boldsymbol{\nu}} = -\boldsymbol{D}\boldsymbol{\nu} - \boldsymbol{R}^{\mathrm{T}}(\psi)\boldsymbol{G}\boldsymbol{\eta} + \boldsymbol{R}^{\mathrm{T}}(\psi)\boldsymbol{b} + \boldsymbol{\tau}$$

$$y = \boldsymbol{\eta} + C_w \boldsymbol{\xi} + \boldsymbol{v} \tag{5.9}$$

此处使用了维纳偏差模型。状态空间模型的维数包括 $\boldsymbol{x} \in \mathbb{R}^{15}$、$\boldsymbol{\tau} \in \mathbb{R}^{3}$ 和 $\boldsymbol{y} \in \mathbb{R}^{3}$。此外，如果存在风速和风向的测量数据，通常需要在状态空间模型中加入两个新的状态。否则，将风速和方向以缓慢变化的扰动的形式包含在偏差项 $\boldsymbol{b}$ 中。

5.1.6 极端海况下的控制对象模型

Sørensen 等[17]建议，应该避免对极端海域或者以涌浪为主的海域的波浪（波长较长、波浪频率较低）进行滤波处理。在这些情况下，控制对象模型的形式表示如下：

$$\begin{aligned}
\dot{\boldsymbol{b}} &= \boldsymbol{E}_b \boldsymbol{w}_b \\
\boldsymbol{M}\dot{\boldsymbol{\nu}} &= -\boldsymbol{D}\boldsymbol{\nu} - \boldsymbol{R}^{\mathrm{T}}(\psi)\boldsymbol{G}\boldsymbol{\eta} + \boldsymbol{R}^{\mathrm{T}}(\psi)\boldsymbol{b} + \boldsymbol{\tau} \\
\dot{\boldsymbol{\eta}} &= \boldsymbol{R}(\psi)\boldsymbol{\nu} \\
\boldsymbol{y} &= \boldsymbol{\eta} + \boldsymbol{v}
\end{aligned} \tag{5.10}$$

5.2 无迹 Kalman 滤波（UKF）

5.2.1 无迹 Kalman 观测方程

传统 Kalman 滤波（KF）、扩展 Kalman 滤波（EKF）[18]都是将问题转化为线性高斯模型，从而方便对问题的求解运算。但对于非线性问题来说，不论是 KF 还是 EKF，都存在着计算量较大、易受到线性误差影响的问题，而线性误差的引入会降低模型的精度。

本节引入无迹 Kalman 滤波（UKF）（一种计算非线性随机变量各阶矩的近似方法）来解决这个问题。它主要通过一定规律的采样和权重来近似获得平均值和方差。它不同于 EKF，由于没有将高阶项忽略，故而这种方法对统计矩的近似精度较高。虽然计算量与 EKF 相比相差不大，但 UKF 的效果理论上可以达到二阶 EKF（EKF 将非线性模型在状态估计值附近做泰勒级数展开，并在一阶截断）才能达到的效果。

UKF 算法的核心是 UT（unscented transform）变换[19]，它是一种计算非线性变换中的随机变量统计特征的新方法，也是 UKF 的基础。而且，这种算法不需要计算雅克比矩阵和汉森矩阵。

UT 变换的指导思想：在确保系统采样均值与协方差分别为 $\bar{x}$ 和 P_{xx} 的前提下，选择一组点集（Sigma 点集），然后将非线性变换应用于每个采样数据的 Sigma 点，得到非线性转换后的点集 $\bar{y}$ 和 P_{yy}。

传统意义上 UT 变换的算法如下所示：

根据输入变量统计量 $\bar{x}$ 和 P_{xx}，在一种采样策略下选择一种 Sigma 点集 $\{X_i\}$，$i = 0, 1, 2, \cdots, 2n$，以及对应的权值 W_i^m 和 W_i^c。

其中，i 为 Sigma 点的个数；W_i^m 是均值加权所用的权值；W_i^c 是协方差加权所用的权值。在不采用比例修正的前提下，$W_i^m = W_i^c = W_i$。

然后，计算 $2n+1$ 个取样点的相应权值 W_i：

$$X_0=\bar{x},W_0=\frac{\sigma}{n+\sigma}\quad i=0 \tag{5.11}$$

$$X_i=\bar{x}+(\sqrt{(n+\sigma)P_{xx}})_i;W_i=\frac{1}{2(n+\sigma)}\quad i=1,L,n \tag{5.12}$$

$$X_i=\bar{x}-(\sqrt{(n+\sigma)P_{xx}})_i,W_i=\frac{1}{2(n+\sigma)}\quad i=n+1,L,2n \tag{5.13}$$

式中，σ 为微调参数，它仅能影响到二阶之后的高阶矩带来的偏差；$(\sqrt{(n+\sigma)P_{xx}})_i$ 是矩阵 $(n+\sigma)P_{xx}$ 平方根的第 i 行或者第 i 列向量，可以用 Cholesky 分解进行计算；W_i 为与第 i 个 Sigma 点所对应的权值。且有：

$$\sum_{i=0}^{2n}W_i = 1 \tag{5.14}$$

矩阵 $\boldsymbol{P}$ 的平方根可进行 Cholesky 分解，由于 Cholesky 分解对舍入误差有更好的控制，因此这种方法会使得计算较为稳定和高效。

接下来对采样数据 Sigma 点（关键点）进行非线性变换，进而得到变换后的 Sigma 点集 $\{y_i\}$：

$$y_i=f(x_i)\quad i=0,L,2n \tag{5.15}$$

对新变换得到的点集 $\{y_i\}$ 再次进行加权处理，就得到了输出变量 y 的统计量 $\bar{y}$ 和 P_{yy}：

$$\bar{y} = \sum_{i=0}^{2n}W_i^m y_i,P_{yy} = \sum_{i=0}^{2n}W_i^c(y_i-\bar{y}_i)(y_i-\bar{y}_i)^{\mathrm{T}} \tag{5.16}$$

利用以上所描述的 UT 变换来处理均值和协方差的非线性传递，这就成为了 UKF 算法。

在 UKF 算法中，由于具有噪声项，需要对系统的状态方程进行进一步的扩维。

令 $\boldsymbol{x}^a=[\boldsymbol{x}^{\mathrm{T}}\quad \boldsymbol{v}^{\mathrm{T}}\quad \boldsymbol{n}^{\mathrm{T}}]^{\mathrm{T}}$，具体算法流程如下所示：

系统状态的初始条件为 $\hat{x}=E(x_0)$：

$$P_0=E((\boldsymbol{x}_0-\hat{\boldsymbol{x}}_0)(\boldsymbol{x}_0-\hat{\boldsymbol{x}}_0)^{\mathrm{T}}) \tag{5.17}$$

对状态的初始条件进行扩维，即

$$\hat{\boldsymbol{x}}_0^a=E(\boldsymbol{x}_0^a)=[\hat{\boldsymbol{x}}_0^a\quad 0\quad 0] \tag{5.18}$$

$$P_0^a=E((\boldsymbol{x}_0^a-\hat{\boldsymbol{x}}_0^a)(\boldsymbol{x}_0^a-\hat{\boldsymbol{x}}_0^a)^{\mathrm{T}})=\begin{bmatrix}P_0 & 0 & 0\\ 0 & Q & 0\\ 0 & 0 & R\end{bmatrix} \tag{5.19}$$

接下来通过合适的采样策略，得到 k 时刻的状态估计 Sigma 点集 $\{\hat{\boldsymbol{X}}_i^a(k|k)\}$，$i=0,1,2,\cdots,2n$。其中，$i$ 为采样数据 Sigma 点的个数。这里需要指出的是，此时的状态维数是 $n+q+m$，$\boldsymbol{X}_i^x$ 为 $\boldsymbol{X}_i^a$ 的前 n 维组成的列向量，$\boldsymbol{X}_i^v$ 为 $\boldsymbol{X}_i^a$ 的 $n+1$ 维到 $n+q$ 维组成的列向量，$\boldsymbol{X}_i^w$ 为 $\boldsymbol{X}_i^a$ 的 $n+q+1$ 维到 $n+q+m$ 维组成的列向量。

下一步通过利用系统的状态方程来传递采样点：

$$\boldsymbol{X}_i^x(k+1|k)=f[\boldsymbol{X}_i^k(k|k),\boldsymbol{u}(k),\boldsymbol{X}_i^v] \tag{5.20}$$

紧接着完成了传递采样后要利用预测采样点 $\boldsymbol{X}_i^x(k+1|k)$、权值 W_i^m 和 W_i^c 来计算预测均值 $\hat{x}(k+1|k)$ 和协方差 $P(k+1|k)$。

$$\hat{x}(k+1|k) = \sum_{i=0}^{2n}W_i^m\boldsymbol{X}_i^x(k+1|k) \tag{5.21}$$

$$\boldsymbol{P}(k+1|k) = \sum_{i=0}^{2n} W_i^c(\boldsymbol{X}_i^x(k+1|k) - \hat{\boldsymbol{x}}(k+1|k))(\cdot)^{\mathrm{T}} \tag{5.22}$$

预测的测量采样点可以表示为

$$\boldsymbol{z}_i(k+1|k) = h[\boldsymbol{X}_i^x(k+1|k), \boldsymbol{u}(k), \boldsymbol{X}_i^w(k+1)] \tag{5.23}$$

进而预测测量值及协方差：

$$\hat{\boldsymbol{z}}(k+1|k) = \sum_{i=0}^{2n} W_i^m \boldsymbol{z}_i(k+1|k) \tag{5.24}$$

$$\boldsymbol{P}_{zz}(k+1|k) = \sum_{i=0}^{2n} W_i^c(\boldsymbol{z}_i(k+1|k) - \hat{\boldsymbol{z}}(k+1|k))(\cdot)^{\mathrm{T}} \tag{5.25}$$

$$\boldsymbol{P}_{zz}(k+1|k) = \sum_{i=0}^{2n} W_i^c(\boldsymbol{X}_i^x(k+1|k) - \hat{\boldsymbol{x}}(k+1|k))(\boldsymbol{z}_i(k+1|k) - \hat{\boldsymbol{z}}(k+1|k))^{\mathrm{T}} \tag{5.26}$$

完成以上步骤后，开始计算 UKF 算法增益，并更新状态向量和方差：

$$\boldsymbol{K}(k+1) = \boldsymbol{P}_{xz}(k+1|k)\boldsymbol{P}_{zz}^{-1}(k+1|k) \tag{5.27}$$

$$\hat{\boldsymbol{x}}(k+1|k+1) = \hat{\boldsymbol{x}}(k+1|k) + \boldsymbol{K}(k+1)(\boldsymbol{z}(k+1) - \hat{\boldsymbol{z}}(k+1|k)) \tag{5.28}$$

$$\boldsymbol{P}(k+1|k+1) = \boldsymbol{P}(k+1|k) - \boldsymbol{K}(k+1)\boldsymbol{P}_{zz}(k+1|k)\boldsymbol{K}^{\mathrm{T}}(k+1) \tag{5.29}$$

也就是说，在 UKF 算法中，每一个状态都是可以用几个 Sigma 点（关键点）来表示的，当作用于新的非线性函数时，只需将 Sigma 点代入函数中，求得此时的非线性函数值，进而可通过新的函数值计算新的状态。

5.2.2　无迹 Kalman 滤波验证

无迹 Kalman 滤波的有效性验证包括两部分，一部分是考虑无迹 Kalman 滤波与不考虑无迹 Kalman 滤波的对比验证，另一部分为无迹 Kalman 滤波与传统 Kalman 滤波（KF）效果和扩展 Kalman 滤波（EKF）效果的对比验证。

考虑无迹 Kalman 滤波与不考虑无迹 Kalman 滤波的对比验证，以文献[20]的 1∶70 CSII 船模为验证对象，该模型的最大纵/横向推力为 2 N，最大艏摇力矩为 1.5 N · m，分别对应真实尺寸船舶参数为 686 kN 和 36 015 kN · m。该船舶的惯性质量矩阵和阻尼矩阵分别如下所示：

$$\boldsymbol{M} = \begin{bmatrix} 25.8 & 0 & 0 \\ 0 & 33.8 & 1.0115 \\ 0 & 1.0115 & 2.76 \end{bmatrix}, \boldsymbol{D} = \begin{bmatrix} 2 & 0 & 0 \\ 0 & 7 & 0.1 \\ 0 & 0.1 & 0.5 \end{bmatrix}$$

船模的初始坐标位置位于 $\boldsymbol{\eta}_0 = [0\ \mathrm{m}, 0\ \mathrm{m}, 0°]^{\mathrm{T}}$，设定定位目标坐标位置 $\boldsymbol{r} = [1\ \mathrm{m}, 0.5\ \mathrm{m}, 10°]^{\mathrm{T}}$。船舶此时受到的为轻浪作用，波谱类型为 JONSWAP，波浪周期为 1 s。

下面分析了 UKF-PID 控制对船模运动状态的估计和滤波能力，图 5.1 所示为 UKF 作用下船舶的测量输出和估计输出的船位和艏向曲线。

由图 5.1 中的 UKF 下的估计输出曲线显示，UKF 可以相对较好地跟踪捕捉到真实的船舶位置坐标，能有效地将测量的船舶位置坐标中的高频成分予以滤除，从而仅将其中的低频成分作为控制输入的信号。从这一结果来看，UKF 起到了滤除高频运动的效果。

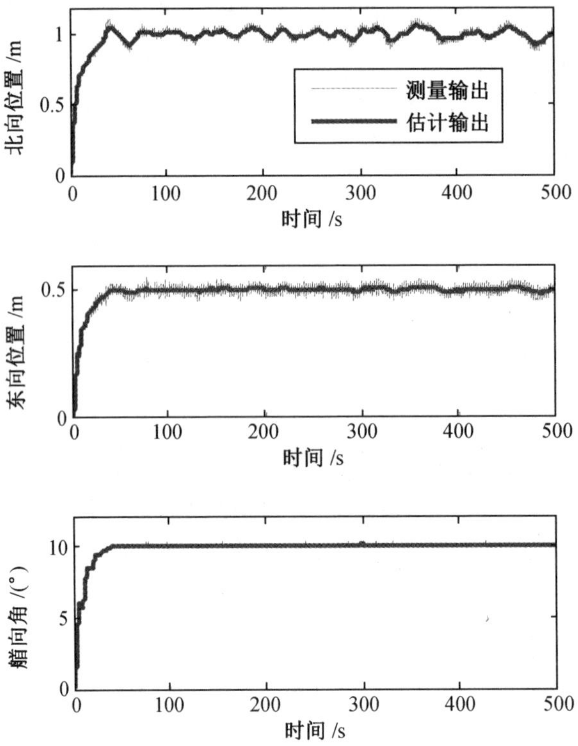

图 5.1　UKF 作用下船舶的测量输出和估计输出的船位和艏向曲线

5.3　非线性观测器设计

本节将介绍两种非线性观测器。第一种与 Fossen[2] 提出的观测器类似，适用于带有系泊系统的大型浮式动力定位船舶。第二种非线性观测器采用增广设计，输入信号的滤波状态可以用来获得更好的滤波[20]。通过对观测器的高频波频滤波信号进行反馈控制，可以保证波频估计中不会存在非稳态补偿。另一个优点是，通过对偏差估计进行低通滤波处理，可以减少偏差估计中的噪声，从而可以直接作为控制律中的反馈控制项。

在设计观测器并进行李雅普诺夫分析时需要进行如下假设：

A1 忽略位置和艏向传感器的噪声，即 $v=0$，这是因为这些噪声相比波浪诱导的运动可以忽略。

A2 假设波浪诱导的艏摇运动的幅值 ψ_w 非常小。因而，$\boldsymbol{R}(\psi)\approx\boldsymbol{R}(\psi+\psi_w)$。结合 A1 中提出的假设，可以记为 $\boldsymbol{R}(\psi)\approx\boldsymbol{R}(\psi_y)$，式中，$\psi_y$ 和 $\psi+\psi_w$ 表示艏向的测量信号。

这一假设只是为了方便，以便可以采用李雅普诺夫稳定性理论来推导观测器更新制的结构。基于 SPR-Lyapunov 的观测器方程在高斯白噪声下能保持很好的鲁棒性，所以在应用观测器时可以适当地放宽这些假设条件。

在无源化设计中，还需要对惯性矩阵和阻尼矩阵的如下特性进行研究：

$$\boldsymbol{M}=\boldsymbol{M}^{\mathrm{T}}>0,\dot{\boldsymbol{M}}=0,\boldsymbol{D}>0$$

5.3.1 观测器方程

由式(5.9)得到的非线性观测器方程如下：

$$
\begin{aligned}
\dot{\tilde{\boldsymbol{\xi}}} &= \boldsymbol{A}_w \tilde{\boldsymbol{\xi}} - \boldsymbol{K}_1 \tilde{\boldsymbol{y}} + \boldsymbol{E}_w \boldsymbol{w}_w \\
\dot{\tilde{\boldsymbol{\eta}}} &= \boldsymbol{R}(\psi_y)\tilde{\boldsymbol{\nu}} - \boldsymbol{K}_2 \tilde{\boldsymbol{y}} \\
\dot{\tilde{\boldsymbol{b}}} &= -\boldsymbol{T}_b^{-1} \tilde{\boldsymbol{b}} - \boldsymbol{K}_3 \tilde{\boldsymbol{y}} + \boldsymbol{E}_b \boldsymbol{w}_b \\
\boldsymbol{M}\dot{\tilde{\boldsymbol{\nu}}} &= -\boldsymbol{D}\tilde{\boldsymbol{\nu}} - \boldsymbol{R}^{\mathrm{T}}(\psi_y)\boldsymbol{G}\tilde{\boldsymbol{\eta}} + \boldsymbol{R}^{\mathrm{T}}(\psi_y)\tilde{\boldsymbol{b}} - \boldsymbol{R}^{\mathrm{T}}(\psi_y)\boldsymbol{K}_4\tilde{\boldsymbol{y}} \\
\tilde{\boldsymbol{y}} &= \tilde{\boldsymbol{\eta}} + \boldsymbol{C}_w \tilde{\boldsymbol{\xi}}
\end{aligned}
\tag{5.30}
$$

式中，$\tilde{\boldsymbol{y}} = \boldsymbol{y} - \hat{\boldsymbol{y}} \in \mathbb{R}^3$，为估计误差；$\boldsymbol{K}_1 \in \mathbb{R}^{6\times3}$和 $\boldsymbol{K}_2$、$\boldsymbol{K}_3$、$\boldsymbol{K}_4 \in \mathbb{R}^{3\times3}$，为观测器增益矩阵。该非线性方程是通过15个没有协方差更新的常微分方程来实现的。使用维纳偏差模型进行简单替换，进而得到：

$$
\dot{\hat{\boldsymbol{b}}} = \boldsymbol{K}_3 \tilde{\boldsymbol{y}} \tag{5.31}
$$

研究表明，使用维纳偏差模型可以使得估计误差渐进收敛（渐进稳定），而使用马尔可夫模型可以实现指数收敛。

5.3.2 观测器估计误差

观测器估计的各个误差定义为$\tilde{\boldsymbol{\xi}} = \boldsymbol{\xi} - \hat{\boldsymbol{\xi}}$、$\tilde{\boldsymbol{\eta}} = \boldsymbol{\eta} - \hat{\boldsymbol{\eta}}$、$\tilde{\boldsymbol{b}} = \boldsymbol{b} - \hat{\boldsymbol{b}}$和 $\tilde{\boldsymbol{\nu}} = \boldsymbol{\nu} - \hat{\boldsymbol{\nu}}$。因此，由式(5.9)和式(5.30)可以得到观测器误差的动力学方程：

$$
\begin{aligned}
\dot{\tilde{\boldsymbol{\xi}}} &= \boldsymbol{A}_w \tilde{\boldsymbol{\xi}} - \boldsymbol{K}_1 \tilde{\boldsymbol{y}} + \boldsymbol{E}_w \boldsymbol{w}_w \\
\dot{\tilde{\boldsymbol{\eta}}} &= \boldsymbol{R}(\psi_y)\tilde{\boldsymbol{\nu}} - \boldsymbol{K}_2 \tilde{\boldsymbol{y}} \\
\dot{\tilde{\boldsymbol{b}}} &= -\boldsymbol{T}_b^{-1} \tilde{\boldsymbol{b}} - \boldsymbol{K}_3 \tilde{\boldsymbol{y}} + \boldsymbol{E}_b \boldsymbol{w}_b \\
\boldsymbol{M}\dot{\tilde{\boldsymbol{\nu}}} &= -\boldsymbol{D}\tilde{\boldsymbol{\nu}} - \boldsymbol{R}^{\mathrm{T}}(\psi_y)\boldsymbol{G}\tilde{\boldsymbol{\eta}} + \boldsymbol{R}^{\mathrm{T}}(\psi_y)\tilde{\boldsymbol{b}} - \boldsymbol{R}^{\mathrm{T}}(\psi_y)\boldsymbol{K}_4\tilde{\boldsymbol{y}} \\
\tilde{\boldsymbol{y}} &= \tilde{\boldsymbol{\eta}} + \boldsymbol{C}_w \tilde{\boldsymbol{\xi}}
\end{aligned}
\tag{5.32}
$$

通过下面的表达式来定义新的输出和向量：

$$
\tilde{z}_0 \triangleq \boldsymbol{K}_4 \tilde{\boldsymbol{y}} + \boldsymbol{G}\tilde{\eta} - \tilde{\boldsymbol{b}} \triangleq \boldsymbol{C}_o \tilde{\boldsymbol{x}}_o \tag{5.33}
$$

$$
\tilde{\boldsymbol{x}}_o \triangleq \begin{bmatrix} \tilde{\boldsymbol{\xi}} \\ \tilde{\boldsymbol{\eta}} \\ \tilde{\boldsymbol{b}} \end{bmatrix}, \boldsymbol{w} \triangleq \begin{bmatrix} \boldsymbol{w}_w \\ \boldsymbol{w}_b \end{bmatrix} \tag{5.34}
$$

式(5.32)可以简写为

$$
\begin{aligned}
\boldsymbol{M}\dot{\tilde{\boldsymbol{\nu}}} &= -\boldsymbol{D}\tilde{\boldsymbol{\nu}} - \boldsymbol{R}^{\mathrm{T}}(\psi_y)\boldsymbol{C}_o \tilde{\boldsymbol{x}}_o \\
\dot{\tilde{\boldsymbol{x}}}_o &= \boldsymbol{A}_o \tilde{\boldsymbol{x}}_o + \boldsymbol{B}_o\boldsymbol{R}(\psi_y)\hat{\boldsymbol{\nu}} + \boldsymbol{E}_o\boldsymbol{w}
\end{aligned}
\tag{5.35}
$$

式中

$$\boldsymbol{A}_o=\begin{bmatrix}\boldsymbol{A}_w-\boldsymbol{K}_1\boldsymbol{C}_w & -\boldsymbol{K}_1 & \boldsymbol{0}_{6\times 3}\\ -\boldsymbol{K}_2\boldsymbol{C}_w & -\boldsymbol{K}_2 & \boldsymbol{0}_{3\times 3}\\ -\boldsymbol{K}_3\boldsymbol{C}_w & -\boldsymbol{K}_3 & -\boldsymbol{T}_b^{-1}\end{bmatrix}$$

$$\boldsymbol{C}_o=[\boldsymbol{K}_4\boldsymbol{C}_w \quad \boldsymbol{K}_4+\boldsymbol{G} \quad -\boldsymbol{I}_{3\times 3}]$$

$$\boldsymbol{B}_o=\begin{bmatrix}\boldsymbol{0}_{6\times 3}\\ \boldsymbol{I}_{3\times 3}\\ \boldsymbol{0}_{3\times 3}\end{bmatrix},\boldsymbol{E}_o=\begin{bmatrix}\boldsymbol{E}_w & \boldsymbol{0}_{3\times 3}\\ \boldsymbol{0}_{3\times 3} & \boldsymbol{0}_{3\times 3}\\ \boldsymbol{0}_{3\times 3} & \boldsymbol{E}_b\end{bmatrix}$$

观测器增益矩阵的选取要使得误差动力学方程为无源和渐进稳定的(GES)。

针对这个问题,通常采用 SPR-Lyapunov 方法,它可以很方便地证明无源性和稳定性。在图 5.1 中,新定义了两个误差项:

$$\boldsymbol{\varepsilon}_z\triangleq-\boldsymbol{R}^{\mathrm{T}}(\psi_y)\tilde{z}_0,\boldsymbol{\varepsilon}_v\triangleq\boldsymbol{R}(\psi_y)\tilde{\boldsymbol{\nu}} \tag{5.36}$$

观测器误差系统可以看作由有界变换矩阵 $\boldsymbol{R}(\psi_y)$ 连接在一起的两个线性模块 H_1 和 H_2 组成的,如图 5.2 所示。图 5.3 为观测器的框图表示。

基于船舶动力学的物理特性,可以引入下面的概念与假设进行进一步陈述:

我们提出这样一个命题,即映射是严格无源的(图 5.2 中的系统 H_1)。

首先定义一个正定的存储函数:

$$S_1=\frac{1}{2}\tilde{\boldsymbol{\nu}}^{\mathrm{T}}\boldsymbol{M}\tilde{\boldsymbol{\nu}}>0 \tag{5.37}$$

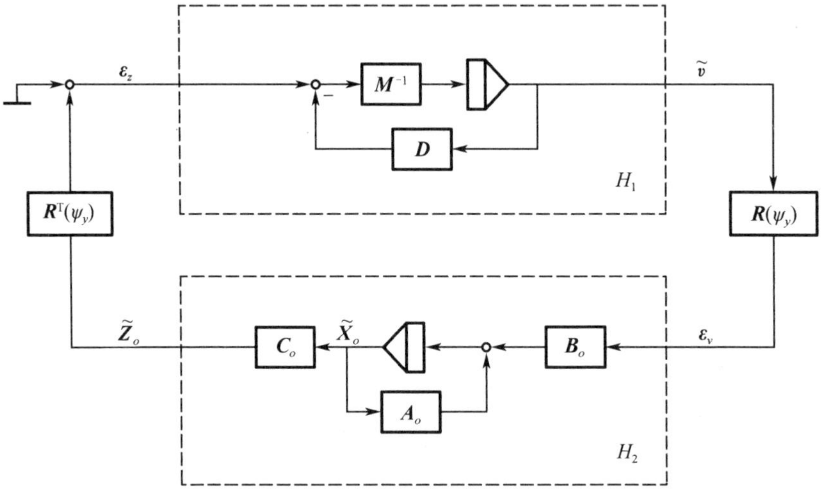

图 5.2 观测器误差动力学框图

由式(5.35)中第 1 个表达式可得

$$\dot{S}_1=-\frac{1}{2}\tilde{\boldsymbol{\nu}}^{\mathrm{T}}(\boldsymbol{D}+\boldsymbol{D}^{\mathrm{T}})\tilde{\boldsymbol{\nu}}+\tilde{\boldsymbol{\nu}}^{\mathrm{T}}\boldsymbol{\varepsilon}_z \tag{5.38}$$

$$\Downarrow$$

$$\tilde{\boldsymbol{\nu}}^{\mathrm{T}}\boldsymbol{\varepsilon}_z\geqslant\dot{S}_1+\beta\tilde{\boldsymbol{\nu}}^{\mathrm{T}}\tilde{\boldsymbol{\nu}} \tag{5.39}$$

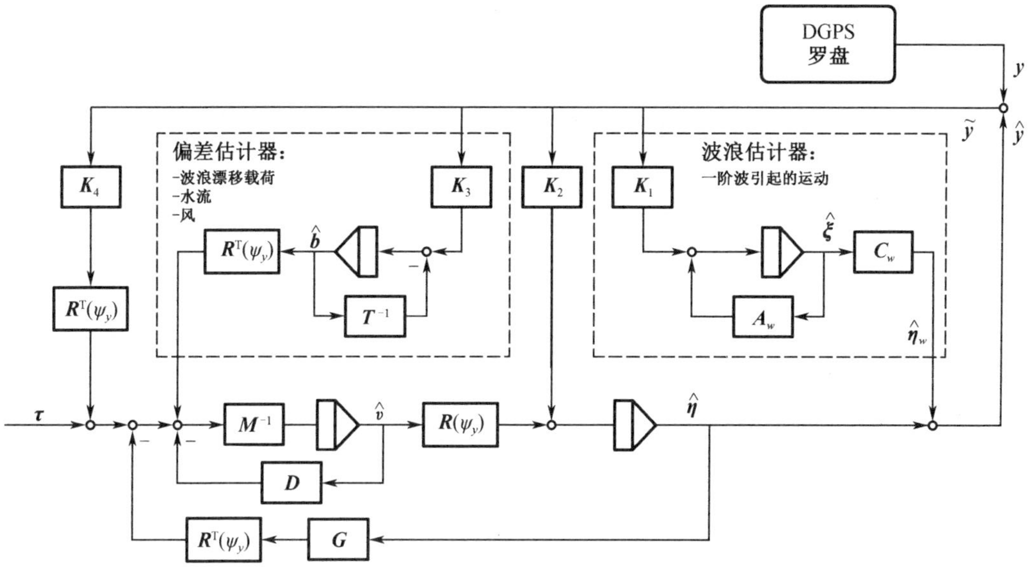

图 5.3 观测器的框图表示

式中,$\beta=\frac{1}{2}\lambda_{\min}(D+D^T)>0$;$\lambda_{\min}(\cdot)$为最小特征值。所以,由式(5.39)可以证明 $\varepsilon_z\rightarrow\tilde{\nu}$是严格无源的,可参考文献[21]。此外,由于该映射是严格无源的,当右乘有界变换矩阵并左乘其转置矩阵时不会影响映射的无源特性。因此,模块是严格无源的。

如果能够选择合适的观测器增益矩阵$K_1,K_2,\cdots,K_4$,使得映射 $\varepsilon_\nu\rightarrow\tilde{z}_o$ 严格无源,则可以保证整个系统的无源性和稳定性。这是因为式(5.35)中的第 1 个表达式和第 2 个表达式中的矩阵 A_o、B_o 和C_o 满足 Kalman-Yakubovich-Popov(ICYP)引理。

KYP 引理:定义 $m\times m$ 的传递函数矩阵 $Z(s)=C(sI-A)^{-1}B$,在此式中,A 为 Hurwitz;(A,B)可控,(A,C)可观,当且仅当存在正定矩阵 $P=P^T>0$ 和 $Q=Q^T>0$ 且满足下列条件时,为严格正实(strictly positive real,SPR):

$$PA+A^TP=-Q \tag{5.40}$$

$$B^TP=C \tag{5.41}$$

以上引理的详细证明过程请参照文献[22]。结合此引理可进一步提出下面的定理。

定理:当观测器增益矩阵$K_i(i=1,2,\cdots,4)$使得式(5.35)中第 2 个表达式满足 Kalman-Yakubovich-Popov 引理时,非线性观测器误差动力学方程式(5.39)是无源的。

证明:由于已经证明 H_1 为严格无源的,令 $A=A_o$、$B=B_o$和 $C=C_o$,并根据 Kalman-Yakubovich-Popov 引理选择合适的增益矩阵$K_i(i=1,2,\cdots,4)$来保证 H_2 严格正实,则非线性观测器误差动力学方程式(5.39)也为无源的。此外,观测器误差动力学方程为全局渐进稳定的(图 5.2)。

实际很容易找到一组满足 KYP 引理的增益矩阵$K_i(i=1,2,\cdots,4)$。假设系泊系统的刚度矩阵为对角矩阵,选择下列对角形式的观测器矩阵:

$$\boldsymbol{K}_1=\begin{bmatrix}\mathrm{diag}\{k_1 \quad k_2 \quad k_3\}\\ \mathrm{diag}\{k_4 \quad k_5 \quad k_6\}\end{bmatrix}$$
$$\boldsymbol{K}_2=\mathrm{diag}\{k_7 \quad k_8 \quad k_9\} \tag{5.42}$$
$$\boldsymbol{K}_3=\mathrm{diag}\{k_{10} \quad k_{11} \quad k_{12}\}$$
$$\boldsymbol{K}_4=\mathrm{diag}\{k_{13} \quad k_{14} \quad k_{15}\}$$

映射可以采用下面表达式中的 3 个解耦的传递函数来描述：

$$\frac{\tilde{\boldsymbol{z}}_0}{\boldsymbol{\varepsilon}_v}(s)=\mathrm{diag}\{h_{z1}(s) \quad h_{z2}(s) \quad h_{z3}(s)\} \tag{5.43}$$

式中，传递函数如图 5.4 所示。通过波浪运动频率范围内的冲孔效应可以清楚地看出滤波效果。为了满足 SPR 要求，一个必要条件是传递函数 $h_{zi}(s)(i=1,2,3)$ 的相位角在 $-90°$ 至 $+90°$ 之间。关于观测器增益矩阵的选取，其调整过程与自由浮动船舶的观测器设计及 Fossen 和 Strand 曾经提出的方案类似[23]，需要采用回路成形技术。

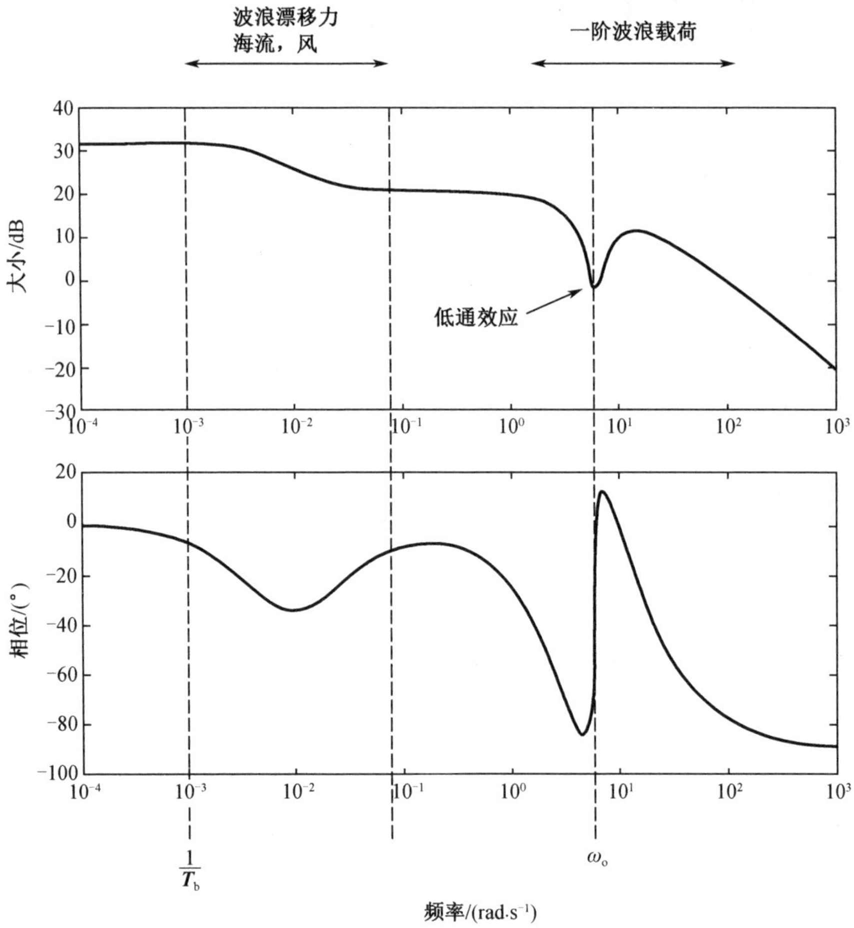

图 5.4　传递函数 $h_{zi}(s)$ 的 Bode 图

5.3.3 调试规则

为了保证无源性并将观测器增益式(5.42)中的第1个表达式和第2个表达式与波浪主要响应频率联系在一起,令

$$k_i = -2(\zeta_{ni}-\zeta_i)\frac{\omega_{ci}}{\omega_i}, i=1,2,3 \tag{5.44}$$

$$k_i = 2\omega_i(\zeta_{ni}-\zeta_i), i=4,5,6 \tag{5.45}$$

$$k_i = \omega_{ci}, i=7,8,9 \tag{5.46}$$

式中,$\omega_{ci}>\omega_i$,为滤波器截止频率;$\zeta_{ni}>\zeta_i$,为调整参数,在0.1~1.0取值(典型值:$\zeta_{ni}=1.0$,$\zeta_n=0.1$);$k_{10}-k_{12}$的取值应该足够高,以保证恰当的偏差估计;需要注意的是,$\boldsymbol{A}_w$也取决于实际海况对参数ω_i的影响;ω_i通常取波浪峰值频率,即$\omega_i\approx 2\pi/T_{pi}$。这一假设在大多数情况下都是恰当的。现有文献的一个常见的误解是将波浪响应估计和波浪振幅估计混为一谈。波浪响应其实是从波浪振幅到波浪载荷最终到与波浪有关的、相对应的一系列信号转换所得的结果。也就是说,波浪响应包含了波浪振幅。

5.3.4 增广观测器

通过增加一个新的状态可以对上述观测器进行细化。增广后的观测器适应性和滤波性更好,是自适应观测器的基础。首先,在观测器中增加一个新的状态$\boldsymbol{x}_f$,该状态是$\tilde{\boldsymbol{y}}$的低通滤波。

$$\dot{\boldsymbol{x}}_f = -\boldsymbol{T}_f^{-1}\boldsymbol{x}_f+\tilde{\boldsymbol{y}} = -\boldsymbol{T}_f^{-1}\boldsymbol{x}_f+\tilde{\boldsymbol{\eta}}+\boldsymbol{C}_w\tilde{\boldsymbol{\xi}} \tag{5.47}$$

式中,$\boldsymbol{x}_f\in\mathbb{R}^3$;$\boldsymbol{T}_f=\mathrm{diag}\{T_{f1}\quad T_{f2}\quad T_{f3}\}$,含有正滤波常数。由此可以得到高通滤波信号的表达形式:

$$\tilde{\boldsymbol{y}}_f = -\boldsymbol{T}_f^{-1}\boldsymbol{x}_f+\tilde{\boldsymbol{y}} = -\boldsymbol{T}_f^{-1}\boldsymbol{x}_f+\tilde{\boldsymbol{\eta}}+\boldsymbol{C}_w\tilde{\boldsymbol{\xi}} \tag{5.48}$$

从而可以得到反馈控制所需的低通和高通滤波。此外:

$$\left.\begin{aligned} \boldsymbol{x}_f^{\{i\}}(s) &= \frac{T_{fi}}{1+T_{fi}s}\tilde{\boldsymbol{y}}^{\{i\}}(s) \\ \tilde{\boldsymbol{y}}_f^{\{i\}}(s) &= \frac{T_{fi}s}{1+T_{fi}s}\tilde{\boldsymbol{y}}^{\{i\}}(s) \end{aligned}\right\},(i=1,2,3) \tag{5.49}$$

滤波器中的截止频率应该低于波频模型中主波的频率。增广观测器的方程可表示如下:

$$\begin{aligned} \dot{\hat{\boldsymbol{\xi}}} &= \boldsymbol{A}_w\hat{\boldsymbol{\xi}}+\boldsymbol{K}_{1h}\tilde{\boldsymbol{y}}_f \\ \dot{\hat{\boldsymbol{\eta}}} &= \boldsymbol{R}(\psi_y)\hat{\boldsymbol{\nu}}+\boldsymbol{K}_2\tilde{\boldsymbol{y}}+\boldsymbol{K}_{21}\boldsymbol{x}_f+\boldsymbol{K}_{2h}\tilde{\boldsymbol{y}}_f \\ \dot{\hat{\boldsymbol{b}}} &= -\boldsymbol{T}_b^{-1}\hat{\boldsymbol{b}}+\boldsymbol{K}_3\tilde{\boldsymbol{y}}+\boldsymbol{K}_{31}\boldsymbol{x}_f \\ \boldsymbol{M}\dot{\hat{\boldsymbol{\nu}}} &= -\boldsymbol{D}\hat{\boldsymbol{\nu}}-\boldsymbol{R}^{\mathrm{T}}(\psi_y)\boldsymbol{G}\hat{\boldsymbol{\eta}}+\boldsymbol{R}^{\mathrm{T}}(\psi_y)\hat{\boldsymbol{b}}+\boldsymbol{\tau}+\boldsymbol{R}^{\mathrm{T}}(\psi_y)(\boldsymbol{K}_4\tilde{\boldsymbol{y}}+\boldsymbol{K}_{41}\boldsymbol{x}_f+\boldsymbol{K}_{4h}\tilde{\boldsymbol{y}}_f) \\ \hat{\boldsymbol{y}} &= \hat{\eta}+\boldsymbol{C}_w\hat{\boldsymbol{\xi}} \end{aligned} \tag{5.50}$$

式中,$\boldsymbol{x}_f$为低通滤波新矢量;$\tilde{\boldsymbol{y}}_f$为高通滤波新矢量;$\boldsymbol{K}_{1h}\in\mathbb{R}^{6\times 3}$和$\boldsymbol{K}_{21}$、$\boldsymbol{K}_{2h}$、$\boldsymbol{K}_{31}$、$\boldsymbol{K}_{41}$、$\boldsymbol{K}_{4h}\in\mathbb{R}^{3\times 3}$,为待定的观测器增益矩阵。

5.3.5 增广观测器的误差方程

增广观测器的误差方程可以简写为

$$\boldsymbol{M}\dot{\tilde{\boldsymbol{\nu}}} = -\boldsymbol{D}\tilde{\boldsymbol{\nu}} - \boldsymbol{R}^{\mathrm{T}}(\psi_y)\boldsymbol{C}_a\tilde{\boldsymbol{x}}_a$$

$$\dot{\tilde{\boldsymbol{x}}}_a = \boldsymbol{A}_a\tilde{\boldsymbol{x}}_a + \boldsymbol{B}_a\boldsymbol{R}(\psi_y)\tilde{\boldsymbol{\nu}} + \boldsymbol{E}_a\boldsymbol{w} \tag{5.51}$$

式中

$$\tilde{\boldsymbol{x}}_a \triangleq [\tilde{\boldsymbol{\xi}}^{\mathrm{T}} \quad \tilde{\boldsymbol{\eta}}^{\mathrm{T}} \quad \boldsymbol{x}_f^{\mathrm{T}} \quad \tilde{\boldsymbol{b}}^{\mathrm{T}}]^{\mathrm{T}} \tag{5.52}$$

$$\tilde{z}_a \triangleq \boldsymbol{K}_4\tilde{\boldsymbol{y}} + \boldsymbol{K}_{41}\boldsymbol{x}_f + \boldsymbol{K}_{4h}\tilde{\boldsymbol{y}}_f + \boldsymbol{G}\tilde{\boldsymbol{\eta}} - \tilde{\boldsymbol{b}} \triangleq \boldsymbol{C}_a\tilde{\boldsymbol{x}}_a \tag{5.53}$$

$$\boldsymbol{A}_a = \begin{bmatrix} \boldsymbol{A}_w - \boldsymbol{K}_{1h}\boldsymbol{C}_w & -\boldsymbol{K}_{1h} & \boldsymbol{K}_{1h}\boldsymbol{T}_f^{-1} & \boldsymbol{0}_{6\times3} \\ -(\boldsymbol{K}_2 + \boldsymbol{K}_{2h})\boldsymbol{C}_w & -(\boldsymbol{K}_2 + \boldsymbol{K}_{2h}) & \boldsymbol{K}_{21}\boldsymbol{T}_f^{-1} - \boldsymbol{K}_{21} & \boldsymbol{0}_{3\times3} \\ \boldsymbol{C}_w & \boldsymbol{I}_{3\times3} & -\boldsymbol{T}_f^{-1} & \boldsymbol{0}_{3\times3} \\ -\boldsymbol{K}_3\boldsymbol{C}_w & -\boldsymbol{K}_3 & -\boldsymbol{K}_{31} & -\boldsymbol{T}_b^{-1} \end{bmatrix}$$

$$\boldsymbol{B}_a = \begin{bmatrix} \boldsymbol{0}_{6\times3} \\ \boldsymbol{I}_{3\times3} \\ \boldsymbol{0}_{3\times3} \\ \boldsymbol{0}_{3\times3} \end{bmatrix}, \boldsymbol{K}_a = \begin{bmatrix} \boldsymbol{K}_w & \boldsymbol{0}_{6\times3} \\ \boldsymbol{0}_{3\times3} & \boldsymbol{0}_{3\times3} \\ \boldsymbol{0}_{3\times3} & \boldsymbol{0}_{3\times3} \\ \boldsymbol{0}_{3\times3} & \boldsymbol{K}_b \end{bmatrix}$$

$$\boldsymbol{C}_a = [\boldsymbol{K}_4 + \boldsymbol{K}_{4h}\boldsymbol{C}_w \quad (\boldsymbol{K}_4 + \boldsymbol{K}_{4h}) + \boldsymbol{G} \quad -\boldsymbol{K}_{4h}\boldsymbol{T}_f^{-1} + \boldsymbol{K}_{41} \quad -\boldsymbol{I}_{3\times3}]$$

信号 $\tilde{\boldsymbol{y}}_f$ 和 $\tilde{\boldsymbol{x}}_f\boldsymbol{x}_f$ 可由表达式 $\tilde{\boldsymbol{y}}_f = \boldsymbol{C}_h\tilde{\boldsymbol{x}}_a$ 和表达式 $\boldsymbol{x}_f = \boldsymbol{C}_l\tilde{\boldsymbol{x}}_a\boldsymbol{x}_f = C_l\boldsymbol{x}$ 得到，其中：

$$\boldsymbol{C}_h = [\boldsymbol{C}_w \quad \boldsymbol{I}_{3\times3} \quad -\boldsymbol{T}_f^{-1} \quad \boldsymbol{0}_{3\times3}], \boldsymbol{C}_l = [\boldsymbol{0}_{6\times3} \quad \boldsymbol{0}_{3\times3} \quad \boldsymbol{I}_{3\times3} \quad \boldsymbol{0}_{3\times3}] \tag{5.54}$$

增益矩阵的选取应该使得($\boldsymbol{A}_a,\boldsymbol{B}_a,\boldsymbol{C}_a$)满足 KYP 引理，以保证无源性和全局渐进稳定性。

5.4 自适应观测器设计

本小节解决的是当波频模型中$\boldsymbol{A}_w$ 的参数未知时的问题，这些参数随海况的变化而变化。增益调度技术、使用离线批处理的频率追踪器，以及风速传感器等外部传感器、波雷达以及横摇、纵摇角测量数据等都可以用来调整不同海况下的波频模型的参数。然而，自适应观测器可以避免采用额外的传感器。由于波浪模型在横荡、纵荡和艏摇方向是解耦的，$\boldsymbol{\Lambda}$、$\boldsymbol{\Omega}$ 和 $\boldsymbol{A}_w$ 为对角矩阵，其形式可表示如下：

$$\boldsymbol{A}_w(\theta) = \begin{bmatrix} \boldsymbol{0}_{3\times3} & \boldsymbol{I}_{3\times3} \\ -\boldsymbol{\Omega}^2 & -2\boldsymbol{\Lambda}\boldsymbol{\Omega} \end{bmatrix} \triangleq \begin{bmatrix} \boldsymbol{0}_{3\times3} & \boldsymbol{I}_{3\times3} \\ -\mathrm{diag}(\boldsymbol{\theta}_1) & -\mathrm{diag}(\boldsymbol{\theta}_2) \end{bmatrix} \tag{5.55}$$

式中，$\boldsymbol{\theta} = [\boldsymbol{\theta}_1^{\mathrm{T}} \quad \boldsymbol{\theta}_2^{\mathrm{T}}]^{\mathrm{T}}, \boldsymbol{\theta}_1, \boldsymbol{\theta}_2 \in \mathbb{R}^3$ 且含有待定的未知波浪模型参数。

在自适应观测器的设计过程中，首先要进行如下假设：

假设未知参数 $\boldsymbol{\Omega}$ 和 $\boldsymbol{A}_w$ 中的 $\boldsymbol{\Lambda}$ 是恒定的或者至少相对于系统状态是缓慢变化的。此外，波浪谱参数应满足：

$$\left.\begin{aligned}0<\omega_{o,\min}<\omega_{oi}<\omega_{o,\max}\\0<\zeta_{\min}<\zeta_i<\zeta_{\max}\end{aligned}\right\},i=1,2,3 \tag{5.56}$$

因而,未知的波浪模型参数可以看作是恒定的,有

$$\dot{\boldsymbol{\theta}}=\mathbf{0} \tag{5.57}$$

5.4.1　自适应观测器方程

自适应形式的观测器基于增广的观测器方程式(5.58),其中,波频部分采用的是估计波频 $\dot{\boldsymbol{\theta}}$,其满足:

$$\dot{\hat{\boldsymbol{\xi}}}=\boldsymbol{A}_w(\hat{\boldsymbol{\theta}})\hat{\boldsymbol{\xi}}+\boldsymbol{K}_{1h}\tilde{\boldsymbol{y}}_f \tag{5.58}$$

参数更新方式为

$$\begin{aligned}\dot{\hat{\boldsymbol{\theta}}}&=-\boldsymbol{\Gamma}_w\boldsymbol{\Phi}(\hat{\boldsymbol{\xi}})\boldsymbol{C}_h\,\boldsymbol{x}_a\\&=-\boldsymbol{\Gamma}_w\boldsymbol{\Phi}(\hat{\boldsymbol{\xi}})\tilde{\boldsymbol{y}}_f,\boldsymbol{\Gamma}_w>0\end{aligned} \tag{5.59}$$

式中,$\boldsymbol{\Phi}(\hat{\boldsymbol{\xi}})\in\mathbb{R}^{6\times3}$,为回归矩阵,可以通过考虑误差动力学特性来进一步对该回归方程进行研究。

5.4.2　自适应观测器误差动力学方程

自适应波频观测器的误差动力学方程可表示为

$$\dot{\bar{\boldsymbol{\xi}}}=\boldsymbol{A}_w\xi-\boldsymbol{A}_w(\hat{\boldsymbol{\theta}})\hat{\boldsymbol{\xi}}-\boldsymbol{K}_{1h}\tilde{\boldsymbol{y}}_f+\boldsymbol{E}_w\,\boldsymbol{w}_w \tag{5.60}$$

为便于表述,做如下定义:

$$\boldsymbol{B}_w\,\boldsymbol{\Phi}^{\mathrm{T}}(\hat{\boldsymbol{\xi}})\tilde{\boldsymbol{\theta}}\triangleq(\boldsymbol{A}_w-\boldsymbol{A}_w(\dot{\boldsymbol{\theta}}))\hat{\boldsymbol{\xi}} \tag{5.61}$$

式中,$\tilde{\boldsymbol{\theta}}=\hat{\boldsymbol{\theta}}-\boldsymbol{\theta}$,为估计误差。

$$\boldsymbol{\Phi}^{\mathrm{T}}(\hat{\boldsymbol{\xi}})\triangleq[\,\mathrm{diag}(\hat{\boldsymbol{\xi}}_1)\quad\mathrm{diag}(\hat{\boldsymbol{\xi}}_2)\,] \tag{5.62}$$

$$\boldsymbol{B}_w\triangleq[\,\mathbf{0}_{3\times3}\quad\boldsymbol{I}_{3\times3}\,]^{\mathrm{T}} \tag{5.63}$$

式中,$\hat{\boldsymbol{\xi}}=[\hat{\boldsymbol{\xi}}_1^{\mathrm{T}}\quad\hat{\boldsymbol{\xi}}_2^{\mathrm{T}}]$,$\hat{\boldsymbol{\xi}}_1,\hat{\boldsymbol{\xi}}_2\in\mathbb{R}^3$。通过式(5.48)可以将式(5.60)写为

$$\dot{\tilde{\boldsymbol{\xi}}}=(\boldsymbol{A}_w-\boldsymbol{K}_{1f}\boldsymbol{C}_w)\tilde{\boldsymbol{\xi}}-\boldsymbol{K}_{1f}\tilde{\boldsymbol{\eta}}+\boldsymbol{B}_w\,\boldsymbol{\Phi}^{\mathrm{T}}(\hat{\boldsymbol{\xi}})\tilde{\boldsymbol{\theta}}+\boldsymbol{K}_{1f}\boldsymbol{T}_f^{-1}\,\boldsymbol{x}_f+\boldsymbol{E}_w\,\boldsymbol{w}_w \tag{5.64}$$

观测器误差动力学方程可以简写为

$$\begin{aligned}\boldsymbol{M}\dot{\tilde{\boldsymbol{\nu}}}&=-\boldsymbol{D}\tilde{\boldsymbol{\nu}}-\boldsymbol{R}^{\mathrm{T}}(\psi_y)\boldsymbol{C}_a\,\tilde{\boldsymbol{x}}_a\\\dot{\tilde{\boldsymbol{x}}}_a&=\boldsymbol{A}_a\,\tilde{\boldsymbol{x}}_a+\boldsymbol{B}_a\boldsymbol{R}(\psi_y)\tilde{\boldsymbol{\nu}}+\boldsymbol{H}_a\,\boldsymbol{\Phi}^{\mathrm{T}}(\hat{\boldsymbol{\xi}})\tilde{\boldsymbol{\theta}}+\boldsymbol{E}_a\boldsymbol{w}\end{aligned} \tag{5.65}$$

式中

$$\boldsymbol{H}_a=[\,\boldsymbol{B}_w^{\mathrm{T}}\quad\mathbf{0}_{3\times3}\quad\mathbf{0}_{3\times3}\quad\mathbf{0}_{3\times3}\,]^{\mathrm{T}} \tag{5.66}$$

在自适应观测器中,可以利用高通滤波信号来更新波频自适应律。因此,要求增益矩阵的选取满足如下条件:

$$\begin{aligned}\boldsymbol{A}_a^{\mathrm{T}}\boldsymbol{P}_a+\boldsymbol{P}_a\boldsymbol{A}_a&=-\boldsymbol{Q}_a\\\boldsymbol{B}_a^{\mathrm{T}}\boldsymbol{P}_a&=\boldsymbol{C}_a\end{aligned}$$

$$\boldsymbol{H}_a^{\mathrm{T}}\boldsymbol{P}_a=\boldsymbol{C}_h \tag{5.67}$$

为了获得无源性,需要参考文献[24]。需要注意的是,在这种情况下不能保证全局渐近稳定性(GES)。然而,可以保证所有的状态估计误差全局收敛于零,因为参数估计误差是有界的。从相关的实验结果也可以看出,当船舶处于停泊状态时,这些参数可以收敛于真实值。

5.5 极端海况下的非线性观测器设计

5.5.1 频域分析

为了分析非线性观测器的影响,假设旋转矩阵 $\boldsymbol{R}$ 等于单位矩阵 $\boldsymbol{I}_{3\times3}$。定义 $\hat{\boldsymbol{x}}=[\hat{\boldsymbol{\xi}}^{\mathrm{T}}\quad\hat{\boldsymbol{\eta}}^{\mathrm{T}}\quad\hat{\boldsymbol{b}}^{\mathrm{T}}\quad\hat{\boldsymbol{\nu}}^{\mathrm{T}}]^{\mathrm{T}}$,则线性化的观测器的状态方程可以写为

$$\dot{\hat{\boldsymbol{x}}}=\boldsymbol{A}\hat{\boldsymbol{x}}+\boldsymbol{K}(\boldsymbol{y}-\hat{\boldsymbol{y}})=(\boldsymbol{A}-\boldsymbol{KH})\hat{\boldsymbol{x}}+\boldsymbol{K}\boldsymbol{y}=\boldsymbol{A}_{cl}\hat{\boldsymbol{x}}+\boldsymbol{K}\boldsymbol{y} \tag{5.68}$$

式中,$\hat{\boldsymbol{y}}=\boldsymbol{H}\hat{\boldsymbol{x}}$,且有:

$$\boldsymbol{A}=\begin{bmatrix}\boldsymbol{A}_w & \boldsymbol{0}_{6\times9}\\ \boldsymbol{0}_{9\times6} & \boldsymbol{A}_{lf}\end{bmatrix} \tag{5.69}$$

式中,$\boldsymbol{A}_w$ 由式(5.4)中的第1个表达式定义;$\boldsymbol{H}$ 由式(5.13)定义,且有:

$$\boldsymbol{A}_{lf}=\begin{bmatrix}\boldsymbol{0}_{3\times3} & \boldsymbol{0}_{3\times3} & \boldsymbol{I}_{3\times3}\\ \boldsymbol{0}_{3\times3} & -\boldsymbol{T}_b^{-1} & \boldsymbol{0}_{3\times3}\\ -\boldsymbol{M}^{-1}\boldsymbol{G} & \boldsymbol{M}^{-1} & -\boldsymbol{M}^{-1}\boldsymbol{D}\end{bmatrix} \tag{5.70}$$

$$\boldsymbol{K}=[\boldsymbol{K}_1^{\mathrm{T}}\quad\boldsymbol{K}_2^{\mathrm{T}}\quad\boldsymbol{K}_3^{\mathrm{T}}\quad(\boldsymbol{M}^{-1}\boldsymbol{K}_4)^{\mathrm{T}}]^{\mathrm{T}} \tag{5.71}$$

当自适应滤波的波浪周期较长时,会过滤掉需要进行控制的低频反馈信号[15,17]。这是因为冲孔效应的频率 $\omega_i=2\pi/T_{pi}$ 在控制器的带宽范围之内,T_{pi} 为波浪的峰值周期。如图5.5给出了有效波高为 $H_{mo}=6$ m,T_{pi} 分别为15 s、20 s和40 s的条件下,一艘垂线间长为256 m、质量为143 000 t的动力定位穿梭油轮(图5.6)的估计纵荡位置到测量纵荡位置的传递函数图像。通过对 $\pm90°$ 之间的相位角的研究,可以得到线性观测器的无源性特征。注意,该算例中并不包含系泊系统,因此 $\boldsymbol{G}=0$。

5.5.2 极端海况下的观测器方程

在极端海况下的观测器方程可以表示为

$$\begin{aligned}\dot{\hat{\boldsymbol{\eta}}}&=\boldsymbol{R}(\psi_y)\hat{\boldsymbol{\nu}}+\boldsymbol{K}_2\tilde{\boldsymbol{y}}\\ \dot{\hat{\boldsymbol{b}}}&=\boldsymbol{K}_3\tilde{\boldsymbol{y}}\\ \boldsymbol{M}\dot{\hat{\boldsymbol{\nu}}}&=-\boldsymbol{D}\hat{\boldsymbol{\nu}}-\boldsymbol{R}^{\mathrm{T}}(\psi_y)\boldsymbol{G}\hat{\boldsymbol{\eta}}+\boldsymbol{R}^{\mathrm{T}}(\psi_y)\hat{\boldsymbol{b}}+\boldsymbol{\tau}+\boldsymbol{R}^{\mathrm{T}}(\psi_y)\boldsymbol{K}_4\tilde{\boldsymbol{y}}\\ \hat{\boldsymbol{y}}&=\hat{\boldsymbol{\eta}}\end{aligned} \tag{5.72}$$

为了保证两种观测器之间的平滑过渡,在具体应用中还需要针对当前海况引入恰当的平滑切换方案。

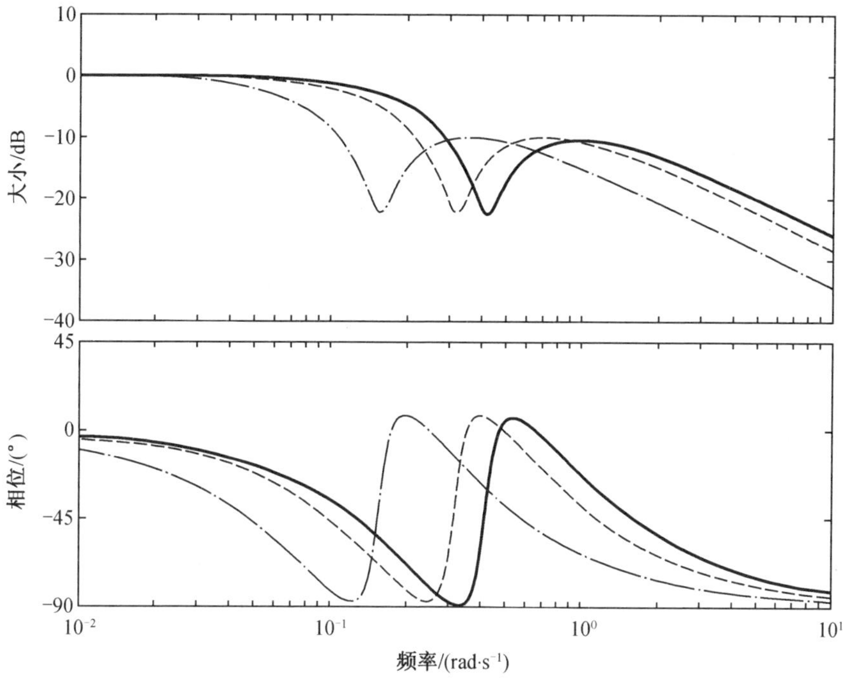

图 5.5　低频纵荡位置的测量值与估计值之间的传递函数

(左侧 $T_p = 40$ s、中间 $T_p = 20$ s、右侧 $T_p = 15$ s)

图 5.6　穿梭油轮

参考文献

[1] 陈勇嘉,杨宣访,王永建. 船舶动力定位控制系统的非线性观测器设计[J]. 舰船电子工程,2018,38(1):48-51.

[2] FOSSEN T I, STRAND J P. Passive nonlinear observer design for ships using lyapunov methods: full-scale experiments with a supply vessel[J]. Automatica,1999,35(1):3-16.

[3] FOSSEN T I. Guidance and control of ocean vehicles[M]. New York: John Wiley & Sons,1994.

[4] FOSSEN T I. Marine control systems[M]. Trondheim: Marine Cybernetics,2002.

[5] STRAND J P, SØRENSEN A J, FOSSEN T I. Design of automatic thruster assisted position mooring systems for ships[J]. Modeling, Identification and Control,1998,19(2):61-75.

[6] BALCHEN J G, JENSSEN N A, MATHISEN E. Dynamic positioning of floating vessels based on kalman filtering and optimal control, modeling[J]. Modeling, Identification and Control, 1980,19:135-163.

[7] BALCHEN J G, JENSSEN N A, ELDAR M, et al. A Dynamic positioning system based on Kalman filtering and optimal control[J]. Automatic Control IEEE Transactions,1983,28(3):331-339.

[8] BALCHEN J G, MUMMÉ K I. Process control: structures and applications[M]. New York: Van Nostrand Reinhold,1987.

[9] GRIMBLE M J. H∞ robust controller for self-tuning control applications part 2. self-tuning and robustness[J]. International Journal of Control,1987,46(5):1819-1440.

[10] GRIMBLE M J. A Control weighted minimum-variance controller for non-minimum phase systems[J]. International Journal of Control,1981,33(4):751-762.

[11] SØRENSEN A. A Survey of dynamic positioning control systems[J]. Annual Reviews in Control,2011,35(1):123-136.

[12] AARSET M F, STRAND J P, FOSSEN T I. Nonlinear vectorial observer backstepping with integral action and wave filtering for ships[J]. IFAC Proceedings Volumes,1998,31(30):77-82.

[13] LORIA A, FOSSEN T I, PANTELEY E. A casaded approach to a separation principle for dynamic ship positioning[J]. IEEE Transactions on Control Systems Technology, 1999:1-22.

[14] STRAND J P. Nonlinear position control systems design for marine vessels[D]. Trondheim: NTNU,1999.

[15] SØRENSEN A, STRAND J P, FOSSEN T I. Thruster assisted position mooring system for turret anchored FPSOs[J]. Proceedings of the IEEE International Conference on Control Applications,1999,2:22-26.

[16] 陈熠画,陈新权,杨启,等. J型铺管船动力定位性能研究[J]. 舰船科学技术,2018,40(3):58-63.

[17] SØRENSEN A,SAGATUN S I,FOSSEN T I. Design of a dynamic positioning system using modeling-based control[J]. Control Engineering Practice,1996,4(3):359 - 368.

[18] REIF K, GUNTHER S, YAZ E, et al. stochastic stability of the discrete-time extended Kalman filter[J]. IEEE Transactions on Automatic Control,1999,44(4):714 - 728.

[19] VAN DER MERWE R. Sigma-point Kalman filters in dynamic state-space models[D]. Oregon:Oregon Health and Science University,2004.

[20] STRAND J P, FOSSEN T I. Nonlinear output feedback and locally optimal control of dynamically positioned ships:experimental results [J]. IFAC Proceedings Volumes,1998, 31(30):83 - 88.

[21] KHALIL H K. Nonlinear systems[M]. New Jersey:Prentice Hall Inc,1996.

[22] YAKUBOVICH V A. The frequency theorem in control theory[J]. Siberian Mathematical Journal,1973,14(2):265 - 289.

[23] 夏国清,邵兴超. 水面船基于加速度反馈的无源非线性鲁棒观测器的设计方法[J]. 中国造船,2014,55(3):12 - 24.

[24] STRAND J P,FOSSEN T I. Nonlinear observer for ships with adaptive wave filtering[M]. London:Springer,1999.

第六章　动力定位系统的控制器设计

对动力定位(DP)系统和推进器辅助定位系泊(PM)系统,控制水平面内的3个自由度(横荡、纵荡和艏摇)就已经足够。然而,对于某些海洋结构物,特别是那些水线面较小、稳心高度较低的结构物来说,其静恢复力相比于惯性力较小,推进器的作用会引起水平面和垂直面之间的耦合。一个典型的例子是半潜式平台,其横摇和纵摇方向的固有周期在35～65 s。这些固有周期处于定位控制器的带宽范围之内。文献[1－2]的研究结果表明,推进器系统会激起横摇和纵摇方向的运动。如果垂直方向的固有阻尼特性较小,推进系统可能会使横摇和纵摇运动在共振区域附近的振幅增加到2°至5°。这些振荡运动会引起船员的不适,并在一定情况下会限制正常作业。

本章主要介绍几种基于模型的多变量控制策略,用于分别控制船舶水平面和垂直面的运动,但不包括垂荡。我们通常不希望推力器系统去对抗由一阶波浪载荷引起的波频(wave-frequency,WF)运动,控制系统只需要针对由海流、风载荷及二阶波浪载荷引起的船舶低频(low-frequency,LF)运动即可。控制器中使用的反馈信号是通过前面章节中所介绍的非线性观测器理论计算得到的。

6.1　控制对象模型

正如前面章节所述,可以将DP数学模型分为控制对象模型和过程对象模型。第一种是只包含系统的主要物理特性的简化数学模型,这一模型只是控制器的部分构成,称之为控制对象模型。另一种是对实际系统的全面描述。该模型称为过程对象模型,其主要目的是模拟包括过程扰动、传感器输出和控制输入在内的实际对象的动力学特性。

6.1.1　线性低频模型

为方便进行控制器的设计和分析,采用一个零航速的线性低频(LF)控制对象模型。假设横摇和纵摇的振幅较小,且艏摇角度受到定义为期望的艏向角度,则旋转矩阵$\boldsymbol{J}(\boldsymbol{\eta}_2)$可以近似看作是单位矩阵。在观测器和控制器对测量得到的位置和艏向信号进行处理前,将这些信号转换到参考平行坐标系下。

在对小水面线面积的海洋结构物采用的新的控制策略中,对传统的3自由度(横荡、纵荡和艏摇)多变量控制器进行扩展,使其考虑与横摇和纵摇的耦合作用。为得到新的控制器,首先定义模型降阶矩阵:

$$
\begin{aligned}
&\boldsymbol{H}_{5\times6}=\begin{bmatrix}1&0&0&0&0&0\\0&1&0&0&0&0\\0&0&0&1&0&0\\0&0&0&0&1&0\\0&0&0&0&0&1\end{bmatrix}\\
&\boldsymbol{H}_{5\times3}=\begin{bmatrix}1&0&0\\0&1&0\\0&0&0\\0&0&0\\0&0&1\end{bmatrix}\\
&\boldsymbol{H}_{3\times6}=\begin{bmatrix}1&0&0&0&0&0\\0&1&0&0&0&0\\0&0&0&0&0&1\end{bmatrix}\\
&\boldsymbol{H}_{3\times3}=\boldsymbol{I}_{3\times3},\boldsymbol{H}_{6\times6}=\boldsymbol{I}_{6\times6}
\end{aligned}
\tag{6.1}
$$

因此，$i\times i$ 维的质量、阻尼和恢复矩阵可以写为下列降阶形式：

$$
\begin{aligned}
\boldsymbol{M}_i&=\boldsymbol{H}_{i\times6}\boldsymbol{M}\boldsymbol{H}_{i\times6}^{\mathrm{T}}\\
\boldsymbol{D}_i&=\boldsymbol{H}_{i\times6}(\boldsymbol{D}_L+\boldsymbol{D}_m)\boldsymbol{H}_{i\times6}^{\mathrm{T}}\\
\boldsymbol{G}_i&=\boldsymbol{H}_{i\times6}(\boldsymbol{G}_B+\boldsymbol{G}_m)\boldsymbol{H}_{i\times6}^{\mathrm{T}}
\end{aligned}
\tag{6.2}
$$

式中，当 $i=3$ 时表示的是传统的水平面（横荡、纵荡和艏摇方向）内的模型的矩阵；当 $i=5$ 时表示的是 5 自由度（横荡、纵荡、横摇、纵摇和艏摇）的模型。相应的线性低频状态空间模型可以表示为

$$
\begin{aligned}
\dot{\boldsymbol{x}}_i&=\boldsymbol{A}_i\boldsymbol{x}_i+\boldsymbol{B}_i\boldsymbol{\tau}_{ic}+\boldsymbol{E}_i\boldsymbol{w}_i\\
\boldsymbol{y}_i&=\boldsymbol{C}_i\boldsymbol{x}_i+\boldsymbol{v}_i
\end{aligned}
\tag{6.3}
$$

当 $i=3$ 和 $i=5$ 时，状态向量变为

$$
\begin{aligned}
\boldsymbol{x}_3&=[u\quad v\quad r\quad x\quad y\quad \psi]^{\mathrm{T}}\\
\boldsymbol{x}_5&=[u\quad v\quad q\quad p\quad r\quad x\quad y\quad \phi\quad \theta\quad \psi]^{\mathrm{T}}
\end{aligned}
\tag{6.4}
$$

式中，$\boldsymbol{\tau}_{ic}\in\mathbb{R}^3$ 为控制向量；$\boldsymbol{w}_i$、$\boldsymbol{y}_i$、$\boldsymbol{v}_i\in\mathbb{R}^i$，分别表示扰动、测量和噪声向量；系统矩阵 $\boldsymbol{A}_i\in\mathbb{R}^{2i\times2i}$，可以写为

$$
\boldsymbol{A}_i=\begin{bmatrix}-\boldsymbol{M}_i^{-1}\boldsymbol{D}_i & -\boldsymbol{M}_i^{-1}\boldsymbol{G}_i\\ \boldsymbol{I}_{i\times i} & \boldsymbol{0}_{i\times i}\end{bmatrix}
\tag{6.5}
$$

式中，$\boldsymbol{I}_{i\times i}\in\mathbb{R}^{i\times i}$，为单位矩阵；$\boldsymbol{0}_{i\times i}\in\mathbb{R}^{i\times i}$，为零矩阵。定义控制输入矩阵 $\boldsymbol{B}_i\in\mathbb{R}^{2i\times2i}$：

$$
\boldsymbol{B}_i=\begin{bmatrix}\boldsymbol{M}_i^{-1} & \boldsymbol{H}_{i\times3}\\ \boldsymbol{0}_{i\times i} & \boldsymbol{H}_{i\times3}\end{bmatrix}
\tag{6.6}
$$

则扰动矩阵 $\boldsymbol{E}_i\in\mathbb{R}^{2i\times i}$ 为

$$
\boldsymbol{E}_i=\begin{bmatrix}\boldsymbol{M}_i^{-1}\\ \boldsymbol{0}_{i\times i}\end{bmatrix}
\tag{6.7}
$$

假设只对位置和艏向信号进行测量。将位置和艏向测量信号转换到参考平行坐标系

下,得到低频测量矩阵 $\boldsymbol{C}_i \in \mathbb{R}^{i\times 2i}$:

$$\boldsymbol{C}_i = [\boldsymbol{0}_{i\times i} \quad \boldsymbol{I}_{i\times i}] \tag{6.8}$$

6.1.2 线性波频模型

在控制器设计中,采用合成白噪声(带有阻尼的解耦谐振子)模拟波频运动。通过对低频模型进行降阶,可以将合成波频模型写为如下状态空间形式:

$$\dot{\boldsymbol{\xi}}_{iw} = \boldsymbol{A}_{iw}\dot{\boldsymbol{\xi}}_{iw} + \boldsymbol{E}_{iw}\boldsymbol{w}_{iw} \tag{6.9}$$

$$\boldsymbol{\eta}_{iw} = \boldsymbol{C}_{iw}\dot{\boldsymbol{\xi}}_{iw} \tag{6.10}$$

式中,$\boldsymbol{\eta}_{iw}$为波频运动的测量向量;$\boldsymbol{w}_{iw}$为均值为零的白噪声据向量;系统矩阵 $\boldsymbol{A}_{iw} \in \mathbb{R}^{2i\times 2i}$、扰动矩阵 $\boldsymbol{E}_{iw} \in \mathbb{R}^{2i\times i}$和测量矩阵 $\boldsymbol{C}_{iw} \in \mathbb{R}^{i\times 2i}$的表达式请参见上一章节。

6.2 水平面控制器

水平面的定位控制器由反馈控制器和前馈控制器两部分组成,它可以为线性或者非线性。通常情况下,采用线性控制器即可。非线性控制器目前已经得到广泛的关注与研究(请参考文献[3]及其参考文献)。

(1)基于线性二次性高斯(LQG)方法的 PD 控制

水平面 3 自由度(横荡、纵荡和艏摇)的线性多变量比例和微分(PD)控制器可以表示为

$$\boldsymbol{\tau}_{pd} = -\boldsymbol{G}\boldsymbol{e} = -\boldsymbol{G}_p\boldsymbol{e}_2 - \boldsymbol{G}_d\boldsymbol{e}_1 \tag{6.11}$$

式中,误差向量在参考平行坐标系内可以分解为

$$\boldsymbol{e}_2 = \boldsymbol{R}^{\mathrm{T}}(\psi_d)(\hat{\boldsymbol{\eta}} - \boldsymbol{\eta}_d)^{\mathrm{T}} \tag{6.12}$$

$$\boldsymbol{e}_1 = \dot{\boldsymbol{e}}_2 \tag{6.13}$$

式中,$\hat{\boldsymbol{\eta}} = [\hat{x} \quad \hat{y} \quad \hat{\psi}]^{\mathrm{T}}$;$\hat{\boldsymbol{\eta}}_d = [x_d \quad y_d \quad \psi_d]^{\mathrm{T}}$;$\boldsymbol{G}_p$、$\boldsymbol{G}_d \in \mathbb{R}^{3\times 3}$,为控制器非负增益矩阵,该矩阵可以通过线性二次性高斯(LQG)方法来获得。对于线性时不变系统,即为 Ricatti 方程的稳态解,所以有

$$\dot{\boldsymbol{R}} = -\boldsymbol{A}_3\boldsymbol{R} - \boldsymbol{A}_3^{\mathrm{T}}\boldsymbol{R} + \boldsymbol{R}\boldsymbol{B}_3\boldsymbol{P}^{-1}\boldsymbol{B}_3^{\mathrm{T}} - \boldsymbol{Q}$$

$$\Downarrow \dot{\boldsymbol{R}} \to 0 \quad 且 \quad \boldsymbol{R} \to \boldsymbol{R}_\infty$$

$$0 = -\boldsymbol{A}_3\boldsymbol{R}_\infty - \boldsymbol{A}_3^{\mathrm{T}}\boldsymbol{R}_\infty + \boldsymbol{R}_\infty\boldsymbol{B}_3\boldsymbol{P}^{-1}\boldsymbol{B}_3^{\mathrm{T}}\boldsymbol{R}_\infty - \boldsymbol{Q} \tag{6.14}$$

式中,$\boldsymbol{R}_\infty$是一个 6×6 的非负对称矩阵,由式(6.14)可得稳态 LQG 增益矩阵:

$$\boldsymbol{G} = \boldsymbol{P}^{-1}\boldsymbol{B}_3^{\mathrm{T}}\boldsymbol{R}_\infty = [\boldsymbol{G}_d \quad \boldsymbol{G}_p] \tag{6.15}$$

(2)积分控制

在某些特殊的指令跟随以及干扰抑制等应用场合,有必要在每个自由度的控制器上增加相应的积分项来提高控制器的性能:

$$\dot{\boldsymbol{\tau}}_i = \boldsymbol{A}_{wi}\boldsymbol{\tau}_i + \boldsymbol{G}_i\boldsymbol{e}_2 \tag{6.16}$$

式中,$\boldsymbol{A}_{wi} \in \mathbb{R}^{3\times 3}$,为抗积分饱和矩阵;$-\boldsymbol{G}_i \in \mathbb{R}^{3\times 3}$,为非负增益矩阵。抗积分饱和的实施应

当避免超过执行器的饱和限定值。更多的先进控制算法可参见文献[4]至文献[6]。

(3)风前馈控制

风载荷是船舶响应的一个重要影响因素,特别对于半潜式平台,风载荷是最主要的。为了实现对风载荷的快速干扰抑制,需要引入一个风前馈控制器:

$$\boldsymbol{\tau}_w = -\boldsymbol{G}_w \hat{\boldsymbol{\tau}}_{\text{wind}} \tag{6.17}$$

式中,$\hat{\boldsymbol{\tau}}_{\text{wind}} \in \mathbb{R}^3$,为横荡、纵荡和艏摇方向风载荷的力和力矩的估计向量。假设各方向风载荷的耦合作用包含在风力系数中,则增益矩阵 $\boldsymbol{G}_w \in \mathbb{R}^{3\times3}$ 为非负的对角矩阵,具体推导过程参见文献[7]。

(4)模型参考前馈控制

为了提高追踪操作时控制器的性能,引入基于参考模型输入的前馈控制。前馈控制律可以写为

$$\boldsymbol{\tau}_t = \boldsymbol{M}_3 \boldsymbol{a}_d + \boldsymbol{D}_3 \boldsymbol{v}_d + \boldsymbol{d}_3(\boldsymbol{v}_d) + \boldsymbol{C}(\boldsymbol{v}_d)\boldsymbol{v}_d \tag{6.18}$$

式中,$\boldsymbol{a}_d \in \mathbb{R}^3$,$\boldsymbol{v}_d \in \mathbb{R}^3$ 分别为期望得到的广义参考加速度和速度向量,由相应的参考模型计算得到。

(5)参考模型

船舶在进行跟踪作业时,要从一个位置移动到另一个位置,这时需要一个参考模型来实现平滑过渡。在最基本的情况下,DP 操作员指定一个新的所需位置和航向,然后参考模型生成平滑的参考轨迹/路径,以便船舶跟随。实船实验指出以下参考模型是可行的:

$$\boldsymbol{a}_d^e + \boldsymbol{\Omega} \boldsymbol{v}_d^e + \boldsymbol{\Gamma} \boldsymbol{x}_d^e = \boldsymbol{\Gamma} \boldsymbol{x}_{\text{ref}}$$

$$\dot{\boldsymbol{x}}_{\text{ref}} = -\boldsymbol{A}_f \boldsymbol{x}_{\text{ref}} + \boldsymbol{A}_f \boldsymbol{\eta}_r \tag{6.19}$$

其中,$\boldsymbol{a}_d^e$、$\boldsymbol{v}_d^e$、$\boldsymbol{x}_d^e \in \mathbb{R}^3$,分别表示船舶在大地坐标系下期望的加速度、速度和位置;$\boldsymbol{\eta}_r \in \mathbb{R}^3$,表示新的参考坐标;$\boldsymbol{x}_{\text{ref}} \in \mathbb{R}^3$,表示经过滤波处理的参考轨迹点;$\boldsymbol{\Omega} \in \mathbb{R}^{3\times3}$,表示正对角阻尼矩阵;$\boldsymbol{\Gamma} \in \mathbb{R}^{3\times3}$,表示对角刚度矩阵,$\boldsymbol{\Omega}$ 和 $\boldsymbol{\Gamma}$ 可分别表示为

$$\boldsymbol{\Omega} = \text{diag}\{2\zeta_i\omega_i\},i=1,2,3 \tag{6.20}$$

$$\boldsymbol{\Gamma} = \text{diag}\{\omega_i^2\},i=1,2,3 \tag{6.21}$$

一阶非负对角增益矩阵可表示为

$$\boldsymbol{A}_f = \text{diag}\{1/t_i\},i=1,2,3 \tag{6.22}$$

大地坐标系下期望的加速度、速度和位置轨迹点被转化为一个移动的平行参考坐标系下,该平行参考系跟随期望的大地坐标系下的位置与艏向轨迹,所以存在以下关系:

$$\boldsymbol{a}_d = \boldsymbol{R}^{\text{T}}(\psi_d)\boldsymbol{a}_d^e$$

$$\boldsymbol{v}_d = \boldsymbol{R}^{\text{T}}(\psi_d)\boldsymbol{v}_d^e$$

$$\boldsymbol{x}_d = \boldsymbol{R}^{\text{T}}(\psi_d)\boldsymbol{x}_d^e \tag{6.23}$$

(6)最终的控制律

包含反馈项和前馈项的水平面内的位置保持控制律可以写为

$$\boldsymbol{\tau}_{3c} = \boldsymbol{\tau}_w + \boldsymbol{\tau}_t + \boldsymbol{\tau}_i + \boldsymbol{\tau}_{pd} \tag{6.24}$$

6.3 考虑横摇 – 纵摇阻尼的垂直面控制器

对水平面的定位控制律式(6.24)进行扩展,进而包含横摇和纵摇阻尼(roll-pitch damping,RPD)。这样做的动机在于,横荡和纵荡方向的反馈回路之间的流体力学耦合作用会与横摇和纵摇方向的低频估计角速度 $\hat{p}$ 和 $\hat{q}$ 共同作用。

(1)横摇 – 纵摇控制律

线性化后的横摇 – 纵摇控制律写为

$$\boldsymbol{\tau}_{rpd} = -\boldsymbol{G}_{rpd}\begin{bmatrix}\hat{p}\\ \hat{q}\end{bmatrix} \tag{6.25}$$

式中,定义横摇 – 纵摇控制器的增益矩阵 $\boldsymbol{G}_{rpd} \in \mathbb{R}^{3\times 2}$ 为

$$\boldsymbol{G}_{rpd} = \begin{bmatrix}0 & g_{xq}\\ g_{yp} & 0\\ g_{\psi p} & 0\end{bmatrix} \tag{6.26}$$

式中,g_{xq}、g_{yp} 和 $g_{\psi p}$ 为相应的非负的横摇 – 纵摇控制器增益。

(2)最终控制律

考虑横摇 – 纵摇阻尼的定位控制律为

$$\boldsymbol{\tau}_{5c} = \boldsymbol{\tau}_{3c} + \boldsymbol{\tau}_{rpd} \tag{6.27}$$

6.4 控制器分析

通过对基于线性化的模型(式(6.3))的控制律式(6.27)的分析可以得到考虑横摇 – 纵摇阻尼的控制律的效果。考虑耦合的线性化低频纵荡 – 纵摇和横荡 – 横摇 – 艏摇模型。在分析中,假设风前馈控制器和积分控制可以补偿风载荷、流载荷和二阶平均波浪漂移载荷。因此,线性化的耦合纵荡 – 纵摇模型可以写为

$$m_{11}\dot{u} + m_{15}\dot{q} + d_{11}u + d_{15}q + g_{11}x = \tau_{5\text{surge}} \tag{6.28}$$

$$m_{51}\dot{u} + m_{55}\dot{q} + d_{51}u + d_{55}q + g_{55}\theta = 0 \tag{6.29}$$

式中,下标 ij 表示当 $i=6$ 时式(6.2)中的矩阵元素。将式(6.28)代入式(6.29)中,可以得到纵摇动力学方程:

$$\left(m_{55} - \frac{m_{51}m_{15}}{m_{11}}\right)\dot{q} + \left(d_{55} - \frac{m_{51}d_{15}}{m_{11}}\right)q + g_{55}\theta + \left(d_{51} - \frac{m_{51}d_{11}}{m_{11}}\right)u - \frac{m_{51}g_{11}}{m_{11}}x = -\frac{m_{51}}{m_{11}}\tau_{5\text{surge}} \tag{6.30}$$

假设只有 PD 和横摇 – 纵摇控制,则纵荡方向的多变量控制律可以写为

$$\tau_{5\text{surge}} = -g_x x - g_u u + \frac{m_{11}}{m_{51}}g_{xq}q \tag{6.31}$$

式中,g_x、g_u 为 PD 控制器增益,且 $g_x, g_u \geq 0$。将式(6.31)代入式(6.30)中,可以得到下列纵摇方向的闭环控制方程:

$$\left(m_{55}-\frac{m_{51}m_{15}}{m_{11}}\right)\dot{q}+\left(d_{55}-\frac{m_{51}d_{15}}{m_{11}}+g_{xq}\right)q+g_{55}\theta+\left(d_{51}-\frac{m_{51}d_{11}}{m_{11}}-g_{u}\frac{m_{51}}{m_{11}}\right)u(g_{11}+g_{x})\frac{m_{51}}{m_{11}}x=0 \tag{6.32}$$

假设水平面控制器可以使得纵荡速度 u 和位移偏差 x 降为零。闭环的纵摇动力学方程式(6.32)可以简化为

$$\left(m_{55}-\frac{m_{51}m_{15}}{m_{11}}\right)\dot{q}+\left(d_{55}-\frac{m_{51}d_{15}}{m_{11}}+g_{xq}\right)q+g_{55}\theta=0 \tag{6.33}$$

式(6.33)可以看作是一个二阶的质量－阻尼－弹簧系统,可以明显地看出,新的控制律增加了纵摇方向的阻尼。

类似地,可以得到横荡－横摇－艏摇方向的耦合动力学方程:

$$m_{22}\dot{v}+m_{24}\dot{p}+m_{26}\dot{r}+d_{22}v+d_{24}p+d_{26}r+g_{22}y=\tau_{5\text{sway}} \tag{6.34}$$

$$m_{42}\dot{v}+m_{44}\dot{p}+m_{46}\dot{r}+d_{42}v+d_{44}p+d_{46}r+g_{44}\phi=0 \tag{6.35}$$

$$m_{62}\dot{v}+m_{64}\dot{p}+m_{66}\dot{r}+d_{62}v+d_{64}p+d_{66}r+g_{66}\psi=\tau_{5\text{yaw}} \tag{6.36}$$

式中,$\tau_{5\text{sway}}$ 和 $\tau_{5\text{yaw}}$ 分别表示横荡和艏摇方向的控制行为。因而,通过在横荡和艏摇控制律中引入横摇角速度反馈项,可以得到与纵摇方向类似的阻尼效应。

$$\tau_{5\text{sway}}=-g_{y}y-g_{y\psi}\psi-g_{v}v-g_{vr}r-\frac{g_{yp}}{b_{y}}p \tag{6.37}$$

$$\tau_{5\text{yaw}}=-g_{\psi y}y-g_{\psi}\psi--g_{rv}v-g_{r}r-\frac{g_{\psi p}}{b_{\psi}}p \tag{6.38}$$

式中,g_{y}、g_{ψ}、g_{v}、$g_{r}\geqslant 0$,为控制律中 PD 部分的对角增益;$g_{y\psi}$、$g_{\psi y}$、g_{vr}、g_{rv} 为控制器非对角增益,反映横荡和艏摇方向之间的耦合作用。至于纵荡方向,假设在水平面控制器的作用下横荡和艏摇速度 v 和 r 以及位置和欧拉角 y 和 ψ 为零。因而,横摇方向的闭环动力学方程为

$$m_{p}\dot{p}+(d_{p}+g_{yp}+g_{\psi p})p+g_{44}\phi=0 \tag{6.39}$$

式中

$$m_{p}=m_{44}-\frac{m_{42}m_{24}}{m_{22}}+\frac{m_{46}-\dfrac{m_{42}m_{26}}{m_{22}}}{1-\dfrac{m_{62}}{m_{66}}\dfrac{m_{26}}{m_{22}}}\left(\frac{m_{62}}{m_{66}}\frac{m_{24}}{m_{22}}-\frac{m_{64}}{m_{66}}\right) \tag{6.40}$$

$$d_{p}=d_{44}-\frac{m_{42}d_{24}}{m_{22}}+\frac{m_{46}-\dfrac{m_{42}m_{26}}{m_{22}}}{1-\dfrac{m_{62}}{m_{66}}\dfrac{m_{26}}{m_{22}}}\left(\frac{m_{62}}{m_{66}}\frac{d_{24}}{m_{22}}-\frac{d_{64}}{m_{66}}\right) \tag{6.41}$$

此外:

$$b_{y}=\frac{m_{42}}{m_{22}}+\frac{m_{62}}{m_{22}m_{66}}\frac{\dfrac{m_{42}m_{26}}{m_{22}}-m_{46}}{\left(1-\dfrac{m_{62}}{m_{66}}\dfrac{m_{26}}{m_{22}}\right)} \tag{6.42}$$

$$b_{\psi} = \frac{1}{m_{66}} \frac{m_{46} - \dfrac{m_{42}m_{26}}{m_{22}}}{\left(1 - \dfrac{m_{62}}{m_{66}}\dfrac{m_{26}}{m_{22}}\right)} \tag{6.43}$$

可以清楚地看出,通过对控制律进行扩展可以增加横摇方向的阻尼。

6.5 天气最优控制

传统船舶和自浮式钻井平台的位置保持系统通常通过指定一个不变的期望位置(x_d, y_d)和一个期望艏向 ψ_d来实现位置保持。为了减少船舶燃油消耗,在很多情况下艏向应使偏航力矩为零。为了保持船舶的左舷/右舷对称性,风、波浪、海流形成的平均环境力的作用线应通过船舶的中轴线。这种情况下,船舶必须转到使偏航力矩为零的角度。

但是要在足够精度的条件下测量或计算平均环境力的方向是不可能的。所以,目标艏向 ψ_d通常用容易测量的平均风载荷方向来表示。然而在北海,这可能导致所得的目标艏向 ψ_d与真实的总环境力方向之间有很大的差距,主要原因是未被测量的海流载荷和波浪载荷与风载荷的方向并不一致。因此,若要考虑节省燃料,DP 系统会运行在非常不理想的条件下。最优艏向的一个小小的偏移都会导致很大的推力需求。

一种用来计算天气最优艏向 ψ_d的方法是在 x 和 y 方向上监控推进器的推力。这样,船首可以向一个方向转动直到在 y 方向上的推力变为 0。这个方法听起来是可行的,但 x 方向和 y 方向上的总推力需要计算,因为没有传感器可以直接测量推力。传感器只能测量螺旋桨的角速度和螺距角。因此,每个螺旋桨的推力必须用一个包含推进器特性参数的模型来计算,这会导致每一个方向上的总推力计算不太精确。

文献[8]提出利用 PID 反馈控制器来控制船舶的 x 和 y 位置,加上偏航速度的反馈,这样船舶就趋于最优艏向。然而,这种方法要求船舶的旋转点位于船重心前一段距离,甚至是在船首的前面,这会限制推进器的布置和安装数量。

文献[9]和文献[3]首次提出了平台天气最优控制的概念。控制目的是根据环境载荷(风、波浪、海流)自动调节船舶的艏向,这样可以使用最少的能源以达到节省燃料和减少氮氧化物与一氧化碳排放量的目的。这一点对于油轮和 FPSO 这一类需要长期固定于同一位置的平台来说很有用,同样对于 DP 控制的补给船也有很好的节能潜力,因为它们需要保持在一个位置好几天来装、卸货。

天气最优位置控制(WOPC)系统中应用了非线性和自适应反推设计,WOPC 的概念也可以使用其他控制方法实现,例如线性反馈。WOPC 的特点是不要任何环境载荷的信息。这一点很重要,因为作用在船上的平均环境载荷是无法精确测量或计算的。我们发现,让船头指向一个圆的圆心,这艘船就可以稳定在恒定半径的圆弧上。为了在相同时间保持在一个固定位置,设计了平移圆中心控制定律。此外,圆中心是实时变化的,这样才能在船头自动转向的同时保持笛卡儿位置不变。这个方法是基于重力为未知量的重力场中的钟摆运动提出的。同样的,平均环境力可以理解为一个未知的力场,所以受控船舶的圆周运动和钟摆在重力场的运动动态类似(图 6.1)。

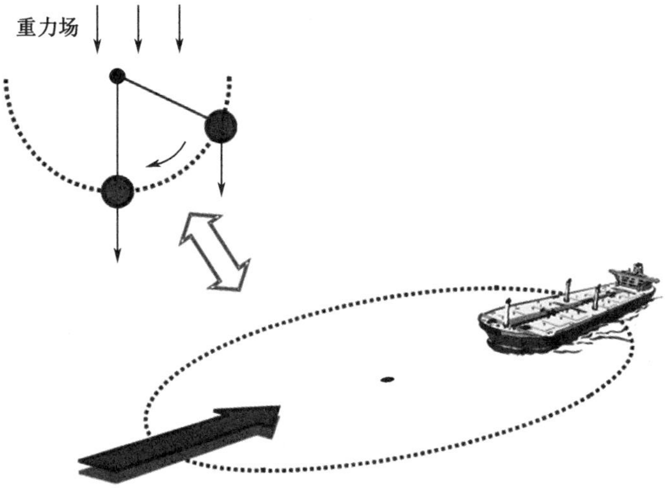

图 6.1　天气最优控制等效于重力场中的钟摆运动(重力未知)

6.5.1　数学建模

(1)船舶模型

考虑一个低频低速的 3 自由度船舶模型:

$$\dot{\eta} = \boldsymbol{R}(\psi)\nu \tag{6.44}$$

$$\boldsymbol{M}\dot{\nu} + \boldsymbol{C}(\nu)\nu + \boldsymbol{D}(\nu)\nu = \boldsymbol{\tau} + \boldsymbol{w} \tag{6.45}$$

式中,大地坐标系位置(x,y)和艏向ψ用$\boldsymbol{\eta} = [x \quad y \quad \psi]^{\mathrm{T}}$来表示,局部坐标系位置用$\boldsymbol{\nu} = [u \quad v \quad r]^{\mathrm{T}}$来表示。根据 Lyapunov 稳定性分析中采用的低速假定,$\boldsymbol{M} = \boldsymbol{M}^{\mathrm{T}} > 0, \dot{\boldsymbol{M}} = 0, \boldsymbol{D}(\boldsymbol{\nu}) > 0, \forall \nu \in \mathbb{R}^3, \tau \in \mathbb{R}^3$ 分别为推进系统产生的纵荡力、横荡力和艏摇力矩的控制向量。由风、波浪、海流引起的未建模外部力与力矩和为一个对船的扰动向量$\boldsymbol{w} \in \mathbb{R}^3$。转换矩阵$\boldsymbol{R}(\psi)$的定义可参见 5.1 节。

(2)极坐标

笛卡儿坐标(x,y)相关的极坐标表示如下:

$$x = x_0 + \rho\cos\gamma \tag{6.46}$$

$$y = y_0 + \rho\sin\gamma \tag{6.47}$$

(x_0,y_0)是半径为ρ、极角为γ的圆的圆心:

$$\rho = \sqrt{(x - x_0)^2 + (y - y_0)} \tag{6.48}$$

$$\gamma = \mathrm{atan2}((y - y_0),(x - x_0)) \tag{6.49}$$

式(6.46)、式(6.47)关于时间的导数为

$$\dot{x} = \dot{x}_0 + \dot{\rho}\cos\gamma - \rho(\sin\gamma)\dot{\gamma} \tag{6.50}$$

$$\dot{y} = \dot{y}_0 + \dot{\rho}\sin\gamma + \rho(\cos\gamma)\dot{\gamma} \tag{6.51}$$

定义状态向量:

$$\boldsymbol{p}_0 \triangleq [x_0 \quad y_0]^{\mathrm{T}}, \boldsymbol{x} \triangleq [\rho \quad \gamma \quad \psi]^{\mathrm{T}} \tag{6.52}$$

从式(6.50)、式(6.51)可得一个包含向量 $\boldsymbol{p}_0$ 和 $\boldsymbol{x}$ 的运动学关系：

$$\dot{\boldsymbol{\eta}}=\boldsymbol{R}(\gamma)\boldsymbol{H}(\rho)\dot{\boldsymbol{x}}+\boldsymbol{L}\dot{\boldsymbol{p}}_0 \tag{6.53}$$

式中

$$\boldsymbol{H}(\rho)=\begin{bmatrix}1&0&0\\0&\rho&0\\0&0&1\end{bmatrix},\boldsymbol{L}=\begin{bmatrix}1&0\\0&1\\0&0\end{bmatrix} \tag{6.54}$$

从式(6.53)可得式(6.44)中的笛卡儿运动量可以用极坐标中的微分方程代替：

$$\dot{\boldsymbol{x}}=\boldsymbol{T}(\boldsymbol{x})\boldsymbol{\nu}-\boldsymbol{T}(\boldsymbol{x})\boldsymbol{R}^{\mathrm{T}}(\psi)\boldsymbol{L}\dot{\boldsymbol{p}}_0 \tag{6.55}$$

式中

$$\begin{aligned}\boldsymbol{T}(\boldsymbol{x})&\triangleq\boldsymbol{H}^{-1}(\rho)\boldsymbol{R}^{\mathrm{T}}(\gamma)\boldsymbol{R}(\psi)\\&=\boldsymbol{H}^{-1}(\rho)\boldsymbol{R}^{\mathrm{T}}(\gamma-\psi)\end{aligned} \tag{6.56}$$

注意到这里笛卡儿坐标系和极坐标之间的转化只是一个局部微分同胚映射，为了防止奇异点 $\rho=0$，半径必须保持比极小值要大，也就是 $\rho>\rho_{\min}>0$。

(3)船舶模型转化

式(6.45)所表示的船舶模型可以用极坐标式来表达：

$$\boldsymbol{\nu}=\boldsymbol{T}^{-1}(\boldsymbol{x})\dot{\boldsymbol{x}}+\boldsymbol{R}^{\mathrm{T}}\boldsymbol{L}\dot{\boldsymbol{p}}_0 \tag{6.57}$$

$$\dot{\boldsymbol{\nu}}=\boldsymbol{T}^{-1}(\boldsymbol{x})\ddot{\boldsymbol{x}}+\dot{\boldsymbol{T}}^{-1}(\boldsymbol{x})\dot{\boldsymbol{x}}+\boldsymbol{R}^{\mathrm{T}}\boldsymbol{L}\ddot{\boldsymbol{p}}_0+\boldsymbol{R}^{\mathrm{T}}\boldsymbol{L}\dot{\boldsymbol{p}}_0 \tag{6.58}$$

进一步可得：

$$\begin{gathered}\boldsymbol{M}\dot{\nu}+\boldsymbol{C}(\nu)\nu+\boldsymbol{D}(\nu)\nu=\tau+\boldsymbol{w}\\\Updownarrow\rho>0\\\boldsymbol{M}_x(\boldsymbol{x})\ddot{\boldsymbol{x}}+\boldsymbol{C}_x(\nu,\boldsymbol{x})\dot{\boldsymbol{x}}+\boldsymbol{D}_x(\nu,\boldsymbol{x})\dot{\boldsymbol{x}}=\boldsymbol{T}^{-\mathrm{T}}\boldsymbol{q}(\boldsymbol{\nu},\boldsymbol{x},\dot{\boldsymbol{p}}_0,\ddot{\boldsymbol{p}}_0)+\boldsymbol{T}^{-\mathrm{T}}\tau+\boldsymbol{T}^{-\mathrm{T}}\boldsymbol{w}\end{gathered} \tag{6.59}$$

式中

$$\boldsymbol{M}_x(\boldsymbol{x})=\boldsymbol{T}^{-\mathrm{T}}(\boldsymbol{x})\boldsymbol{M}\boldsymbol{T}^{-1}(\boldsymbol{x}) \tag{6.60}$$

$$\boldsymbol{C}_x(\nu,\boldsymbol{x})=\boldsymbol{T}^{-\mathrm{T}}(\boldsymbol{x})[\boldsymbol{C}(\nu)-\boldsymbol{M}\boldsymbol{T}^{-1}(\boldsymbol{x})\dot{\boldsymbol{T}}(\boldsymbol{x})]\boldsymbol{T}^{-1}(\boldsymbol{x}) \tag{6.61}$$

$$\boldsymbol{D}_x(\nu,\boldsymbol{x})=\boldsymbol{T}^{-\mathrm{T}}(\boldsymbol{x})\boldsymbol{D}(\nu)\boldsymbol{T}^{-1}(\boldsymbol{x}) \tag{6.62}$$

$$\boldsymbol{q}(\nu,\boldsymbol{x},\dot{\boldsymbol{p}}_0,\ddot{\boldsymbol{p}}_0)=\boldsymbol{M}\boldsymbol{R}^{\mathrm{T}}(\psi)\boldsymbol{L}\ddot{\boldsymbol{p}}_0+\boldsymbol{M}\boldsymbol{R}^{\mathrm{T}}(\psi)\boldsymbol{L}\dot{\boldsymbol{p}}_0+[\boldsymbol{C}(\nu)+\boldsymbol{D}(\nu)]\boldsymbol{R}^{\mathrm{T}}(\psi)\boldsymbol{L}\dot{\boldsymbol{p}}_0 \tag{6.63}$$

这里 $\boldsymbol{M}_x(\boldsymbol{x})$、$\boldsymbol{C}_x(\nu,\boldsymbol{x})$、$\boldsymbol{D}_x(\nu,\boldsymbol{x})$需要满足：

$$\boldsymbol{M}_x(\boldsymbol{x})=\boldsymbol{M}_x^{\mathrm{T}}(\boldsymbol{x})>0,\boldsymbol{D}_x(\nu,\boldsymbol{x})>0,\forall\boldsymbol{x} \tag{6.64}$$

船舶动力学也需要满足反对称条件：

$$z^{\mathrm{T}}(\dot{\boldsymbol{M}}_x-2\boldsymbol{C}_x)z=0,\forall z,\boldsymbol{x} \tag{6.65}$$

6.5.2 干扰力模型

船舶的稳态低频运动和船舶平衡位置取决于作用在船舶上的环境载荷。由风、波浪、海流引起的环境载荷表示为：

●缓变平均力 F_e 作用在船体上位于局部坐标系中的点(l_x,l_y)。

●缓变平均角 β_e 取相对于大地坐标系(图6.2)。

缓变一词只是说明平均环境力相对于船舶运动学和动力学来说变得比较慢，缓变项包括二阶波浪扰动(浪漂移)、流和平均风力。WF 运动是将测量数据用滤波器滤波之后的结果。

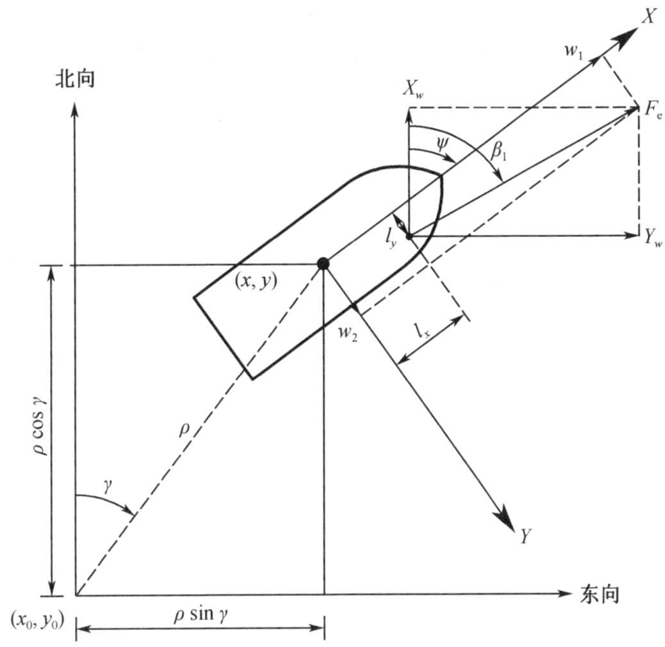

图 6.2　F_e 分解为 w_1 和 w_2 两个方向

因为没有可以用来精确测量的(F_e,β_e)和(l_x,l_y)的传感器,所以不能使用从环境扰动中获得的反馈。从而得出以下假设:

A1:未知平均环境力 F_e 及其方向 β_e 设为不变或者变化很缓慢。

A2:每一个恒定力 F_e 对应的作用点(l_x,l_y)不变。

讨论:这些假设是为了在船舶控制系统中抵消环境扰动的缓变部分。

从图 6.2 中可得,作用在物体上的环境载荷向量 $\boldsymbol{w}\in\mathbb{R}^3$ 可以表示为

$$\boldsymbol{w}=\begin{bmatrix} w_1(\psi) \\ w_2(\psi) \\ w_3(\psi) \end{bmatrix}=\begin{bmatrix} F_e\cos(\beta_e-\psi) \\ F_e\sin(\beta_e-\psi) \\ l_xF_e\sin(\beta_e-\psi)-l_yF_e(\beta_e-\psi) \end{bmatrix} \tag{6.66}$$

这里可得环境载荷随着船舶的艏向 ψ 而变化。

$$F_e=\sqrt{w_1^2+w_2^2} \tag{6.67}$$

$$\beta_e=\psi+\tan^{-1}(w_2/w_1) \tag{6.68}$$

图 6.2 中的环境力 X_w 和 Y_w 作用在点(l_x,l_y)上。同时附着点 $l_x=l_x(\psi)$和 $l_y=l_y(\psi)$也随着艏向 ψ 变化而变化。这个关系是一个关于船体和上层建筑的几何方程。

6.5.3　天气最优控制目标

天气最优控制目标用到了以下定义[9]:

定义 6.1(天气最优艏向)　天气最优艏向 ψ_{opt} 由艏摇力矩 $w_3(\psi_{opt})=0$,船首抵抗力矩 $w_2(\psi_{opt})=0$ 两个条件确定。这意味着力臂 $l_x(\psi_{opt})$等于常数,$l_y(\psi_{opt})=0$,同时:

$$\boldsymbol{w}(\psi_{\text{opt}}) = \begin{bmatrix} w_1(\psi_{\text{opt}}) \\ w_2(\psi_{\text{opt}}) \\ w_3(\psi_{\text{opt}}) \end{bmatrix} = \begin{bmatrix} -F_e \\ 0 \\ 0 \end{bmatrix}$$

因此，平均环境力作用在船首(水和风荷载的阻力系数最小)。

定义 6.2(天气最优位置)　天气最优位置(位置不变)由平衡状态定义，其中：

$$w_1(\psi_{\text{opt}}) = -F_e, w_2(\psi_{\text{opt}}) = w_3(\psi_{\text{opt}}) = l_y(\psi_{\text{opt}}) = 0 \tag{6.69}$$

天气最优艏向和位置$(x, y) = (x_d, y_d)$保持不变。

由这些定义可得以下两个控制目标：

目标 1：天气最优艏向控制(WOHC)：限制船仅在半径 $\rho = \rho_d$ 的圆弧上运动，同时使船首指向圆心并达到天气最优艏向角度 $\psi = \psi_{\text{opt}}$，从而可以得到天气最优艏向控制(图 6.3)。与它类似的一个情况就是重力场当中的钟摆(图 6.1)。

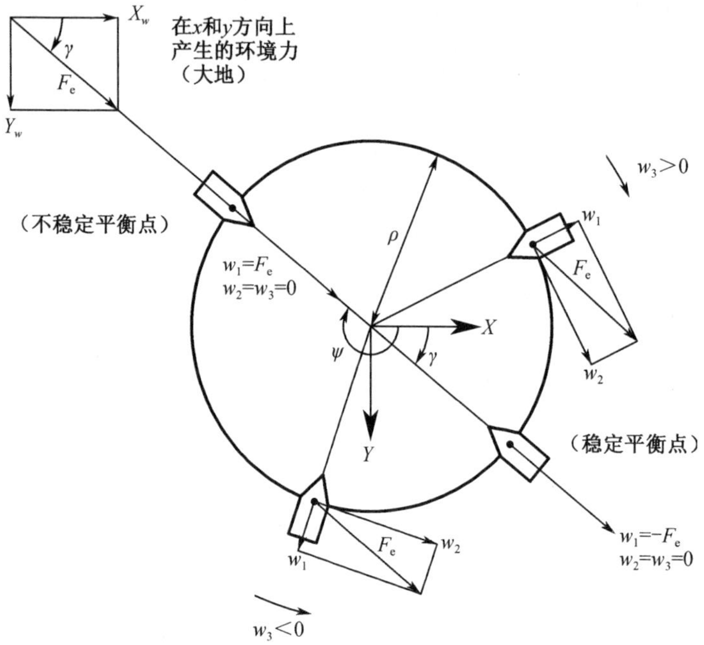

图 6.3　天气最优艏向控制(WOHC)

位置$(x, y) = (x_0 + \rho\cos\gamma, y_0 + \rho\sin\gamma)$会一直改变直到达到天气最优艏向。根据下式在极坐标中指定控制目标：

$$\rho_d = 常数 \tag{6.70}$$

$$\dot{\gamma}_d = 0 \tag{6.71}$$

$$\psi_d = \pi + \gamma \tag{6.72}$$

讨论：ρ_d = 常数意味着船沿着半径恒定的圆周运动；第二个要求 $\dot{\gamma}_d = 0$ 意味着切线速度 $\rho\dot{\gamma}$ 保持很小；最后一个要求 $\psi_d = \pi + \gamma$，保证了船首指向圆心。

目标 2：天气最优位置控制(WOPC)：为了保持一个不变的大地坐标系位置$(x, y) = (x_d, y_d)$，圆心 $\boldsymbol{p}_0 = [x_0 \quad y_0]^{\mathrm{T}}$ 移动的同时要保证控制目标 1 能够满足。这称为平移圆中心控制。本节将导出一个满足目标 1 和目标 2 的非线性和自适应反推控制器。

6.5.4 非线性和自适应控制设计

本节所提出的定位控制器用极坐标来表示船舶的动力学。反步法用于反馈控制律的导出。控制律的导出由以下 3 个部分组成：

①非线性反步法（PD－控制）：船舶以最小的切向速度 $\rho\dot{\gamma}$ 和目标艏向 ψ_d 在指定半径 ρ_d 的圆弧上移动。

②自适应反步法（PID－控制）：用来抵消未知环境力 F_e。

③平移圆中心控制：平移圆的圆心 (x_0, y_0)，经过平移以满足船舶在虚拟圆弧上移动仍然能够保持在一个固定的位置 (x_d, y_d)。因此，船长只会注意到船围绕着一个固定的点 (x_d, y_d) 转过了一个偏航角 ψ 直到达到天气最优艏向 ψ_{opt}。

（1）非线性反步法（PD－控制）

一个普通的位置控制器是使用矢量反步法来导出的。追踪的目标物是光滑轨迹的极坐标，表示为 $\boldsymbol{x}_d = [\rho_d \quad \gamma_d \quad \psi_d]^{\mathrm{T}} \in C^3$，其中：

$$\boldsymbol{x}_d, \dot{\boldsymbol{x}}_d, \ddot{\boldsymbol{x}}_d \in \mathcal{L}_\infty \tag{6.73}$$

因为式(6.59)中的转换系统是二阶的，反步法执行了两个向量步骤，导出了一个非线性的 PD－控制法则。首先，定义一个虚拟的参考轨迹：

$$\dot{\boldsymbol{x}}_r \triangleq \dot{\boldsymbol{x}}_d - \boldsymbol{\Lambda} \boldsymbol{z}_1 \tag{6.74}$$

式中，$\boldsymbol{z}_1 = \boldsymbol{x} - \boldsymbol{x}_d$，为大地坐标系中的追踪误差；$\boldsymbol{\Lambda} > 0$，是一个对角设计矩阵。此外，$z_2$ 表示对于定义追踪的测量，由式(6.75)表示：

$$z_2 \triangleq \dot{\boldsymbol{x}} - \dot{\boldsymbol{x}}_r = \dot{\boldsymbol{z}}_1 + \boldsymbol{\Lambda} \boldsymbol{z}_1 \tag{6.75}$$

从式(6.75)可得下列表达式：

$$\begin{aligned} \dot{\boldsymbol{x}} &= z_2 + \dot{\boldsymbol{x}}_r \\ \ddot{\boldsymbol{x}} &= \dot{z}_2 + \ddot{\boldsymbol{x}}_r \end{aligned} \tag{6.76}$$

这意味着式(6.59)中的船舶模型可以用 $z_2, \dot{\boldsymbol{x}}_r, \ddot{\boldsymbol{x}}_r$ 来表示：

$$\boldsymbol{M}_x \dot{\boldsymbol{z}}_2 + \boldsymbol{C}_x z_2 + \boldsymbol{D}_x z_2 = \boldsymbol{T}^{-\mathrm{T}} \boldsymbol{\tau} + \boldsymbol{T}^{-\mathrm{T}} \boldsymbol{q}(\cdot) - \boldsymbol{M}_x \ddot{\boldsymbol{x}}_r - \boldsymbol{C}_x \dot{\boldsymbol{x}}_r - \boldsymbol{D}_x \dot{\boldsymbol{x}}_r + \boldsymbol{T}^{\mathrm{T}} \boldsymbol{w} \tag{6.77}$$

第一步：z_1 为第一个误差变量，从式(6.75)可得动力学公式为

$$\dot{\boldsymbol{z}}_1 = -\boldsymbol{\Lambda} \boldsymbol{z}_1 + z_2 \tag{6.78}$$

选取李雅普诺夫候选函数（LFC）：

$$\boldsymbol{V}_1 = \frac{1}{2} z_1^{\mathrm{T}} \boldsymbol{K}_p z_2 \tag{6.79}$$

$$\dot{\boldsymbol{V}}_1 = z_1^{\mathrm{T}} \boldsymbol{K}_p \boldsymbol{\Lambda} \boldsymbol{z}_1 + z_1^{\mathrm{T}} \boldsymbol{K}_p z_2 \tag{6.80}$$

式中，$\boldsymbol{K}_p = \boldsymbol{K}_p^{\mathrm{T}} > 0$，是一个常设计矩阵。

第二步：选取一个由虚拟动能导出的 LFC 方程，即

$$\boldsymbol{V}_2 = \boldsymbol{V}_1 + \frac{1}{2} z_2^{\mathrm{T}} \boldsymbol{M}_x z_2, \boldsymbol{M}_x = \boldsymbol{M}_x^{\mathrm{T}} > 0 \tag{6.81}$$

$\boldsymbol{V}_2$ 沿着 $\boldsymbol{z}_1$ 和 z_2 轨迹的时间微分为

$$\dot{V}_2=\dot{V}_1+z_2^{\mathrm{T}}M_x\dot{z}_2+\frac{1}{2}z_2^{\mathrm{T}}\dot{M}_xz_2 \tag{6.82}$$

将式(6.77)和式(6.80)代入可得

$$\dot{V}_2=-z_1^{\mathrm{T}}K_p\Lambda z_1+\frac{1}{2}z_2^{\mathrm{T}}(\dot{M}_x-2C_x)z_2-z_2^{\mathrm{T}}D_xz_2+z_2^{\mathrm{T}}T^{-\mathrm{T}}w+$$
$$z_2^{\mathrm{T}}(K_pz_1+T^{-T}\tau+T^{-\mathrm{T}}q(\cdot)-M_x\ddot{x}_r-C_x\dot{x}_r-D_x\dot{x}_r) \tag{6.83}$$

利用式(6.65)并选择非线性 PD－控制法则：

$$T^{-\mathrm{T}}\tau=M_x\ddot{x}_r+C_x\dot{x}_r+D_x\dot{x}_r-K_pz_1-K_{dt}z_2-T^{-\mathrm{T}}q(\cdot) \tag{6.84}$$

$K_d>0$，是一个严格正向设计矩阵，最终可得

$$\dot{V}_2=-z_1^{\mathrm{T}}K_p\Lambda z_1-z_2^{\mathrm{T}}(K_d+D_x)z_2+z^{\mathrm{T}}T^{-\mathrm{T}}w \tag{6.85}$$

在 $\dot{V}_2$ 的表达式中，耗散项 $z_2^{\mathrm{T}}D_xz_2>0,\forall z_2\neq\mathbf{0}$ 在设计中被利用。用式(6.84)中的控制法则，闭环动力变为

$$M_x\dot{z}_2+(C_x+D_x+K_d)z_2+K_pz_1=T^{-\mathrm{T}}w \tag{6.86}$$

结果系统的错误动力变为非自治：

$$\begin{bmatrix}K_p & \mathbf{0}_{3\times3}\\ \mathbf{0}_{3\times3} & M_x\end{bmatrix}\begin{bmatrix}\dot{z}_1\\ \dot{z}_2\end{bmatrix}=-\begin{bmatrix}K_p\Lambda & \mathbf{0}_{3\times3}\\ \mathbf{0}_{3\times3} & C_x+D_x+K_d\end{bmatrix}\begin{bmatrix}z_1\\ z_2\end{bmatrix}+\begin{bmatrix}\mathbf{0}_{3\times3} & K_p\\ -K_p & \mathbf{0}_{3\times3}\end{bmatrix}\begin{bmatrix}z_1\\ z_2\end{bmatrix}+\begin{bmatrix}\mathbf{0}_{3\times1}\\ T^{-\mathrm{T}}\end{bmatrix}w \tag{6.87}$$

$$\Downarrow$$

$$\mathcal{M}(x)\dot{z}=-\mathcal{K}(x,\nu)z+\varsigma z+\overline{\mathcal{B}}(x)w \tag{6.88}$$

其中不同的矩阵定义如下：

$$\mathcal{M}(x)=\mathcal{M}^{\mathrm{T}}(x)=\begin{bmatrix}K_p & \mathbf{0}_{3\times3}\\ \mathbf{0}_{3\times3} & M_x(x)\end{bmatrix} \tag{6.89}$$

$$\mathcal{K}(x,\nu)=\begin{bmatrix}K_p\Lambda & \mathbf{0}_{3\times3}\\ \mathbf{0}_{3\times3} & C_x(x,\nu)+D_x(x,\nu)+K_d\end{bmatrix}>\mathbf{0} \tag{6.90}$$

$$\varsigma=-\varsigma^{\mathrm{T}}=\begin{bmatrix}\mathbf{0}_{3\times3} & K_p\\ -K_p & \mathbf{0}_{3\times3}\end{bmatrix} \tag{6.91}$$

$$\overline{\mathcal{B}}(x)=\begin{bmatrix}\mathbf{0}_{3\times1}\\ T^{-\mathrm{T}}(x)\end{bmatrix} \tag{6.92}$$

由于缺少扰动，$w\equiv0$，根据李雅普诺夫原理，起点 $z=0$ 是均匀局部指数稳定(uniformly locally exponentially stable，ULES)。由于笛卡儿坐标系和极坐标系之间的局部微分同胚映射，全局结果不能得到，所以转换矩阵 $T(x)$ 是奇异的，$\rho=0$。

因为扰动 $w\neq0$，闭环系统是输入状态稳定(input-to-state-stable，ISS)的。在下一节，我们将看到自适应反步如何用于获得在有非零扰动矢量 $w\neq0$ 情况下的 ULES。

(2)自适应反步法(PID－控制)

如果扰动向量 w 非零，这将导致当使用非线性 PD－控制器有一个稳定的偏移。由于船是仅仅局限于在圆弧上移动，在该圆弧上 w 可以看成是一个力场，所以在圆弧上将会有稳定的和不稳定的平衡点(等同于在重力场中的钟摆)。稳定平衡点为(图 6.3)：

$$\boldsymbol{w}=\boldsymbol{\phi}F_{\mathrm{e}}=\begin{bmatrix}-1\\0\\0\end{bmatrix}F_{\mathrm{e}} \tag{6.93}$$

由于扰动 F_{e} 是假设为缓慢变化的,我们可以用自适应反步法来获得系统中的积分效应。因此,在分析中可以假设:

$$\dot{F}_{\mathrm{e}}=0 \tag{6.94}$$

F_{e} 的估计值表示为 $\hat{F}_{\mathrm{e}}$,$\tilde{F}=\hat{F}_{\mathrm{e}}-F_{\mathrm{e}}$。在自适应反步法的推导中有一个额外的步骤必须进行,以此来获得 $\hat{F}_{\mathrm{e}}$ 的自适应更新律。

第三步:$\boldsymbol{V}_2$ 加上一个参数估计误差的平方得到自适应更新律:

$$\boldsymbol{V}_3=\boldsymbol{V}_2+\frac{1}{2\sigma}\tilde{F}_{\mathrm{e}}^2,\sigma>0 \tag{6.95}$$

式中

$$\dot{\boldsymbol{V}}_3=\dot{\boldsymbol{V}}_2+\frac{1}{\sigma}\dot{\tilde{F}}_{\mathrm{e}}\tilde{F}_{\mathrm{e}} \tag{6.96}$$

式(6.84)中的非线性控制法则可以修改为

$$\boldsymbol{\tau}=\boldsymbol{T}^{\mathrm{T}}(\boldsymbol{M}_x\ddot{\boldsymbol{x}}_r+\boldsymbol{C}_x\dot{\boldsymbol{x}}_r+\boldsymbol{D}_x\dot{\boldsymbol{x}}_r-\boldsymbol{K}_p z_1-\boldsymbol{K}_d z_2)-\boldsymbol{q}(\ \cdot\ )-\boldsymbol{\phi}\hat{F}_{\mathrm{e}} \tag{6.97}$$

式中,最后一项 $\boldsymbol{\phi}\hat{F}_{\mathrm{e}}$ 为积分项。因此 $\boldsymbol{z}_2$ 动力变为

$$\boldsymbol{M}_x\dot{\boldsymbol{z}}_2+(\boldsymbol{C}_x+\boldsymbol{D}_x+\boldsymbol{K}_d)\boldsymbol{z}_2+\boldsymbol{K}_p\boldsymbol{z}_1=-\boldsymbol{T}^{-\mathrm{T}}\phi\tilde{F}_{\mathrm{e}} \tag{6.98}$$

这意味着:

$$\begin{aligned}\dot{\boldsymbol{V}}_3&=-\boldsymbol{z}_1^{\mathrm{T}}\boldsymbol{K}_p\boldsymbol{\Lambda}\boldsymbol{z}_1-\boldsymbol{z}_2^{\mathrm{T}}(\boldsymbol{K}_d+\boldsymbol{D}_x)\boldsymbol{z}_2-\boldsymbol{z}_2^{\mathrm{T}}\boldsymbol{T}^{-\mathrm{T}}\boldsymbol{\phi}\tilde{F}_{\mathrm{e}}+\frac{1}{\sigma}\dot{\tilde{F}}_{\mathrm{e}}\tilde{F}_{\mathrm{e}}\\&=-\boldsymbol{z}_1^{\mathrm{T}}\boldsymbol{K}_p\boldsymbol{\Lambda}\boldsymbol{z}_1-\boldsymbol{z}_2^{\mathrm{T}}(\boldsymbol{K}_d+\boldsymbol{D}_x)\boldsymbol{z}_2+\tilde{F}_{\mathrm{e}}(-\boldsymbol{\phi}^{\mathrm{T}}T^{-1}z_2+\frac{1}{\sigma}\dot{\tilde{F}}_{\mathrm{e}})\end{aligned} \tag{6.99}$$

自适应法则 $\dot{\tilde{F}}_{\mathrm{e}}=\dot{\hat{F}}_{\mathrm{e}}$ 选择为

$$\dot{\tilde{F}}_{\mathrm{e}}-\sigma\boldsymbol{\phi}^{\mathrm{T}}\boldsymbol{T}^{-1}z_2,\sigma>0 \tag{6.100}$$

$$\dot{\boldsymbol{V}}_3=-\boldsymbol{z}_1^{\mathrm{T}}\boldsymbol{K}_p\boldsymbol{\Lambda}\boldsymbol{z}_1-\boldsymbol{z}_2^{\mathrm{T}}(\boldsymbol{K}_d+\boldsymbol{D}_x)\boldsymbol{z}_2\leqslant 0 \tag{6.101}$$

时滞误差动态自适应反步控制器可以写为

$$\mathcal{M}(\boldsymbol{x})\dot{\boldsymbol{z}}=[-\mathcal{K}(\boldsymbol{x},\nu)+\varsigma]\boldsymbol{z}+\mathcal{B}(\boldsymbol{x})\tilde{F}_{\mathrm{e}} \tag{6.102}$$

$$\dot{\tilde{\boldsymbol{F}}}_{\mathrm{e}}=-\sigma\mathcal{B}^{\mathrm{T}}(\boldsymbol{x})z \tag{6.103}$$

式中

$$\overline{\mathcal{B}}(\boldsymbol{x})=\begin{bmatrix}\boldsymbol{0}_{3\times 1}\\-\boldsymbol{T}^{-\mathrm{T}}(\boldsymbol{x})\boldsymbol{\phi}\end{bmatrix} \tag{6.104}$$

为了满足控制目标 1 必须选择控制器增益,根据:

$$\boldsymbol{K}_p=\begin{bmatrix}k_{p1}&0&0\\0&0&0\\0&0&k_{p3}\end{bmatrix},\boldsymbol{K}_d=\begin{bmatrix}k_{d1}&0&0\\0&k_{d2}&0\\0&0&k_{d3}\end{bmatrix},\boldsymbol{\Lambda}=\begin{bmatrix}\lambda_1&0&0\\0&0&0\\0&0&\lambda_3\end{bmatrix} \tag{6.105}$$

$k_{p2}=\lambda_2=0$，意味着船在圆弧上以切线速度$\rho\dot{\gamma}$自由运动。$k_{d2}>0$是用来增加切向阻尼(D控制)的，此时利用PID－控制，半径ρ和艏向ψ是稳定的。

(3)半正定矩阵

由于控制器增益k_{p2}和λ_2为零，矩阵：

$$\boldsymbol{K}_p \geqslant 0,\boldsymbol{\Lambda} \geqslant 0 \tag{6.106}$$

是半正定矩阵$\boldsymbol{V}_3$中的唯一半正定解。由于系统是ISS，平衡点$(z,\widetilde{F}_e)=(\boldsymbol{0},0)$的统一局部渐近稳定性(ULAS)可以被证明。因此，我们考虑降阶系统(z_{1r},z_2)的误差动力：

$$z_{1r}=\boldsymbol{E}z_1,\boldsymbol{E}=\begin{bmatrix}1&0&0\\0&0&1\end{bmatrix} \tag{6.107}$$

这意味着：

$$\dot{z}_{1r}=-\boldsymbol{E\Lambda}z_1+\boldsymbol{E}z_2=-(\boldsymbol{E\Lambda E}^{\mathrm{T}})z_{1r}+\boldsymbol{E}z_2 \tag{6.108}$$

最后一步是可能的，因为对角矩阵$\boldsymbol{\Lambda}=\mathrm{diag}\left[\lambda_1\quad 0\quad \lambda_3\right]$满足：

$$\boldsymbol{\Lambda E}^{\mathrm{T}}z_{1r}=\boldsymbol{\Lambda}z_1 \tag{6.109}$$

因此，式(6.102)到式(6.103)的误差动力可以被转换为

$$\mathcal{M}(\boldsymbol{x})\dot{z}_r=[-\mathcal{K}_r(\boldsymbol{x},\boldsymbol{\nu})+\varsigma_r]z_r+\mathcal{B}_r(\boldsymbol{x})\widetilde{F}_e \tag{6.110}$$

$$\dot{\widetilde{F}}_e=-\sigma\mathcal{B}_r^{\mathrm{T}}(\boldsymbol{x})z_r \tag{6.111}$$

式中，$z_r=[z_{1r}^{\mathrm{T}}\quad z_2^{\mathrm{T}}]^{\mathrm{T}}$，且

$$\mathcal{M}_r(\boldsymbol{x})=\mathcal{M}_r^{\mathrm{T}}(\boldsymbol{x})=\begin{bmatrix}\boldsymbol{EK}_p\boldsymbol{E}^{\mathrm{T}}&\boldsymbol{0}_{2\times3}\\\boldsymbol{0}_{3\times2}&\boldsymbol{M}_x(\boldsymbol{x})\end{bmatrix} \tag{6.112}$$

$$\mathcal{K}_r(\boldsymbol{x},\boldsymbol{\nu})=\begin{bmatrix}(\boldsymbol{EK}_p\boldsymbol{E}^{\mathrm{T}})(\boldsymbol{E\Lambda E}^{\mathrm{T}})&\boldsymbol{0}_{2\times3}\\\boldsymbol{0}_{3\times2}&\boldsymbol{C}_x(\boldsymbol{x},\boldsymbol{\nu})+\boldsymbol{D}_x(\boldsymbol{x},\boldsymbol{\nu})+\boldsymbol{K}_d\end{bmatrix}>0 \tag{6.113}$$

$$\varsigma_r=-\varsigma_r^{\mathrm{T}}=\begin{bmatrix}\boldsymbol{0}_{2\times2}&\boldsymbol{EK}_p\\-\boldsymbol{K}_p\boldsymbol{E}^{\mathrm{T}}&\boldsymbol{0}_{3\times3}\end{bmatrix} \tag{6.114}$$

$$\mathcal{B}_r(\boldsymbol{x})=\begin{bmatrix}\boldsymbol{0}_{2\times1}\\\boldsymbol{T}^{-\mathrm{T}}(\boldsymbol{x})\boldsymbol{\phi}\end{bmatrix} \tag{6.115}$$

其中我们利用了$\boldsymbol{K}_p\boldsymbol{E}^{\mathrm{T}}z_{1r}=\boldsymbol{K}_pz_{1r}$，$\boldsymbol{K}_p=\mathrm{diag}[k_{p1}\quad 0\quad k_{p3}]$。

(4)非自治李雅普诺夫分析

李雅普诺夫函数$\boldsymbol{V}_3$是半正定的，因为$\boldsymbol{K}_p$是半正定的。由于系统是ISS，渐近跟踪由下式保证：

$$\boldsymbol{V}_{3r}=\frac{1}{2}\left[z_{1r}^{\mathrm{T}}(\boldsymbol{EK}_p\boldsymbol{E}^{\mathrm{T}})z_{1r}+z_2^{\mathrm{T}}\boldsymbol{M}_xz_2+\frac{1}{\sigma}\widetilde{F}_e^2\right]>0 \tag{6.116}$$

$$\dot{\boldsymbol{V}}_{3r}=-z_{1r}^{\mathrm{T}}(\boldsymbol{EK}_p\boldsymbol{E}^{\mathrm{T}})(\boldsymbol{E\Lambda E}^{\mathrm{T}})z_{1r}-z_2^{\mathrm{T}}(\boldsymbol{K}_d+\boldsymbol{D}_x)z_2\leqslant 0 \tag{6.117}$$

式中，$\boldsymbol{EK}_p\boldsymbol{E}^{\mathrm{T}}>0$和$\boldsymbol{E\Lambda E}^{\mathrm{T}}>0$。因此，$z_{1r}z_2,\widetilde{F}_e\in\mathcal{L}_\infty$。平衡点$(z_{1r},z_2,\widetilde{F}_e)=(0,0,0)$用了Fossen等[10]研究中的稳定理论(同见Loria等[11])，在非线性非自治系统中$\boldsymbol{V}_3>0$(正定)和$\dot{\boldsymbol{V}}_3\leqslant 0$(负半定)。$\dot{\boldsymbol{V}}_3$只有负半定的原因是$\dot{\boldsymbol{V}}_3$表达式中与$-\widetilde{F}_e^2$相对称的负项缺失了。

定理(主要结果：ULES天气最优位置控制)：式(6.110)和式(6.111)中的非线性系统

的平衡点$(z_1,z_2,\widetilde{F}_e)=(\mathbf{0},\mathbf{0},0)$,式(6.97)中的控制法则、式(6.100)中的参数自适应律,都满足 ULES。证明详见文献[9]。

(5)平移圆心控制器

前一节中的自适应反推法控制器满足控制目标1,就是天气最优艏向控制。控制目标2天气最优位置控制,可由移动圆心$\boldsymbol{p}_0=[x_0 \quad y_0]^{\mathrm{T}}$使船保持在一个恒定的位置$\boldsymbol{p}=[x \quad y]^{\mathrm{T}}$来实现。

为了达到固定位置控制目标,必须推导出圆心p_0的更新律。船的笛卡儿大地坐标可由式(6.118)给出:

$$\boldsymbol{p}=\boldsymbol{L}^{\mathrm{T}}\boldsymbol{\eta} \tag{6.118}$$

式中,$\boldsymbol{L}$由式(6.54)来定义;$\widetilde{\boldsymbol{p}}\triangleq \boldsymbol{p}-\boldsymbol{p}_d$表示目标位置向量$\boldsymbol{p}_d\triangleq[x_d \quad y_d]^{\mathrm{T}}$的相应偏移。目标位置可以是恒定的也可以是平稳时变参考轨迹。圆心的转换控制法则可由下列 LFC 导出:

$$V_p=\frac{1}{2}\widetilde{\boldsymbol{p}}^{\mathrm{T}}\widetilde{\boldsymbol{p}} \tag{6.119}$$

式中

$$\dot{V}_p=\widetilde{\boldsymbol{p}}^{\mathrm{T}}(\dot{\boldsymbol{p}}-\dot{\boldsymbol{p}}_d)=\widetilde{\boldsymbol{p}}^{\mathrm{T}}(\boldsymbol{L}^{\mathrm{T}}\dot{\boldsymbol{\eta}}-\dot{p}_d) \tag{6.120}$$

利用式(6.53),$\boldsymbol{L}^{\mathrm{T}}\boldsymbol{L}=\boldsymbol{I}_{2\times 2}$和$\dot{\boldsymbol{x}}=z_2+\dot{\boldsymbol{x}}_r$,可得

$$\begin{aligned}\dot{V}_p&=\widetilde{\boldsymbol{p}}^{\mathrm{T}}[\boldsymbol{L}^{\mathrm{T}}(\boldsymbol{R}(\gamma)\boldsymbol{H}(\rho)\dot{\boldsymbol{x}}+\boldsymbol{L}\dot{\boldsymbol{p}}_0)-\dot{\boldsymbol{p}}_d]\\&=\widetilde{\boldsymbol{p}}^{\mathrm{T}}(\dot{\boldsymbol{p}}_0-\dot{\boldsymbol{p}}_d+\boldsymbol{L}^{\mathrm{T}}\boldsymbol{R}(\gamma)\boldsymbol{H}(\rho)\dot{\boldsymbol{x}}_r)+\widetilde{\boldsymbol{p}}^{\mathrm{T}}\boldsymbol{L}^{\mathrm{T}}\boldsymbol{R}(\gamma)\boldsymbol{H}(\rho)z_2\end{aligned} \tag{6.121}$$

现在,选择圆心更新律:

$$\dot{\boldsymbol{p}}_0=\dot{\boldsymbol{p}}_d-\boldsymbol{L}^{\mathrm{T}}\boldsymbol{R}(\gamma)\boldsymbol{H}(\rho)\dot{\boldsymbol{x}}_r-k_0\widetilde{\boldsymbol{p}} \tag{6.122}$$

式中,$k_0>0$,可得

$$\dot{V}_p=-k_0\widetilde{\boldsymbol{p}}^{\mathrm{T}}\widetilde{\boldsymbol{p}}+\widetilde{\boldsymbol{p}}^{\mathrm{T}}\boldsymbol{L}^{\mathrm{T}}\boldsymbol{R}(\gamma)\boldsymbol{H}(\rho)z_2 \tag{6.123}$$

如果式(6.122)被采用,$\dot{V}_{3r}$的表达式中将会出现$\widetilde{\boldsymbol{p}}$和$z_2$的交叉项。为了保证$\dot{V}_{3r}\leqslant 0$,必须修改式(6.97)中的天气最优控制器并且加 个负项 $\widetilde{\boldsymbol{p}}^{\mathrm{T}}\widetilde{\boldsymbol{p}}$在表达式中:

$$\dot{V}_{3r}=-z_{1r}^{\mathrm{T}}(\boldsymbol{E}\boldsymbol{K}_p\boldsymbol{E}^{\mathrm{T}})(\boldsymbol{E}\boldsymbol{\Lambda}\boldsymbol{E}^{\mathrm{T}})z_{1r}-z_2^{\mathrm{T}}(\boldsymbol{K}_d+\boldsymbol{D}_x)z_2 \tag{6.124}$$

来移除交叉项。

(6)天气最优位置控制(WOPC)

通过修改式(6.97)中的非线性控制器,可以移除$\dot{V}_p$中的包含$\widetilde{p}$和z_2的交叉项:

$$\boldsymbol{\tau}=\boldsymbol{T}^{\mathrm{T}}(\boldsymbol{M}_x\ddot{\boldsymbol{x}}_r+\boldsymbol{C}_x\dot{\boldsymbol{x}}_r+\boldsymbol{D}_x\dot{\boldsymbol{x}}_r-\boldsymbol{K}_p z_1-\boldsymbol{K}_d z_2)-\boldsymbol{q}(\cdot)-\boldsymbol{\phi}\hat{F}_e-\boldsymbol{T}^{\mathrm{T}}\boldsymbol{E}^{\mathrm{T}}(\rho)\boldsymbol{R}^{\mathrm{T}}(\gamma)\boldsymbol{L}\widetilde{\boldsymbol{p}} \tag{6.125}$$

$\boldsymbol{\tau}$中的最后一项意味着:

$$\dot{V}_{3r}=-z_{1r}^{\mathrm{T}}(\boldsymbol{E}\boldsymbol{K}_p\boldsymbol{E}^{\mathrm{T}})(\boldsymbol{E}\boldsymbol{\Lambda}\boldsymbol{E}^{\mathrm{T}})z_{1r}-z_2^{\mathrm{T}}(\boldsymbol{K}_d+\boldsymbol{D}_x)z_2-\widetilde{\boldsymbol{p}}^{\mathrm{T}}\boldsymbol{L}^{\mathrm{T}}\boldsymbol{R}(\gamma)\boldsymbol{H}(\rho)z_2 \tag{6.126}$$

考虑 LFC:

$$V_{\mathrm{wopc}}=V_{3r}+V_p \tag{6.127}$$

$$\dot{V}_{\mathrm{wopc}}=-z_{1r}^{\mathrm{T}}(\boldsymbol{E}\boldsymbol{K}_p\boldsymbol{E}^{\mathrm{T}})(\boldsymbol{E}\boldsymbol{\Lambda}\boldsymbol{E}^{\mathrm{T}})z_{1r}-z_2^{\mathrm{T}}(\boldsymbol{K}_d+\boldsymbol{D}_x)z_2-k_0\widetilde{\boldsymbol{p}}^{\mathrm{T}}\widetilde{\boldsymbol{p}} \tag{6.128}$$

因此平衡点$(z_{1r},z_2,\widetilde{F}_e,\widetilde{p}) = (\mathbf{0},\mathbf{0},0,\mathbf{0})$满足 ULES。

$\boldsymbol{q}(\cdot)$的表达式中要有$\ddot{\boldsymbol{p}}_0$项。该项由式(6.122)计算得

$$\ddot{\boldsymbol{p}}_0 = \ddot{\boldsymbol{p}}_d - k_0(\dot{\boldsymbol{p}} - \dot{\boldsymbol{p}}_d) - \boldsymbol{L}^{\mathrm{T}}\boldsymbol{R}(\gamma)\boldsymbol{H}(\rho)\ddot{\boldsymbol{x}}_r - \boldsymbol{L}^{\mathrm{T}}\dot{\boldsymbol{R}}(\gamma)\boldsymbol{H}(\gamma)\dot{\boldsymbol{x}}_r - \boldsymbol{L}^{\mathrm{T}}\boldsymbol{R}(\gamma)\dot{\boldsymbol{H}}(\rho)\dot{\boldsymbol{x}}_r \tag{6.129}$$

6.6 案例分析

文献[7]利用一个模型船舶进行了 WOHC 和 WOPC 的试验,缩尺比为 1∶70,用一个导管风扇来制造缓变与恒定的风扰动,试验装置如图 6.4 所示。

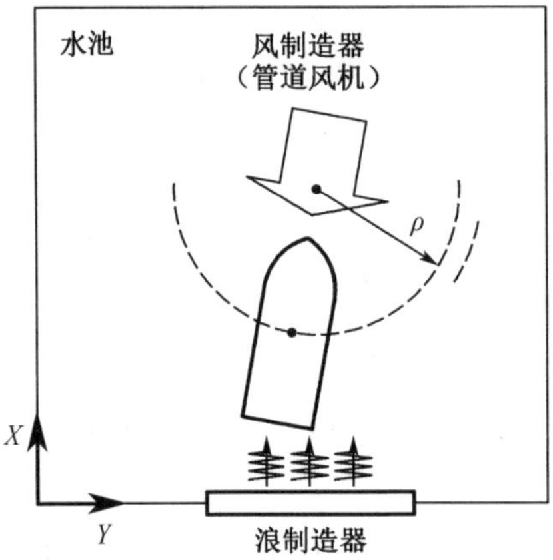

图 6.4 试验装置设置(风、浪制造器的方向)

6.6.1 天气最优艏向控制(WOHC)

在第一个试验中,船在圆弧上移动(平移圆心控制器关闭),这被称为 WOHC。固定的起点和圆弧如图 6.5 所示。最初的艏向接近 30°,此时的位置$(x,y)\approx(13,-43)$(图 6.6 和图 6.7)。这些数据是在风扇最初朝向为 210°时获得的(与艏向相反)。

在 3 000 s 之后,风扇慢慢转向 165°和天气最优艏向 −15°相对应(图 6.7)。在这个过程中,船开始在圆弧上移动(艏向朝向圆心)直到稳定在一个新的艏向,也就是 −15°。在圆弧上的新位置是$(x,y)\approx(3,20)$。这很清楚地说明了艏向收敛于最优值(等同于钟摆在重力场中的动力)。在这个过程中没有用到任何外部的风传感器。

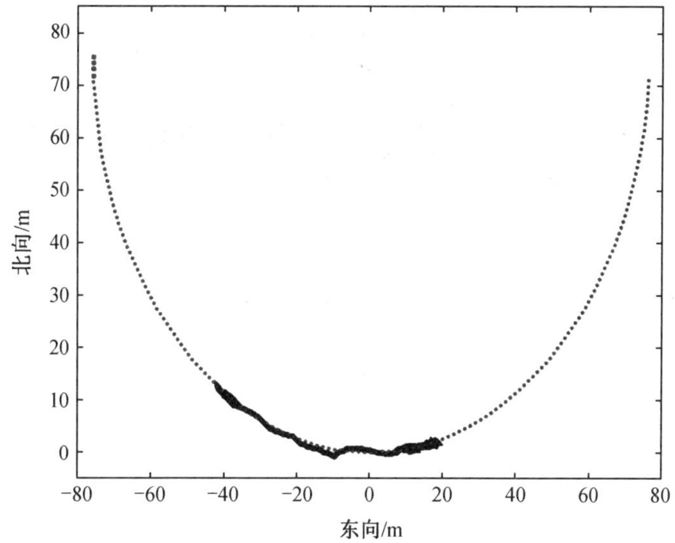

图 6.5　WOHC 试验显示船的圆周运动(圆心控制器关闭)

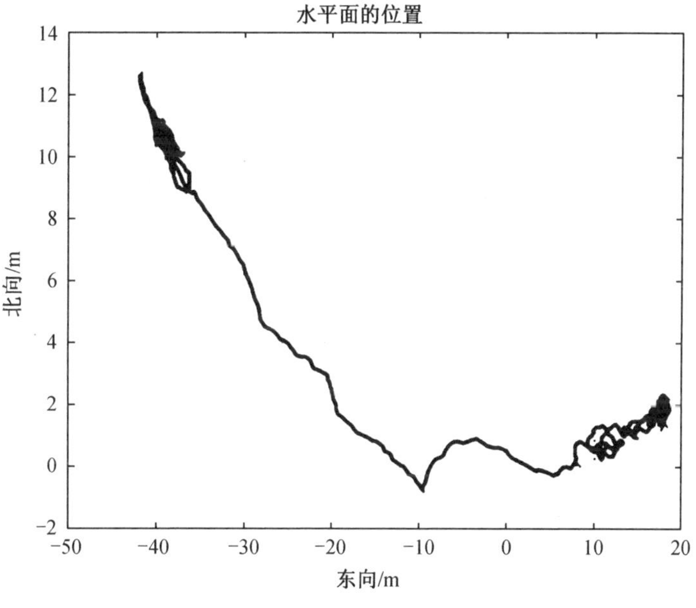

图 6.6　WOHC 试验显示模型船的(x,y)位置(风扇旋转时)

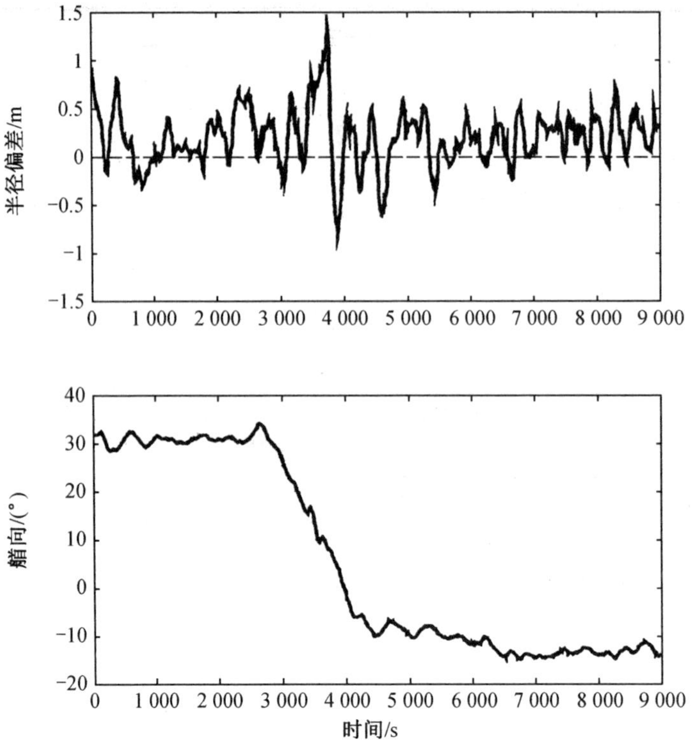

图 6.7　WOHC 试验结果显示半径调节器与天气最优艏向和时间的关系

6.6.2　天气最优位置控制(WOPC)

这个试验将展示如何通过实时转换圆心来获得一个恒定的位置(x,y)。本试验中,船要保持它的位置(圆心控制器关闭),这被称为 WOPC。船舶的定位保持性能如图 6.8 所示,圆的变化则如图 6.9 所示。位置控制器能在 1 m 的精度内工作,该精度也是位置参考系统的精度。

同样的,天气最优艏向从大约 23°变到 2°,但是船的位置(x,y)没有改变。位置偏差和天气最优艏向如图 6.10 所示。这些数据是由移动风扇从最初的 203°到 182°所得的。

最后一部分(图 6.11)显示了半径的偏差和圆心(x_0,y_0)如何根据圆心控制律实时变化来获得一个固定的位置(x,y)。试验结果表明该船在面对未知干扰(风)的同时能够保持位置。

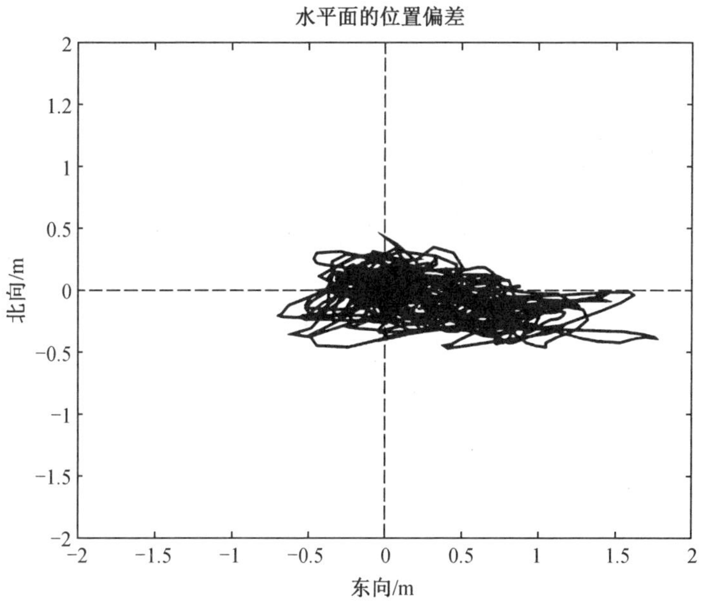

图 6.8　WOPC 试验显示位置保持在(x_d,y_d) = (0,0)

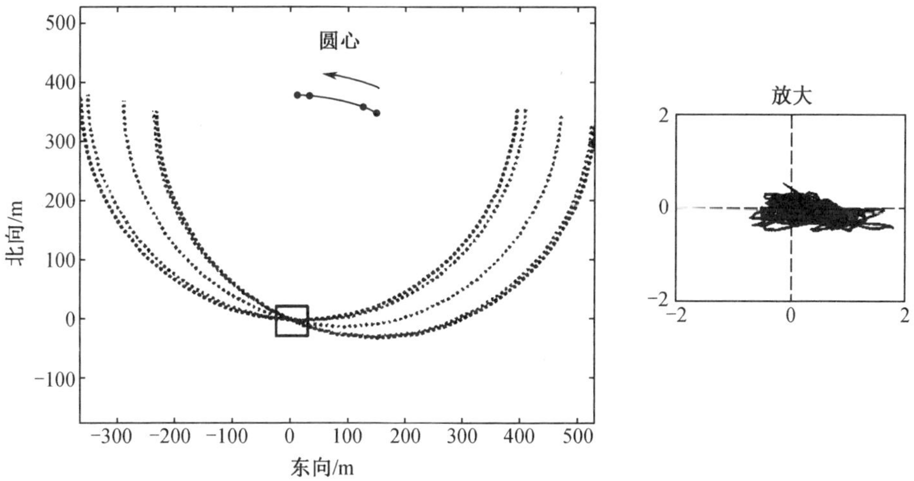

图 6.9　WOPC 试验显示当船位置不变时圆心如何移动

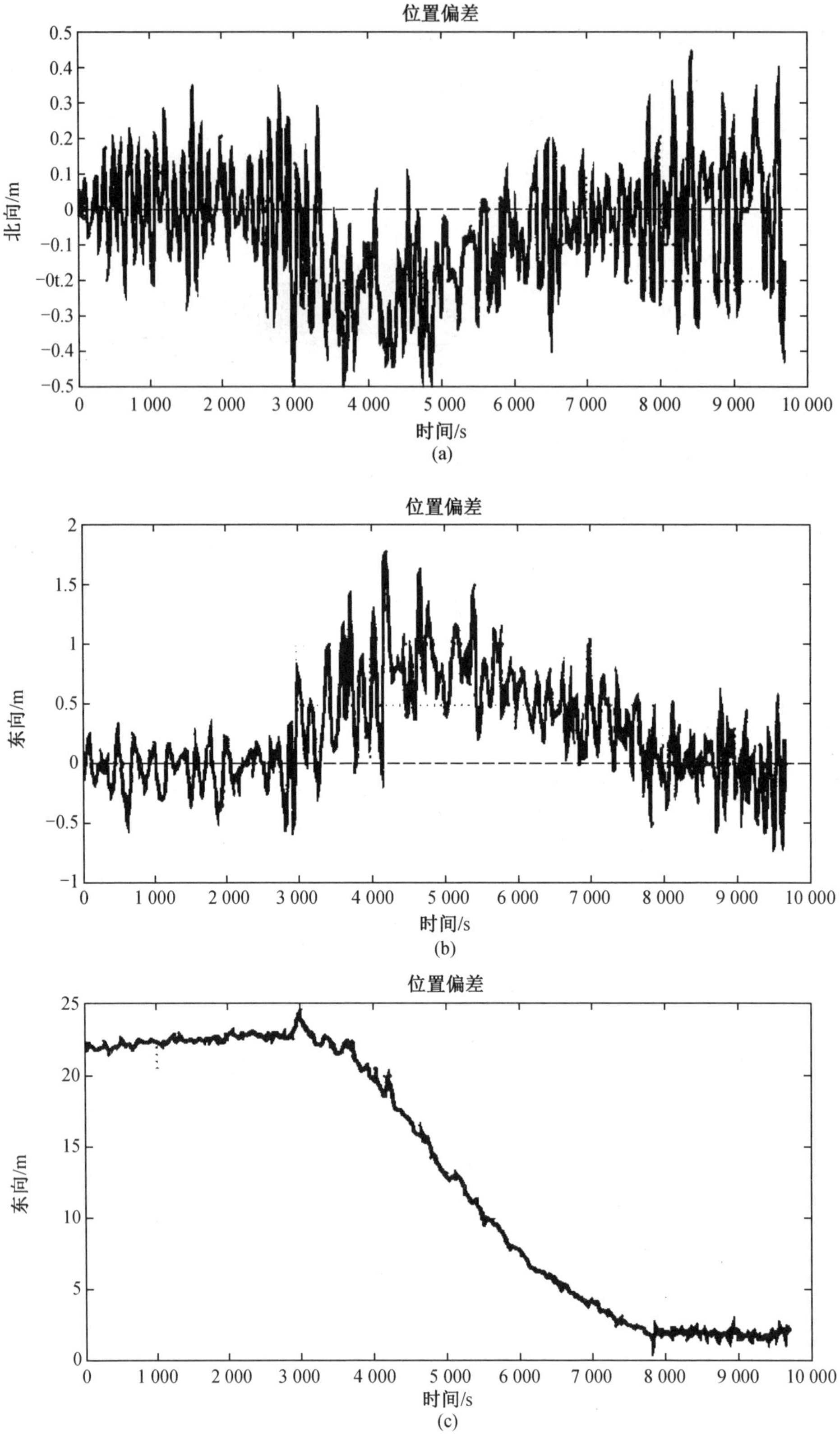

图 6.10　WOPC 试验结果（北向和东向位置精度、天气最优艏向与时间的关系）

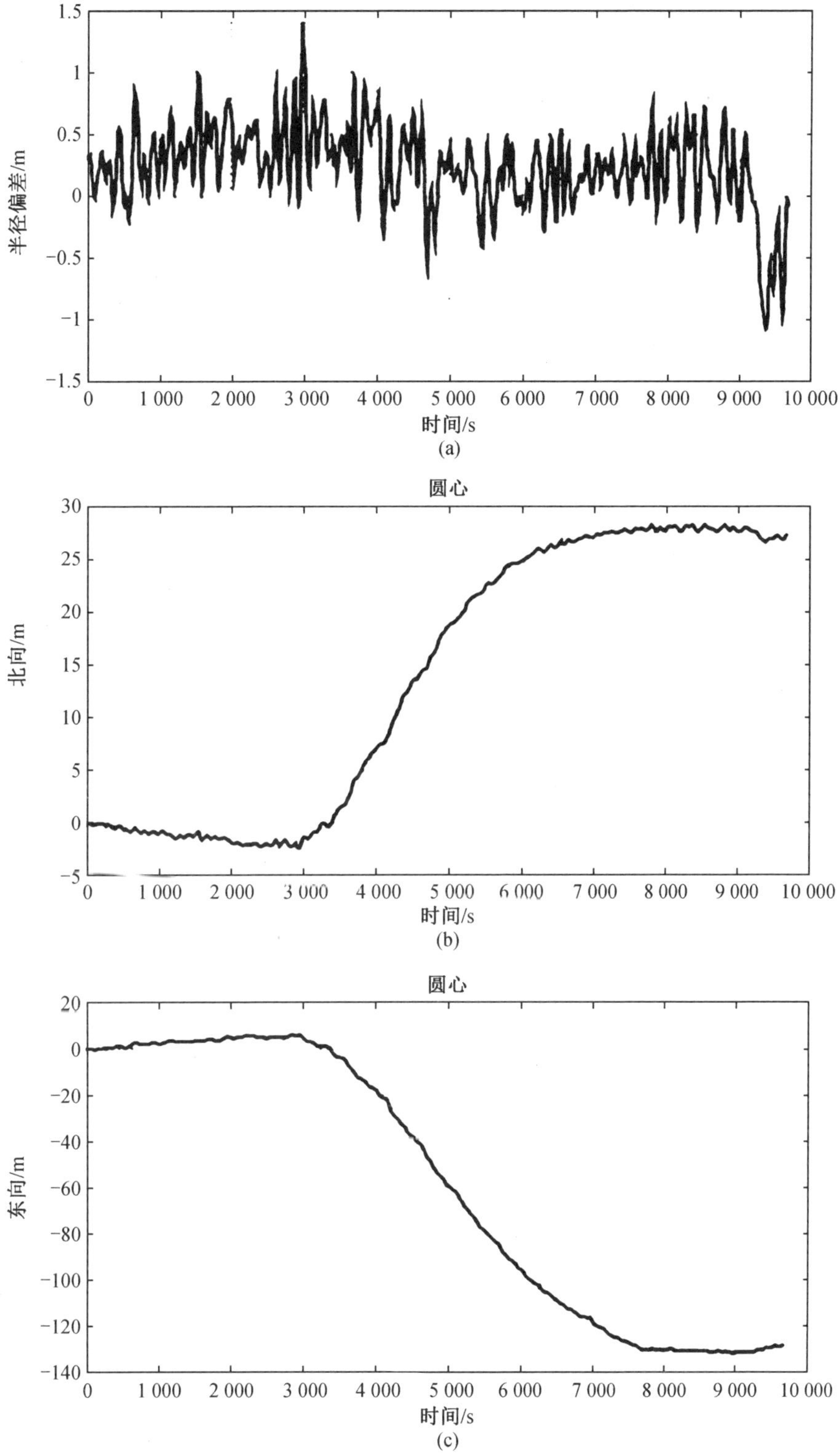

图 6.11　WOPC 试验结果(半径偏差和圆心转换与时间的关系)

参考文献

[1] SØRENSEN A J, STRAND J P. Positioning of semi-submersibles with roll and pitch damping [J]. IFAC Proceedings Volumes, 1998, 31(30): 61 - 67.

[2] SØRENSEN A J, STRAND J P. Position of small-waterplane-area marine constructions with roll and pitch damping[J]. IFAC Journal of Control Engineering Practice, 2000, 8(2): 205 - 213.

[3] STRAND J P. Nonlinear position control systems design for marine vessels[D]. Trondheim: Norwegian University of Science and Technology, 1999.

[4] LEVINE W S. The control handbook[M]. Florida: CRC Press, 1996.

[5] ÅSTRÖM K J, WITTENMARK B. Computer-controlled systems[M]. 3rd ed. New Jersey: Prentice Hall, 1997.

[6] EGELAND O. Servotaknikk[M]. Trondheim: Tapir Forlag, 1993.

[7] SORENSEN A J. Marine control systems: propulsion and motion control of ships and ocean structures[D]. Trondheim: Norwegian University of Science and Technology, 2013.

[8] PINKSTER J A, NIENHUIS U. Dynamic positioning of large tankers at sea[C]// Proceedings of the Offshore Technology Conference, Houston, 1996.

[9] FOSSEN T I, STRAND J P. Nonlinear passive weather optimal positioning control(WOPC) system for ships and rigs: experimental results[J]. Automatica, 2001, 37(5): 701 - 715.

[10] FOSSEN T I, LORIA A, TEEL A. A theorem for UGAS and ULES of nonautonomous systems: robust control of mechanical systems and ships[J]. International Journal of Robust and Nonlinear Control, 2001, 11(2): 95 - 108.

[11] LORIA A, FOSSEN T I, TEEL A. UGAS and ULES of non-autonomous systems: applications to integral action control of ships and manipulators[C]// Proceedings of the 5th European Control Conference, Karlsruhe, 1999.

第七章　动力定位的过驱动推力分配

推进器作为深海动力定位系统的执行机构,其工作性能的好坏将直接影响最终的定位效果,同时良好的推力分配策略对节约动力定位系统的成本特别是燃油消耗具有很现实的意义。为了保证海上作业所要求的定位精度和可靠性,现代水面船舶与海上作业平台一般装有比常规船舶更多数量和种类的推力器,这一方面从硬件冗余上提高了整个水面控制系统的可靠性,但同时也给推进系统的研究特别是控制分配问题带来了新的课题[1]。

对于主要考虑水平面 3 自由度的水面船舶和钻井平台的控制问题,推进器的数量和种类的增多无疑使得控制输入的维数要大于系统所需要控制的自由度,即所谓的过驱动控制问题。在以往的水面航行器控制系统的研究中,大部分的精力都主要集中在高层控制方法与滤波技术的研究上,对过驱动水面航行器的控制分配研究较少。

7.1　过驱动推力分配数学描述

对于系统控制输入维数大于或远大于系统位形空间维数的过驱动系统,推力分配的任务是如何将数量较少的期望控制指令合理有效地分配到冗余的执行机构上,同时利用冗余的执行机构提高系统对推力器故障的容错能力。过驱动控制分配实质上是在约束条件下实现从数量较少的期望控制量 $\tau(t) \in R^m$ 到数量较多的执行机构指令 $u(t) \in R^n$ 的非线性映射,其中 $m < n$,从数学上讲,推力分配问题就是求解未知数个数大于或远大于方程数的方程,同时方程的未知数是带有约束的。

对于实时控制系统,过驱动推力分配所要解决的是如何在所要求的响应时间内迅速找到一个最优的控制输入组合以产生控制所需要的力和力矩,因而过驱动系统的控制分配问题通常用最优化问题来描述。考虑海洋浮式结构物动力定位 3 自由度运动模型[2]:

$$\begin{cases} \dot{\eta} = \boldsymbol{R}(\psi)\nu \\ \boldsymbol{M}\dot{\nu} + \boldsymbol{D}\nu = \bar{\boldsymbol{\tau}} \end{cases} \tag{7.1}$$

式中,$\bar{\boldsymbol{\tau}} = [\tau_1 \quad \tau_2 \quad \tau_3]^{\mathrm{T}}$,为推力器系统实际产生的合力及合力矩,可表示成如下形式:

$$\bar{\boldsymbol{\tau}} = \boldsymbol{T}(\alpha)f \tag{7.2}$$

式中,$\boldsymbol{T}(\alpha) = [t_1 \quad t_2 \quad \cdots \quad t_r]$,表示 r 个执行器的配置矩阵,代表每个推力器产生的力对运动体纵向、横向以及艏向的作用/贡献效果,主要由推力器的实际安装位置决定;$\boldsymbol{f} = [F_1 \quad F_2 \quad \cdots \quad F_r]^{\mathrm{T}}$,为每个推力器发出的力,单个推力器的配置矩阵 $\boldsymbol{t}_i$ 可统一由式(7.3)表示:

$$\boldsymbol{t}_i = \begin{bmatrix} \cos\alpha_i \\ \sin\alpha_i \\ l_{xi}\sin\alpha_i - l_{yi}\cos\alpha_i \end{bmatrix} \tag{7.3}$$

式中,(l_{xi}, l_{yi}) 表示第 i 个推力器安装位置的坐标,以跟随载体一起运动的载体坐标系为基准;α_i 为推力器所产生推力的方向。

定位时水平面纵荡、横荡以及艏摇的期望控制力由高层控制器通过手动控制或自动控制产生。手动控制是指动力定位操纵员通过显控台上的手动操纵杆直接控制海上结构物在水平面的运动；自动控制则需要根据传感器所测的实时信息采用一定的控制规律来产生抵抗外界干扰所需的期望力和力矩。

无论采用何种控制方式来产生期望控制力，控制分配或推力分配所要解决的都是如何将高层控制器所产生的期望合力/力矩 τ 合理地分配给可用的推进设备，如图 7.1 所示。理论上如果推进系统实际产生的合力与期望的控制力相等 $\tau_{act}=\tau$，那么此时的控制效果是最好的。同时考虑推力器系统作为系统功率消耗最为突出的子系统，所以除了控制效果外，推力分配时还应兼顾燃料成本、推力器的推力极限、推力的变化速率、方向角的旋转速率、推力器的磨损等诸多实际因素的影响。对于底层的执行器控制中由于执行器建模的误差对控制输入 u 以及最终控制效果所造成的影响本章暂时不加以讨论。

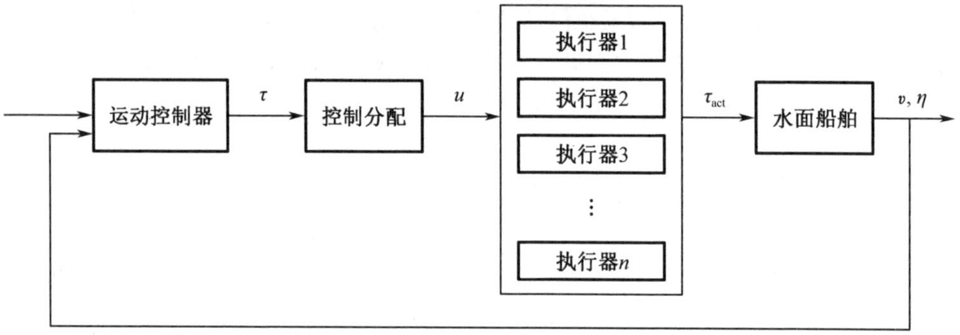

图 7.1 控制分配示意图

7.2 推力器系统配置及其约束

7.2.1 推力器布置

与常规运输型船舶相比，动力定位船舶或平台往往安装数量较多的推进设备以满足不同作业类型的定位精度要求[3-4]，见表 7.1 与表 7.2。同时，国际海事组织(IMO)和各大船级社根据动力定位不同等级的附加标志的要求对推进系统冗余度也有相关的规范要求。

表 7.1 动力定位船舶的推力器数量

动力定位船舶	推力器系统			
	横推形式	数量	纵推形式	数量
赛德柯 445	CS. FA. D	11	CS. FA. O	2
萨本丢	CP. CY. O CP. AZ. D	3 1		

表 7.1(续)

动力定位船舶	推力器系统			
	横推形式	数量	纵推形式	数量
鹈鹕级	CP. FA. T	5	CP. FA. O	2
发现者 534	CP. FA. D	6	CS. FA. O	2
极地测量者	CP. FA. D	2	CP. FA. O	2
文拜海洋试验室	CP. AZ. D	4		
卡登透姆	AZ	2	CP. FA. D	2
七大洋	CP. FA. D	6	CS. FA. O	2
赛德柯 709	CP. AZ. D	8		
赛柯德 470	CP. FA. D	12		
约翰叔叔	CP. FA. T	6	CP. FA. D	2

注:CS—调速;CP—调距;FA—定轴;CY—平旋推进器;AZ—全方位;O—敞式;D—导管;T—隧道。

表 7.2　动力定位船舶的推力器系统布置情况

动力定位船舶	前	后	主螺旋桨
赛德柯 445	两组(2,4)	两组(4,2)	2
鹈鹕级	3	2	2
萨本丢	2	2	
发现者 534	3	3	2
格洛马挑战者	3	2	2
极地测量者	1	1	2
航道猎鹰号	2	2	2
卡登透姆	1	1(可转向)	2
极地海豹	2	2	2
赛德柯 470	两组(2,4)	两组(4,2)	2
赛柯德 709	4(可转向)	4(可转向)	

表 7.1 与表 7.2 所列举的是全世界建造年份比较早的动力定位船舶的推力器配置情况。近年来,新建造的动力定位海洋平台与作业型船舶的推力器配置情况与以往的动力定位船舶大不相同,这得益于高效推进技术的进步,特别是以全回转推进器、吊舱推进器等为代表的可转向推进器的大范围应用。

深水半潜式钻井平台“海洋石油 981”(简称 981)全长 114 m,宽度为 79 m,作为第六代 3 000 m 深水半潜式钻井平台,其最大作业水深可达 3 000 m,钻井深度可达 12 000 m,具有勘探、钻井、完井与修井作业等多种功能。深海复杂的作业环境以及多样的作业要求对 981 钻井平台在深水区域的作业安全提出了更为严格的要求,为此,981 钻井平台配备 DP3 级动力定位系统,推力器系统选用了 8 个瓦锡兰 FS3500/NU 型全回转推力器,如图 7.2 所示。

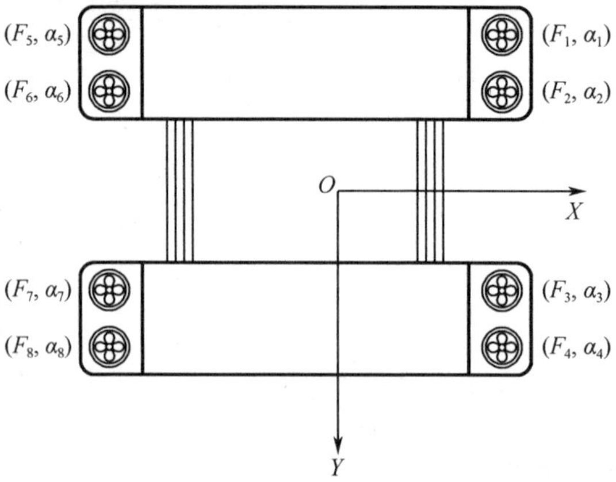

图 7.2 “海洋石油 981”的推力器布置

“海洋石油 201”铺管船全长 204.65 m,宽 39.2 m,是世界上第一艘同时具备 3 000 m 级深水铺管能力以及 4 000 t 级重型起重能力的深水铺管起重船,能在除北极外的全球无限航区作业。“海洋石油 201”安装 DP3 级全电力推进的动力定位系统,推力器系统配备 7 个全回转推力器,如图 7.3 所示。

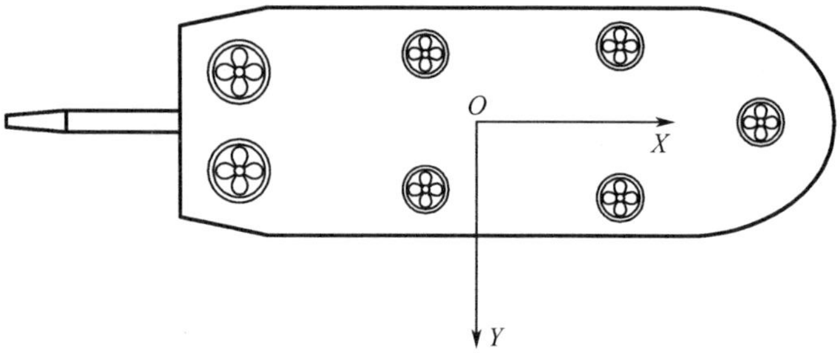

图 7.3 “海洋石油 201”铺管船的推力器布置

7.2.2 执行机构约束

推力器系统实际工作时往往会受到单个推力器的物理与机械约束影响,同时推力器之间的相互干扰也会影响推力器的性能与效率,这包括推力大小极限、推力变化的速率限制、推力方向改变的速率限制、推力器的磨损等诸多实际因素影响。为此,在推力分配之前对各类推力器的可行域进行讨论与分析非常必要。根据推力器的工作可执行区域特点,将动力定位船舶或海洋平台常用的推力器进行如下分类:

1. 定轴推力器

定轴推力器是指推力器的推力只朝一个特殊的方向,可以沿着船舶的纵向、横向或某一特定的方向。船舶的艉主推力器、侧向的槽道推力器都属于定轴推力器的范畴。

定轴推力器由于只能朝一个固定的方向发力,因而推力的方向角为一固定常数,特别对于只提供横向力的槽道螺旋桨,其方向角固定为 $\alpha = 90°$,如图 7.4 所示。定轴推力器的

可行域是一条斜率 $k=\tan\alpha$ 且通过原点的线段，正向最大推力限制为 $T_{\text{limit}}^{+}=T_{\max}$，反向最大推力限制为 $T_{\text{limit}}^{-}=-T_{\min}$。

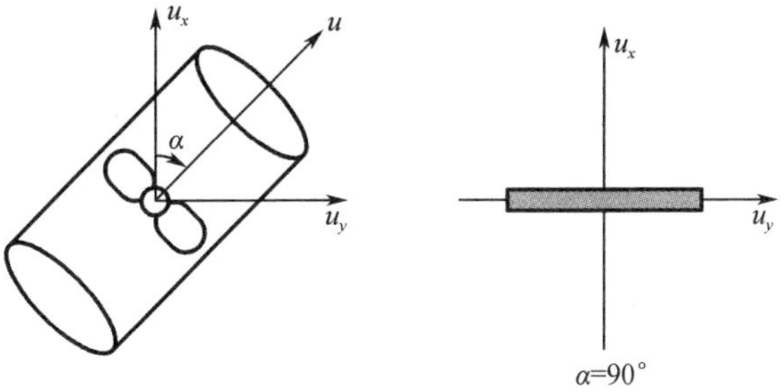

图 7.4　槽道螺旋桨的可行域

2. 可转向推力器

可转向推力器由于可绕 z 轴做 360°旋转所以在水平面内可以产生任意方向的推力，即 α 是时变的。每个全回转推力器涉及两个控制变量：推力大小 T 与推力方向 α，并且全回转推力器通常不通过反转来产生反方向的力，所以最大推力限制为 $T_{\text{limit}}=T_{\max}$，$T_{\min}=0$，所以单个全回转推力器的可行域为以原点为圆心，以最大推力限制 T_{limit} 为半径的圆，如图 7.5 所示。

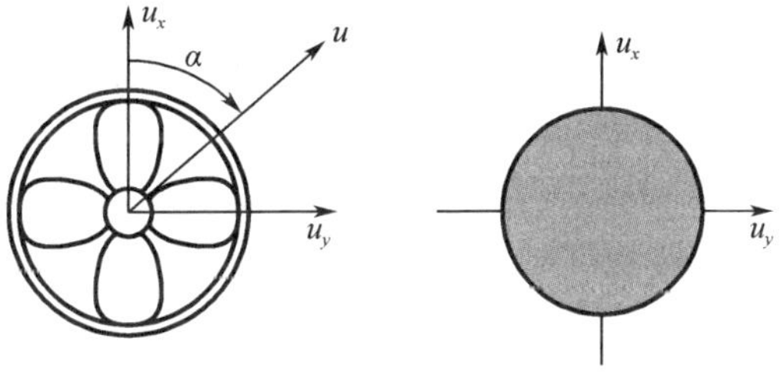

图 7.5　全回转推力器的可行域

3. 艉主推－舵

船尾主螺旋桨加舵的推进模式可以充分提高船舶的操纵性能，且节省燃料消耗，如图 7.6 所示，Rolls-Royce 公司设计的一款主推－舵联合推力器通过先进的焊接技术与焊接处的特殊结构设计使得主推的推进效率提高，同时还减少了舵的阻力。一般动力定位船舶如果安装了可回转的推力器，则很少配备艉舵。艉主推－舵的可行域如图 7.7 所示。

4. 推力干扰

推力器的安装往往受到船体的形状与尺寸、平台的浮体形状与尺寸以及推力器自身的结构与形状等影响，由于安装位置所造成的推力器与推力器以及推力器与船体之间的水动力干扰[5-6]，连同海流与波浪的共同作用，都会造成推力器性能的衰减。当相邻两个推力器之间的距离较小时，它们的推力方向与它们的中心连线一致或同时指向某一定区域时，两个推力器将会处于一前一后发力的状态，此时推力器间的尾流相互影响会造成严重的水动力干扰，导致推力严重衰减。为此，在进行控制分配时有必要对相应的推力器设置一定的禁止角。

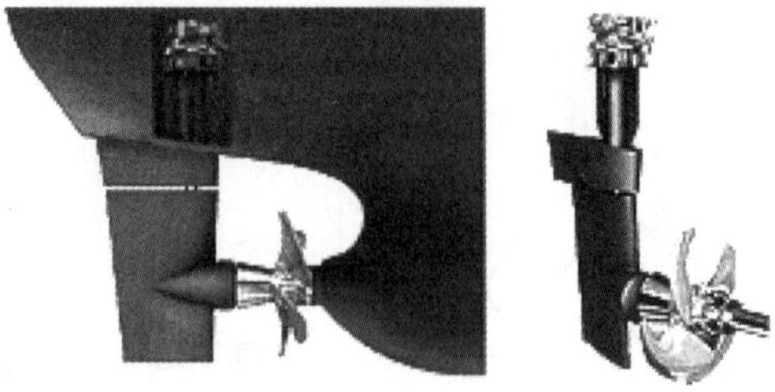

图 7.6　Rolls-Royce 公司生产的主推－舵联合推力器

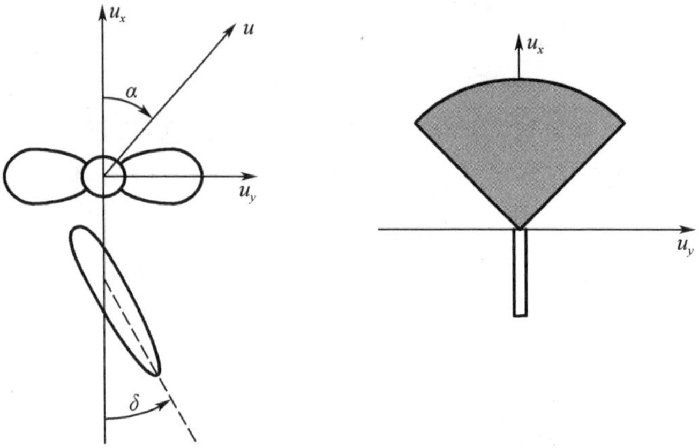

图 7.7　艉主推－舵的可行域

事实上，只有当两个全回转推力器的推力方向同时指向包含 u_y 轴的正方向或者负方向的某一区域时，其中处于后方的推力器处于前方推力器的尾流中，导致位于下游的推力器的推力减少。为了减少相邻两个推力器间的尾流影响，在图 7.5 所示的单个全回转推力器的可行域上加入禁区限制，如图 7.8 所示，当相邻的两个推力器同时朝某一方向区域发力时，处于后方的推力器将禁止在其禁区内发力。此外，全回转推力器与附近槽道推力器以及船体之间也会造成复杂的水动力干扰，导致推力减额，此时全回转推力器的可行域如图 7.9 所示。

7.2.3　功率约束

1. 总功率约束

在进行控制分配时应该考虑在线运行的动力机与总线上的负载功率，如果推力器功率超出在线机组的容量范围，将不能产生期望的控制力/力矩。水面航行器在纵荡、横荡以及艏摇方向控制所需要的总功率可表示为[7]

$$P_d = \sum_j \frac{2\pi K_{M,j}}{\sqrt{\rho} D_j K_{T,j}^{3/2}} T_{d,j}^{3/2} \tag{7.4}$$

式中，ρ 为水的密度；D_j 为第 j 个螺旋桨的半径；$K_{M,j}$、$K_{T,j}$分别为控制器的推力与转矩系数。

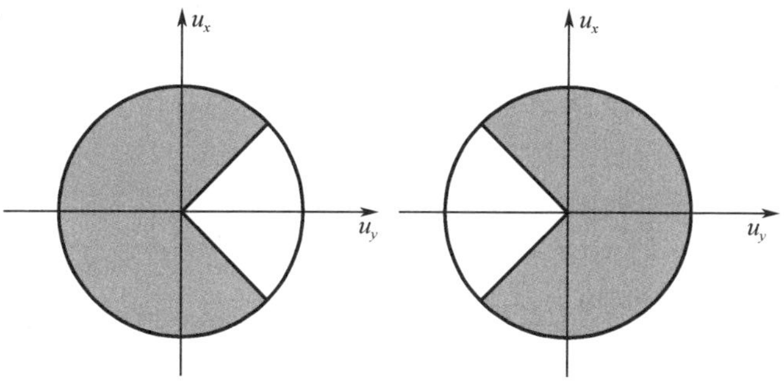

图 7.8　相邻推力器干扰造成的禁区

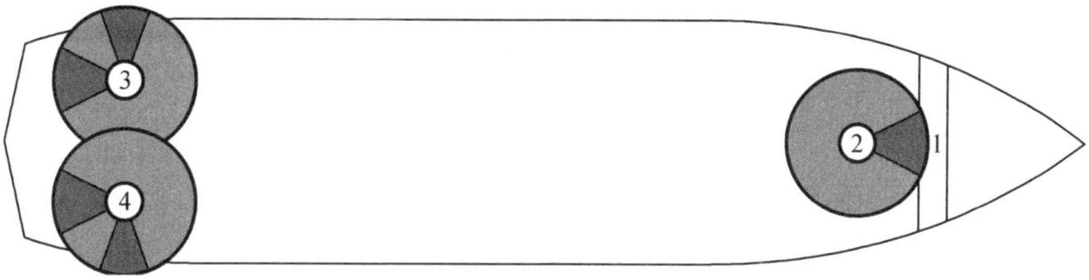

图 7.9　由相邻推力器与推力器以及船体之间的干扰所造成的推力器禁区

前 k 时刻推力器系统功率消耗估计值 $P_{e,k}$ 可通过实际所测得的上一时刻的功率消耗值 $P_{means,k-1}$ 来进行预测：

$$P_{e,k}=P_{means,k-1}\frac{P_{d,k}}{P_{c,k-1}} \tag{7.5}$$

式中，P_c 为经过控制分配后推力器系统的功率消耗。

假设在线运行的动力机组的总发电量为 P_T，当推力器系统功率消耗估计值大于发电机组的总发电量时（$P_e>P_T$），将没有足够的能量达到预定的控制目标，所以必须减小期望控制力以避免电力系统过载。考虑临界状况：

$$P_T=P_{e,k}=\frac{P_{means,k-1}}{P_{c,k-1}}\sum_j\frac{2\pi K_{M,j}}{\sqrt{\rho}D_jK_{T,j}}T_{d,j}^{3/2} \tag{7.6}$$

此时，临界期望控制力/力矩为 $\boldsymbol{\tau}=\boldsymbol{K}\boldsymbol{\tau}_d$，$\boldsymbol{K}=\begin{bmatrix}k_1&0&0\\0&k_2&0\\0&0&k_3\end{bmatrix}$，代入式（7.6）有

$$P_T=P_{e,k}=\frac{P_{means,k-1}}{P_{c,k-1}}\sum_j\frac{2\pi K_{M,j}}{\sqrt{\rho}D_jK_{T,j}}(f(\boldsymbol{K})\ T_{d,j})^{3/2} \tag{7.7}$$

如果对水平面 3 自由度设定相同的权值，当电力系统过载时 3 自由度的控制力做相同量的减少，即 $k_1=k_2=k_3=k$，代入式（7.7）可得

$$P_T=P_{e,k}=\frac{P_{means,k-1}}{P_{c,k-1}}\sum_j\frac{2\pi K_{M,j}}{\sqrt{\rho}D_jK_{T,j}}(kT_{d,j})^{3/2} \tag{7.8}$$

$$
\begin{aligned}
&= k^{3/2}\frac{P_{\mathrm{means},k-1}}{P_{\mathrm{c},k-1}}\sum_{j}\frac{2\pi K_{\mathrm{M},j}}{\sqrt{\rho}D_jK_{\mathrm{T},j}}(T_{\mathrm{d},j}^{3/2}) \\
&= k^{3/2}\frac{P_{\mathrm{means},k-1}}{P_{\mathrm{c},k-1}}P_{\mathrm{d}}
\end{aligned} \tag{7.9}
$$

$$
\Rightarrow k^{3/2} = \frac{P_{\mathrm{T}}P_{\mathrm{c},k-1}}{P_{\mathrm{means},k-1}P_{\mathrm{d}}} \Rightarrow k = \left(\frac{P_{\mathrm{T}}P_{\mathrm{c},k-1}}{P_{\mathrm{means},k-1}P_{\mathrm{d}}}\right)^{2/3} \tag{7.10}
$$

在此约束下控制器的控制指令减少为

$$
\boldsymbol{\tau}_{\mathrm{c}} = u\,\boldsymbol{\tau}_{\mathrm{d}} \tag{7.11}
$$

2. 总线上的功率约束

总线上的功率约束为

$$
\sum_{j\in M}P_{\mathrm{d},j} = \sum_{j\in M}\frac{2\pi K_{\mathrm{M},j}}{\sqrt{\rho}D_jK_{\mathrm{T},j}}T_{\mathrm{d},j}^{3/2} \leqslant P_{\mathrm{bus}} \tag{7.12}
$$

式中,M 为总线上推力器的集合;P_{bus}为总线上所允许的最大消耗功率。

引入扩展推力,对总线上的总功率函数在$T_{0x,j}$,$T_{0y,j}$处进行泰勒展开:

$$
\sum_{j\in M}P_{\mathrm{d},j} = \sum_{j\in M}\frac{2\pi K_{\mathrm{M},j}}{\sqrt{\rho}D_jK_{\mathrm{T},j}^{3/2}}(T_{x\mathrm{d},j}^2 + T_{x\mathrm{d},j}^2)^{3/4} \tag{7.13}
$$

$$
\begin{aligned}
= &\sum_{j\in M}\frac{2\pi K_{\mathrm{M},j}}{\sqrt{\rho}D_jK_{\mathrm{T},j}^{3/2}}(T_{0x,j}^2 + T_{0x,j}^2)^{3/4} + \\
&\frac{3}{4}\frac{2\pi K_{\mathrm{M},j}}{\sqrt{\rho}D_jK_{\mathrm{T},j}^{3/2}}(T_{0x,j}^2 + T_{0x,j}^2)^{-1/4}2\,T_{0x,j}(T_{x,j} - T_{0x,j}) + \\
&\frac{3}{4}\frac{2\pi K_{\mathrm{M},j}}{\sqrt{\rho}D_jK_{\mathrm{T},j}^{3/2}}(T_{0x,j}^2 + T_{0,x,j}^2)^{-1/4}2\,T_{0y,j}(T_{y,j} - T_{0y,j})
\end{aligned} \tag{7.14}
$$

代入约束方程可得

$$
\begin{aligned}
&\sum_{j\in M}\frac{3}{2}\frac{2\pi K_{\mathrm{M},j}}{\sqrt{\rho}D_jK_{\mathrm{T},j}^{3/2}}(T_{0x,j}^2 + T_{0x,j}^2)^{-1/4}(T_{0x,j}\,T_{x,j} + T_{0y,j}\,T_{y,j}) \\
\leqslant\ &P_{bus} - \sum_{j\in M}\frac{1}{2}\frac{2\pi K_{\mathrm{M},j}}{\sqrt{\rho}D_jK_{\mathrm{T},j}^{3/2}}(T_{0x,j}^2 + T_{0x,j}^2)^{3/4}
\end{aligned} \tag{7.15}
$$

7.3 基于广义逆的推力分配方法

冗余推力器的使用使得水面船舶、半潜式海洋平台等的控制输入维数远远大于系统所需要控制的自由度数,对于船舶实时控制系统或动力定位系统,过驱动控制分配所要解决的是如何在所要求的响应时间内迅速找到一个最优的控制输入组合以满足控制所需要的力和力矩,同时对于实际推进系统的物理约束和机械约束,如推进器的推力极限、推力的变化速率、方向角的旋转速率、推进器的磨损以及推进器间的干扰等因素也要考虑在内。

在求解动力定位控制分配问题时,摩根早在 1978 年在《近海船舶的动力定位》一书中针对配备多个可转向推力器的动力定位船舶提出了“旋轮”式及其改进型的控制分配策略,可以为过驱动水面与水下航行器的控制分配策略提供一定的参考。旋轮式控制分配策略充分利用可转向推力器的安装位置与船体旋转中心的几何关系，计算比较简单，缺点是对于有效力臂较短的推力器很容易达到饱和，一旦推力器达到推力极限，如果不采取再分配策略，控制性能将有所下降。近年来，随着计算机计算能力的提高与先进优化算法的涌现，对于过驱动系统控制分配问题的解决出现了直接分配法、串接链法、广义逆法、数学规划法等，目前研究的热点主要是基于广义逆的方法和基于数学规划的方法两大类。

（1）基于广义逆的方法

广义逆法（generalized inverse）通常是取控制量的最小二次平方/最小二范数$\|\boldsymbol{u}\|_2$为目标函数来进行求解的，实质上是一种基于能量消耗最小的优化方法，因为执行机构控制量的大小往往跟系统的能量消耗呈一定的正比例关系。广义逆法的基本求解思路如下：

$$\begin{cases}\min\|\boldsymbol{c}^{\mathrm{T}}\boldsymbol{u}\|_2\\ \text{s. t. } \boldsymbol{Bu}-\boldsymbol{\tau}=0\end{cases}\tag{7.16}$$

式中，s. t. 为 subject to 的简写，表示受限制于某约束条件；$\boldsymbol{c}$ 为对角权值矩阵 $\boldsymbol{W}$ 中的对角线元素，取正数；$\boldsymbol{B}$ 为执行器配置矩阵，由执行器的种类与安装位置而定。

带有等式约束的极值问题运用拉格朗日乘子法可获得广义逆解 $\boldsymbol{u}=\boldsymbol{W}^{-1}\boldsymbol{B}^{\mathrm{T}}(\boldsymbol{BW}^{-1}\boldsymbol{B}^{\mathrm{T}})^{-1}\boldsymbol{\tau}$，如果对各执行机构控制量取相同的权重系数，则广义逆解可演变成伪逆解（pseudo inverse）$\boldsymbol{u}=\boldsymbol{B}^{\mathrm{T}}(\boldsymbol{BB}^{\mathrm{T}})^{-1}\boldsymbol{\tau}$。广义逆法的优点是计算简单，通过对执行器配置矩阵的相关运算便可以获得各控执行机构控制量，便于在实时控制系统中实现，具有较强的工程应用价值；缺点是要求各个执行机构都参与控制，减少了冗余执行器控制分配的灵活性，同时对于执行机构的实际物理约束也无法考虑在内。

虽然文献[8]指出通过广义逆获得的解只是可行域上的一个子集，但鉴于广义逆解计算的实时性与工程应用潜力，在广义逆解或伪逆解的基础上进行二次分配或优化来克服广义逆法的缺陷、提高控制分配器的性能成为研究的热点，包括再分配伪逆法（redistributed pseudo inverse）[9]、加权伪逆法、链式/多极广义逆法（cascaded generalized inverse）以及基于广义逆法的混合优化算法等。

（2）基于数学规划的方法

基于数学规划的方法将过驱动系统的控制分配问题转化为包括目标/代价函数、等式约束、非等式约束等在内的优化问题[10-13]，然后利用合适的优化算法对其进行求解，基于数学规划的方法实质上是求带约束的多元函数的极值问题，其数学模型的一般形式如式（7.17）所示。

$$\begin{cases}\min\|\boldsymbol{c}^{\mathrm{T}}\boldsymbol{u}\|_2\\ s.\,t.\begin{cases}\boldsymbol{Bu}-\boldsymbol{\tau}=0\\ \boldsymbol{u}_{\min}\leqslant\boldsymbol{u}\leqslant\boldsymbol{u}_{\max}\\ \dot{\boldsymbol{u}}_{\min}\leqslant\dot{\boldsymbol{u}}\leqslant\dot{\boldsymbol{u}}_{\max}\end{cases}\end{cases}\tag{7.17}$$

式中，$\boldsymbol{u}_{\max}$与$\boldsymbol{u}_{\min}$分别表示执行器的最大与最小位置；$\dot{\boldsymbol{u}}_{\max}$与$\dot{\boldsymbol{u}}_{\min}$分别表示执行器的最大与最小位置改变量，不等式约束体现了对执行机构的位置与速率的限制，等式约束定义了控制变量的解空间[14]，根据过驱动控制分配的应用领域不同，优化对目标函数有不同的要求。

根据对代价函数与约束条件的不同选取，可将基于数学规划的方法分为线性规划与非线性规划，线性规划的代价函数与约束条件都取控制量的线性函数。由于二次规划选取的代价函数是控制量的二次函数，比较容易求解，所以一般非线性规划问题都近似为二次规划问题进行求解。序列二次规划是在某一点处用一个近似二次规划模型代替非线性规划模型，然后以一系列二次规划的解逼近非线性规划问题的解[15]，目前对于非线性规划问题的解决主要集中在二次规划与序列二次规划方法的研究上。与基于广义逆的控制分配方法相比，二次规划方法在考虑了系统诸多约束的基础上进行最优解的求解，同时为非线性控制分配问题的解决提供了标准化的解决方案，特别是当执行机构出现故障或失效时，二次规划方法可以动态更新控制效率矩阵、等式约束与不等式约束，使控制分配器可以根据当前执行器的故障状态进行重构。

目前有相当多的优化搜索算法已经被编制成各种标准化商业软件包，应用于医疗、交通、金融、环境等领域，但具体应用到在线实时控制系统，需要考虑算法软件实现的实时性与可靠性以及对系统内存的要求，基于数学规划的方法在线计算量大的缺点限制了其在工程上应用。

(3)其他方法

①链式分配法(daisy chain)

链式分配法假设冗余的执行机构是分级结构的[16-17]，可分为若干组，当一组执行机构出现饱和时，另一组执行机构来产生剩余的期望控制指令，直到使用所有的执行机构。由于最大限度地利用了所有的执行器，所以链式分配法有利于减少系统功率的损耗，但同时比较容易导致大的操纵量。

②直接分配法

针对飞行器的多操纵面气动布局，W. C. Durham 提出基于转矩可达集(attainable moment set，AMS)几何空间的直接分配法，通过搜索整个目标可达集的面，寻找期望目标向量与目标可达集面的交点来确定最大可达向量与对应的控制量[2,18]，为此必须首先确定AMS。对于 AMS 的确定主要有两种方法：一是离线计算[19-20]；二是飞行中实时计算。由于目标可达集随飞行状态、操纵面故障等情况变化，离线计算所得到目标可达集的面往往不真实[14,21]。而对于在线计算，目前直接分配问题的算法有面搜索算法、对分边搜索算法[22-23]、相邻面搜索算法[24]、共面控制快速搜索[25]等。直接分配法虽然几何意义直观，但算法设计复杂，计算量较大，影响了其在实时控制系统中的应用。

7.3.1 不同推力器配置下的广义逆方法

对于过驱动水面舰船，控制分配任务的主要目标是在执行器的约束条件下完成期望控制指令 $\boldsymbol{\tau}_{\mathrm{d}} \in R^3$ 到执行器指令 $\boldsymbol{u} \in R^n$ 之间的映射：

$$\boldsymbol{B}(\alpha)\boldsymbol{K}\boldsymbol{u} = \boldsymbol{\tau}_{\mathrm{d}} \tag{7.18}$$

执行器的约束条件：

$$\begin{cases} \boldsymbol{u}^- \leqslant \boldsymbol{u} \leqslant \boldsymbol{u}^+ \\ \dot{\boldsymbol{u}}^- \leqslant \dot{\boldsymbol{u}} \leqslant \dot{\boldsymbol{u}}^+ \end{cases} \tag{7.19}$$

式中，$\boldsymbol{u}^+$、$\boldsymbol{u}^-$ 分别表示执行器的位置约束的上、下限；$\dot{\boldsymbol{u}}^+$、$\dot{\boldsymbol{u}}^-$ 分别表示执行器的位置改变(速度)的上、下限，由执行器的具体种类决定；$\boldsymbol{K} = \mathrm{diag}[k_1 \quad k_2 \quad \cdots \quad k_r]$，为推力系数矩阵。推力器配置矩阵或控制效率矩阵 $\boldsymbol{B}(\alpha)$ 表示如下：

$$\boldsymbol{B}(\alpha)=\begin{bmatrix}\cos\alpha_1 & \cdots & \cos\alpha_p\\ \sin\alpha_1 & \cdots & \sin\alpha_p\\ l_{x1}\sin\alpha_1-l_{y1}\cos\alpha_1 & \cdots & l_{xp}\sin\alpha_p-l_{yp}\cos\alpha_p\end{bmatrix}\tag{7.20}$$

式中，α_i 表示在船体坐标系下推力器的推力方向；(l_{xi},l_{yi}) 表示推力器在船体坐标系下的安装位置，$i=1,2,\cdots,p$，p 是推力器的个数。

(1)固定轴推力器的广义逆分配

对于固定轴推力器，由于推力器的推力方向固定，所以式(7.18)的非线性映射关系可转变为线性关系：

$$\boldsymbol{BKu}=\boldsymbol{\tau}_{\mathrm{d}}\tag{7.21}$$

式中，推力器配置矩阵 $\boldsymbol{B}$ 中的 $\cos\alpha_i$ 与 $\sin\alpha_i$ 为常数，若第 i 个执行器为横向槽道推力器，则 $\boldsymbol{B}$ 中的列项量可表示为 $\begin{bmatrix}0\\1\\l_{xi}\end{bmatrix}$；若第 i 个执行器为纵向主推，则 $\boldsymbol{B}$ 中的列项量可表示为 $\begin{bmatrix}0\\1\\-l_{xi}\end{bmatrix}$。

引入基于执行器指令的最小二乘的优化目标，将以上控制分配问题表述成如下优化问题：

$$\begin{cases}\min\{J=\boldsymbol{f}^{\mathrm{T}}\boldsymbol{Wf}\}\\ \text{subject to}:\boldsymbol{\tau}_{\mathrm{d}}-\boldsymbol{BKu}=\boldsymbol{0}\end{cases}\tag{7.22}$$

式中，$\boldsymbol{f}$ 为执行器指令 $\boldsymbol{u}$ 所对应的执行器的推力大小；$\boldsymbol{W}$ 是对执行器指令 $\boldsymbol{u}$ 的权重系数矩阵。

运用拉格朗日乘子法(Lagrange multipliers)对优化问题式(7.22)进行求解，定义拉格朗日函数：

$$L(\boldsymbol{f},\boldsymbol{\lambda})=\boldsymbol{f}^{\mathrm{T}}\boldsymbol{Wf}+\boldsymbol{\lambda}^{\mathrm{T}}(\boldsymbol{\tau}_{\mathrm{d}}-\boldsymbol{Bf})\tag{7.23}$$

式中，$\boldsymbol{\lambda}$ 为拉格朗日乘子，通过对式(7.23)求执行器推力 $\boldsymbol{f}$ 的微分可得到使拉格朗日函数最小的推力 $\boldsymbol{f}$：

$$\frac{\partial \boldsymbol{L}}{\partial \boldsymbol{f}}=2\boldsymbol{Wf}-\boldsymbol{B}^{\mathrm{T}}\boldsymbol{\lambda}=0\tag{7.24}$$

可得

$$\boldsymbol{f}=\frac{1}{2}\boldsymbol{W}^{-1}\boldsymbol{B}^{\mathrm{T}}\boldsymbol{\lambda}\tag{7.25}$$

此时，$\boldsymbol{\tau}_{\mathrm{d}}=\boldsymbol{Bf}=\frac{1}{2}\boldsymbol{BW}^{-1}\boldsymbol{B}^{\mathrm{T}}\boldsymbol{\lambda}$，可推得

$$\boldsymbol{\lambda}=2(\boldsymbol{BW}^{-1}\boldsymbol{B}^{\mathrm{T}})^{-1}\boldsymbol{\tau}_{\mathrm{d}}\tag{7.26}$$

代入式(7.25)，可得到执行器的推力大小：

$$\boldsymbol{f}=\boldsymbol{W}^{-1}\boldsymbol{B}^{\mathrm{T}}(\boldsymbol{BW}^{-1}\boldsymbol{B}^{\mathrm{T}})^{-1}\boldsymbol{\tau}_{\mathrm{d}}\tag{7.27}$$

式中，定义矩阵 $\boldsymbol{B}_w^{+}=\boldsymbol{W}^{-1}\boldsymbol{B}^{\mathrm{T}}(\boldsymbol{BW}^{-1}\boldsymbol{B}^{\mathrm{T}})^{-1}$，为广义逆矩阵，则 $\boldsymbol{f}=\boldsymbol{B}_w^{+}\boldsymbol{\tau}_{\mathrm{d}}$，如果对执行器指令 $\boldsymbol{u}$ 采取相同的权重 $\boldsymbol{W}=\boldsymbol{I}$，则广义逆矩阵 $\boldsymbol{B}_w^{+}=\boldsymbol{B}^{\mathrm{T}}(\boldsymbol{BB}^{\mathrm{T}})^{-1}$ 就变为推力器配置矩阵 $\boldsymbol{B}$ 的伪逆(moore-penrose pseudo inverse)矩阵，最终执行器指令 $\boldsymbol{u}$ 可通过求推力器配置矩阵 $\boldsymbol{B}$ 的伪逆

阵获得：

$$u = K^{-1} B_w^{+} \tau_d \tag{7.28}$$

对于一般的广义逆矩阵只需要满足式(7.28)，而伪逆矩阵同时满足式(7.28)～式(7.32)，所以伪逆是广义逆中约束最多的，因而性质也是最好的。

$$BB_w^{+}B = B \tag{7.29}$$

$$B_w^{+}BB_w^{+} = B_w^{+} \tag{7.30}$$

$$(BB_w^{+})^{\mathrm{T}} = BB_w^{+} \tag{7.31}$$

$$(B_w^{+}B)^{\mathrm{T}} = B_w^{+}B \tag{7.32}$$

(2)可转向推力器的广义逆法分配

对于可转向推力器，推力器的推力方向是可变的，为了将式(7.18)的非线性映射关系转化为线性关系，引入 O. J. Sordalen 所提出的扩展推力(extended thrust)的概念，将可转向推力器发出的推力 f 在船体坐标系下进行分解，分别产生纵荡方向的分力 f_{xi} 与横荡方向的分力 f_{yi}：

$$\begin{cases} f_{xi} = f_i \cos \alpha_i \\ f_{yi} = f_i \sin \alpha_i \end{cases} \tag{7.33}$$

采用基于扩展推力的最小二乘为优化目标的控制分配问题可被描述为

$$\begin{cases} \min\{J = f_e^{\mathrm{T}} W f_e\} \\ \text{subject to}: \tau_d - B_e K u = 0 \end{cases} \tag{7.34}$$

式中，$f_e = [f_1 \cos \alpha_1 \quad f_1 \sin \alpha_1 \quad \cdots \quad f_p \cos \alpha_p \quad f_1 \sin \alpha_p]^{\mathrm{T}}$，为扩展推力向量。

此时，控制器的期望控制指令 τ_d 与推力器推力之间的非线性关系可转化为线性关系：

$$\tau_d = B_e f_e \tag{7.35}$$

式中，$B_e = \begin{bmatrix} 1 & 0 & \cdots & 1 & 0 \\ 0 & 1 & \cdots & 0 & 1 \\ -l_{yl} & l_{xl} & \cdots & -l_{yp} & l_{xp} \end{bmatrix}$，同样采用拉格朗日乘子法对式(7.34)所描述的具有等式约束的优化问题进行求解，最后通过求解矩阵 B_e 的广义逆或伪逆而获得扩展推力：

$$f_e = B_e^{+} \tau_d \tag{7.36}$$

此时，相应可回转推力器的推力大小为

$$F_i = \sqrt{f_{xi}^2 + f_{yi}^2} \tag{7.37}$$

推力器的推力方向可通过求解以下反三角函数获得：

$$\alpha_i = \arctan\left(\frac{f_{yi}}{f_{xi}}\right) \tag{7.38}$$

(3)推力器混合组合的广义逆法分配

当水面船舶的推力器系统中既含有固定轴推力器又包含可转向推力器，同样可以基于扩展推力应用广义逆法进行控制分配，此时推力器系统的配置矩阵 B 可表示为

$$B = [B_v B_f] \begin{bmatrix} 1 & 0 & \cdots & 1 & 0 & 0 & 0 & \cdots & 0 \\ 0 & 1 & \cdots & 0 & 1 & 1 & 1 & \cdots & 1 \\ -l_{y1} & l_{x1} & \cdots & -l_{yp} & l_{xp} & l_{x(p+1)} & l_{x(p+2)} & \cdots & l_{x(p+q)} \end{bmatrix} \tag{7.39}$$

式中，$1 \leqslant i \leqslant p$，代表第 i 个为可转向推力器；$p+1 \leqslant i \leqslant p+q$，代表第 i 个为固定轴推力器，此时的推力器的实际推力与扩展推力 f_e 之间的关系可表示为

$$f_e = C(\alpha)f \tag{7.40}$$

式中，$C(\alpha)=\begin{bmatrix} \cos\alpha_1 & 0 & \cdots & 0 & \\ \sin\alpha_1 & 0 & \cdots & 0 & \\ 0 & \cos\alpha_2 & \cdots & 0 & \\ 0 & \sin\alpha_2 & \cdots & 0 & \\ \vdots & \vdots & \ddots & \vdots & \mathbf{0}_{p\times q} \\ 0 & 0 & \cdots & \cos\alpha_p & \\ 0 & 0 & \cdots & \sin\alpha_p & \\ & & \mathbf{0}_{q\times p} & & \boldsymbol{I}_{q\times q} \end{bmatrix}$

利用基于拉格朗日乘子法求解的广义逆控制分配计算量小，只要对推力器系统配置矩阵求广义逆便可获得控制分配的显式解，可以满足实时控制的要求，但没有考虑式(7.22)所表示的执行器的实际物理约束。如果利用广义逆法求解出的推力没有超出推力器的推力极限，则推力器系统实际所产生的合力、合力矩与期望的控制力与力矩可完全吻合，如果分配出来的推力超出了推力器的推力极限，则推力器系统将不能产生期望控制力或控制力矩，控制性能将受到一定的影响。

7.3.2 广义逆的再次优化

控制分配是执行从期望控制空间 R^n 到执行器实际控制空间 R^r 的映射，定义集合 Ω 为受约束的执行器控制子集，Ω 是 R^r 里的一个子集，Ω 为多维超立方体，维数由执行器控制变量的个数决定。定义期望控制指令集 Φ，Φ 是期望控制空间 R^n 的一个子集，代表一个凸多面体，多面体的顶点数由控制指令的个数决定。期望控制指令集 Φ 的边界 $\partial(\Phi)$ 是 Ω 中小平面的映像，但并不是所有 Ω 小平面都能映射到边界 $\partial(\Phi)$ 上。

对于给定的期望控制指令 $\boldsymbol{\tau}_d$，式(7.18)所表示的映射关系的每个方程代表实际控制空间 R^r 的一个平面，这些平面的交集与受约束执行器控制子集 Ω 的交集就是控制分配问题的几何解，如果交集是一条线段，则控制分配问题存在无穷多个解，线段上的每个点都是可行解，此时需要引入一个最优化判据，从中选出唯一的最优解使得目标函数最优；如果交集是一个点，则控制分配问题只有一个解；如果交集是空集，则控制分配问题无解。

对于式(7.18)～式(7.19)所描述的带约束控制分配问题，广义逆法由于没有考虑执行器的实际物理约束，所得到的解很可能是不可行的，由于水面船舶的期望控制指令 $\boldsymbol{\tau}_d$ 涉及纵荡力、横荡力与摇艏力矩 3 个分量，可视其为三维空间中的一个空间点，所以当点 $\boldsymbol{\tau}_d$ 在期望控制空间内移动时，期望控制空间通过伪逆映射与受约束的执行器控制子集 Ω 的交集也随之在执行器控制空间内移动，当此交集处于约束控制子集 Ω 之外时，广义逆所得到的解是不可行的。

为此，首先利用广义逆法或伪逆法进行控制分配求解，如果所得到的广义逆解或伪逆解没有超出执行器的约束，则获得的解最优，可终止算法；如果所得到的广义逆解或伪逆解超出执行器的约束，则激活二次分配算法进行修正或优化，使广义逆解或伪逆解重新落入约束控制子集。

(1)基于零空间的伪逆再分配

零空间是从执行器实际控制空间 R_r 到期望控制空间 R_n 被推力器配置矩阵 $\boldsymbol{B}$ 映射成零向量的向量 $\boldsymbol{x}$ 组成的集合 Λ,集合 Λ 称为推力器配置矩阵 B 的零空间,所以有

$$\Lambda = \{x \mid \boldsymbol{Bx} = 0, \boldsymbol{x} \in R^r\} \tag{7.41}$$

若矩阵 $\boldsymbol{B}$ 的秩为 m,则集合 Λ 可由 m 个列向量构成的正交基 ξ 张成,则零空间中的任意向量可表示为

$$\boldsymbol{x} = k_1\xi_1 + k_2\xi_2 + \cdots + k_m\xi_m \tag{7.42}$$

式中,k_i 为任意实数。

由线性代数知识可知,非齐次方程式(7.18)的解的结构由其对应的齐次方程式(7.14)的通解与自身的一个解向量构成,则控制分配问题式(7.18)的解可表示为

$$\boldsymbol{u} = \boldsymbol{u}_{ps} + \boldsymbol{x} \tag{7.43}$$

式中,$\boldsymbol{u}_{ps}$为广义逆解或伪逆解,根据执行器的实际物理约束对参数 k_i 进行选取,使得伪逆解重新落入执行器的实际控制空间。

(2)不动点迭代法

不动点迭代法可求解以下最小化问题:

$$J(\boldsymbol{u}) = (1-\varepsilon)\|\boldsymbol{W}_v\boldsymbol{s}\|_2^2 + \varepsilon\|\boldsymbol{W}_u\boldsymbol{u}\|_2^2 \tag{7.44}$$

并满足约束条件:

$$\begin{cases} \boldsymbol{u}^- \leqslant \boldsymbol{u} \leqslant \boldsymbol{u}^+ \\ \dot{\boldsymbol{u}}^- \leqslant \dot{\boldsymbol{u}} \leqslant \dot{\boldsymbol{u}}^+ \end{cases} \tag{7.45}$$

式中,$\boldsymbol{s} = \boldsymbol{B}(\alpha)\boldsymbol{Ku} - \boldsymbol{\tau}_{\mathrm{d}}$,参数 $0 < \varepsilon < 1$。

当广义逆解超出执行器的约束条件时,激活不动点迭代方法,当满足设定的迭代终止条件时,迭代终止,迭代方程为

$$\boldsymbol{u}_{k+1} = \mathrm{sat}[(1-\varepsilon)\eta\boldsymbol{B}^{\mathrm{T}}\boldsymbol{W}_v^{\mathrm{T}}\boldsymbol{W}_v\boldsymbol{\tau}_{\mathrm{d}} - (\eta\boldsymbol{H} - \boldsymbol{I})\boldsymbol{u}_k] \tag{7.46}$$

式中,$\boldsymbol{H} = (1-\varepsilon)\boldsymbol{B}^{\mathrm{T}}\boldsymbol{W}_v^{\mathrm{T}}\boldsymbol{W}_v\boldsymbol{B} + \varepsilon\boldsymbol{W}_u^{\mathrm{T}}\boldsymbol{W}_u$;$\eta = 1/\|\boldsymbol{H}\|_2$;$\mathrm{sat}(\boldsymbol{u})$为饱和函数,定义如下:

$$\mathrm{sat}(\boldsymbol{u})\begin{cases} \boldsymbol{u}_{\min} & \boldsymbol{u} < \boldsymbol{u}_{\min} \\ \boldsymbol{u} & \boldsymbol{u}_{\min} < \boldsymbol{u} < \boldsymbol{u}_{\max} \\ \boldsymbol{u}_{\max} & \boldsymbol{u} < \boldsymbol{u}_{\max} \end{cases} \tag{7.47}$$

7.3.3 控制分配中的奇异处理

控制分配中的奇异情况发生在推力器系统不能产生任意一个方向的期望控制指令,特别是基于能量消耗最优为目标函数的控制分配解,往往使可转向推力器的推力方向都同时指向抵抗外界合力的方向,这可能会导致奇异情况的发生,引发推力器系统的可操纵性下降。文献[26]认为奇异情况发生在推力器配置矩阵 $\boldsymbol{B}$ 的秩小于期望控制指令的维数或推力器配置矩阵 $\boldsymbol{B}$ 的奇异值很小时,此时由于推力器系统无法产生期望的控制力矩而不断增大推力,导致系统燃油不必要的消耗,甚至定位失败。

(1)基于奇异值分解的广义逆

对 $n \times r$ 阶推力器配置矩阵 $\boldsymbol{B}$ 进行奇异值分解,可得

$$\boldsymbol{B} = \boldsymbol{U}\begin{bmatrix} \boldsymbol{S} & \boldsymbol{0} \\ \boldsymbol{0} & \boldsymbol{0} \end{bmatrix}\boldsymbol{V}^{\mathrm{T}} \tag{7.48}$$

式中，$S=\mathrm{diag}[\sigma_1\quad\sigma_2\quad\cdots\quad\sigma_p]$，$\sigma_1\geqslant\sigma_2\geqslant\cdots\geqslant\sigma_p\geqslant0$；$p$ 为矩阵 $\boldsymbol{B}$ 的秩；σ_1 为矩阵 $\boldsymbol{B}$ 的奇异值；$\boldsymbol{U}$ 为左奇异矩阵；$\boldsymbol{V}$ 为右奇异矩阵。

推力器配置矩阵 $\boldsymbol{B}$ 的广义逆为

$$\boldsymbol{B}^{+}=\boldsymbol{V}_1\boldsymbol{S}^{-1}\boldsymbol{U}_1^{\mathrm{T}} \tag{7.49}$$

式中，$\boldsymbol{U}_1$ 为 $\boldsymbol{U}$ 中前 $p+1$ 列列正交向量组构成的 $n\times(p+1)$ 阶矩阵；$\boldsymbol{V}_1$ 为 $\boldsymbol{V}$ 中前 $p+1$ 列列正交向量组构成的 $r\times(p+1)$ 阶矩阵，此时基于奇异值分解的广义逆法分配出来的推力为

$$\boldsymbol{T}=\boldsymbol{V}_1\boldsymbol{S}^{-1}\boldsymbol{U}_1^{\mathrm{T}}\boldsymbol{\tau} \tag{7.50}$$

由式(7.50)可以看出当推力器配置矩阵 $\boldsymbol{B}$ 的奇异值接近零或等于零时，所分配出的推力将超出推力器极限。推力器配置矩阵 $\boldsymbol{B}$ 的奇异值情况在一定程度表征了当前推力器系统配置映射期望控制指令的能力，推力器系统所发出的推力与期望控制力之间的增益系数可表示为

$$s=\frac{1}{\sigma_i} \tag{7.51}$$

式中，最小增益代表了 $s_i=\min\left(\frac{1}{\sigma_1},\frac{1}{\sigma_2},\cdots,\frac{1}{\sigma_p}\right)$依靠当前推力器系统的配置来产生期望控制力的最小能力。

(2)考虑奇异值的推力器系统布置设计

为了分析与比较不同类型与能力的推力器以及推力器布置情况对控制分配奇异的影响，对推力器配置矩阵 $\boldsymbol{B}$ 做归一化的处理[7]，归一化的转艏力臂 $\bar{L}$ 为

$$\bar{L}=\frac{1}{n}\sum_{i=1}^{n}\sqrt{l_{xi}^2+l_{yi}^2} \tag{7.52}$$

式中，n 为推力器的个数。

归一化的推力器系统的最大推力 $\bar{T}$ 为

$$\bar{T}_{\max}=\frac{1}{n}\sum_{i=1}^{n}\bar{T}_{\max,i} \tag{7.53}$$

式中，$\bar{T}_{\max,i}$为第 i 个推力器的最大推力。

归一化的推力器配置矩阵 $\bar{\boldsymbol{B}}$ 定义为

$$\bar{\boldsymbol{B}}=\frac{1}{\bar{T}_{\max}}\boldsymbol{S}\boldsymbol{B}(\alpha)\,\mathrm{diag}(\bar{T}_{\max,i}) \tag{7.54}$$

式中

$$\boldsymbol{S}=\begin{bmatrix}1&0&0\\0&1&0\\0&0&1/\bar{L}\end{bmatrix}$$

同时考虑推力器故障的发生会引发推力器配置矩阵的改变而导致奇异情况的发生，所以对推力器存在故障时推力器系统所能发出的推力与期望控制力之间的最小增益进行预估，有利于优化推力器系统的总体布置以及功率总线上推力器的组合布置设计，尽量避免奇异情况的发生。推力器配置方案评估流程如图 7.10 所示。

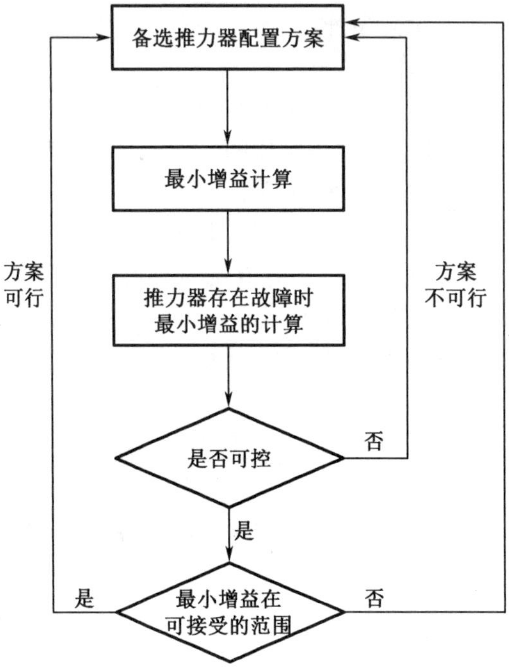

图 7.10　推力器配置方案评估流程

(3)981 深水钻井平台的推力器配置分析

981 深水钻井平台配备了 8 个完全相同的瓦锡兰 FS3500/NU 型伸缩式全回转推力器，如图 7.11 所示，每两个为一组，分别安装在平台两个下浮体底部的两端，这种布置方式增大了推力对平台水平旋转中心的力臂，推力器系统的具体参数见表 7.3，每个全回转推力器的最大推力为 800 kN。

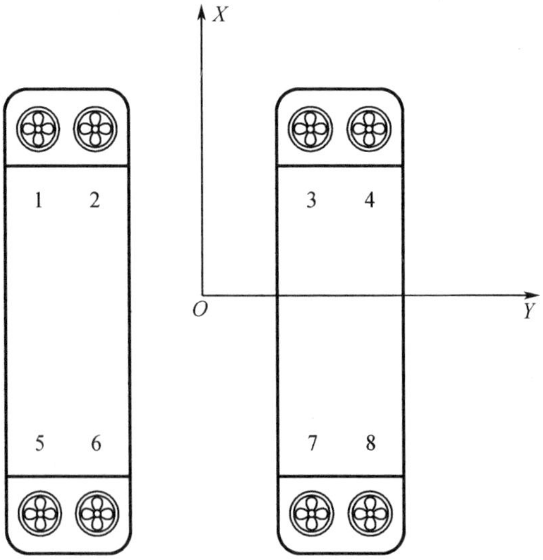

图 7.11　981 深水钻井平台的推力器系统布置

表 7.3　981 深水钻井平台的全回转推力器的参数

项目	参数
型号	瓦锡兰 FS3500/NU
螺旋桨形式	4-bladed FPP inHPN-nozzle
螺旋桨直径/m	3.85
导管倾角/(°)	7
最大推力/kN	800
最大功率/kW	4 600
转速/(r/min)	181
调节方式	RPM

981 深水钻井平台基于扩展推力的推力器配置矩阵 $\boldsymbol{B}_e$ 为

$$\boldsymbol{B}_e=\begin{bmatrix}1 & 0 & \cdots & 1 & 0\\ 0 & 1 & \cdots & 0 & 1\\ -l_{y1} & l_{x1} & \cdots & -l_{y8} & -l_{x8}\end{bmatrix}$$

式中，在船体坐标系下各推力器的安装坐标为$(l_{x1},l_{y1})=(46.36\ \text{m},-34.77\ \text{m})$，$(l_{x2},l_{y2})=(46.36\ \text{m},-23.79\ \text{m})$，$(l_{x3},l_{y3})=(46.36\ \text{m},23.79\ \text{m})$，$(l_{x4},l_{y4})=(46.36\ \text{m},34.77\ \text{m})$，$(l_{x5},l_{y5})=(-46.36\ \text{m},-34.77\ \text{m})$，$(l_{x6},l_{y6})=(-46.36\ \text{m},-34.77\ \text{m})$，$(l_{x7},l_{y7})=(-46.36\ \text{m},23.79\ \text{m})$，$(l_{x8},l_{y8})=(-46.36\ \text{m},34.77\ \text{m})$。

则归一化后的推力器配置矩阵 $\overline{\boldsymbol{B}}_e$ 为

$$\overline{\boldsymbol{B}}_e=\begin{bmatrix}1 & 0 & 1 & 0 & \cdots & 1 & 0\\ 0 & 1 & 0 & 1 & \cdots & 0 & 1\\ 0.63 & 0.84 & 0.43 & 0.84 & \cdots & -0.63 & -0.84\end{bmatrix} \tag{7.56}$$

经奇异值分解可得归一化后的推力器配置矩阵 $\overline{\boldsymbol{B}}_e$ 的奇异值为 $\sigma=[2.828\,4,2.828\,4,2.823\,5]$。

其中，$\sigma_{\min}=\min\{2.8284,2.8284,2.8285\}=2.8235$，这表示推力器系统无故障时所能产生的推力能满足期望控制力的最小能力，即

$$\frac{\|\Delta\bar{\boldsymbol{\tau}}\|_2}{\|\Delta\overline{\boldsymbol{T}}\|_2}\geqslant\sigma_{\min} \tag{7.57}$$

式中，归一化后的期望控制指令 $\bar{\boldsymbol{\tau}}=\overline{\boldsymbol{B}}_e\overline{\boldsymbol{T}}$，$\overline{\boldsymbol{T}}=\text{diag}(\boldsymbol{T}_{\max})^{-1}\boldsymbol{T}$。

对 981 深水钻井平台的推力器系统在各种推力器故障组合情况下进行了奇异情况分析，结果见表 7.4～表 7.8，5 个表分别列出了推力器系统在单个推力器故障、2 个推力器同时故障、3 个推力器同时故障、4 个以及 4 个以上推力器同时故障的情况下的奇异值，以及在当前配置下推力器系统所能产生的推力映射到期望控制力的最小增益值。由于推力器布置的对称性，并没有列出所有故障的组合配置。表 7.4 只给出了 1 号、2 号推力器故障时的奇异值，由平台推力器布置的对称性可知，1 号、4 号、5 号与 8 号推力器单个故障时奇异值相同，2 号、3 号、6 号与 7 号推力器单个故障时奇异值相同，由表 7.4 所示，1 号推力器故障

时的最小增益值小于2号推力器故障时的最小增益,所以1号推力器故障所带来的影响会比2号推力器故障严重,这是由于1号推力器的有效转艏力臂比2号推力器要大,如果8个推力器平均分摊期望控制合力与期望控制转艏力矩指令,则在分摊转艏力矩指令上1号推力器比2号推力器的能力更强。

表7.4 单个推力器故障下981推力器系统配置的奇异值

单个推力器	奇异值	最小增益值	秩
无故障	$\sigma=[2.828\,4,2.828\,4,2.823\,5]$	2.823 5	3
1号故障	$\sigma=[2.826\,1,2.645\,8,2.425\,4]$	2.425 4	3
2号故障	$\sigma=[2.825\,8,2.645\,8,2.469\,0]$	2.469 0	3

表7.5 2个推力器故障下981推力器系统配置的奇异值

2个推力器故障	奇异值	最小增益值	秩
1,2号故障	$\sigma=[2.824\,2,2.449\,5,2.000\,8]$	2.000 8	3
1,3号故障	$\sigma=[2.771\,5,2.449\,5,2.073\,1]$	2.073 1	3
1,4号故障	$\sigma=[2.750\,9,2.449\,5,2.049\,3]$	2.049 3	3
1,5号故障	$\sigma=[2.673\,7,2.449\,5,2.149\,0]$	2.149 0	3

表7.5列出了2个推力器同时发生故障时的奇异值分析结果,可以看出1号推力器与2号推力器同时发生故障时最小增益值最小,为2.000 8,其次是1号与4号推力器同时故障的情况,为2.049 3,所以平台下附体一端的一对相邻推力器应该避免设计在同一条功率总线上,以避免总线故障造成对角上两个推力器的同时失效。

表7.6 3个推力器故障下981推力器系统配置的奇异值

3个推力器故障	奇异值	最小增益值	秩
1,2,3号故障	$\sigma=[2.764\,4,2.239\,1,1.564\,1]$	1.564 1	3
1,2,4号故障	$\sigma=[2.737\,8,2.236\,1,1.543\,1]$	1.543 1	3
1,2,5号故障	$\sigma=[2.612\,8,2.236\,1,1.746\,4]$	1.746 4	3

表7.7 4个推力器故障下981推力器系统配置的奇异值

4个推力器故障	奇异值	最小增益值	秩
1,2,3,4号故障	$\sigma=[2.711\,6,2.00\,0,0.795\,6]$	0.795 6	3
1,2,5,6号故障	$\sigma=[2.472\,5,2.000,1.368\,6]$	1.368 6	3
1,2,7,8号故障	$\sigma=[2.000,2.000,1.996\,5]$	1.996 5	3
1,3,5,7号故障	$\sigma=[2.096\,0,2.000,1.895\,5]$	1.895 5	3
2,4,6,8号故障	$\sigma=[2.096\,0,2.000,1.895\,5]$	1.895 5	3

表 7.7(续)

4 个推力器故障	奇异值	最小增益值	秩
1,4,5,8 号故障	$\sigma = [2.000, 2.000, 1.887\,3]$	1.887 3	3
2,3,6,7 号故障	$\sigma = [2.000, 2.000, 2.000]$	2.000	3

表 7.8　4 个以上推力器故障下 981 推力器系统配置的奇异值

4 个以上推力器故障	奇异值	最小增益值	秩
1,2,3,4,5 号故障	$\sigma = [2.353\,7, 1.732\,1, 0.586\,1]$	0.586 1	3
1,2,3,4,5,6 号故障	$\sigma = [1.995\,7, 0.414\,2, 0.100\,2]$	0.100 2	3
1,2,3,4,5,6,7 号故障	—	—	2

3 个推力器同时故障时最小增益值较小的为 1 号、2 号与 4 号推力器同时故障的情况，见表 7.6。当 1 号、2 号、3 号与 4 号推力器同时发生故障时，最小增益值降为 0.795 6，是 4 个推力器同时失效的组合中映射能力是最差的，见表 7.7，对于映射能力较差的组合中的推力器，在功率总线上的布置应该特别慎重。981 深水钻井平台的推力器系统由于采用的是同一类型的推力器（全回转），且推进能力相同（最大推力），所以在分析奇异情况时可以不进行归一化处理，同时也排除了推进能力大的推力器失效所带来的最小增益值骤减的因素。由表 7.4 至表 7.8 可以看出当 7 个推力器同时失效时，系统才不可控，此时推力器配置矩阵的秩小于期望控制指令的维数，见表 7.8。

(4) 奇异避免

通过对当前推力器配置的最小增益值的实时监测来判别控制分配奇异的程度，进而采取相应的措施来避免奇异的发生。基于数学规划的方法求解控制分配问题时，将奇异情况的避免引入目标函数中，通过对奇异值引入惩戒因子来避免奇异情况的发生，但往往会引起非凸规划的问题，使最优解的实时搜索陷入困境，文献[26]中所提出的包含奇异值避免的目标函数如下所示：

$$\min\left\{J = \sum_{i=1}^{r} W_i(u_i) + \boldsymbol{s}^{\mathrm{T}}\boldsymbol{Q}\boldsymbol{s}^{\mathrm{T}} + (\alpha - \alpha_0) + \frac{\rho}{\varepsilon + \det(\boldsymbol{B}(\alpha)\boldsymbol{B}^{\mathrm{T}}(\alpha))}\right\} \tag{7.58}$$

式中，奇异值的避免通过第 4 项 $\dfrac{\rho}{\varepsilon + \det(\boldsymbol{B}(\alpha)\boldsymbol{B}^{\mathrm{T}}(\alpha))}$ 来实现，式(7.58)中的具体参数意义可参见文献[26]。

基于控制分配实时性的考虑，同时考虑基于能量消耗最优的广义逆法求解比较容易，引起可转向推力器系统奇异情况的发生，为此，首先通过基于扩展推力的广义逆方法对各推力器的最优推力大小与方向进行解算，然后对在当前最优推力方向下的推力器配置矩阵进行奇异值分解，并对最小增益系数进行监测，如果当前推力器配置下的最小增益系数在可接受的范围内，则不用对广义逆法解算出的最优推力进行修正；如果当前推力器配置下的最小增益系数不在可接受的范围内，则须对最优推力方向角进行修正或直接修改式(7.58)所示的增益系数以避免奇异情况造成对推力器推力大小的不合理分配，如图 7.12 所示。

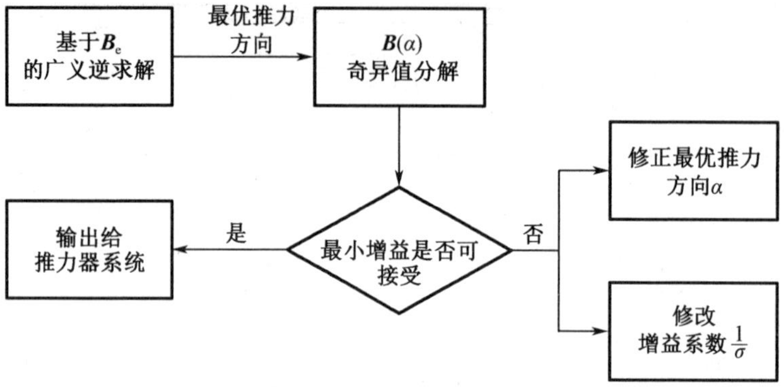

图 7.12　基于广义逆法的奇异值避免

7.4　“海洋石油 981”推力分配实例

1. 对比策略分析

采用以下 3 种控制分配策略与基于广义逆的分配方法对 981 深水钻井平台进行了控制分配对比仿真试验[27]，每个全方位推力器所发出的推力由产生纵、横荡合力 F_{X-Y}的推力分量 F_{x-y}和产生艏向力矩 M 的推力分量 F_M 合成。

(1)策略 1

基本思想：控制推力器产生艏向力矩的推力分量 F_M 始终垂直于推力器到平台旋转中心的连线，以保证最大的有效力臂，如图 7.13 所示。

摩根在文献[2]中提到，力臂较长的推力器所分摊的指令要大于力臂较小的推力器，由于 981 深水钻井平台每组的两个全回转推力器在横向距离较近，有效力臂的长度相差不大，所以 8 个推力器分摊相同的纵、横向合力指令与艏向力矩指令。由艏摇方向上的力矩平衡方程得到产生艏向力矩的推力分量 F_M：

$$\begin{cases} M = F_{1,M}\times\overrightarrow{OA}+F_{2,M}\times\overrightarrow{OB}+F_{3,M}\times\overrightarrow{OC}+F_{4,M}\times\overrightarrow{OD}+F_{5,M}\times\overrightarrow{OE}+F_{6,M}\times\overrightarrow{OF}+ \\ \qquad F_{7,M}\times\overrightarrow{OG}+F_{8,M}\times\overrightarrow{OH} \\ M/8 = F_{1,M}\times\overrightarrow{OA}+F_{2,M}\times\overrightarrow{OB}+F_{3,M}\times\overrightarrow{OC}+F_{4,M}\times\overrightarrow{OD}+F_{5,M}\times\overrightarrow{OE}+ \\ \qquad F_{6,M}\times\overrightarrow{OF}+F_{7,M}\times\overrightarrow{OG}+F_{8,M}\times\overrightarrow{OH} \end{cases} \tag{7.59}$$

式中，有效力臂矢量$\overrightarrow{OA}$、$\overrightarrow{OB}$、$\overrightarrow{OC}$、$\overrightarrow{OD}$、$\overrightarrow{OE}$、$\overrightarrow{OF}$、$\overrightarrow{OG}$、$\overrightarrow{OH}$的方向规定由起点 O 指向终点的方向为正，如图 7.13 所示的箭头方向为正，综合考虑艏向指令力矩 M 的方向，根据右手定则来判定产生艏向力矩的推力分量 F_M 的正、反方向。由于转艏力矩的推力分量始终垂直于旋转中心至推力器的连线，所以产生艏向力矩推力分量 F_M 的方向 α_M 为常数。

由纵向、横向的力平衡方程可得到产生纵向、横向力 F_{X-Y}的推力分量 F_{x-y}：

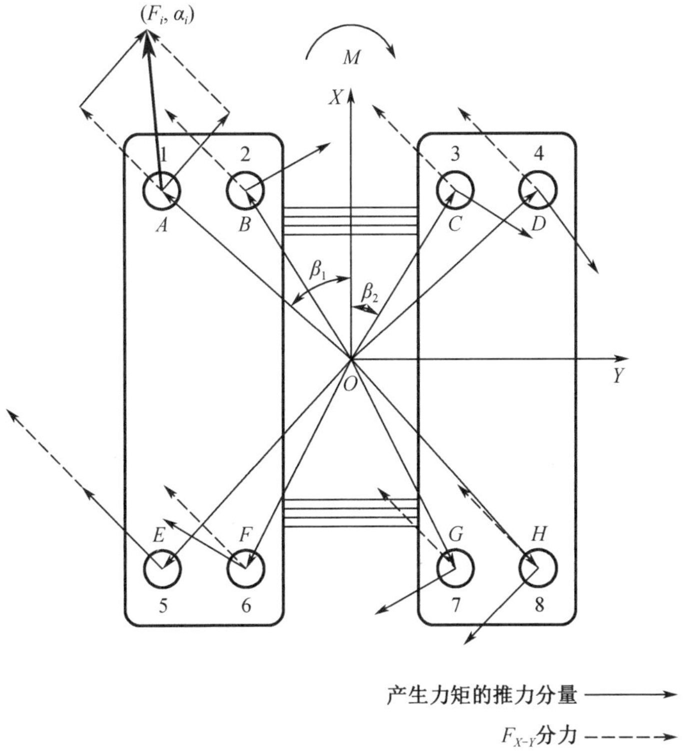

图 7.13　981 深水钻井平台的控制分配策略 1

$$\begin{cases} F_X = F_Y = F_{1,x-y} + F_{2,x-y} + F_{3,x-y} + F_{4,x-y} + F_{5,x-y} + F_{6,x-y} + F_{7,x-y} + F_{8,x-y} \\ (F_X + F_Y)/8 = F_{1,x-y} + F_{2,x-y} + F_{3,x-y} + F_{4,x-y} + F_{5,x-y} + F_{6,x-y} + F_{7,x-y} + F_{8,x-y} \end{cases} \tag{7.60}$$

此时，产生 F_{X-Y}合力的推力分量 F_{x-y}的方向角为：$\alpha_{x-y} = \arctan\left(\frac{Y}{X}\right)$。

最终全方位推力器的推力大小与方向为

$$F_i = \sqrt{F_{i,M}^2 + F_{i,x-y}^2} \tag{7.61}$$

$$\alpha_i = \alpha_M + \alpha_{x-y} \tag{7.62}$$

式中，α_i 由 F_M 的方向矢量与 F_{x-y}的方向矢量合成。

(2)策略 2

推力器的推力方向由控制器的合力指令 F_{X-Y}决定，通过在 F_{X-Y}推力分量的方向上增大或减小推力的大小来形成艏向力矩 M，如图 7.14 所示。产生 F_{X-Y}合力的推力分量 F_{x-y}的分配同策略 1，产生艏向力矩的推力分量 F_M 在 F_{X-Y}推力分量方向正方向或其反方向上发力，具体的正、反方向由当时的有效力臂矢量与 F_{x-y}推力矢量决定。

产生艏向力矩的推力分量的 F_M 大小与方向由下式产生：

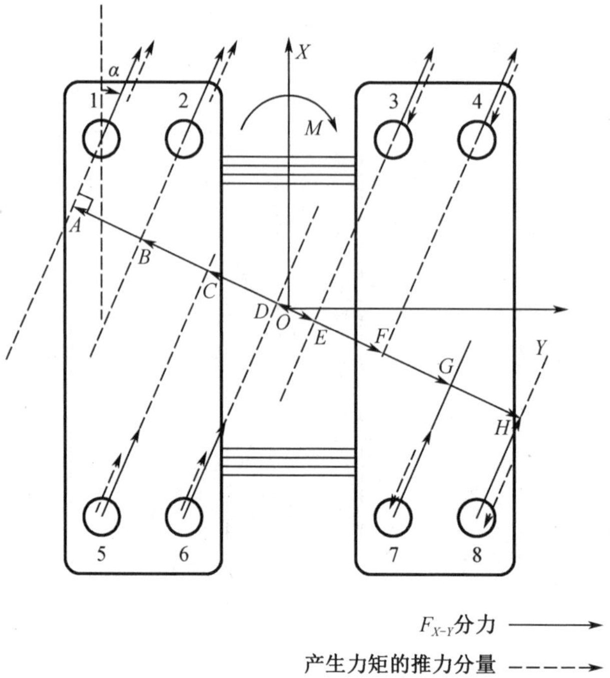

图 7.14　981 深水钻井平台的控制分配策略 2

$$\begin{cases} M = F_{1,M} \times \overrightarrow{OA} + F_{2,M} \times \overrightarrow{OB} + F_{3,M} \times \overrightarrow{OE} + F_{4,M} \times \overrightarrow{OF} + F_{5,M} \times \overrightarrow{OC} + \\ \quad F_{6,M} \times \overrightarrow{OD} + F_{7,M} \times \overrightarrow{OG} + F_{8,M} \times \overrightarrow{OH} \\ M/8 = F_{1,M} \times \overrightarrow{OA} + F_{2,M} \times \overrightarrow{OB} + F_{3,M} \times \overrightarrow{OE} + F_{4,M} \times \overrightarrow{OF} + F_{5,M} \times \overrightarrow{OC} + \\ \quad F_{6,M} \times \overrightarrow{OD} + F_{7,M} \times \overrightarrow{OG} + F_{8,M} \times \overrightarrow{OH} \end{cases} \tag{7.63}$$

式中，有效力臂矢量$\overrightarrow{OA}$、$\overrightarrow{OB}$、$\overrightarrow{OC}$、$\overrightarrow{OD}$、$\overrightarrow{OE}$、$\overrightarrow{OF}$、$\overrightarrow{OG}$、$\overrightarrow{OH}$的方向规定由起点 O 指向终点的方向为正，此时有效力臂的长度是时变的。产生艏向力矩的推力分量的方向判定需要综合考虑艏向指令力矩 M 的方向与有效力臂矢量的方向，最终根据右手定则来判定产生艏向力矩的推力分量的方向是与 F_{X-Y}同向还是反向。相比策略 1，策略 2 的有效力臂长度明显减少，如果 8 个推力器平摊艏向力矩则有效力臂较短的推力器必须产生较大的力来满足力矩指令，特别当 F_{X-Y}推力分量与力矩推力分量在同一方向上时，有效力臂较短的推力器会比其他推力器更早达到饱和状态。

全方位推力器的推力大小为

$$\begin{cases} F_i = \sqrt{(F_x/8)^2 + (F_y/8)^2} + \dfrac{M/8}{\overrightarrow{l_i}} & i = 1,2,3,4 \\ F_i = \sqrt{(F_x/8)^2 + (F_y/8)^2} + \dfrac{M/8}{\overrightarrow{l_i}} & i = 5,6,7,8 \end{cases} \tag{7.64}$$

式中，$\overrightarrow{l_i}$ 为有效力臂矢量。

全方位推力器的方向角为

$$\begin{cases} \alpha = \begin{cases} \arctan\left(\dfrac{F_y}{F_x}\right) & F_i > 0 \\ \arctan\left(\dfrac{F_y}{F_x}\right) - PI & F_i > 0 \end{cases} & i = 1,2,3,4 \\ \alpha = \begin{cases} \arctan\left(\dfrac{F_y}{F_x}\right) & F_i > 0 \\ \arctan\left(\dfrac{F_y}{F_x}\right) + PI & F_i > 0 \end{cases} & i = 5,6,7,8 \end{cases} \tag{7.65}$$

(3)策略 3

为了避免有效力臂较短的推力器由于 F_{X-Y}推力分量与力矩推力分量在同一方向上而过早达到最大推力,策略 3 在与 F_{X-Y}推力分量呈直角的方向上分配艏向力矩指令,使产生力矩的推力分量与 F_{X-Y}推力分量保持垂直,如图 7.15 所示。

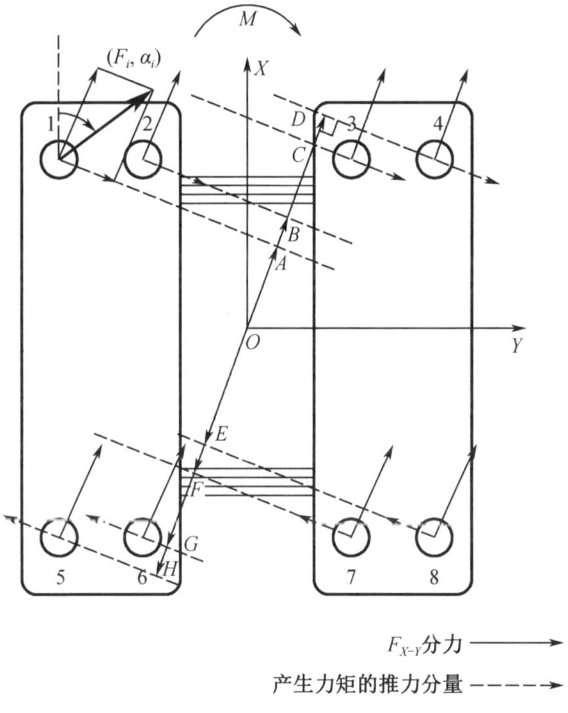

图 7.15　981 深水钻井平台的控制分配策略 3

产生纵向、横向力的 F_{X-Y}推力分量的分配同策略 1,8 个推力器平摊合力指令,每个全方位推进器的 F_{X-Y}推力分量方向为 $\alpha = \arctan\left(\dfrac{F_y}{F_x}\right)$,产生艏向力矩的推力分量同策略 2,由于产生合力的推力分量与产生转艏力矩的推力分量呈直角,所以最终每个全方位推力器的推力大小为

$$F_i = \sqrt{(F_X/8)^2 + (F_Y/8)^2 + \left(\frac{M/8}{\vec{l}_i(\alpha,\beta_1,\beta_2)}\right)^2} \tag{7.66}$$

每个全方位推力器的方向角为

$$\alpha_i = \begin{cases} \alpha + \arctan\left(\dfrac{F_{i,M}}{F_{i,X-Y}}\right) & i=1,2,3,4 \\ \alpha - \arctan\left(\dfrac{F_{i,M}}{F_{i,X-Y}}\right) & i=5,6,7,8 \end{cases} \tag{7.67}$$

2. 时域仿真结果

考虑实际推力器系统的物理和机械限制，在一个控制节拍内对每个推力器的最大推力、最大推力变化率以及全方位推力器方向角的转动变化率做如下限制：$|\Delta\alpha^+| = |\Delta\alpha^-| \leqslant 8°$，$|\Delta F^+| = |\Delta F^-| \leqslant 20\% F_{max}$，同时以 20% 的最大推力功率作为推力冗余，即 $|F_{max}| = 80\% \times 800\ \mathrm{kN} = 640\ \mathrm{kN}$。

动力定位自动控制系统采用风前馈结合 PID 反馈的自动控制策略对 981 深水钻井平台进行定位控制，每 0.5 s 为一个控制节拍。环境干扰参数的设置如下：二阶波浪力的有义波高为 6 m，波峰周期为 11.2 s，特征周期为 9.5 s，浪向角取为 90°，海流的流速为 1.03 m/s，流向角为 30°，阵风在稳定值 25.7 m/s 的基础上叠加上一个大小[-1.0,1.0]范围内的随机扰动，风向角取为 0°。分别采用以上相同的控制参数与环境参数对 4 种控制分配策略进行了仿真对比试验。首先要求钻井平台定位于(10 m, -10 m)，待到达定位点后保持当前位置原地向右转艏一周，分别以 90°，180°，270°，360°为期望艏向，试验结果如图 7.16 和图 7.17 所示。图 7.16 给出了平台在不同控制分配策略下的定位结果，x 为北向位移，y 为东向位移。图 7.17 给出了不同分配策略下的推力器时历响应曲线。

由图 7.17 可以看出，控制分配策略 2 的定位效果不如策略 1、策略 3 与基于广义逆法的分配策略(策略 4)，平台在原地转艏过程中位置保持情况欠佳，由图中的推力时历曲线可以看出策略 2 所分配出的推力使多数推力器较早达到了饱和状态，因而定位效果欠佳。策略 1 与策略 4 的推力器推力幅值变化较为稳定，只有在刚开始定位时出现了一个峰值，而策略 2 与策略 3 除了在定位之初推力出现峰值外，更多的峰值出现在原地转艏过程中，这是由于策略 1 中 8 个推力器的转艏有效力臂始终是定值长度且相差不大，而策略 2 与策略 3 的有效力臂长度相比策略 1 有很大幅度的减少，而且总有一对推力器的转艏力矩推力分量的作用线方向非常靠近平台的旋转中心，导致这对推力器的有效力臂会很短，要是 8 个推力器平摊转艏力矩指令，这两个推力器势必会最先到达最大推力。策略 3 中由于产生转艏力矩的推力分量始终垂直于产生合力 F_{X-Y} 的推力分量，所以相比策略 2，策略 3 在一定程度上起到了抑制推力器饱和的作用。策略 4 的最小平方优化实质上是采用了策略 1 的分配思想，以尽可能长的有效力臂来最小化产生转艏力矩的推力分量，从而使整个推力器的推力平方和最小。

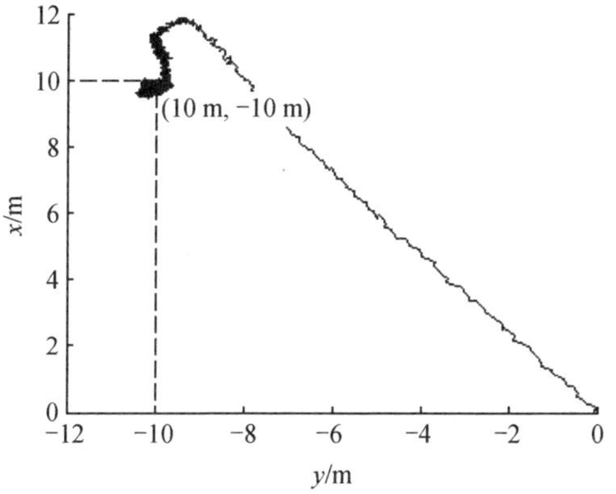

(a) 策略 1

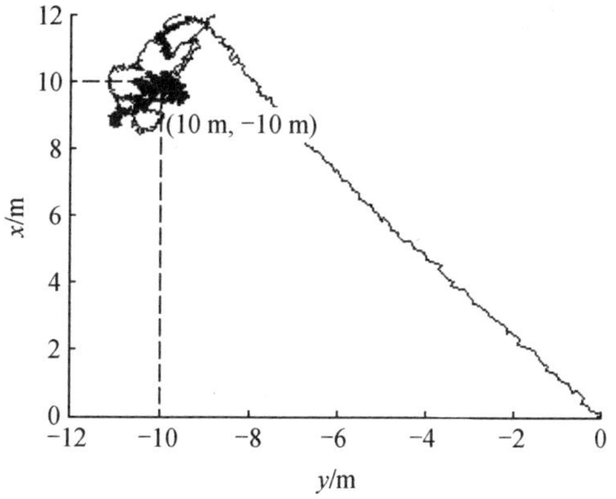

(b) 策略 2

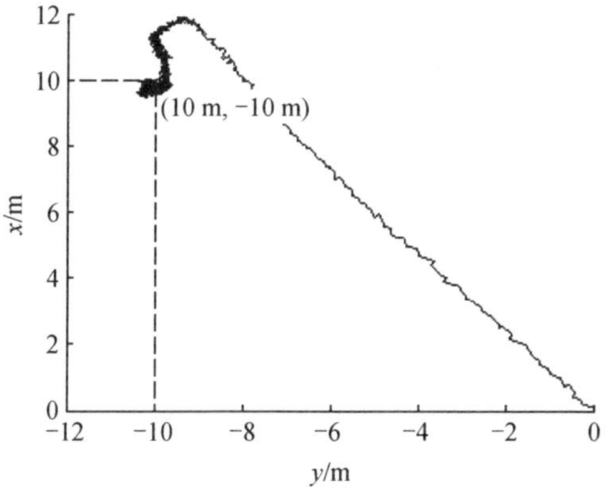

(c) 策略 3

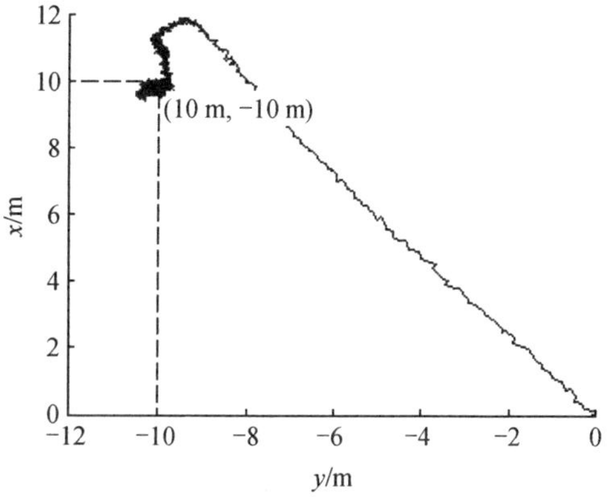

(d) 基于广义逆的分配策略

图 7.16　不同控制分配策略下的定位结果

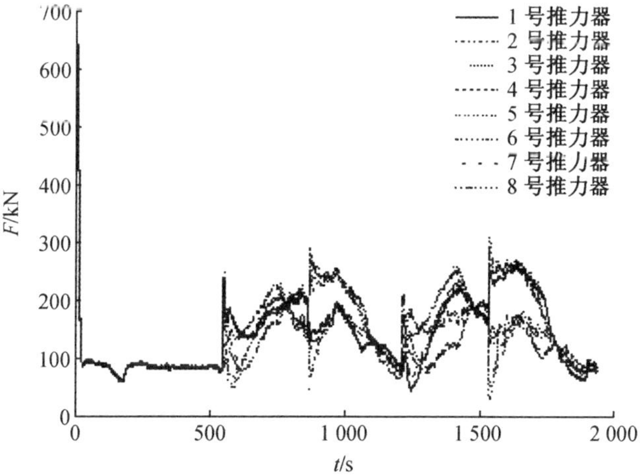

(a) 策略 1

图 7.17　不同分配策略下的推力器时历响应曲线

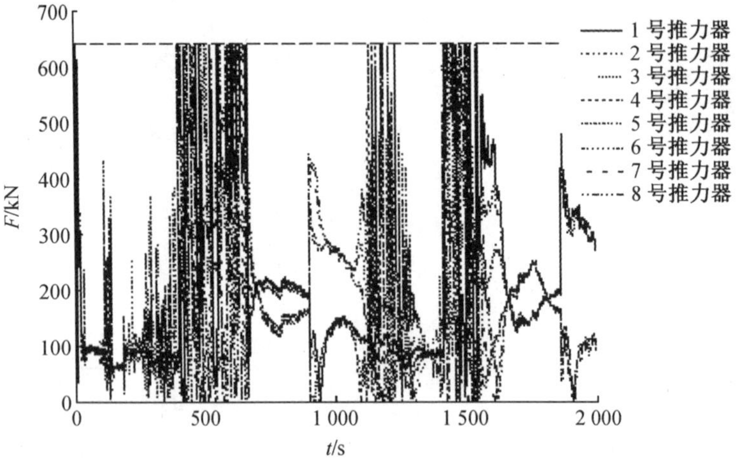

(b) 策略 2

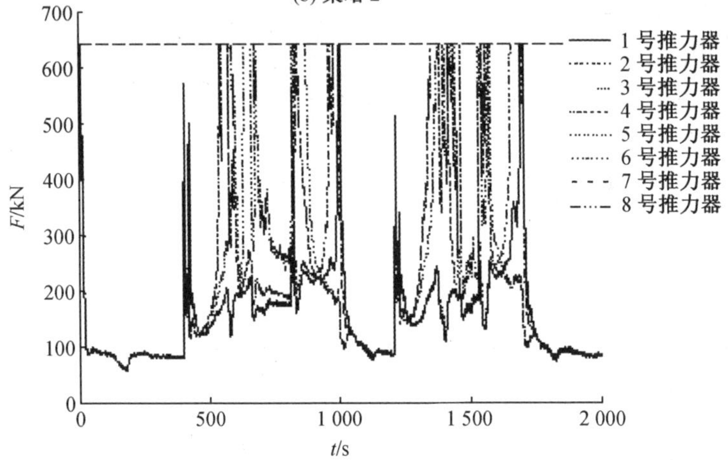

(c) 策略 3

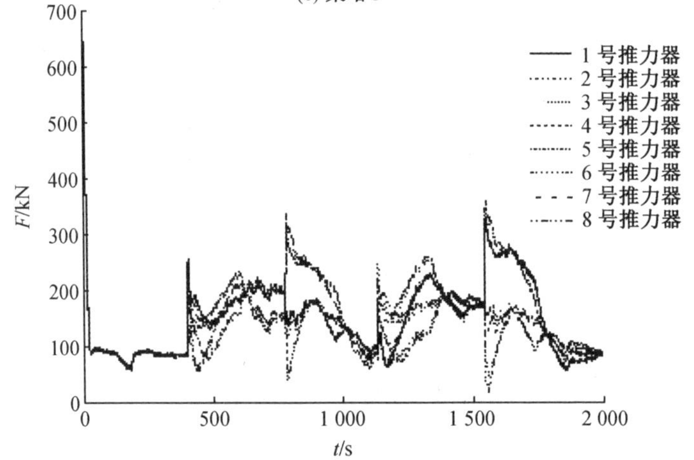

(d) 基于广义逆法的分配策略

图 7.17(续)

参考文献

[1] 王芳. 过驱动水面航行器的控制分配技术研究[D]. 哈尔滨:哈尔滨工程大学,2002.
[2] FOSSEN T I. Marine control systems, guidence, navigation, and control of ships, rigs and underwater vehicles[M]. Trondheim:Marine Cybernetics,2002.
[3] 摩根 M J. 近海船舶的动力定位[M]. 耿慧彬,译. 北京:国防工业出版社,1984.
[4] 卫卫,李春璘,王鹏,等. 动力定位 DP－3 附加标志在钻井平台上的设计与应用[J]. 船舶,2009(4):34－41.
[5] DANG J,LAHEIJ H. Hydrodynamic aspects of steerable thrusters[C]//Marine Technology Society,Dynamic Positioning Conference,2004.
[6] LEHN E. Thruster interaction effect[R]. The Ship Research Institute of Norway,NSFI report－102.80,1980.
[7] RUTH E. Propulsion control and thrust allocation on marine vessels[D]. Trondheim:NTNU,2008.
[8] DURHAM W C. Constrained control allocation [J]. Journal of Guidance Control and Dynamics,1993,24(4):703－711.
[9] BORDIGNON K A. Constrained control allocation for systems with redundant control effectors [D]. Blacksburg:Virginia Polytechnic Institute and State University,1996.
[10] 谢政,李建平,陈挚. 非线性最优化理论与方法[M]. 北京:高等教育出版社,2010.
[11] 傅英定,成孝予,唐应辉. 最优化理论与方法[M]. 北京:国防工业出版社,2008.
[12] 姚恩瑜,何勇,陈仕平. 数学规划与组合优化[M]. 杭州:浙江大学出版社,2001.
[13] 谢政,李建平,汤泽滢. 非线性最优化[M]. 长沙:国防科技大学出版社,2003.
[14] 杨恩泉,高金源. 先进战斗机控制分配方法研究进展[J]. 飞行力学,2005,23(2):1－4.
[15] 张忠桢. 二次规划－非线性规划与投资组合的算法[M]. 武汉:武汉大学出版社,2006.
[16] OPPENHEIMER M W,DOMAN D B,BOLENDER M A. Control allocation for over-actuated systems[C] // Mediterranean Conference on Control & Automation,2006:1－6.
[17] TEEL A R,BUFFINGTON J M. Anti-windup for an F-16's daisy chain control allocation [R]. AIAA－97－3606,1997.
[18] 马建军,李文强,李鹏,等. 飞行控制分配技术研究现状与展望[J]. 飞行力学,2009,27(3):1－6.
[19] DURHAM W C. Computationally efficient control allocation [J]. Journal of Guidance, Control and Dynamics,2001,24(3):519－524.
[20] PETERSEN J,BODSON M. Fast control allocation using spherical coordinates[C]// AIAA Guidance,Navigation and Control Conferences,Portland,1999:1321－1330.
[21] 王美仙,李明. 先进战斗机控制分配方法研究综述[J]. 飞机设计,2006(3):17－19.
[22] BODSON M. Evaluation of optimization methods for control allocation [J]. Journal of Guidance,Control and Dynamics,2002,25(4):703－77.
[23] Scalera K R. A comparison of control allocation methods for the F-15 active research aircraft

utilizing real-time piloted simulations[M]. Blacksburg: Virginia Polytechnic Institute and State University, 1999.

[24] 李卫琪,魏晨,陈宗基. 受限控制直接分配新算法[J]. 北京航空航天大学学报,2005,31(11):1177-1180.

[25] PETERSEN J, BODSON M. Fast implementation of direct allocation with extension to coplanar controls[J]. Journal of Guidance, Control and Dynamics, 2002, 25(3):464-473.

[26] JOHANSEN T A, FOSSEN T I, BERGE S P. Constrained nonlinear control allocation with singularity avoidance using sequential quadratic programming[J]. IEEE transactions on Control System Technology, 2004(12):211-216.

[27] 王芳,万磊,陈红丽,等. 981 深水钻井平台的最优控制分配策略研究[C]//第十五届中国海洋(岸)工程学术讨论会论文集,2011:338-344.

第八章　动力定位能力分析

动力定位能力是船舶或海洋平台等大型浮式海上结构物抵抗外界强风、海流、波浪等复杂环境载荷工况的定位能力。风浪流的变化,尤其是风和浪的变化是随机的,而有时海流的大小和方向也会随着水深而发生变化,不同海洋的海洋工况也有所不同,因此是十分有必要对特定海洋环境载荷下海洋平台或大型船舶的定位能力进行分析的。基于对动力定位系统的技术以及安全性要求,在动力定位系统的相关设计阶段,也需要通过对海洋平台定位能力的分析来验证所安装的推进器能否完成所需的功能,因此动力定位能力的分析就显得非常重要。无论是生产厂家、使用者还是第三方技术认证机构(如各大船级社等)都非常关心这个问题。定位能力分析不仅可作为动力定位性能的评价与判定标准,还能为下一步的设计与规划提供一定的理论依据与技术参考。

8.1　环境载荷计算

动力定位船舶与海洋平台在海上会偏离目标位置,主要是受到海洋环境载荷的影响,环境载荷会影响整个动力定位过程。环境载荷是分析动力定位能力的关键因素和重要依据,准确快捷的计算环境载荷是设计出合理动力定位系统的基础,环境载荷资料是否准确直接关系到动力定位系统设计的好坏甚至成败。所以,选择合适的方法计算平台在作业时受到的环境载荷至关重要。平台在海上所遭遇的环境条件较为复杂,主要有 3 种:风、波浪和海流。由于动力定位只对低频水平载荷做出响应,除了考虑长周期变化的风和海流载荷外,波浪载荷则只计及其中低频部分,即波浪漂移力。

依据船舶及海洋平台在位运行设计工况与具体的海洋环境进行相关环境载荷参数的输入,在模拟过程中将风、海流与波浪等外力施加在海洋平台及大型船舶上,从而计算外界载荷对海洋平台及船舶运动的影响,再结合推力器系统来预估船舶及海洋平台的定位能力。因而,海洋环境载荷计算是进行动力定位能力分析的前提。由于本书第二章已详细介绍了风、海流、波浪等环境载荷的计算方法,除了模型试验,故对这些计算方法本章不再赘述。本章将主要介绍国际海事承包商协会(International Marine Contractors Association, IMCA)[1]与美国石油学会(American Petroleum Institute, API)[2]提出的规范中推荐风、海流、波浪的计算方法,这些方法可以更为方便快捷地应用于工程实际中。

8.1.1　风载荷

(1)IMCA 方法

由于船舶与海洋平台的上层受风建筑面积较大而且结构较为复杂,风的作用不可忽视,所以风是动力定位船舶与海洋平台定位作业的主要干扰因素之一。对于常规的船舶形状,主要是甲板以上的上层建筑受风的影响。对于非传统的船形,例如半潜式平台,则需要考虑其作业吃水时的受风区域。但无论是哪种情况,风力载荷都应使用国际上公认的标准进行计算[3]。风速一般随着高度的升高而增加，一般定义为海平面 10 m 高度的一分钟内的平均风值，具体详见表 8.1。一分钟内的平均风速也可近似用每小时风速平均值乘以 1.12 ~ 1.17 的倍数来表示，规范推荐的使用值为 1.15。在计算受风影响的区域时，建议遵循参考文献[1]中所提出的规范要求，其中单个构件区域的风力形状系数见表 8.2。

表 8.1　风力高度系数

海平面以上的高度/m	C_h
范围	
0 ~ 15.3	1.00
15.3 ~ 30.5	1.18
30.5 ~ 46.0	1.31
46.0 ~ 61.1	1.40
61.0 ~ 76.0	1.47

表 8.2　风力形状系数

形状	C_s
圆柱形	0.50
船体	1.00
甲板室	1.00
孤立结构(起重机、梁材)	1.50
甲板以下暴露的梁和桁材	1.30
钻井架	1.25

作用于船舶及海洋平台上的风载荷模型如下所示：

$$\begin{cases} F_{wx} = 0.5\rho V_w^2 C_{wx}(\alpha_w) A_T \\ F_{wy} = 0.5\rho V_w^2 C_{wy}(\alpha_w) A_L \\ F_{wn} = 0.5\rho V_w^2 C_{wy}(\alpha_w) A_L \cdot L_{BP} \end{cases} \tag{8.1}$$

式中，F_{wx}、F_{wy}、F_{wn}分别是作用于船舶纵向、横向以及艏向的风力/力矩；ρ 为空气密度；V_w 为相对风速的大小；α_w 为相对风速角；C_{wz}、C_{wy}、C_{wn}为给某一风向下的风力系数；A_T、A_L 为上层建筑纵向和横向投影面积；L_{BP}为船舶的垂线间长。相关的风力载荷系数的选取可参考文献[1]，也可由下式进行计算：

$$\begin{cases} C_{wx}(\alpha_w) = 0.423\cos(\alpha_w) \\ C_{wy}(\alpha_w) = 0.8\sin(\alpha_w) \\ C_{wn}(\alpha_w) = -0.143\sin(2\alpha_w) \end{cases} \tag{8.2}$$

(2) API 方法

API 规范中推荐运用模块法对风载荷进行计算。这种方法的主要思路是对动力定位船舶或海洋平台的上层建筑中的主要模块进行标准化分类与离散;然后在建模过程中按照标准化构件计算其上面的风载荷,例如立柱离散为长方体模块,箱型甲板和上甲板离散为甲板模块,井架台离散为长方体模块,居住舱室离散为长方体模块,起重机离散为圆柱和桁架模块,井架离散为井架模块等。

根据 API 规范中推荐的公式,单个标准化构件所受的纵/横向风力可表示为

$$F_{\mathrm{w}} = C_{\mathrm{w}} \sum (C_{\mathrm{s}} C_{\mathrm{h}} A_i(\alpha)) V_{\mathrm{w}}^2 \tag{8.3}$$

式中 API 规范定义的各个系数如下:

C_{w} 为风力系数;C_{s} 为形状系数;C_{h} 为高度系数;$A_i(\alpha)$为风向角为 α 时,第 i 个受风构件的纵向或横向投影面积。

第 i 个构件艏向所受的风力矩为

$$F_{\mathrm{w}n} = F_{\mathrm{w}y} X_{\mathrm{wc}} \tag{8.4}$$

式中,X_{wc}为横向上层建筑的重心至船中的距离。

当船舶处于 0°~90°的任一艏向,其上层建筑所受的总风力可通过下式插值得到:

$$F_{\mathrm{w}}(\varphi) = F_{\mathrm{w}y}(0)\left(\frac{2\cos^2\varphi}{1+\cos^2\varphi}\right) + F_{\mathrm{w}x}(90)\left(\frac{2\sin^2\varphi}{1+\sin^2\varphi}\right) \tag{8.5}$$

式中,φ 为船舶艏向角。

船舶在当前艏向下所遭受的纵、横向受风力可对式(8.5)进行分解得到:

$$F_{\mathrm{w}x}(\alpha) = F_{\mathrm{w}}(\alpha)\cos\alpha \tag{8.6}$$

$$F_{\mathrm{w}y}(\alpha) = F_{\mathrm{w}}(\alpha)\sin\alpha \tag{8.7}$$

船舶在当前艏向下所遭受的风力矩为

$$F_{\mathrm{w}n}(\alpha) = F_{\mathrm{w}y}(\alpha) X_{\mathrm{wc}} \tag{8.8}$$

8.1.2　海流载荷

船舶或海洋平台水线面以下部分受到海流载荷的作用。海流的种类很多,有潮流、漂流、密度流、地转流等。海流相对于风和波浪来说更稳定,考虑在船舶与平台作业吃水范围内,流速变化不大时,可将流速做定常值处理。

参照 IMCA 的规范,作用于船舶纵向、横向以及艏向的海流载荷可通过下式计算得到:

$$\begin{cases} F_{\mathrm{c}x} = 0.5\rho V_{\mathrm{c}}^2 C_{\mathrm{c}x}(\alpha_{\mathrm{c}}) BT \\ F_{\mathrm{c}y} = 0.5\rho V_{\mathrm{c}}^2 C_{\mathrm{c}y}(\alpha_{\mathrm{c}}) L_{\mathrm{BP}} T \\ F_{\mathrm{c}n} = 0.5\rho V_{\mathrm{c}}^2 C_{\mathrm{c}n}(\alpha_{\mathrm{c}}) T L_{\mathrm{BP}} \end{cases} \tag{8.9}$$

式中,$F_{\mathrm{c}x}$、$F_{\mathrm{c}y}$、$F_{\mathrm{c}n}$分别是作用于船舶纵向、横向以及艏向的海流力/力矩;ρ 为海水密度;V_{c} 为相对流速的大小;α_{c} 为相对流速角;$C_{\mathrm{c}x}$、$C_{\mathrm{c}y}$、$C_{\mathrm{c}n}$为某一流向下的海流系数;B 为船舶宽度;T 为船舶吃水;L_{BP}为船舶垂线间长。

8.1.3　二阶波浪力载荷

动力定位只对二阶波浪力进行响应,对于高频的一阶波浪力不加以考虑,IMCA 所推荐的方法考虑了海上的不同风速对波浪的有义波高、波峰周期等的不同影响。为了简化计算,这里忽略海上的风对波浪的影响。二阶波漂力模型如下所示:

$$F_i(\omega) = 2\int_0^{\infty} QTF_i(\omega,\omega) S_{\mathrm{w}}(\omega)\,\mathrm{d}\omega \tag{8.10}$$

式中，QTF_i 为船舶某一运动自由度下的二阶波浪漂移力传递函数；ω 为波频率；$S_w(\omega)$为波浪谱密度函数，如 PM 谱，其波浪谱密度函数可表示为

$$S_w(\omega)=173.0H_s^2/(T^4\omega^5)\exp[-692.0/(T^4\omega^4)] \tag{8.11}$$

式中，H_s 为有义波高；T 为平均周期。

8.2 推进器系统推力

推进器系统的推力用于抵抗外界风、海流与二阶波浪力等环境载荷作用，根据船舶纵向、横向以及艏向方向上的力与力矩平衡原则，建立如下模型：

$$\begin{cases} X_{\text{trep}} = \sum_{i-1}^{N} T_{xi} = -(F_{\text{wd}x} + F_{\text{c}x} + F_{\text{wv}x}) \\ Y_{\text{trep}} = \sum_{i-1}^{N} T_{yi} = -(F_{\text{wd}y} + F_{\text{c}y} + F_{\text{wv}y}) \\ N_{\text{trep}} = \sum_{i-1}^{N} T_{ni}M_{ni} = -(F_{\text{wd}n} + F_{\text{c}n} + F_{\text{wv}n}) \end{cases} \tag{8.12}$$

式中，X_{trep}、Y_{trep}、N_{trep}为纵荡、横荡方向上的期望控制力，以及艏摇方向的期望控制力矩指令；T_{xi}、T_{yi}、M_{zi}为单个推进器在纵荡、横荡以及艏摇方向上的推力与力矩；$F_{\text{c}x}$、$F_{\text{c}y}$、$M_{\text{c}z}$为海流在纵荡、横荡以及艏摇方向上的合力/矩；$F_{\text{wd}x}$、$F_{\text{wd}y}$、$M_{\text{wd}z}$为风在纵荡、横荡以及艏摇方向上的合力/矩；$F_{\text{wv}x}$、$F_{\text{wv}y}$、$M_{\text{wv}z}$为波浪二阶漂移力在纵荡、横荡以及艏摇方向上的合力/矩。

8.3 动力定位能力分析方法

目前常用的大型浮式海上结构物动力定位的分析方法包括静态分析与动态分析。

静态分析主要根据外界载荷与推进系统推力相平衡的原理，通过目标船型动力定位能力曲线，即通过在极坐标上一条从 0°到 360°的封闭包络曲线来表达作业船舶在指定推力器系统参数与配置，以及指定环境条件下所能抵抗的最大环境载荷来评价该船型的定位能力。目前动力定位能力曲线(DP capability plots)是评价动力定位能力的有效工具，得到国内外主要的动力定位生产和使用厂家的一致认可。

动态分析则是通过时域分析获得目标船型在模拟时间内的水平面内 3 个运动自由度(两个平动一个转动，横荡、纵荡、艏摇)的最大位移、各力进器推力以及推力系统的总功率。动态分析可获得实时定位信息，能更加直观的评价定位能力，对推力器系统在完整状态(全部正常工况)或部分推力器失效状态均可进行评估，动态分析需要建立包括动力定位船舶运动数学模型、数据滤波、运动控制、推力分配等在内的一系列计算机模拟程序。

8.3.1 静态分析

动力定位能力曲线图主要用来衡量一艘船舶或海洋平台动力的定位系统的适用极限，这种能力主要体现在以下几种表达方式：

①在给定的风向和流速的情况下，用最大风速来表示船舶或海洋平台能够保持定位的

最大环境条件。具体计算流程如下：

在一个给定的风向下，风速从零开始循环增加计算，同时从风速－波高的变化关系得到波浪条件的增加情况，分别计算3种环境载荷（风、海流与二阶波浪力），将叠加得到的总环境载荷施加给推力模型，直到总环境载荷达到推力模型所能达到的最大推力平衡，此时的风速便是船体保持定位所能抵抗的最大风速。选择一定的风向角间隔来改变风向，如风向角每次增加15°，对各个风向角都重复上述过程，直到找到0°～360°所有风向角的最大风速，最后便可根据各个角度上计算得到的最大风速绘制出一条限制风速包络曲线，即所谓的动力定位能力曲线。

②用计算推力和推力器的最大推力的比值来表征动力定位能力：

在一定设计工况下，分别计算在此工况下的风、海流与二阶波浪力，将其叠加得到的总环境载荷施加给推力模型，由推力分配模型计算抵抗外界环境总载荷所需的各个推力器的推力，通过计算推力和最大推力的比值得到推力使用比例，以这个比例来表征船舶及海洋平台的动力定位能力。计算流程如图8.1所示。

8.3.2　动态分析

船舶或海洋平台动态分析主要是在时域上对动力定位系统的动态响应特性进行分析。通过计算机程序对整个动力定位系统进行仿真建模，实时模拟半潜式平台在海洋的真实运动。时域模拟中，对动力定位要顾及更多因素和限制条件，从而使得仿真结果能更接近实际情况，同时可以获得很多有价值的信息，如动力定位精度、功率消耗、反应速度、推力器的工作状态等。也正因如此，动力定位系统的动态模拟能更加直观、准确地体现其定位性能。除此之外，在计算机上进行动态模拟要比模型试验更加经济和省时，这也是在初步设计阶段考察评估定位精度和功率消耗情况等定位性能指标的有效方法，因此时域动态分析在动力定位系统设计研究中有着非常重要的作用。

动力定位能力动态模拟的流程如下：首先将测得的当前船舶运动状态进行Kalman滤波，得到船舶运动状态的最优估计值，再与设定目标值进行比较运算得到状态的偏差量，将位置及艏向角的偏差值输入运动控制器——以PID控制器为例，控制器通过运算产生期望控制力，并与风前馈力求和得到总的控制指令，包括纵向、横向推力以及回转力矩。然后推力分配模块将期望控制指令分配给在运行的推力器，得到各个推力器所需提供的推力。最后，求得推力系统的推力合力与环境载荷相加共同作用于船舶低频运动模型，由此引发船舶下一时刻运动状态的变化，同时将新变化的状态参数引入滤波模块，并开始下一次循环。整个动态模拟时域内的船舶运动历时图像、各推力器的推力历时图像便可产生，后续便可依据前面求得的结果进行推力器系统功率与过载等分析。动态模拟流程如图8.2所示。

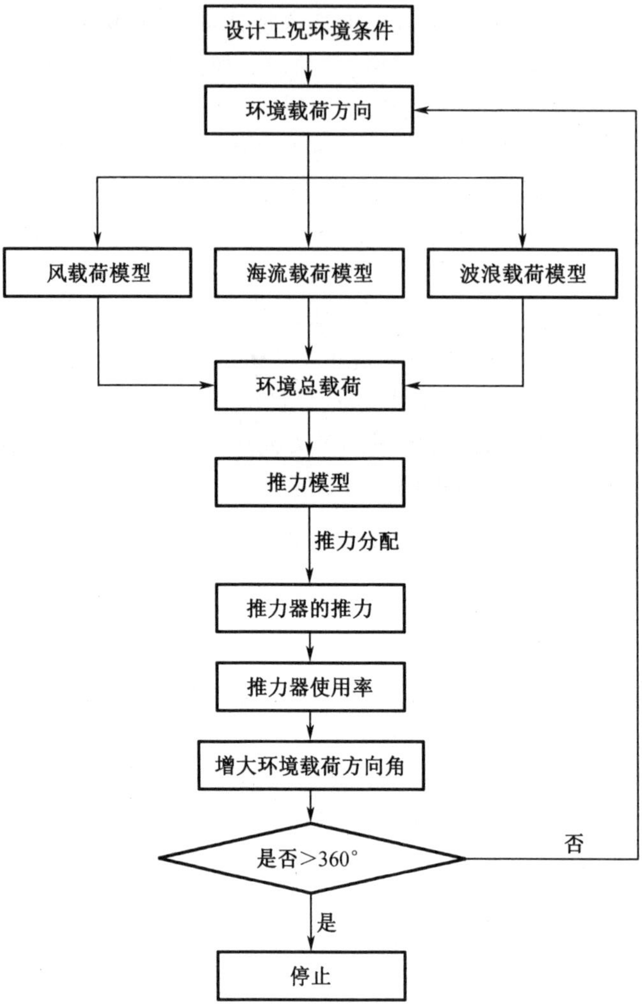

图 8.1　动力定位能力曲线计算流程图

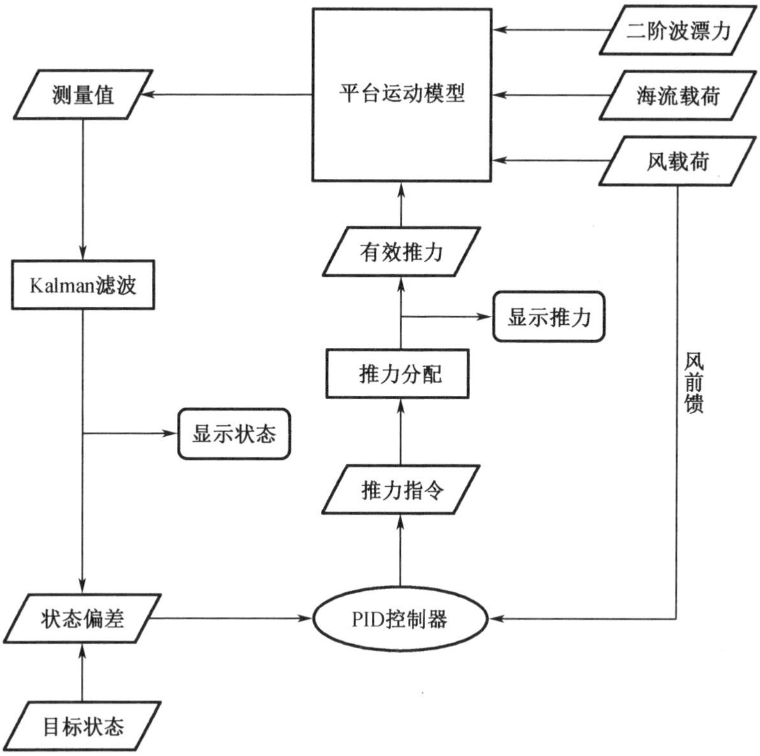

图 8.2　动力定位动态模拟流程图

8.4　动力定位能力案例分析

8.4.1　静态分析

对“海洋石油 981”深水钻井平台在作业工况下的静态定位能力进行分析，环境参数见表 8.3。这里选取了以下 5 种模式进行静态定位能力分析：

完整模式：所有推力器正常工作；

失效模式一：6 号推力器失效——单个推力器失效下的最好情况；

失效模式二：5 号推力器失效——单个推力器失效下的最坏情况；

失效模式三：2 号、7 号推力器失效——两个推力器失效下的最好情况；

失效模式四：1 号、8 号推力器失效——两个推力器失效下的最坏情况。

不同模式下的计算结果如图 8.3 至图 8.12 所示。静态分析时的海况参数见表 8.3。

表 8.3 “海洋石油 981”作业工况环境参数

环境名称	项目	作业工况	待机工况
波浪	谱名称	ISSC 谱	ISSC 谱
	有义波高 H_s/m	6	6
	谱峰周期 T_p/s	11.2	11.2
	特征周期 T_s/s	9.5	9.5
风	一分钟平均风速/(m/s)	23.2	25.7
海流	流速/(m/s)	0.93	1.03

一组完整的计算工况参数全部确定后，便可计算在该工况条件下的定位能力曲线，下面给出以每 10°风向为间隔计算得到的结果。

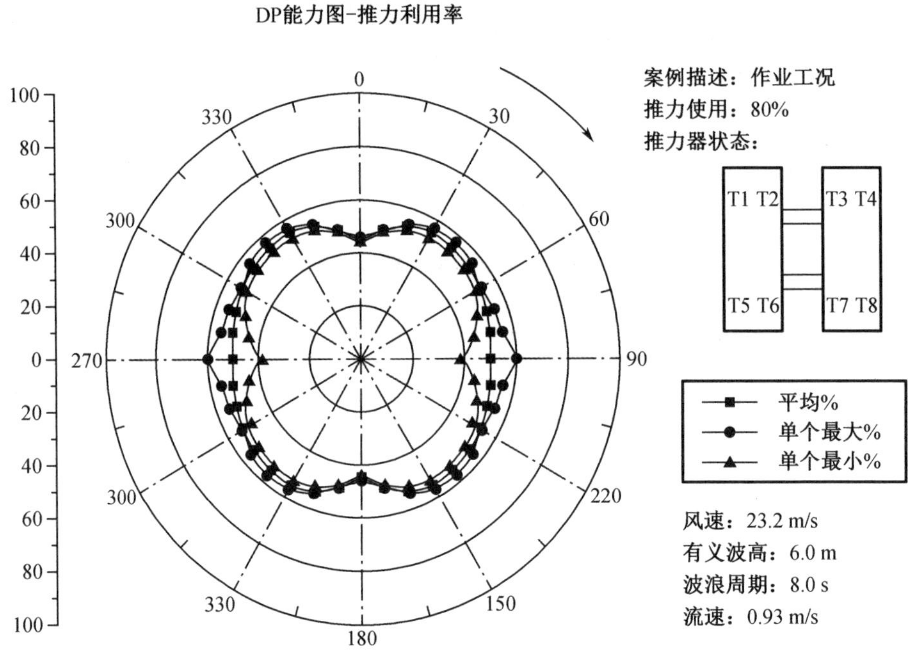

图 8.3 作业工况下的动力定位能力曲线——完整模式

通过对 981 深水钻井平台动力定位能力曲线进行统计分析，并结合瓦锡兰 FS3500/NU 型推力器有效功率与推力的关系，可得到推力系统在静态环境载荷下的总功率消耗图，分别如图 8.13 和图 8.14 所示。

由以上 981 深水钻井平台动力定位能力曲线、推力系统的静态总功率消耗曲线可知：

981 深水钻井平台在完整模式下，在 0° ~360°的环境载荷中，作业工况和待机工况时的单个推力器的最大推力均未超过最大许用推力；在失效模式下，作业工况和待机工况时的单个推力器的最大推力也都未超过最大许用推力，推力系统仍能满足 360°的定位要求，符合 DP3 级动力定位的冗余度标准。说明 981 深水钻井平台的推力系统配置方案满足设计要求,是可靠的。

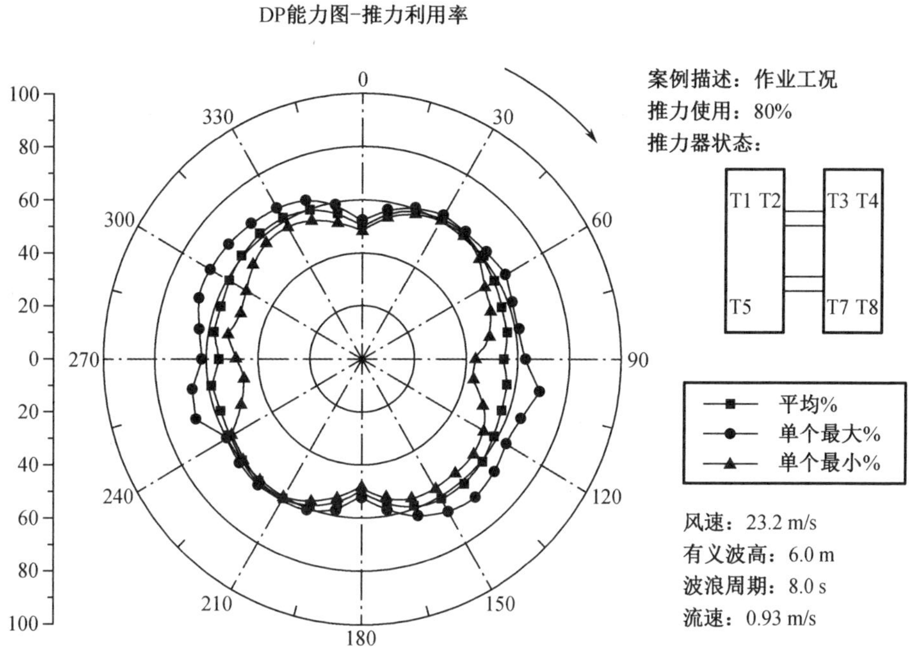

图 8.4　作业工况下的动力定位能力曲线——失效模式一

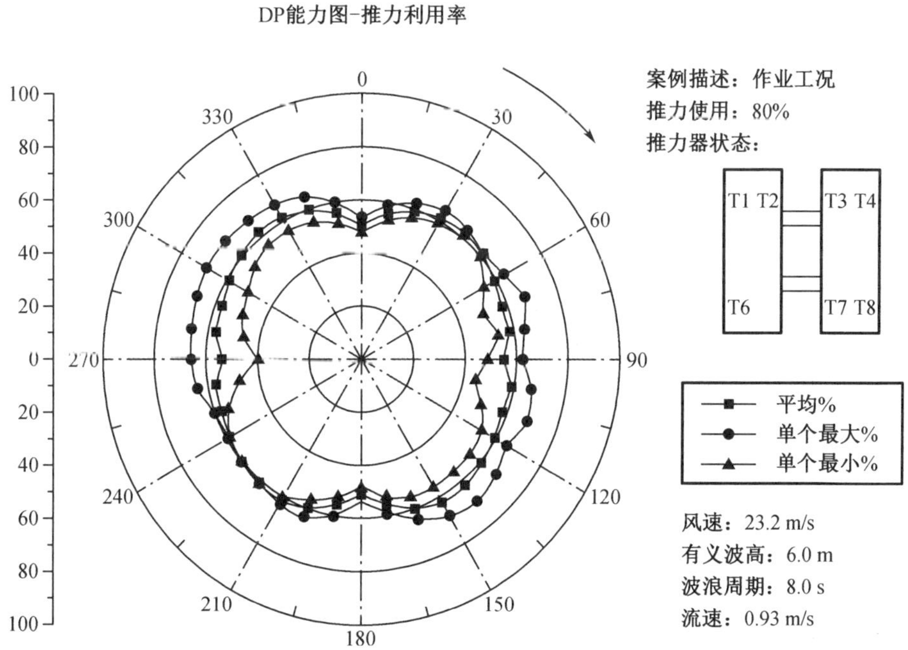

图 8.5　作业工况下的动力定位能力曲线——失效模式二

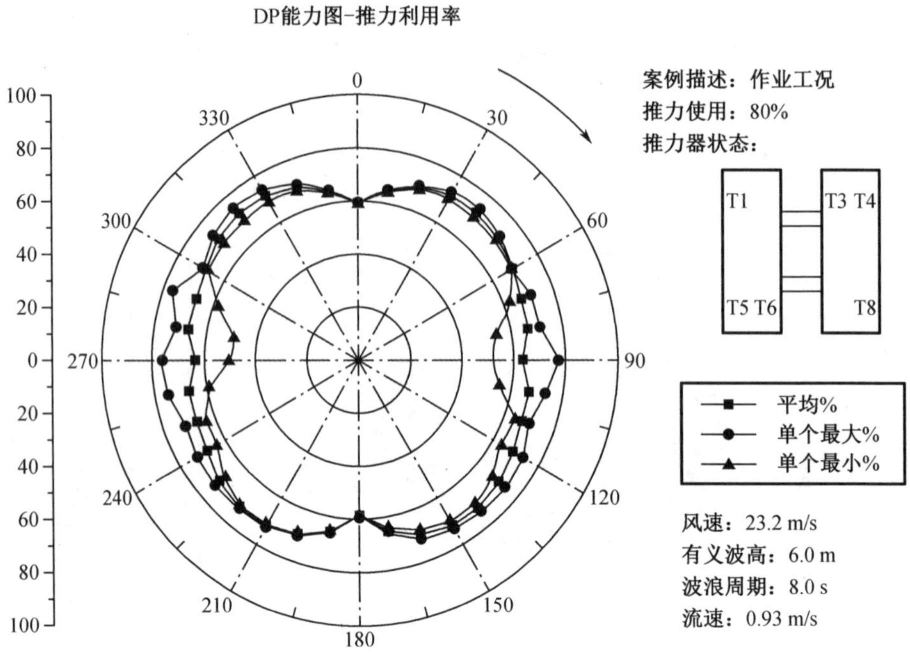

图 8.6　作业工况下的动力定位能力曲线——失效模式三

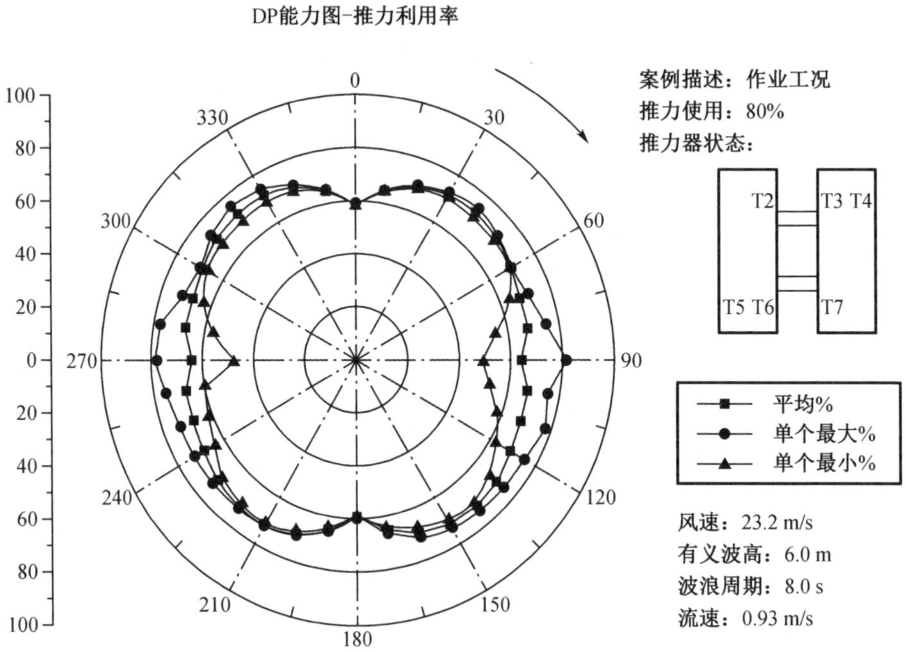

图 8.7　作业工况下的动力定位能力曲线——失效模式四

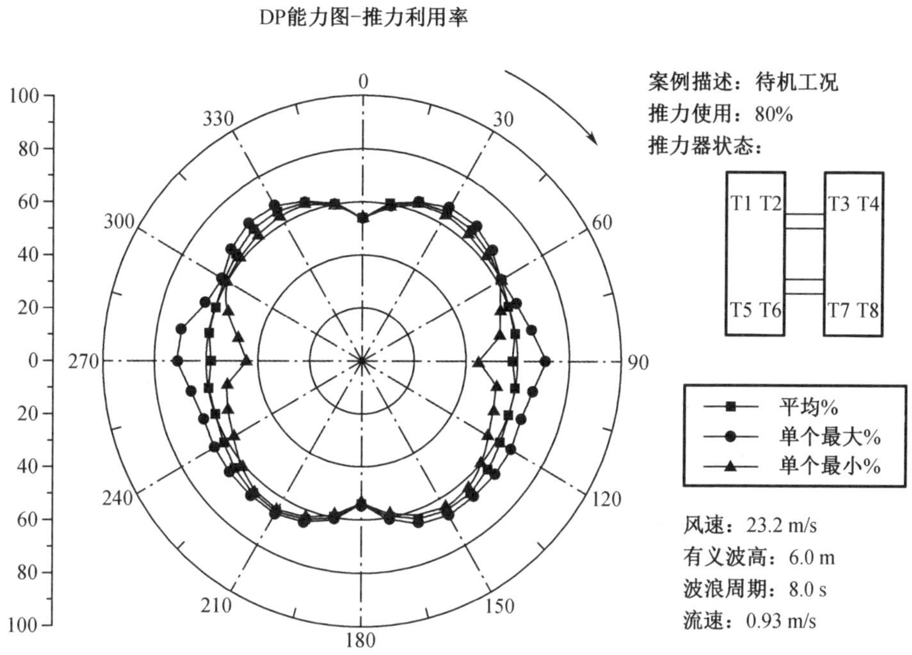

图 8.8 待机工况下的动力定位能力曲线——完整模式

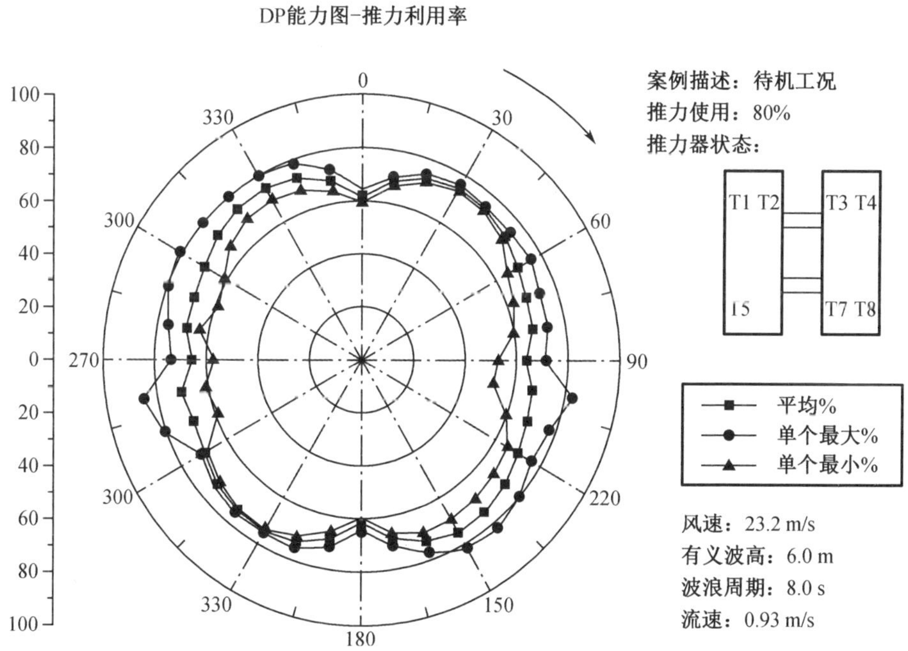

图 8.9 待机工况下的动力定位能力曲线——失效模式一

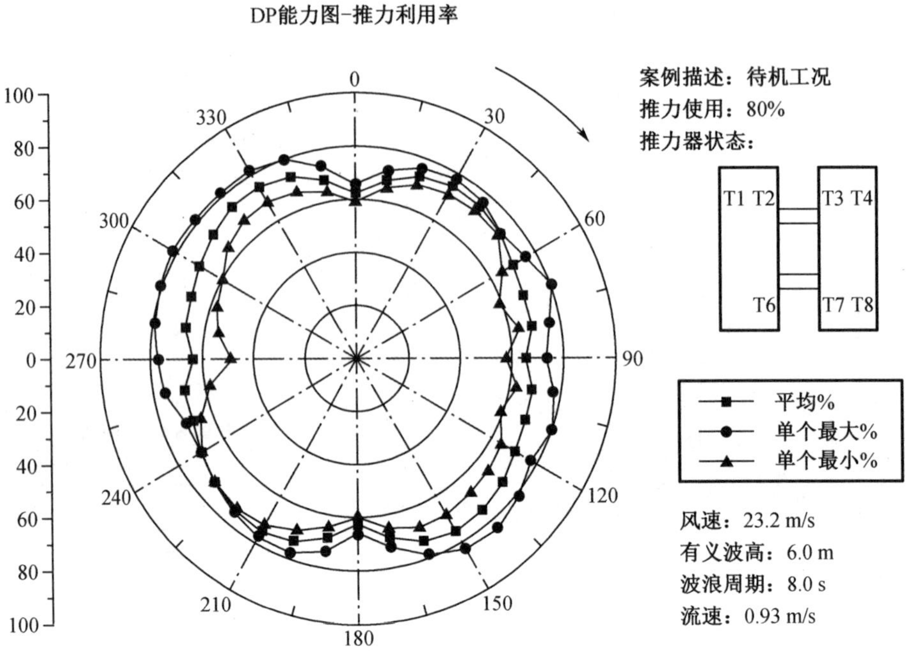

图 8.10　待机工况下的动力定位能力曲线——失效模式二

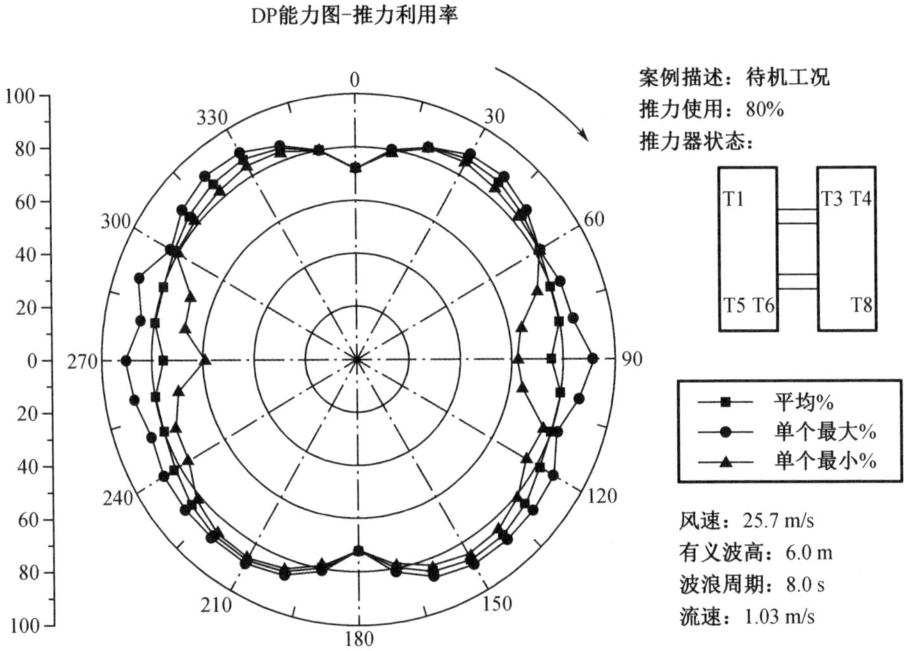

图 8.11　待机工况下的动力定位能力曲线——失效模式三

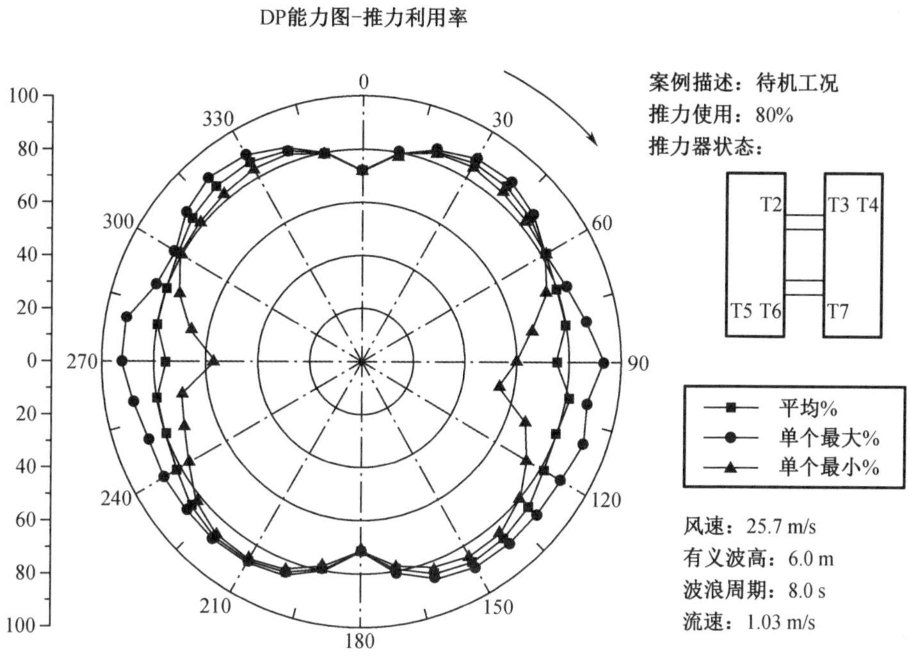

图 8.12 待机工况下的动力定位能力曲线——失效模式四

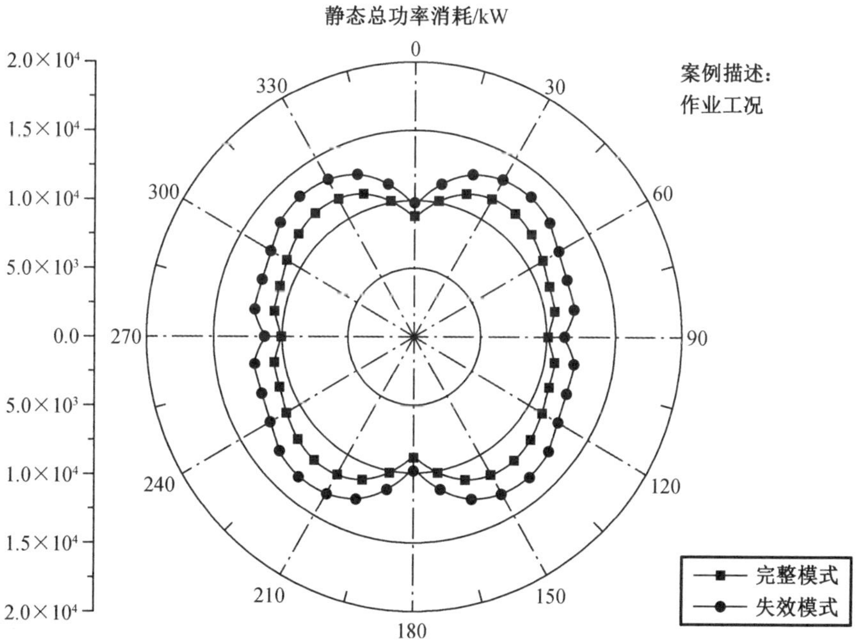

图 8.13 静态总功率消耗曲线——作业工况

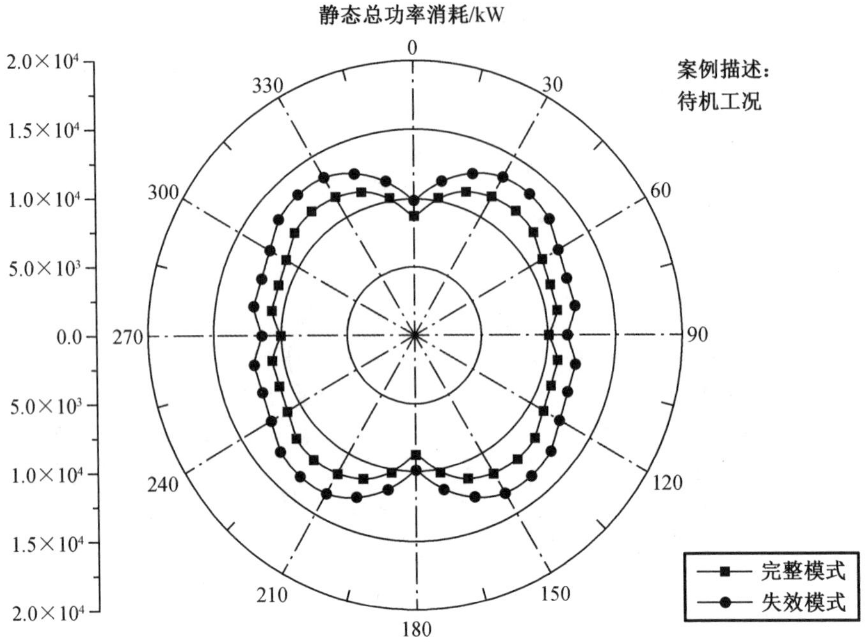

图 8.14　静态总功率消耗曲线——待机工况

981 深水钻井平台斜向作业时总功率消耗最大：在两种推力器模式和工况下，平台斜向作业时总功率消耗都比纵向时大 35% 左右。另外，由于所受载荷和设置禁止角的关系，平台在横向作业时，推力分配变得不均匀，导致部分推力器推力变大，从而使推力系统总功率消耗变大。作业工况下，平台横向作业时总功率消耗比纵向时大 25% 左右；待机工况下，平台横向作业时总功率消耗比纵向时大 19% 左右。因此，平台应尽量避免斜向和横向作业。

推力器失效时，对动力定位系统的总体定位能力方面有一定负面影响。在推力器单个失效这种不对称失效的情况下，如失效模式一和二，一些特定方向上保持定位所需的推力器最大推力会变大，造成了此方向上定位能力的恶化；在推力器对称失效的情况下，如失效模式三和四，这时定位能力曲线的形状与完整模式相比变化不大，并未造成某些特定方向上定位能力的恶化，但是待机工况下个别推力器的最大推力接近极限值，动力定位系统偏于危险。此外，在失效模式下，推力系统的运行功率较大，整体效率变低，如失效模式四会导致保持定位时的总功率消耗增加 14%，所以应尽快修复动力定位系统。总体来说，981 深水钻井平台动力定位系统有着较好的冗余度和可操纵性，同时也有着较好的抗干扰性。

8.4.2　动态分析

对 981 深水钻井平台的动力定位系统进行相应的动态模拟，对其定点能力和复位能力进行时域动态分析。动态模拟的失效模式只选取了最恶劣的失效模式四（1 号和 8 号推力器失效）。此外，动态模拟时也要考虑推力器的推力衰减，设置一定的推力冗余度，在此，单个推力器的上限取为设计极限推力的 90%。

（1）定点能力分析

半潜式钻井平台进行钻井、修井等作业任务时，对动力定位系统的定点能力（位置保持能力)有着较为严格的要求,需要使平台位置能够始终保持在一个可以接受的范围内,同时还要考虑一定的经济效益,使推力系统保持在一个高效的工作状态。下面对 981 深水钻井平台的位置保持情况进行动态模拟,所获得的结果包括:平台低频运动时历、定位精度、推力器的推力时历以及功率消耗等信息。风、波浪、海流来向选取为对平台最不利的 45°。由于推力器布置的对称性,下面一些图表中只给出了部分模拟结果。动态模拟的具体参数设定见表 8.4。

表 8.4 动态模拟的具体参数设定表

项目	设定值
控制方式	PID + Kalman 滤波
定位初始位置(大地坐标系)	$X_{st}=0$ m, $Y_{st}=0$ m, $\Psi_{st}=0°$
定位初始速度(大地坐标系)	$V_x=0$ m/s, $V_y=0$ m/s, $V_\psi=0°$
定位目标位置(大地坐标系)	$X_{tar}=0$ m, $Y_{tar}=0$ m, $\Psi_{tar}=0°$
定位精度要求(大地坐标系)	$\Delta X=20$ m, $\Delta Y=20$ m, $\Delta\psi=5°$
运动方向的优先控制	3 个方向同等重要
控制系统时间延迟	3 s
模拟时间	2 000 s

●作业工况——完整模式

图 8.15 为平台水平低频运动的时历及轨迹曲线图。图 8.16 为 1 ~4 号推力器发出的推力大小和方向时历曲线。由于初始推力为零,推力逐渐增大,平台经过一段时间后运动趋于动态稳定状态,在小范围内做往复运动。

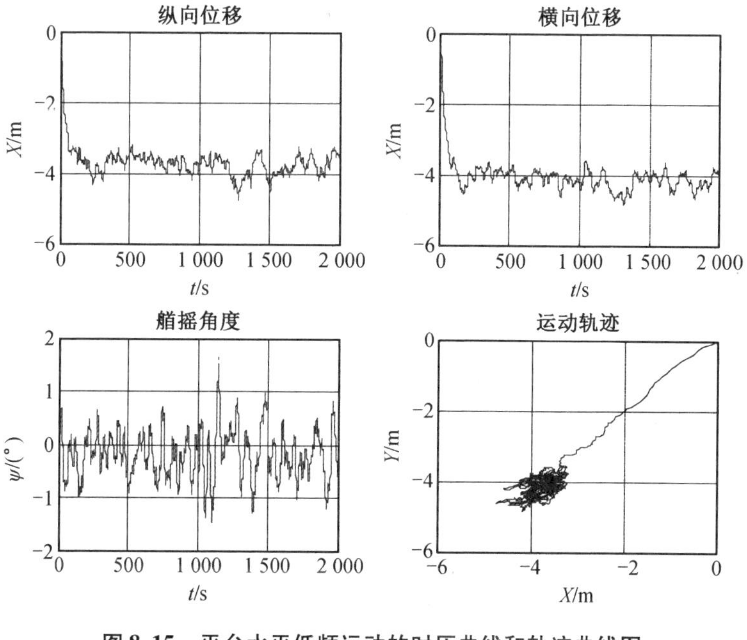

图 8.15 平台水平低频运动的时历曲线和轨迹曲线图

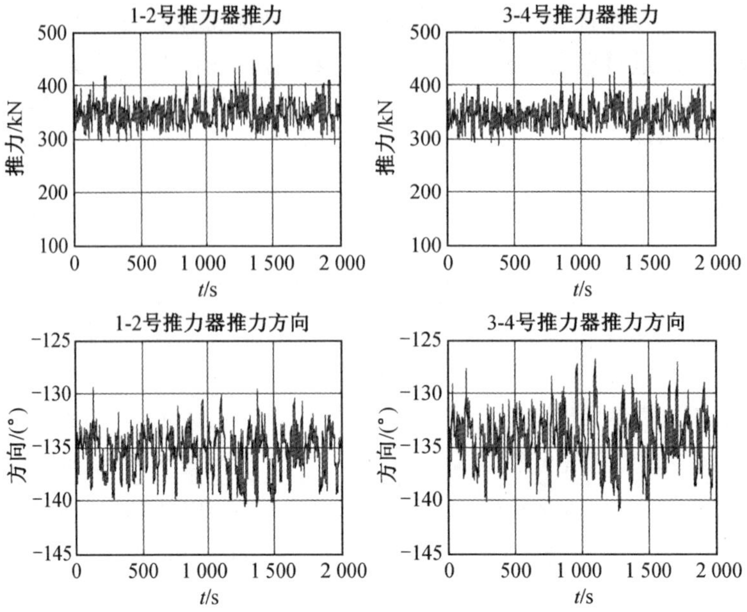

图 8.16 1 ~ 4 号推力器发出的推力大小和方向时历曲线

由于模拟结果在 200 s 以后为稳定状态，所以选取 200 s 以后的值来做统计。运动时历的统计数据见表 8.5，各推力器的功率消耗时历统计数据见表 8.6。图 8.17 给出的是推力器在各个功率水平（表达成最大功率的百分数）上的工作时间（表达成对总时间的百分数）分布。

表 8.5 平台水平运动时历的统计数据

项目	单位	最小值	最大值	平均值	标准差
纵向位移	m	-4.74	-3.19	-3.77	0.27
横向位移	m	-4.85	-3.58	-4.13	0.24
艏摇角度	°	-1.45	1.52	-0.17	0.46

表 8.6 推力器的功率消耗时历统计数据

推力器号	单位	最小值	最大值	平均值	标准差
1 号推力器功率	kW	1 153	2 156	1 507	151
2 号推力器功率	kW	1 156	2 141	1 499	148
3 号推力器功率	kW	1 145	2 079	1 468	139
4 号推力器功率	kW	1 136	2 064	1 461	138
5 号推力器功率	kW	1 115	2 056	1 447	138
6 号推力器功率	kW	1 105	2 041	1 439	137
7 号推力器功率	kW	1 064	1 978	1 407	138

表 8.6(续)

推力器号	单位	最小值	最大值	平均值	标准差
8 号推力器功率	kW	1 055	1 964	1 399	1 38
总功率	kW	8 998	16 479	11 626	1 102

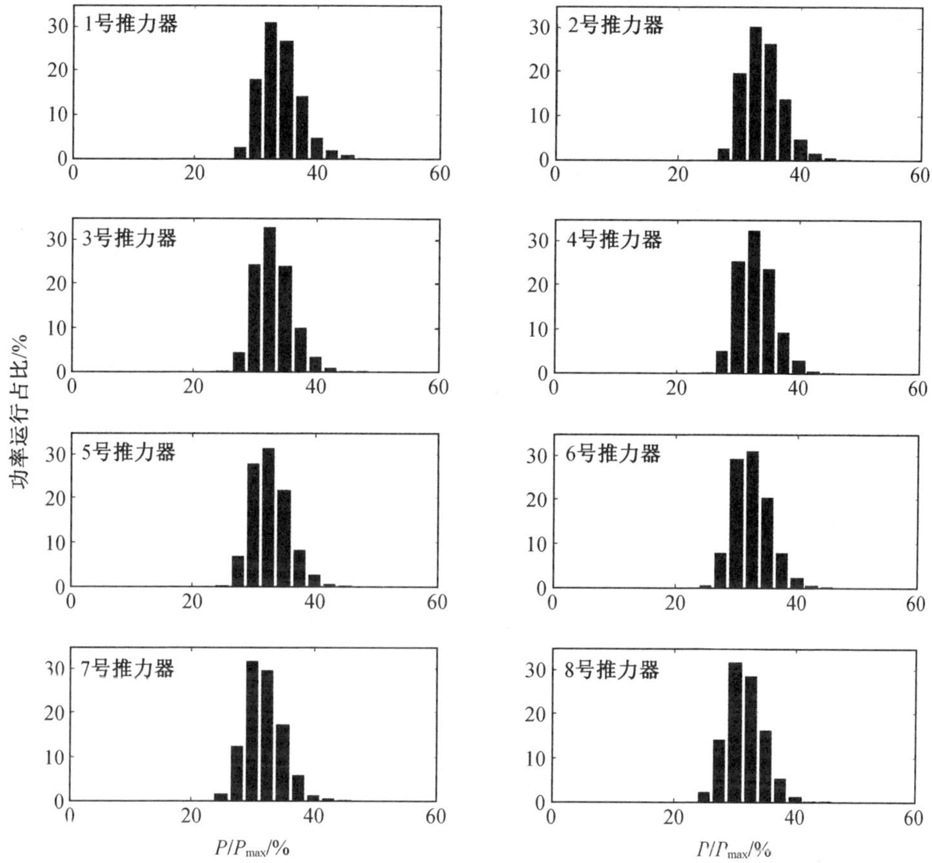

图 8.17　推力器在不同功率水平上的工作时间分布

可以看出,平台此时能够保持有效定位,定位的精度足以满足要求,有着很高的定点能力。并且各推力器功率大部分时间都在 30% 至 40% 的中低功率水平上运行,推力器的效率较高,有利于减小燃油的消耗,可使得动力定位系统以更加经济的模式运行。在实际作业中,可以控制艏向使平台尽量迎浪作业,从而减小功率消耗。

●作业工况——失效模式

图 8.18 为平台水平低频运动的时历曲线及轨迹曲线图。图 8.19 为 2 ~4 号推力器发出的推力大小和方向的时历曲线。水平运动时历的统计数据见表 8.7,推力器的功率消耗时历统计数据见表 8.8。图 8.20 给出的是推力器在不同功率水平上的工作时间分布。

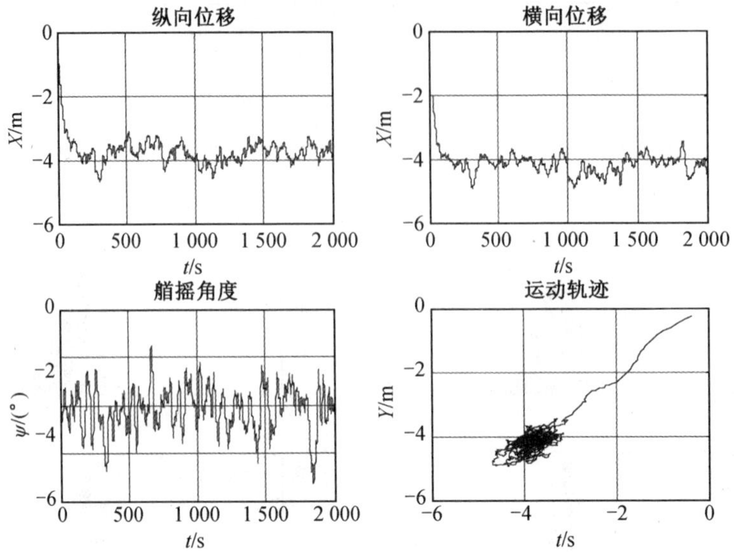

图 8.18　平台水平低频运动的时历曲线和轨迹曲线图

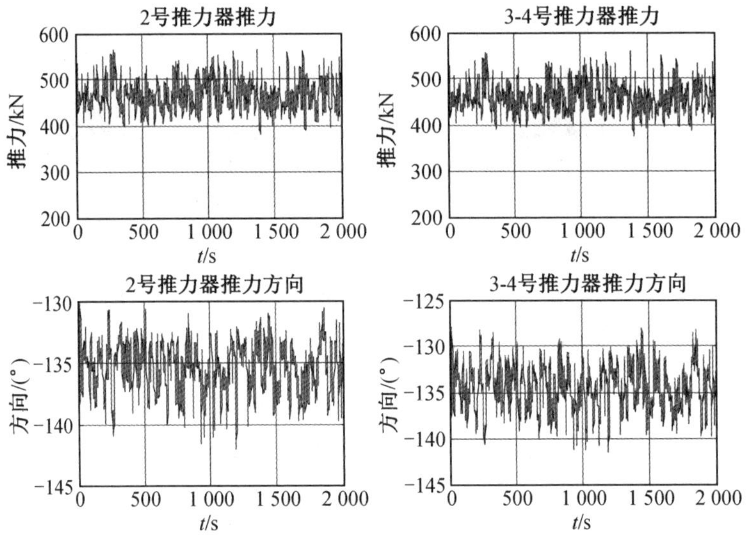

图 8.19　2~4 号推力器发出的推力大小和方向的时历曲线

表 8.7　平台水平运动时历的统计数据

项目	单位	最小值	最大值	平均值	标准差
纵向位移	m	-4.68	-3.13	-3.80	0.28
横向位移	m	-4.93	-3.45	-4.19	0.27
艏摇角度	°	-1.63	1.24	-0.08	0.49

可以看出，平台经过一段时间后运动趋于动态稳定状态，在小范围内做往复运动。平

台此时能够保持有效定位，定位精度会变得稍差，但仍满足定点能力要求。各推力器功率大部分时间在中等偏上水平上，推力器效率变差。通过表8.8可知，此时的总功率消耗比完整模式下大了15.4%，与静态分析结果相符，应尽快修复动力定位系统。

表8.8　推力器的功率消耗时历统计数据

项目	单位	最小值	最大值	平均值	标准差
2号推力器功率	kW	1 717	3 075	2 310	251
3号推力器功率	kW	1 682	3 024	2 259	239
4号推力器功率	kW	1 675	3 013	2 248	237
5号推力器功率	kW	1 662	2 989	2226	239
6号推力器功率	kW	1 654	2 977	2 213	239
7号推力器功率	kW	1 554	2 927	2 161	242
总功率	kW	10 008	18 005	13 417	1 428

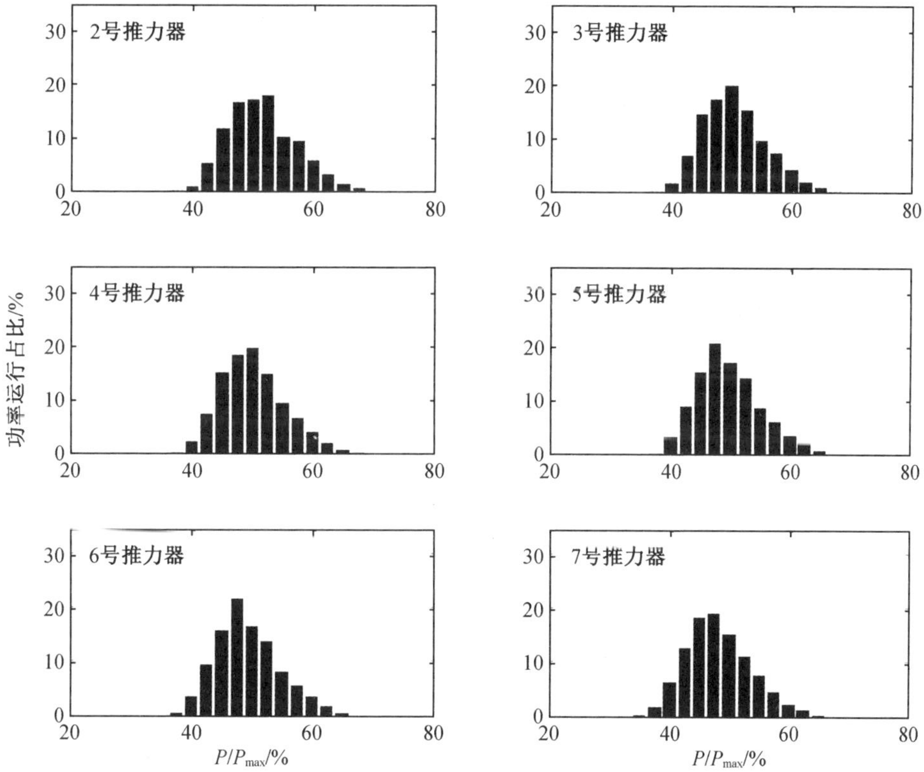

图8.20　推力器在不同功率水平上的工作时间分布

●待机工况——完整模式

图8.21为平台水平低频运动的时历曲线及轨迹曲线图。图8.22为1～4号推力器发出的推力大小和方向的时历曲线。平台经过一段时间后运动趋于动态稳定状态，在小范围

内做往复运动。运动时历的统计数据见表 8.9,推力器的功率消耗时历统计数据见表 8.10。图 8.23 给出的是推力器在不同功率水平上的工作时间分布。

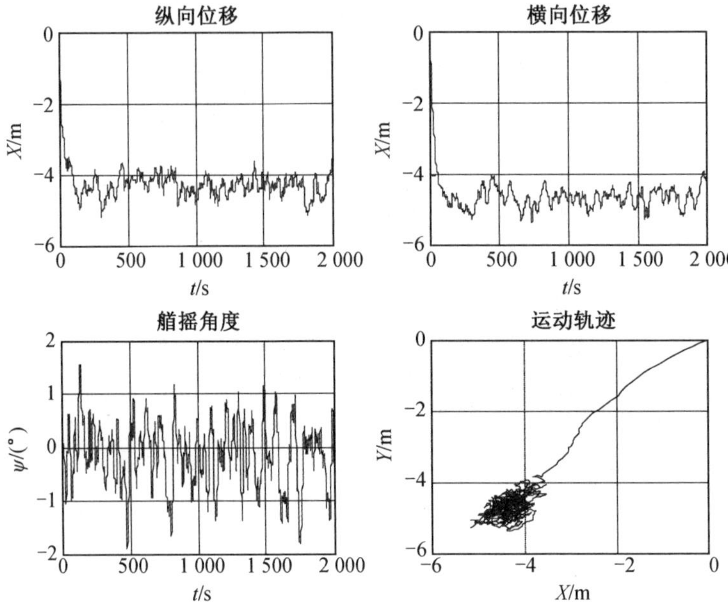

图 8.21　平台水平低频运动的时历曲线和轨迹曲线图

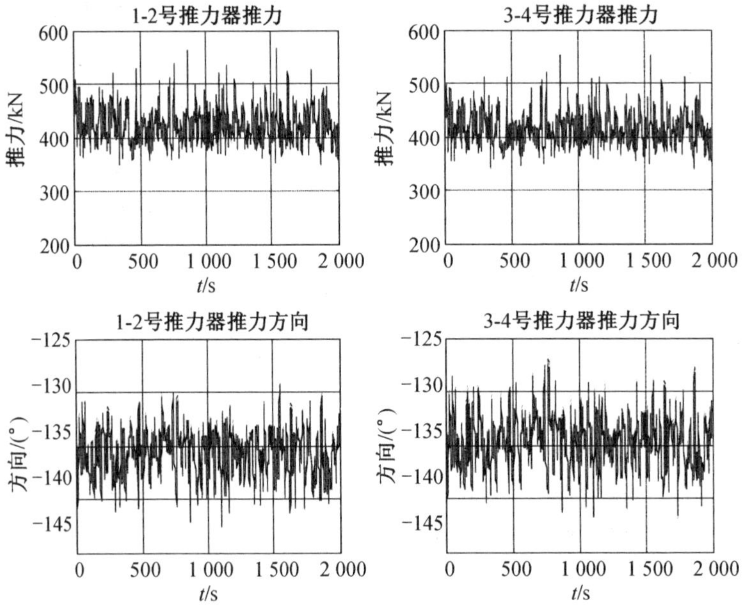

图 8.22　1 ~ 4 号推力器发出的推力大小和方向的时历曲线

表 8.9　平台水平运动时历的统计数据

项目	单位	最小值	最大值	平均值	标准差
纵向位移	m	-5.18	-3.52	-4.32	0.28
横向位移	m	-5.38	-3.93	-4.68	0.27
艏摇角度	°	-1.91	1.17	-0.17	0.59

表 8.10　推力器的功率消耗时历统计数据

项目	单位	最小值	最大值	平均值	标准差
1 号推力器功率	kW	1 500	3 093	1 989	237
2 号推力器功率	kW	1 490	3 069	1 979	233
3 号推力器功率	kW	1 447	2 976	1 937	221
4 号推力器功率	kW	1 437	2 960	1 927	219
5 号推力器功率	kW	1 406	2 958	1 910	221
6 号推力器功率	kW	1 396	2 942	1 900	219
7 号推力器功率	kW	1 350	2 874	1 857	217
8 号推力器功率	kW	1 338	2 858	1 847	217
总功率	kW	11 369	23 672	15 347	1 757

可以看出,平台此时能够保持有效定位,定位的精度足以满足要求,有着良好的定点能力。并且各推力器功率大部分时间都在 35% ~50% 的中低功率水平上,推力器的效率较高,有利于减小燃油的消耗,可使得动力定位系统以更加经济的模式运行。在实际作业中,可以控制艏向使平台尽量迎浪作业,从而减小功率消耗。

●待机工况——失效模式

图 8.24 为平台水平低频运动的时历曲线和轨迹曲线图。图 8.25 为 2 ~4 号推力器发出的推力大小和方向的时历曲线。运动时历的统计数据见表 8.11,推力器的功率消耗时历统计数据见表 8.12。图 8.26 给出的是推力器在不同功率水平上的工作时间分布。

可以看出,平台经过一段时间后运动趋于动态稳定状态,在小范围内做往复运动。平台此时能够保持有效定位,定位精度会变得稍差,但足以满足定点能力要求。各推力器功率大部分时间在中等偏上水平上,推力器效率变差。通过对比可知,此时的总功率消耗比完整模式下大了 15.2% ,与静态分析结果相符,应尽快修复动力定位系统。

表 8.11　平台水平运动时历的统计数据

项目	单位	最小值	最大值	平均值	标准差
纵向位移	m	-5.31	-3.68	-4.26	0.26
横向位移	m	-5.32	-4.00	-4.64	0.25
艏摇角度	°	-2.30	1.24	-0.11	0.61

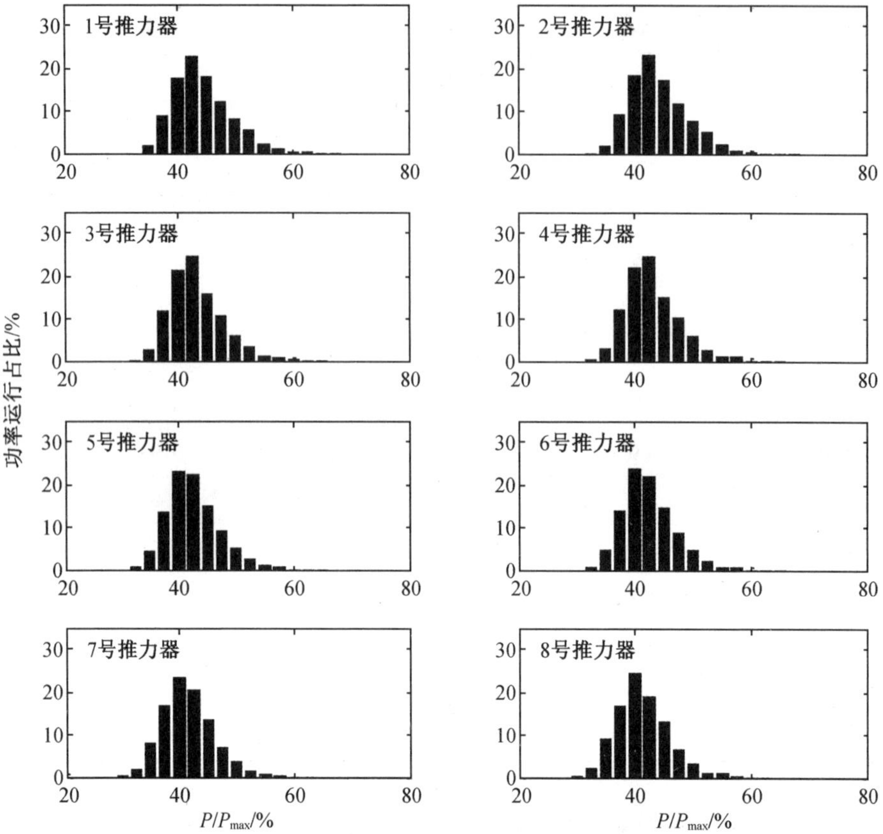

图 8.23　推力器在不同功率水平上的工作时间分布

表 8.12　推力器的功率消耗时历统计数据

项目	单位	最小值	最大值	平均值	标准差
2 号推力器功率	kW	2 265	4 489	3 046	350
3 号推力器功率	kW	2 209	4 489	2 976	330
4 号推力器功率	kW	2 179	4 489	2 961	326
5 号推力器功率	kW	2 060	4 489	2 933	329
6 号推力器功率	kW	2 026	4 489	2 916	327
7 号推力器功率	kW	1 885	4 489	2 845	326
总功率	kW	12 704	26 934	17 677	1 964

(2)复位能力分析

动力定位平台的失位指的是平台由于自身或者外界的原因而偏离了预定的目标位置，较大的失位可能会导致严重的污染和重大机械性破坏，并可能给人员造成致命伤害。

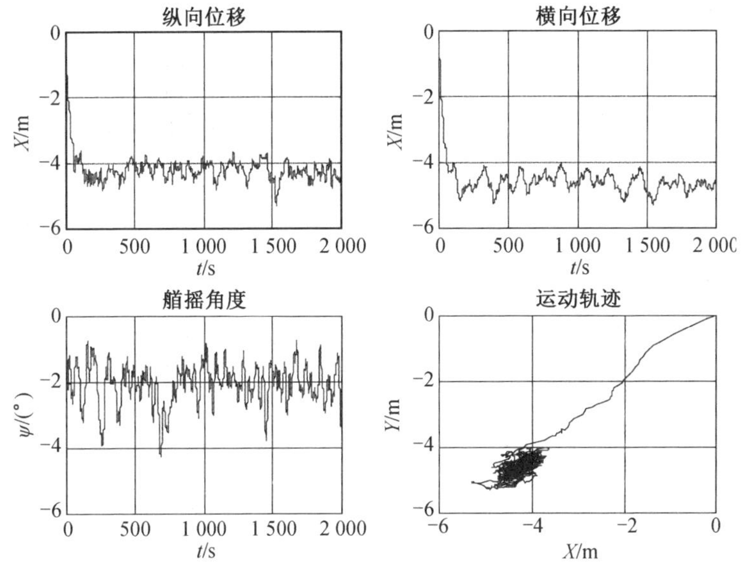

图 8.24　平台水平低频运动的时历曲线和轨迹曲线图

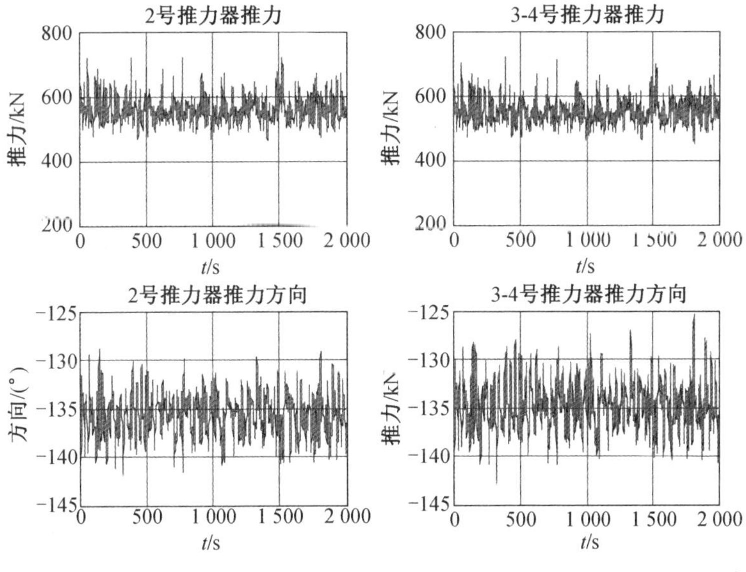

图 8.25　2～4 号推力器发出的推力大小和方向的时历曲线

下面对 981 深水钻井平台动力定位系统的失位回复过程进行动态模拟，所获得的结果包括：平台位移和速度时历、推力器的工作状态及总功率消耗等信息。风、波浪、海流来向均为 0°。由于推力器布置的对称性，下面一些图表中只给出了部分模拟结果。动态模拟的具体参数设定见表 8.13。

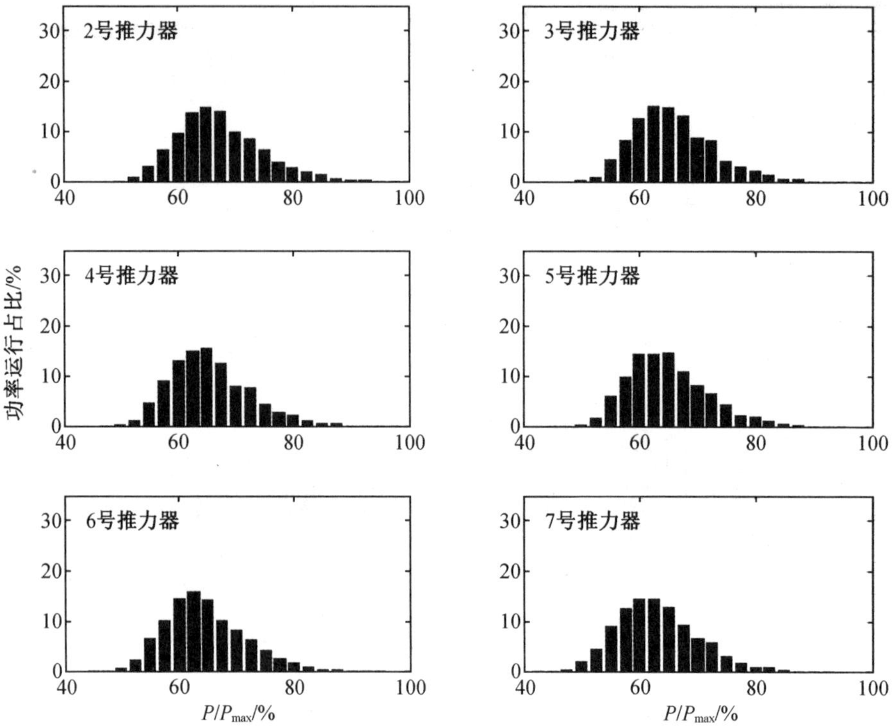

图 8.26　推力器在不同功率水平上的工作时间分布

表 8.13　动态模拟的具体参数设定表

项目	设定值
控制方式	PID + Kalman 滤波
定位初始位置(大地坐标系)	$X_{st}=50$ m, $Y_{st}=50$ m, $\Psi_{st}=45°$
定位初始速度(大地坐标系)	$V_x=0$ m/s, $V_y=0$ m/s, $V_\psi=0°$
定位目标位置(大地坐标系)	$X_{tar}=0$ m, $Y_{tar}=0$ m, $\Psi_{tar}=0°$
定位精度要求(大地坐标系)	$\Delta X=20$ m, $\Delta Y=20$ m, $\Delta\psi=5°$
运动方向的优先控制	3 个方向同等重要
控制系统时间延迟	3 s
模拟时间	1 000 s

●作业工况

图 8.27 为平台水平低频运动的位移及速度时历曲线图。从图中可见,在经过大约 120 s 后,平台位移和艏向基本稳定在目标值附近,可见平台的控制响应、定位精度以及运动速度均符合要求。

图 8.28 为 1 ~4 号推力器发出的推力大小和方向的时历曲线,图 8.29 为推力系统总功率消耗的时历曲线。从图中可以看出,各个推力器开始的一段时间均满负荷运转了一段时间,推力方向也一直在变化,从而保证了平台的快速运动响应。经过一段时间后推力器工作状态和功率消耗随着平台到达预定目标位置而趋于稳定。可见,推力系统的设计满足动

力定位系统的控制需求。

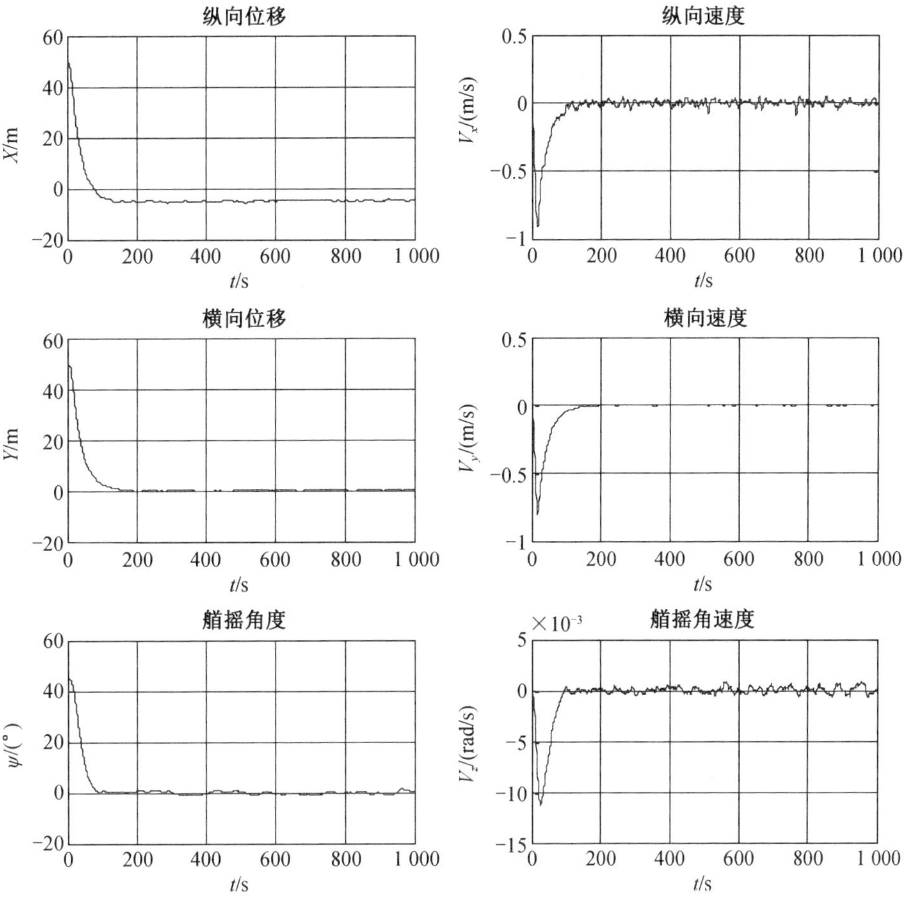

图 8.27　平台位移及速度时历曲线

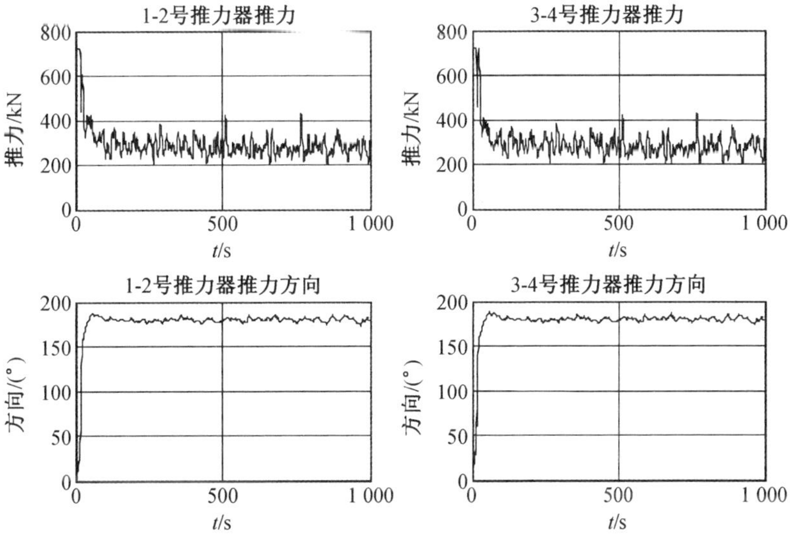

图 8.28　1~4 号推力器发出的推力大小和方向的时历曲线

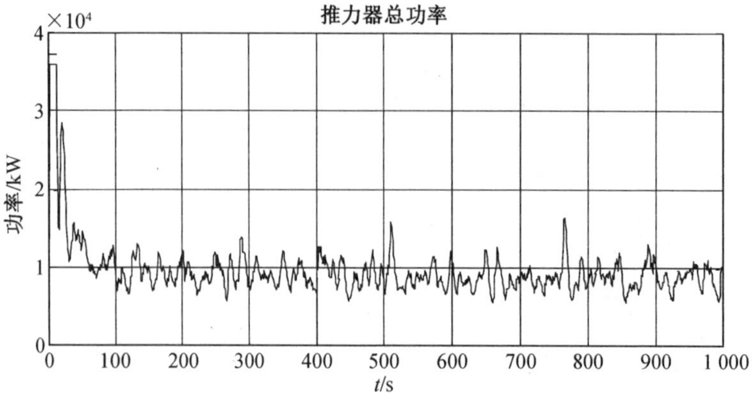

图 8.29　推力系统总功率消耗的时历曲线

总体来说，981 深水钻井平台的动力定位系统在作业工况下有着良好的复位能力。

●待机工况

图 8.30 为平台水平低频运动的位移及速度时历曲线图，图 8.31 为 1 ~4 号推力器发出的推力大小和方向的时历曲线，图 8.32 为推力系统总功率消耗的时历曲线。

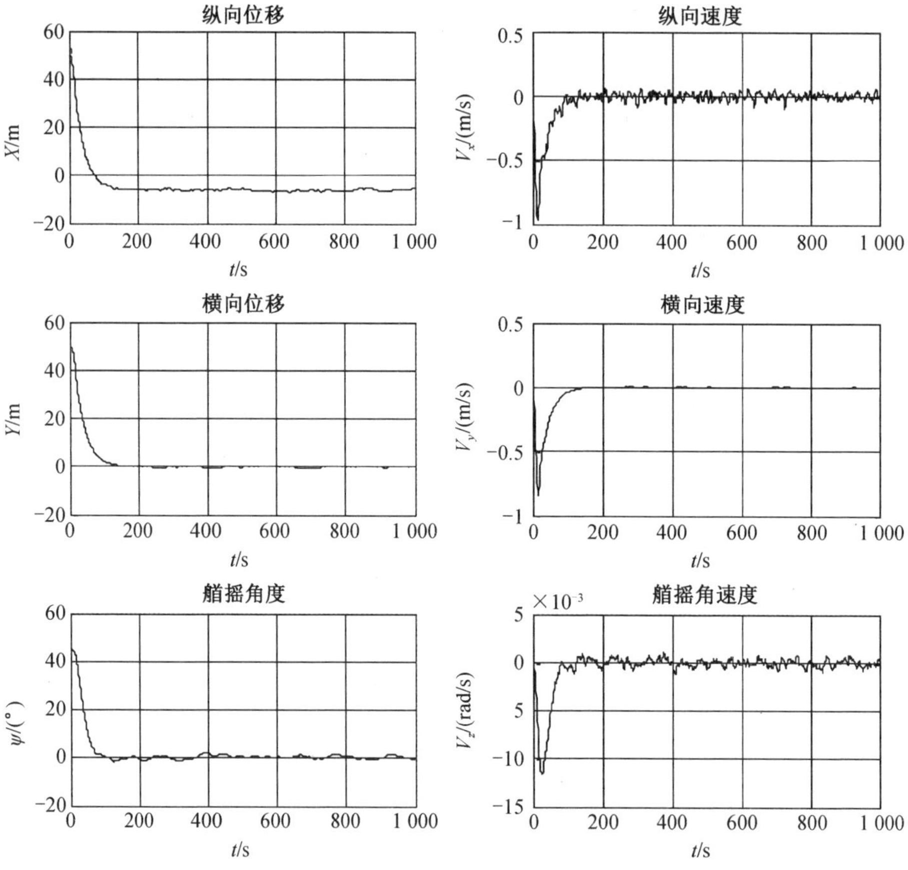

图 8.30　位移及速度时历曲线

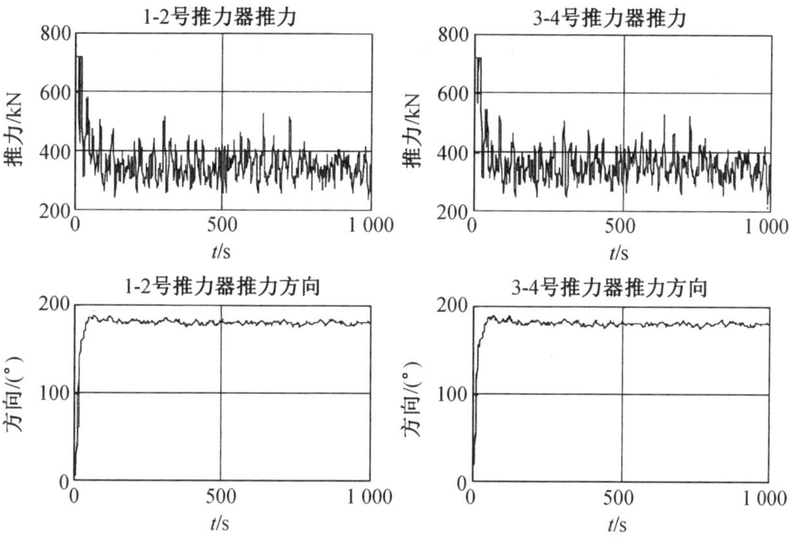

图 8.31　1～4 号推力器发出的推力大小和方向的时历曲线

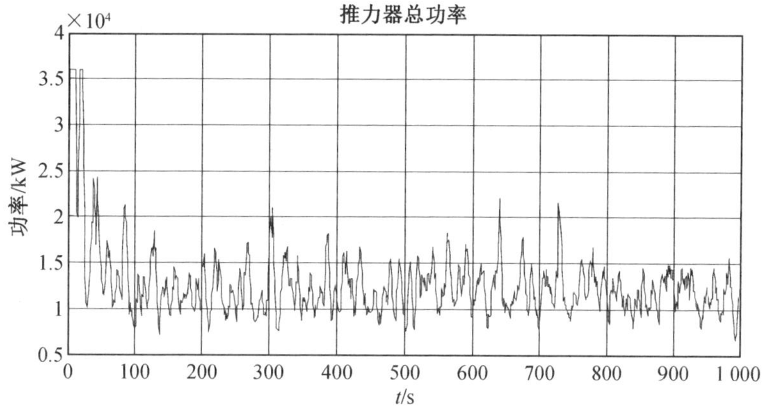

图 8.32　推力系统总功率消耗的时历曲线

从模拟结果可知，经过大约 130 s 后，平台位移和艏向都基本稳定在目标值附近。可见平台的控制响应、定位精度以及运动速度均符合要求。总体来说，981 深水钻井平台的动力定位系统在待机工况下有着良好的复位能力。

参考文献

[1] IMCA. Specification for DP capability plots[S]. IMCA M140，2000.

[2] API. Recommended practice for design and analysis of station keeping systems for floating structures[S]. API 2SK(RP2SK). 2nd edition，1997.

第九章　考虑水下立管角度响应的动力定位控制

作为深海油气资源开发必备的关键技术,合理而准确的控位是各类海洋工程支持船、铺管起重船、深水钻井船舶与平台等海洋浮式结构物在海上进行安全、可靠作业的前提,直接关乎海上钻井、修井、铺管、补给支持等作业的安全与成败。近海的浮式结构物主要依靠多点或单点锚泊系统来实现位置保持的目的[1],如张力腿式平台(TLP)、独柱式平台(SPAR)、浮式生产储卸装置(FPSO)等。随着油气资源的勘探与开发进入深海、超深海,动力定位(DP)正逐渐替代系泊定位方式,成为各类海洋结构物全海作业的主要选择[2-3]。对于海上钻井、修井等作业而言,水面浮式结构物定位的最根本目标是保证连接水下井口与水面浮体的钻井立管或生产立管的各运行参数维持在安全范围内,随着海洋浮式结构物的作业水深不断增加,钻井立管在水下的浸没深度达到上千米,如何使钻井立管在未知的深海环境下保持正常的形态与应力载荷是各类海上移动式钻井装置深海作业面临的一大挑战。美国石油协会(API)规定[4]:连接钻探时顶端接头处角度的平均值小于2°,最大值小于4°;下端接头处角度的平均值小于1°,最大值小于4°;非链接钻探时顶端接头处角度的最大值小于9°;下端接头处角度的最大值小于9°,这对控位技术提出了很高的要求。

文献[5]通过控制顶端张力来减少立管的变形以及立管顶、末端接头处的角度偏移,该方法会导致立管水下部分承受较大的应力,对立管的强度或材料提出了更高的要求,带来作业成本的大幅度提高。同时,提升立管顶端张力只能应对由海流载荷所引起的较小角度的偏移,对于由浮体运动所引发的较大角度偏移无能为力,而且立管顶部张紧力的提升也有一个最大值的物理限制。文献[6]和文献[7]提出沿着钻井立管管长方向布置推力器以抵抗海流载荷的影响,然而推力器的布置对于钻井立管力学特性的影响以及实际实施的可行性还有待验证。文献[8]通过自动调整锚链的长度来实现海洋平台的准确定位,该策略的缺点是工作水深受限,没有考虑锚链长度调整过程对实际定位的准确性与实时性的影响,同时海洋平台的艏向还是需要推力器系统进行辅助控制。文献[9]在动力定位控制算法中引入可靠性指标来实现对立管顶、末角度的控制,为水面浮体与水下立管的联合作业安全控制提供了一个新思路。

作为一种主动控位模式,动力定位(DP)不受海洋结构物工作水深的限制,通过先进的控位方法对浮式结构物的纵荡、横荡及艏摇等自由度运动实施控制,动力定位的研究学者侧重于从信号处理与滤波、先进控制、推力分配等方面提高海上定位的性能、精度以及燃油消耗经济性。目前在深海控位模式与方法的研究中,较少会具体考虑浮体运动对水下立管各运行参数(如弯曲应力、顶末端角度)安全域的影响,这源于控位与立管领域不同的研究关注点,控位领域的学者侧重于定位精度与性能的提高,立管领域的学者们则侧重于立管的力学特性分析[10-11]。因而,如能将深水钻井立管的运动状态、动力响应、力学特性等信息适时引入控位模式与方法的研究中,并实时应用于动力定位控位闭环的设计中,将有的放矢地提升海上主动定位的精度与性能。图9.1为海洋平台与立管联合作业示意图。

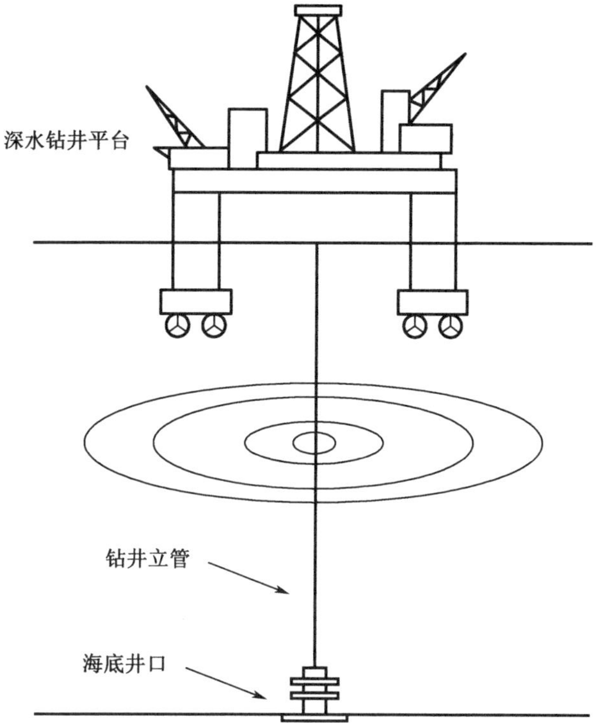

图 9.1　海洋平台与立管联合作业示意图

本章针对深水环境载荷下海洋浮式结构物水下钻井、修井等作业类型对水下钻井立管重要运行参数的安全运行域限制要求，在动力定位模式下设计并开发一种联合钻井立管顶、末端角度响应的主动控位方法，揭示水面浮体运动对水下钻井立管的影响关系，设计并实现考虑立管运动响应的主动控制策略，通过仿真试验的手段来评价所设计控位方法的性能。

9.1　钻井立管数学模型

9.1.1　立管力学分析

一根钻井立管就像是一根被拉紧的梁。钢管提供了一部分的弯曲刚度，沿着立管长度方向分布的有效张力所带来的轴向拉伸效应对垂直于梁中轴的静态和动态荷载所导致的梁的横向弯曲有一定的阻碍作用。钻井立管的一个主要特征是在漂浮运动中顶端张力保持恒定，因为在其顶端有一个升沉补偿装置。顶端张力必须足够强才能够保证立管不会发生整体屈曲，这也就意味着立管底端的有效张力必须为正。

立管的一些力学基本特征可由图 9.2 中的二维静态实例来表示。该图中，立管顶端相对于底端有一个位移。立管与顶部和底部的垂线之间的夹角分别表示为 α_t 和 α_b。这些角度受立管端部的张力、位移和海流作用的影响。因为钻井立管的两端都是可以转动的，所以根据等量关系可以建立如下转角和张力之间的方程：

$$T_t \sin \alpha_t + T_b \sin \alpha_b = \int_b^t f_c(s) \cos \alpha(s) \mathrm{d}s \tag{9.1}$$

式中，$f_c(s)$为立管上指定位置处单位长度的海流力；$\alpha(s)$是与之对应的立管相同部位的角度。

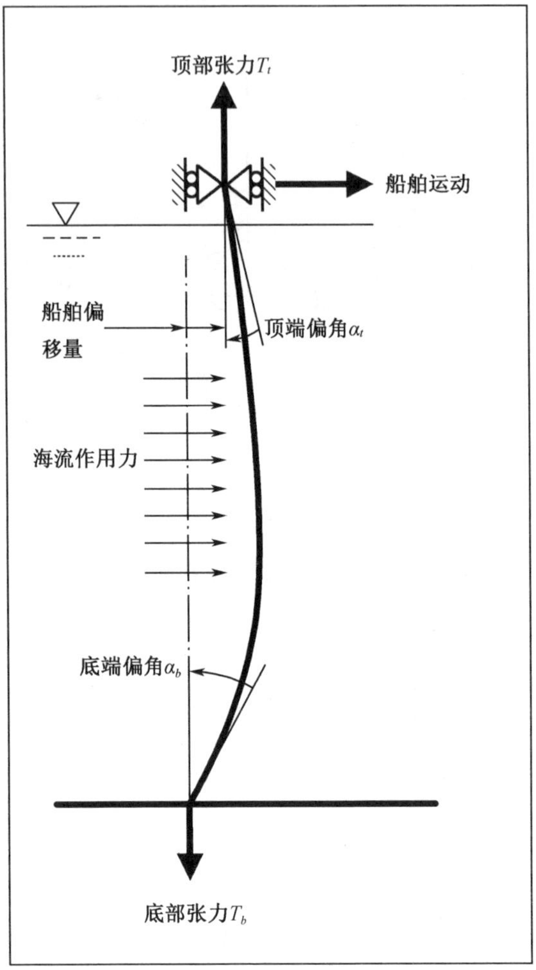

图 9.2　立管受力示意图

一次成功的钻井操作需要立管顶部和底部的转角在一个确定的范围之内。这原则上可以通过调节立管顶部张力和选择合适的船舶位移来实现，而船舶位移的选择与控制可以由动力定位系统来进行调控。然而，顶部张力由于安装的原因不能超过一个预定的最大值，也就意味着在某些海流条件下不可能成功控制立管的角度。因此，动力定位系统的目标是在尽可能长的时间周期内保持立管转角在要求的范围之内，这一目标可以通过正确选择船舶目标位置坐标来实现。

Sørensen 等在文献[12]中提出了立管的二维模型，其三维模型更加复杂，如图 9.3 所示。海流方向可能沿着水层变化，意味着立管偏转不是仅仅发生在一个定义的平面内。因此立管端部的转动要用倾角的方向（图 9.3 中的β_b 和β_t）及大小（图 9.3 中的α_b 和α_t）来表示。

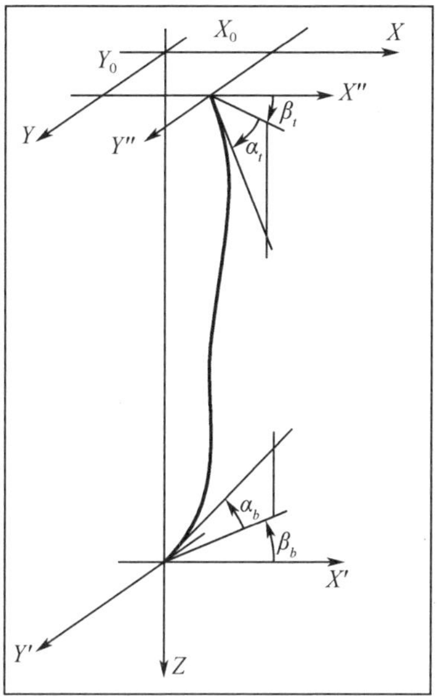

图 9.3　立管变形三维空间示意图

为了计算立管中的应力,需要一个精确的有限元模型,文献[13]给出了一种基于有限元模型的立管应力计算方法。然而,为了计算顶端和底端的立管角度,一个简化的模型就足够了。相关的收敛性研究表明,即使立管处于水深 1 000 m 的情况下,10 个单元算出来的角度和几百个单元算出来的角度只相差几个百分点。

因此,我们用 10 个单元建立了如图 9.4 所示的模型。实际上,这个模型是三维的,但是在图中只显示了二维投影。每个单元的局部 x 轴穿过用来定义单元的两个节点。每个单元根据局部坐标系定义了刚度矩阵。该刚度矩阵包括两部分:第一部分代表弹性刚度 k_{EI},第二部分代表所谓的几何刚度 k_{G},其中下标 i 代表单元数。所以单元 i 的整体刚度矩阵为

$$\boldsymbol{k}_i = [k_{\mathrm{EI}} + \boldsymbol{P}_i k_{\mathrm{G}}]_i \tag{9.2}$$

局部单元两端的 6 个运动分量(每个端点包括 3 个平动和 3 个转动,两个端点总共 12 个运动分量)是相对于其自身的局部坐标系的。每个单元(单元数 i)的所有 12 个运动分量都包含起来组成一个总的运动向量 $\boldsymbol{v}_i$,则单个单元的弹性刚度矩阵可表示为

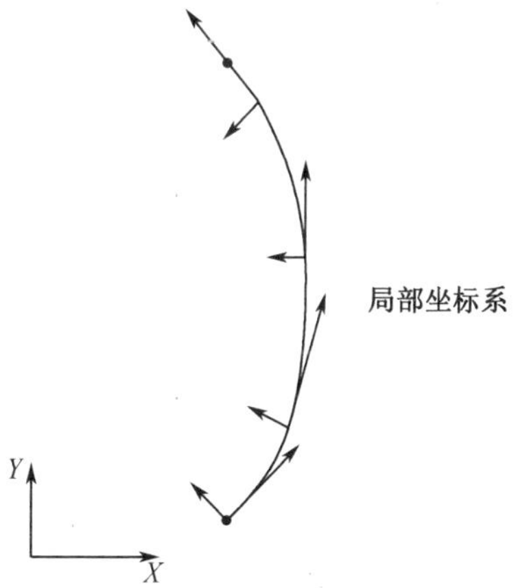

图 9.4　立管参考坐标系

$$K_{EI}=EI\begin{bmatrix}\frac{12}{l^3} & 0 & \frac{6}{l^2} & 0 & \frac{12}{l^3} & 0 & \frac{6}{l^2} & 0\\ 0 & \frac{12}{l^3} & 0 & \frac{6}{l^2} & 0 & -\frac{12}{l^3} & 0 & -\frac{6}{l^2}\\ \frac{6}{l^2} & 0 & \frac{4}{l} & 0 & \frac{6}{l^2} & 0 & \frac{2}{l} & 0\\ 0 & -\frac{6}{l^2} & 0 & \frac{4}{l} & 0 & \frac{6}{l^2} & 0 & \frac{2}{l}\\ -\frac{12}{l^3} & 0 & \frac{6}{l^2} & 0 & \frac{12}{l^3} & 0 & -\frac{6}{l^2} & 0\\ 0 & -\frac{12}{l^3} & 0 & \frac{6}{l^2} & 0 & \frac{12}{l^3} & 0 & \frac{6}{l^2}\\ \frac{6}{l^2} & 0 & \frac{2}{l} & 0 & -\frac{6}{l^2} & 0 & \frac{4}{l} & 0\\ 0 & -\frac{6}{l^2} & 0 & \frac{2}{l} & 0 & \frac{6}{l^2} & 0 & \frac{4}{l}\end{bmatrix} \tag{9.3}$$

式中,E 是弹性模量(杨氏模量);I 是惯性矩(EI 是弯曲刚度);l 是每个单元的长度。注意到式(9.3)只是 8×8 维,而不是上面说的 12×12 维。这是因为忽略了每个单元局部节点 1 和 2 的垂直位移,同样也忽略了扭转作用。这样简化的原因是这些自由度在这样的研究中是不做要求的。因此,每个单元总共有 4 个运动自由度被移除,这就使得总数从 12 减到了 8。相应地,8×8 的几何刚度矩阵可以表示为

$$P_i k_G=\frac{P_i}{30l}\begin{bmatrix}36 & 0 & 3l & 0 & -36 & 0 & 3l & 0\\ 0 & 36 & 0 & -3l & 0 & -36 & 0 & -3l\\ 3l & 0 & 4l^2 & 0 & -3l & 0 & -l^2 & 0\\ 0 & -3l & 0 & 4l^2 & 0 & 3l & 0 & -l^2\\ -36 & 0 & -3l & 0 & 36 & 0 & -3l & 0\\ 0 & -36 & 0 & 3l & 0 & 36 & 0 & 3l\\ 3l & 0 & -l^2 & 0 & -3l & 0 & 4l^2 & 0\\ 0 & -3l & 0 & -l^2 & 0 & 3l & 0 & 4l^2\end{bmatrix} \tag{9.4}$$

整个立管的动力平衡方程中的运动量是相对于整体坐标系的(在整体坐标系中被称为 XYZ),相应地,每个单元都有一个转换矩阵 $\boldsymbol{T}$。单元 i 相应的整体坐标系中的运动量表示为

$$\boldsymbol{r}_i=\boldsymbol{T}_i v_i \tag{9.5}$$

这些子向量最终组合成一个总的立管位移向量(包括平动和转动),被称为 $\boldsymbol{r}$。注意:这些向量的维数是节点数量的 4 倍,而不是单元数量,这是因为相邻单元共享节点。

然后,利用式(9.5)中的转换矩阵 $\boldsymbol{T}_i$ 将每个单元的刚度矩阵从局部坐标系转换到整体 XYZ 坐标系中。相应的单元 i 的整体刚度矩阵可表示为

$$\boldsymbol{K}_i=\boldsymbol{T}_i^{\mathrm{T}}k_i\boldsymbol{T}_i=\begin{bmatrix}\boldsymbol{K}_{11}^i & \boldsymbol{K}_{12}^i\\ \boldsymbol{K}_{21}^i & \boldsymbol{K}_{22}^i\end{bmatrix} \tag{9.6}$$

将所有单元的整体坐标系的单元矩阵组合后即成为立管系统的刚度矩阵 $\boldsymbol{K}$。如上所述,这个矩阵由所有节点的位置决定。将 $\boldsymbol{K}_{jk}^i$(称为单元 i 的子阵 jk)引入,可以得到系统矩

阵的表达式。对于每一个单元，j 和 k 的取值从 1 到 2。所以，总共有 4 个这样的子阵：$\boldsymbol{K}_{11}^{i}$、$\boldsymbol{K}_{12}^{i}$、$\boldsymbol{K}_{21}^{i}$、$\boldsymbol{K}_{22}^{i}$，它们都是 4×4 阶的。第一个子阵代表局部节点 1 包含 4 自由度耦合项的刚度项，最后一个子阵代表局部节点 2 的刚度项。剩下的两个子阵 $\boldsymbol{K}_{12}^{i}$ 和 $\boldsymbol{K}_{21}^{i}$ 相当于两个局部节点间的刚度耦合项。故而管线的整体系统刚度矩阵可表示为

$$\boldsymbol{K}=\begin{bmatrix} K_{11}^{1} & K_{12}^{1} & & & & \\ K_{12}^{1} & K_{22}^{1}+K_{11}^{2} & K_{12}^{2} & & & \\ & K_{21}^{2} & K_{22}^{2}+K_{11}^{3} & & & \\ & & & \ddots & & \\ & & & & K_{22}^{N-1}+K_{11}^{N} & K_{12}^{N} \\ & & & & K_{21}^{N} & K_{22}^{N} \end{bmatrix} \tag{9.7}$$

我们假设节点 1 在立管顶部，两个第一自由度是相对于水面浮体的水平位移的（整体坐标系中的 X、Y 坐标）。此外，这些相当于系统矩阵的前两行和前两列。从式（9.7）观察得，在每一行每一列中最多有 12 个非零（这里为 8 个）元素。

立管顶端和底端的边界条件将在下文中介绍。固定或已知的自由度可以减少整体运动向量中的维数。以立管顶端为例，考虑已知顶端在 X、Y 方向上的位移，则可将系统刚度矩阵的第一行和第一列划去。矩阵的前两列保存在一个分离的矩阵中用于之后的计算，该步骤同样适用于有固定自由度的项。

最终的矩阵将是 $ndof\times 2$ 阶（纵荡和横荡不变），其中 $ndof$ 表示没有固定的自由度数目，这个式子被称为 K_{Icoupl}。相应地，剩余刚度矩阵主要部分的维数变为 $ndof\times ndof$，可将其简称为 K_{I}。

最初每个单元的荷载向量也是相对于局部坐标系的。单元每个节点上的力是用静力强度乘上一个适当的“形函数”来得到的。静力强度是基于海流速度分量的二次阻力，垂直于局部单元轴。利用式（9.5）的转换矩阵，可以将每个节点的局部力向量转换到整体坐标系中。通过这种形式的转化，就可以将单元的局部力向量转化为整体力向量，局部位移向量转化为整体位移向量。

转换矩阵及相应的刚度矩阵和整体荷载向量都是依据节点坐标而建立的方程。反过来说，这些也是根据每个节点的最初位置和总体位移来定义的。经过反复计算发现，两步迭代就可以得到精确结果：首先，基于一根竖直立管的刚度矩阵和荷载向量以及给定的海流剖面和顶端位移，计算静态立管的位移；接着，新的立管静态形态用于更新的转换矩阵的计算；基于这些，系统刚度矩阵和荷载向量也被更新；最终，利用这些新的矩阵就可以得到一个更精确的立管静态形态。

9.1.2　低频模型

立管低频运动的激励机制是由立管顶端的水面船舶引起的强迫运动。在低频运动中，海浪直接作用在立管上的水动力荷载可以忽略，但是海流力和立管运动必须要考虑。这些力正比于相对速度的平方，因此不能分解为阻尼和驱动项。由于低频运动会很大，有必要考虑几何变化对系统矩阵的影响。动态平衡方程可以写为

$$\boldsymbol{M}(\boldsymbol{r})\ddot{\boldsymbol{r}}+\boldsymbol{C}_{\mathrm{s}}(\boldsymbol{r})\dot{\boldsymbol{r}}+\boldsymbol{K}(\boldsymbol{r})\boldsymbol{r}=\boldsymbol{\tau}_{\mathrm{vessel_{LF}}}(\boldsymbol{r})+\boldsymbol{\tau}_{\mathrm{current}}(\boldsymbol{u}_{\mathrm{c}},\boldsymbol{r},\dot{\boldsymbol{r}}) \tag{9.8}$$

式中，节点位移向量表示为 $\boldsymbol{r}$，质量矩阵 $\boldsymbol{M}$、结构阻尼矩阵 $\boldsymbol{C}_{\mathrm{s}}$、刚度矩阵 $\boldsymbol{K}$ 都考虑了结构的

变形。除此之外，质量矩阵必须包括各向异性的附加质量项。两个荷载项 $\boldsymbol{\tau}_{\mathrm{vessel_{LF}}}$ 和 $\boldsymbol{\tau}_{\mathrm{current}}$，前者包含了船舶低频运动的贡献，后者包含来自海流速度向量 $\boldsymbol{u}_{\mathrm{c}}$ 和立管速度向量的荷载。对于式(9.8)的一个通用的简化是忽略与惯性力和阻尼力有关的动力项。这样意味着响应模型是静态的，但是计算外部荷载时立管运动还是会被考虑进去的。这样的模型在浅水里应用时也能得到足够的精度，但是在深水中动态效应将变得更加重要，因为此时立管的最低特征频率可能会接近低频运动频率。对于式(9.8)的进一步简化是忽略海流引起的荷载所带来的立管速度的影响。

9.1.3 波频模型

在波频区，立管上的直接波浪力必须要考虑。这个荷载向量 $\boldsymbol{\tau}_{\mathrm{hydro}}$ 包含一个由立管和周围流体之间的相对速度导致的二次拖曳项。此时的动态平衡方程可表示为

$$\boldsymbol{M}(\boldsymbol{r})\ddot{\boldsymbol{r}}+\boldsymbol{C}_{\mathrm{s}}(\boldsymbol{r})\dot{\boldsymbol{r}}+\boldsymbol{K}(\boldsymbol{r})\boldsymbol{r}=\boldsymbol{\tau}_{\mathrm{vessel_{LF}}}(\boldsymbol{r})+\boldsymbol{\tau}_{\mathrm{hydro}}(\boldsymbol{u}_{\mathrm{t}},\dot{\boldsymbol{u}},\boldsymbol{r},\dot{\boldsymbol{r}}) \tag{9.9}$$

同样的，所有的系统矩阵原则上都应该是位移的方程。荷载项为低频模型，需将其分解成船舶运动(这个例子中只有波频运动)的一个项和水动力荷载项。这些力必须建立在一个包含海流、波浪及波浪引起的流加速度 $\dot{\boldsymbol{u}}$ 的流速剖面 $\boldsymbol{u}_{\mathrm{t}}$ 的复杂海洋载荷中。

我们经常可以看到两种简化：系统矩阵为常数，此时系统处于静态平衡条件，模型为线性，但还是会有非线性拖曳力。另一个简化是使拖曳力线性化并将它们分解为阻尼项和激励项，线性拖曳阻尼效应可以转化为平衡方程的左边项，并加到纯结构阻尼项中去。这样可以简化分析，并且可以应用到频域分析法中。然而，线性化也意味着在数值模型中损失了精确度。对于波频案例，需要经常用到动态模型，因为在所有已知的案例中立管的特征频率都在波频范围内。

9.2 考虑立管角度响应的新型平台定位控制器设计

9.2.1 水面浮体运动偏移与立管角度响应分析

立管在钻井作业时通常将其简化为一根横向受海流载荷作用的垂向长梁，如图 9.5 所示，顶端受张紧力的作用，有效张力沿管长分布作用于整根立管。立管在顶端跟随水面浮体运动，底端视为与海底井口端固定。本书只考虑立管的二维运动情况，记惯性坐标系($X_{\mathrm{E}}Y_{\mathrm{E}}Z_{\mathrm{E}}$)下立管顶端接头处的角度为 α_t，底端接头处角度为 α_b。应用有限元方法(FEM)对立管进行离散化分析，将立管离散为 n 个单元，海底底端为第 1 个节点，沿着立管管长方向向上，水面浮体为第($n+1$)个节点，顶端张紧力作用于第($n+1$)个节点。在考虑立管顶端和底端角度的安全控制问题时，对立管的离散节点数量要求并不是特别高，对于水深 1 000 m 的立管，离散为 10 个节点足够保证其精度[14]，这不同于传统立管的有限元结构分析。

定义立管节点 i 在 X_{E} 轴与 Z_{E} 轴方向的位移分别为 x_i 与 z_i，每个立管单元的倾角可表示为

$$\cos\ \theta_i = \frac{\Delta z_i}{l_i}$$
$$\sin\ \theta_i = \frac{\Delta x_i}{l_i} \tag{9.10}$$

式中，$\Delta x_i = x_{i+1} - x, \Delta z_i = z_{i+1} - z_i, l_i = \sqrt{\Delta x_i^2 + \Delta z_i^2}$。

通过有限元分析可求得立管的质量矩阵 $\boldsymbol{M}$、刚度矩阵 $\boldsymbol{K}$、结构阻尼矩阵 $\boldsymbol{C}$ 以及水动力载荷 $\boldsymbol{F}_{\text{hydro}}$，最终可得整根立管的运动方程：

$$\boldsymbol{M}(\boldsymbol{r})\ddot{\boldsymbol{r}} + \boldsymbol{C}(\boldsymbol{r})\dot{\boldsymbol{r}} + \boldsymbol{K}(\boldsymbol{r})\boldsymbol{r} = \boldsymbol{F}_{\text{hydro}} \tag{9.11}$$

式中，立管的位置向量 $\boldsymbol{r} = [x_1 \quad z_1 \quad x_2 \quad z_2 \quad \cdots \quad x_i \quad z_i \quad \cdots \quad x_n \quad z_n \quad x_{n+1} \quad z_{n+1}]^{\mathrm{T}}$。

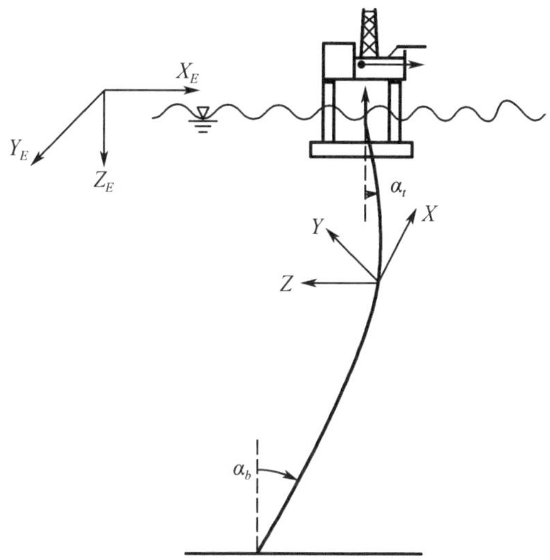

图 9.5　钻井平台与水下立管联合作业示意图

在动力定位控制模式下，水面浮体速度近似为零，所以科氏力与向心力矩阵 $\boldsymbol{C}_{\text{RB}}$、$\boldsymbol{C}_{\text{A}}$ 近似为零，由线性波漂力与层流摩擦所引起的线性阻尼 $\boldsymbol{D}_{\text{L}}$ 远大于非线性阻尼 $\boldsymbol{D}_{\text{NL}}$，因而动力定位控制模型可简化为[15]

$$\boldsymbol{M}\dot{\boldsymbol{v}} + \boldsymbol{D}_{\text{L}}\boldsymbol{v} = \boldsymbol{\tau}_{\text{wind}} + \boldsymbol{\tau}_{\text{wave2}} + \boldsymbol{\tau}_{\text{thr}} \tag{9.12}$$

式中，$\boldsymbol{\tau}_{\text{wind}}$、$\boldsymbol{\tau}_{\text{wave2}}$ 为水面浮体所遭受的风、二阶波浪力载荷；$\boldsymbol{\tau}_{\text{thr}}$ 为推力器系统的合力/力矩，水面浮体质量矩阵与线性阻尼矩阵如下所示：

$$\boldsymbol{M} = \begin{bmatrix} m - X_{\dot{v}} & 0 & 0 \\ 0 & m - Y_{\dot{v}} & mx_g - Y_{\dot{r}} \\ 0 & mx_g - Y_{\dot{r}} & I_z - N_{\dot{r}} \end{bmatrix}$$
$$\boldsymbol{D}_{\text{L}} = \begin{bmatrix} -X_u & 0 & 0 \\ 0 & -Y_v & -Y_r \\ 0 & -N_v & -N_r \end{bmatrix} \tag{9.13}$$

在立管有限元分析中，由于立管在第 1 个节点与第 $(n+1)$ 个节点的约束条件部分已知，即第 1 个节点固定于海底，第 $(n+1)$ 个节点 x 方向位移即为水面浮体的纵向位移，将这些已知节点在矩阵中对应的行与立管的位置列向量相乘所得到的项移动到方程等号右边作为水面浮体运动的影响 $\boldsymbol{F}_{\text{vessel}}$，可得到在浮体运动影响下的立管运动方程：

$$\boldsymbol{M}_{\text{f}}\ddot{\boldsymbol{r}}_{\text{f}}+\boldsymbol{C}_{\text{s}}\dot{\boldsymbol{r}}_{\text{f}}+\boldsymbol{K}_{\text{f}}\boldsymbol{r}_{\text{f}}=\boldsymbol{F}_{\text{current}}-\boldsymbol{F}_{\text{vessel}} \tag{9.14}$$

式中，立管自由节点向量 $\boldsymbol{r}=[x_1\quad z_2\ \cdots\ x_i\quad z_i\ \cdots\ x_n\quad z_n\quad x_{n+1}]^{\text{T}}$，水面浮体的运动影响表征为 $\boldsymbol{F}_{\text{vessel}}=\boldsymbol{M}_{\text{B}}\ddot{r}_{\text{B}}+\boldsymbol{C}_{\text{B}}\dot{r}_{\text{B}}+\boldsymbol{K}_{\text{B}}\boldsymbol{r}_{\text{B}}$

由式(9.14)可知，钻井立管的运动响应主要受到水面浮体的运动与海洋环境载荷(主要是海流载荷)的影响。如果假设立管运动的固有频率远不在水面浮体的低频运动范围内，则立管模型中的惯性项与动态阻尼项可以忽略，即式(9.14)只考虑刚度项，所以可近似认为在一定的海流条件下，立管在每一个控制节拍内的位移增量 Δr 与水面浮体在水平面的位移增量 Δr_{vessel} 成线性比例关系[16]：

$$\boldsymbol{K}_{\text{f}}\Delta r=-\boldsymbol{K}_{\text{B}}\Delta r_{\text{vessel}}\Rightarrow\Delta r=-\boldsymbol{K}_{\text{f}}^{-1}\boldsymbol{K}_{\text{B}}\Delta r_{\text{vessel}} \tag{9.15}$$

因而，立管顶端和底端接头处角度增量变化与水面浮体的运动偏移可近似表达为

$$\begin{aligned}\Delta\alpha_{tx}&=-(\boldsymbol{K}_{\text{f}}^{-1}\boldsymbol{K}_{\text{B}})_1\Delta r_{\text{vessel},x}+b_x=-c_{tx}\Delta r_{\text{vessel},x}+b_x\\ \Delta\alpha_{ty}&=-(\boldsymbol{K}_{\text{f}}^{-1}\boldsymbol{K}_{\text{B}})_2\Delta r_{\text{vessel},y}+b_y=-c_{ty}\Delta r_{\text{vessel},y}+b_y\\ \Delta\alpha_{bx}&=-(\boldsymbol{K}_{\text{f}}^{-1}\boldsymbol{K}_{\text{B}})_{ndof-1}\Delta r_{\text{vessel},x}+b_x=-c_{bx}\Delta r_{\text{vessel},x}+b_x\\ \Delta\alpha_{by}&=-(\boldsymbol{K}_{\text{f}}^{-1}\boldsymbol{K}_{\text{B}})_{ndof}\Delta r_{\text{vessel},y}+b_y=-c_{bx}\Delta r_{\text{vessel},y}+b_y\end{aligned} \tag{9.16}$$

式中，比例系数 c_{tx}、c_{ty}、c_{bx}、c_{by} 可提前通过立管有限元软件计算得到，立管的底端边界条件为固定(海底)，顶端跟随水面平台运动，顶端和底端的边界条件体现在系统方程各矩阵中的第一个节点与最后一个节点。c_x、c_y 表示考虑海流影响所造成的偏移值，$ndof$ 表示立管自由节点的自由度数。

9.2.2 控制器设计

根据以往海上移动钻井设施动力定位的经验，水面浮体的期望位置 η_{d} 并未考虑水下立管顶端和底端接头处的角度响应，只是尽可能使钻井平台保持在海底井口上方。动力定位控制器通常采用风前馈控制与反馈控制相结合的策略，如果采用 PID 反馈控制方法，则动力定位控制系统的控制力/力矩为

$$\boldsymbol{\tau}=\boldsymbol{\tau}_{\text{wFF}}+\boldsymbol{\tau}_{\text{PID}}=-\boldsymbol{G}_{\text{w}}\hat{\boldsymbol{\tau}}_{\text{wind}}+\boldsymbol{K}_{\text{p}}e+\boldsymbol{K}_{\text{d}}\dot{e}+\boldsymbol{K}_{\text{i}}\int_0^t e\text{d}t \tag{9.17}$$

式中，$\hat{\boldsymbol{\tau}}_{\text{wind}}$ 为估计的水面浮体所遭受的风力/力矩；$\boldsymbol{G}_w$ 为风前馈增益系数矩阵；$\boldsymbol{K}_{\text{p}}$、$\boldsymbol{K}_{\text{d}}$、$\boldsymbol{K}_{\text{i}}$ 为 PID 控制增益系数矩阵，e 为局部坐标系下水面浮体期望位姿与当前位姿的偏差，表示为 $e=\boldsymbol{R}^{\text{T}}(\psi)(\eta_{\text{d}}-\eta)$。

水面浮体最优位置的设定通常由 DP 操作员进行人工设定，随着海洋浮式结构物作业水深的不断增加，操作员将越来越难对最优位置进行人工判定。鉴于目前钻井船舶或钻井平台均已配备监测立管角度信息的传感器，本书所提出的控制方法将钻井作业时立管的两个重要运行参数，即立管在水面浮体端以及海底井口端的角度响应考虑进动力定位控制循环，运用最优化理论进行建模与求解。为了使立管顶端和底端角度维持在立管安全运行范围内，定义 $k+1$ 时刻关于立管角度的代价函数：

$$\begin{aligned}&L(\alpha_{tx},\alpha_{ty},\alpha_{bx},\alpha_{by},k+1)\\ &=w_t\{[\alpha_{tx}(k)+\Delta\alpha_{tx}(k+1)]^2+[\alpha_{ty}(k)+\Delta\alpha_{ty}(k+1)]^2\}+\end{aligned}$$

$$w_b\{[\alpha_{bx}(k)+\Delta\alpha_{bx}(k+1)]^2+[\alpha_{by}(k)+\Delta\alpha_{by}(k+1)]^2\} \tag{9.18}$$

最优化控制目标函数为：$\min\{L(\alpha_{tx},\alpha_{ty},\alpha_{bx},\alpha_{by},k+1)\}$

等式约束条件：$\begin{cases}\Delta\alpha_{tx}=-c_{tx}\Delta r_{\text{vessel},x}+b_x\\ \Delta\alpha_{ty}=-c_{ty}\Delta r_{\text{vessel},y}+b_y\\ \Delta\alpha_{bx}=-c_{bx}\Delta r_{\text{vessel},x}+b_x\\ \Delta\alpha_{by}=-c_{by}\Delta r_{\text{vessel},y}+b_y\end{cases}$

不等式约束条件：$\begin{cases}\sqrt{\alpha_{tx}^2+\alpha_{ty}^2}<4\\ \sqrt{\alpha_{bx}^2+\alpha_{by}^2}<4\end{cases}$

式中，w_t、w_b 分别为立管顶端和底端角度的权重系数。

通过对代价函数求水面浮体位移增量分量的一次导数，可得使代价函数最小的水面浮体位移增量分量 $\Delta r_{\text{vessel},x}$ 和 $\Delta r_{\text{vessel},y}$：

$$\frac{\partial L}{\partial\Delta r_{\text{vessel},x}}=0\Rightarrow\Delta r_{\text{vessel},x}=\frac{w_bc_{bx}\alpha_{bx}+w_tc_{tx}\alpha_{tx}}{w_tc_{tx}^2+w_bc_{bx}^2} \tag{9.19}$$

$$\frac{\partial L}{\partial\Delta r_{\text{vessel},y}}=0\Rightarrow\Delta r_{\text{vessel},y}=\frac{w_bc_{by}\alpha_{by}+w_tc_{ty}\alpha_{ty}}{w_tc_{ty}^2+w_bc_{by}^2} \tag{9.20}$$

式中，浮体的最优运动方向为 $\theta_{\text{opt}}=\tan\left(\frac{\Delta y}{\Delta x}\right)$，$\begin{cases}\Delta y=(w_bc_{bx}^2+w_tc_{tx}^2)\times(w_bc_{by}\alpha_{ty}+w_tc_{ty}\alpha_{ty})\\ \Delta x=(w_bc_{by}^2+w_tc_{ty}^2)\times(w_bc_{bx}\alpha_{tx}+w_tc_{tx}\alpha_{tx})\end{cases}$。

水面浮体的最优期望位置最终可表示为

$$\begin{cases}\eta_{r,x}^*=\eta_{r,x}+\Delta r_{\text{vessel}}\cdot\cos\theta_{\text{opt}}\\ \eta_{r,y}^*=\eta_{r,y}+\Delta r_{\text{vessel}}\cdot\sin\theta_{\text{opt}}\end{cases} \tag{9.21}$$

式中，$\eta_{r,x}$、$\eta_{r,y}$ 分别为水面浮体上一时刻的北向与东向位置。

9.2.3　参考模型

利用参考模型来获得最优定位点追踪过程的平滑转换，该最优点使顶部和底部立管角度（α_t 和 α_b）最小。

$$\boldsymbol{\eta}_r=[x_r\quad y_r\quad \psi_r]^{\mathrm{T}} \tag{9.22}$$

用式(9.22)来定义最终的大地位置和艏向定位点向量。把该向量放入非线性三阶参考模型中：

$$(x_{\text{ref}},x_{\text{d}}^e,x_{\text{d}}^e,x_{\text{d}}^e)=f(\boldsymbol{\eta}_r,x_{\text{ref}},x_{\text{d}}^e,v_{\text{d}}^e,a_{\text{d}}^e,t) \tag{9.23}$$

该参考模型可以产生光滑的加速度、速度以及位置参考点供定位控制器使用。

9.3　仿真算例

为了进一步验证本节所提方法的有效性，利用“海洋石油 981”深水钻井平台进行了相关的动态模拟仿真[17-18]。仿真中钻井立管的长度为 1 500 m，立管外径为 0.25 m，管壁厚度为 0.025 m，杨氏模量 $E=2.1\times10^5$ MPa，顶部张力为 2 500 kN，立管在长度方向上被离散为 10 个单元。钻井立管主要遭受的海洋环境载荷为海流载荷，海流载荷随水深的分布情况见表 9.1,其中 $V_c = 0.93$ m/s 为"海洋石油 981"深水钻井平台作业工况时所遭受的海流平均速度值。"海洋石油 981"深水钻井平台在作业工况下的系统矩阵参数为

$$\boldsymbol{M}=\begin{bmatrix}6.74e7 & 0 & 0\\ 0 & 9.15e7 & -0.608e7\\ 2 & -0.608e7 & 1.08e11\end{bmatrix}$$

$$\boldsymbol{D}=\begin{bmatrix}6.76e5 & 0 & 0\\ 0 & 5.319e5 & -1.56e5\\ 2 & -1.56e5 & 1.7313e9\end{bmatrix}$$

表 9.1　海流载荷分布

水深/m	海流平均速度/(m/s)	海流方向/(°)
0	V_c	30
500	$0.75V_c$	60
1 000	$0.45V_c$	90
1 500	$0.15V_c$	120

仿真时立管顶端和底端角度控制选取为相同的权值,即 $w_t = 1.0$,$w_b = 1.0$。作业工况下,风载荷的平均速度为 23.2 m/s,方向为 0°。海洋钻井平台水平北向与东向的位移如图 9.6 至图 9.7 所示,实线表示实际的位移,虚线表示期望的位移。由仿真计算结果可以看出:

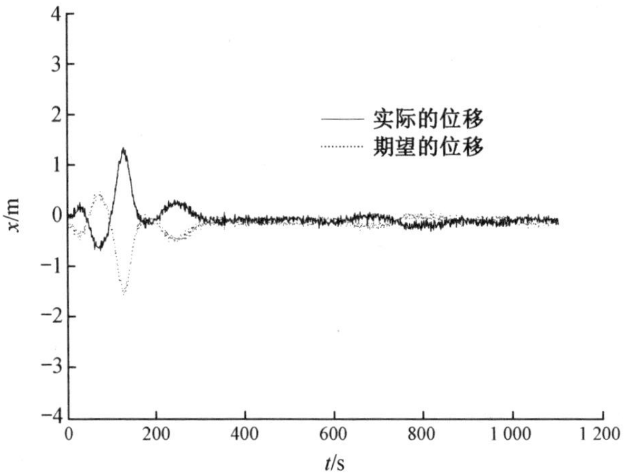

图 9.6　钻井平台北向位移

(1)由于海洋平台最优位置的选取考虑了钻井立管顶端和底端接头处角度响应,所以期望位置点不是永远保持在井口上方的(0 m,0 m)点,而是根据当前海况综合考虑钻井立管的顶端和底端接头处角度的安全限值在动态变化着。

(2)当海洋钻井平台突然遭受风载荷时,一方面风前馈控制器会及时抵消一部分风载荷的影响,同时以最小化立管顶端和底端接头处角度为目标的平台期望位置将发挥作用,

使海洋平台不断向着能保证立管在当前海况下持续安全运行的区域内运动,尽量控制立管顶端和底端接头处的角度值在安全范围内。北向最大偏差在2.5 m左右,东向最大偏差在1.0 m左右。

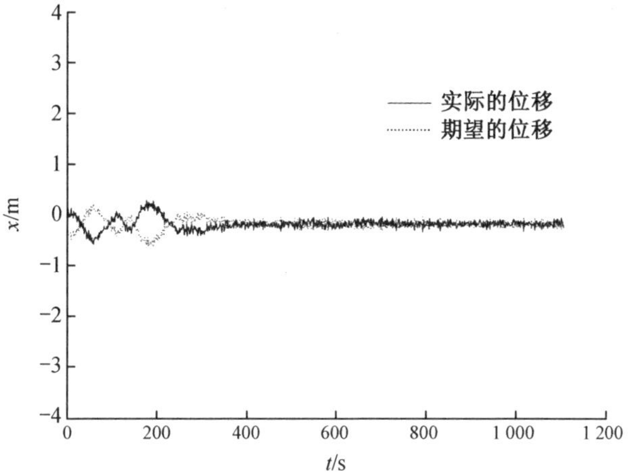

图9.7　钻井平台东向位移

钻井立管顶端和底端接头处角度值的时历响应如图9.8至图9.10所示。立管顶端接头处角度分量α_{tx}、α_{ty}分别表示立管顶端角度在XOZ平面、YOZ平面的投影角度,立管底端接头处角度分量α_{bx}、α_{by}分别表示立管低端角度在XOZ平面、YOZ平面的投影角度,立管顶端和底端接头处最终合成角度大小取为:$\alpha_t=\sqrt{\alpha_{tx}^2+\alpha_{ty}^2}$,$\alpha_b=\sqrt{\alpha_{bx}^2+\alpha_{by}^2}$。

由仿真计算结果可以看出:当风载荷开始作用于水面浮体时,立管顶端和底端角度均发生较大的偏移,由于风的作用方向为0°,所以α_{tx}与α_{bx}的偏移较α_{ty}、α_{by}要大,α_{tx}与α_{bx}分别在风载荷开始作用于水面浮体时出现一个偏移峰值。通过数据分析得到,在当前海况下立管在顶端与底端柔性接头的转角的平均值与最大值见表9.2和表9.3,最终α_t与α_b的平均值均小于API规定的安全限值。

表9.2　立管顶端接头处角度

	α_{tx}	α_{ty}	α_t
平均值/(°)	−0.982 7	0.673 2	1.193 0
最大值/(°)	−1.542 6	0.836 2	1.693 3

表9.3　立管底端接头处角度

	α_{bx}	α_{by}	α_b
平均值/(°)	1.013 2	−0.935 9	1.381 0
最大值/(°)	1.237 0	−1.096 9	1.540 0

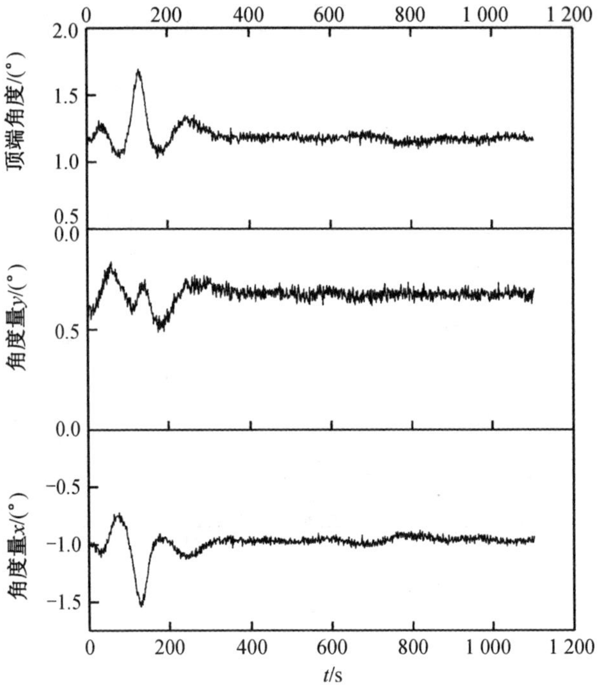

图 9.8　钻井立管的顶端角度

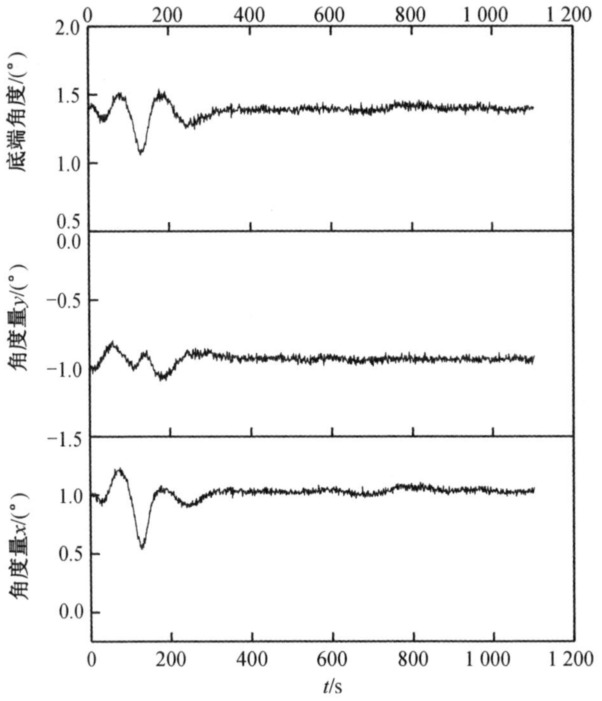

图 9.9　钻井立管的底端角度

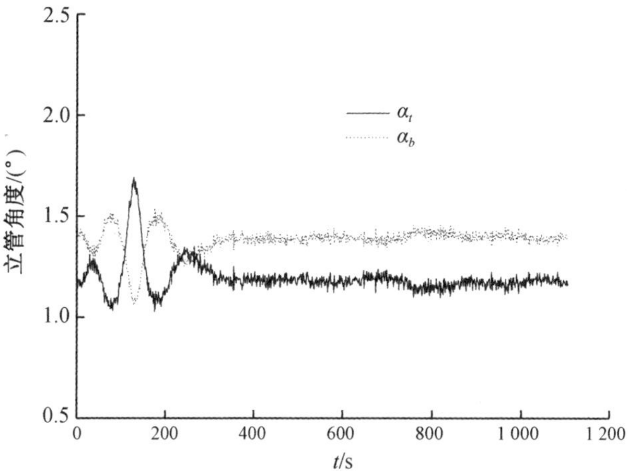

图 9.10　钻井立管顶端和底端角度响应

为了对比不同方法的控制效果，进行仿真对比试验。所采用的对比控制方法不考虑水下钻井立管的角度响应，水面钻井平台的期望位置始终保持在井口上方，设为(0,0)点。采用上述同样的环境载荷加载条件与权值设置条件，对比试验结果如图 9.11 至图 9.12 所示。

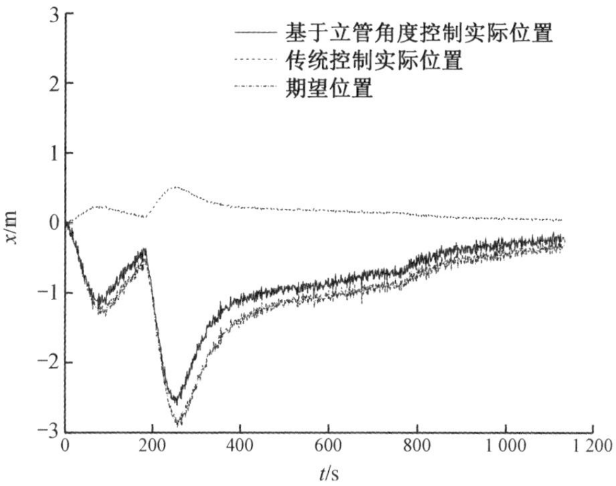

图 9.11　对比控制下的北向位移

对比仿真计算结果可以看出：

考虑立管角度响应的控制方法在外界瞬时载荷突然作用时(风载荷在 180 s 左右加载)能比传统不考虑立管角度响应的控制方法更快跟踪新的期望最优位置，控制效果较好；

由于风载荷在 0°方向加载，浮体北向的位置偏差较东向大，最大北向瞬时偏差约为 2.8 m，最大东向瞬时偏差约为 0.5 m，控制偏差比不考虑角度响应的控制方法均要小；

不考虑立管角度响应的传统控制方法始终以井口正上方为固定期望位置，实质上是要求浮体始终跟踪一个全局静态最优点，未对当前浮体所遭受的瞬时或稳态环境载荷加以考虑，不同的环境载荷配置对立管角度响应具有不同的影响。对于推力器系统而言，全局最优点不一定可达(跟踪)，而考虑了钻井立管角度响应的动态局部最优点，可以减少当前海洋环境条件下推力器系统的不必要磨损，同时又可以保证立管各运行参数控制在安全界限内。

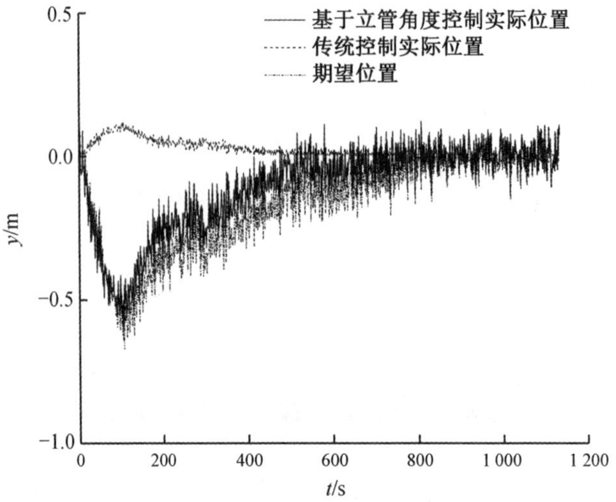

图 9.12　对比控制下的东向位移

参考文献

[1] AAMO O M, FOSSEN T I. Controlling line tension in thruster assisted mooring systems[C]. International Conference on Control Applications, Hawaii, 1999.

[2] SØRENSEN A J. A survey of dynamic positioning control system[J]. Annual Reviews in Control, 2011, 35(1): 123 – 136.

[3] WANG F, WAN L, JIANG D P, et al. Design and reliability analysis of DP-3 dynamic positioning control architecture[J]. Chinese Ocean Engineering, 2011, 25(4): 709 – 720.

[4] API. Recommended practice for design and analysis of station keeping systems for floating structures[S]. 2nd edition, 1997.

[5] RUSTAD A M, LARSEN C M, SRENSEN A J. FEM modeling and automatic control for collision prevention of top tensioned riser[J]. Marine Structures, 2008, 21(1): 80 – 112.

[6] DO K D, PAN J. Boundary control of three-dimensional inextensible marine riser[J]. Journal of Sound and Vibration, 2009, 327(3): 558 – 571.

[7] SUZUKI H, WATANEBE K, YOSHID K. Operability improvement of deepsea riser by active control [C]//14th International Conference on Offshore Mechanics and Arctic Engineering, 1995.

[8] NGUYEN D H, NGUYEN D T, QUEK S T, et al. Control of marine riser end angles by position mooring[J]. Control Engineering Practice, 2010, 18(9): 1013 – 1021.

[9] LEIRA B J, SØRENSEN A J, LARSEN C M. A reliability-based control algorithm for dynamic positioning of floating vessels[J]. Structural Safety, 2004, 26(1): 1 – 28.

[10] DAI W, GAO F, BAI Y. FEM analysis of deepwater drilling risers under the operability and hang-off working conditions[J]. Journal of Marine Science and Application, 2009(8): 156 - 162.

[11] BAARHOLM R, KRISTIANSEN T, LIE H, et al. Experimental investigation of dual riser interaction [C]//24th International Conference on Offshore Mechanics and Arctic Engineering, 2005.

[12] SØRENSEN A J, LEIRA B, STRAND J P. Modelling and control of riser angles and stresses in dynamic positioning[C]// In Proceedings of 5th IFAC Conference on Manoeuvring and Control of Marine Craft-MCMC2000, Aalborg, 2000: 275 - 280.

[13] ENGSETH A, BECH A, LARSEN C. Efficient method for analysis of flexible risers[C]// In Proceedings of BOSS'88, Behaviour of Offshore Structures, 1988.

[14] SØRENSEN A J. Marine cybernetics: modeling and control[M]. Trondheim: NTNU, 2002.

[15] CHEN Q F. Analysis and control of riser angles[D]. Trondheim: NTNU, 2001.

[16] FOSSEN T I. Guidance and control of ocean vehicles[M]. New York: John Wiley and Sons, 1994.

[17] 王芳,迟明,徐锋,等.动力定位模式下考虑钻井立管角度响应的最优控位方法[J].船舶工程,2016,38(10):20 - 25.

[18] 王芳,万磊,徐玉如,等.深水半潜式钻井平台动力定位实时交互仿真系统[J].哈尔滨工程大学学报,2011,32(11):1395 - 1399.

第十章　动力定位控制系统的体系结构

深水浮式结构物作为未来深海油气资源开发的主力装备，保证其在深海环境下的安全平稳作业一直是船舶与海洋工程行业关心的问题。随着海上油气的开发不断向深海区域拓展，这种适合深水、超深水作业的浮式结构物也逐渐向超大型化、多功能化、高智能化方向发展。深水区域的作业工况与海洋环境条件变得更加复杂与恶劣，因而国际海事组织（IMO）、各大船级社以及船东等对浮式钻井平台及其辅助作业船舶的操作性与安全性提出了更高的要求。

在系统组成上，动力定位系统由测量系统、控制系统、推力（器）系统、动力系统四大系统组成。

①测量系统：完整的测量系统由位置参考系统（DPGS、HPR）、艏向测量单元（Gyro）、环境参考单元（风速风向仪）和垂直参照单元（VRS）等组成，用于测量动力定位船舶或平台实时的位置及艏向、运动状态与所处环境的状态信息。

②控制系统：由控制软件的计算机执行控制，实时控制整个定位过程。同时还配备显控台、各类显示终端等供船上 DP 操作人员的指令下达与实时信息反馈显示，各类操作台与操作终端通过高速以太网与实时控制计算机实施通信。

③推力系统：由数个推力器、舵等组成，用于产生动力定位所需的控制力与力矩。

④动力系统：包括动力机械（如柴油机、发电机组）、输电配电设备等，其功能是为整个动力定位系统供电，并负责电源分配与功率管理。

动力定位系统是个复杂的系统工程，其中相互连接的设备种类与数量众多。它涉及船舶与海洋结构物领域的专业知识，又涉及传感器技术、信号处理技术、计算机技术、控制理论、电力推进技术、可靠性分析与测试等领域技术。在技术组成上，大致可分为以下几类但不局限于此：

①船舶与海洋结构物的力学分析与数学建模技术，包括动力定位船舶的运动学、动力学分析与建模技术、动力定位海洋环境载荷分析与计算、动力定位能力分析技术等。

②多传感器数据处理技术，包括动力定位传感器数据处理技术、多传感器数据信息融合技术、传感器数据滤波与状态估计技术等。

③动力定位计算机控制技术，包括动力定位计算机控制体系结构设计技术、恶劣海况下高精度定位方法研究、最优的推力分配策略研究、执行器控制技术、DP－2 和 DP－3 级容错机制的实现等。

④动力定位系统的可用性与可靠性技术，包括故障模式与失效分析测试、仿真与半实物仿真系统测试、船用环境适应性测试、水池模型试验、海上试验等。

⑤动力定位系统电力与推进技术，包括动力定位推进系统的功率管理、推进系统的供配电方案设计等。

10.1　IMO 与各大船级社有关动力定位系统的相关说明

10.1.1　IMO 的附加标志

国际海事组织（IMO）[1]对动力定位船舶（DP-vessel）的定义：该船舶或装置完全通过推力器系统的力来保持固定的位置或按预先设定的移动轨迹移动。

国际海事组织（IMO）对动力定位系统（DP-system）的定义：动力定位系统是指一艘动力定位船舶所必需的全部装置，包括以下子系统：

●动力系统，包括动力设备及其附属设备，如管路、发电机、配电板以及分配系统等。

●推力器系统，包括各类推力器及舵，以及它们的驱动设备，推力器控制单元、推力器手动控制单元以及涉及的线路。

●DP 控制系统，包括传感器系统、位置参考系统及所有的控制组件与系统，以及硬件与软件。

10.1.2　船级符号

船级符号是船级社授予船舶的一个等级标志，是保险公司对船舶及货物、工程作业等进行保险的重要依据。对于动力定位系统，各船级社均根据动力定位系统的功能及设备冗余度的情况授予不同的附加标志。

自 IMO 给出动力定位船舶定义后，各船级社的附加标志基本上与 IMO 的设备分级相等效，见表 10.1。严格地讲，采用半自动或手动动力定位系统的船只，没有利用计算机对环境条件进行计算，都不能称之为动力定位船舶。由于历史（在 IMO 指南颁布以前已经授予了动力定位附加标志）和技术发展水平（受限于当时计算机的计算速度和控制能力）的原因，挪威船级社（DNV）、英国劳氏船级社（LR）、法国船级社（BV）、美国船级社（ABS）等船级社均保留了手动或半自动动力定位系统的附加标志。就目前动力定位技术发展水平而言，海上平台供应（支持、守护）船、电缆或管道敷设/检验船、科学考察船等，其动力定位系统一般采用 2 级设备，否则在项目竞标中很难满足客户的要求。而海上钻井船舶，由于操作的安全性极其重要，其动力定位系统一般采用 3 级设备。

表 10.1　IMO 动力定位系统设备配置要求

	子系统和组件	各级别的最低要求		
		class 1	class 2	class 3
电站系统	发电机和原动机	非冗余	冗余	冗余，且具备物理隔离
	主配电盘	1	2	2 个在 A60 隔离舱室布置，通常为打开的汇流排
	配电盘汇流排	0	1	2
	配电系统	非冗余	冗余	冗余，通过隔离舱室

表 10.1(续)

	子系统和组件		各级别的最低要求		
			class 1	class 2	class 3
	功率管理系统		无	有	有
	推力器布置		非冗余	冗余	隔离舱室
控制系统	控制柜与操纵台		1	2	3,其中1个位于隔离舱室
控制系统	具有自动艏向的独立操纵系统		有	有	有
控制系统	可单独手动操纵每个推力器的操纵台		有	有	有
传感器	位置参考系统		1	3	3,其中1套位于隔离舱室,直接连接到备用控制系统
传感器	外部传感器	风速风向仪	1	2	3,其中1套在备用控制站
传感器	外部传感器	VRS	1	2	3
传感器	外部传感器	罗经	1	3	3
传感器	外部传感器	其他需要的传感器			
UPS			1	2	3,其中1套布置在隔离舱室
备用单元可选择的控制站			无	无	有

IMO 的设备等级定义如下:

一级设备(equipment class 1):单点故障有可能导致定位的失败。

二级设备(equipment class 2):任何活动部件的单点故障均不会导致定位失败,这里假设静态故障不会发生。单点故障包括:

①任何活动设备或系统,包括发电机、推力器、配电板、遥控阀门等。

②任何静态部件,包括线缆、管路、手动阀门等,这里出于可靠性的考虑,假设静态故障不会发生。

三级设备(equipment class 3):单点故障可能发生在如下几种情况。

①Class 2 所包括的所有单点故障,这里静态故障假设会发生。

②水密(防水或防火)舱室内的所有部件。

③防火或水密隔离区内的所有部件。

10.1.3 各大船级社的等级标志

自 1977 年挪威船级社(DNV)出版第一本动力定位系统试行规范后,英国劳氏船级社(LR)也随后出版了动力定位系统规范。为了指导船东正确地操作动力定位系统船舶,英国能源部和挪威石油理事会于 1983 年联合出版了《Guidelines for the Specification and Operation of Dynamically Positioned Diving Support Vessels》。至此,动力定位系统方面的技术文件已比较完整。

由于大量的动力定位船舶的使用,而且动力定位系统的操作与船舶的作业安全密切相关,因此引起了 IMO 的重视,并在 1994 年的 IMO 第 63 届海安会(MSC)上通过了 MSC/Circ. 645《Guidelines for Vessels with Dynamic Positioning Systems》。该通函自 1994 年 7 月 1 日对新船生效。

此后,美国船级社(ABS)、德国船级社(GL)、法国船级社(BV)也相继出版了动力定位规范[2]。中国船级社(CCS)则于 2002 年正式出版了第一本动力定位规范[3-4]。船级社动力定位附加标志对比见表 10.2。

表 10.2 船级社动力定位附加标志对比

船级社		附加标志				
DNV	符号	DYNPOS T	DYNPOS AUTS	DYNPOS AUT	DYNPOS AUTR	DYNPOS AUTRO
	说明	设备无冗余,半自动保持船位	设备无冗余,自动保持船位	具有推力遥控备用和位置参考备用,自动保持船位	在技术设计中具有冗余度,自动保持船位	在技术设计和实际使用上具有冗余度,自动保持船位
LR	符号		DP(CM)	DP(AM)	DP(AA)	DP(AAA)
	说明		集中手控	自动控制和一套手动控制	主动系统的单个故障,不致导致失去船位	一舱失火或浸水情况下,自动保持船位
BV	符号		SAM	AM/AT	AM/AT R	AM/AT RS
	说明		半自动模式	自动模式,自动跟踪,要求 1 级设备	自动模式,自动跟踪,要求 2 级设备	自动模式,自动跟踪,要求 3 级设备
ABS	符号		DPS-0	DPS-1	DPS-2	DPS-3
	说明		集中手动控制船位,自动控制艏向	自动保持船位和艏向,还具有独立集中手控船位和自动艏向控制	单个故障(活动部件或系统)情况下,自动保持船位和艏向	一舱失火或浸水情况下,能自动保持船位和艏向
GL	符号			DP-1	DP-2	DP-3
	说明			发生单个故障,会造成位置丢失	单个故障(活动部件或系统)情况下,自动保持船位和艏向	一舱失火或浸水情况下,不会造成位置丢失

表 10.2(续)

船级社		附加标志				
CCS	符号			DP－1	DP－2	DP－3
	说明			自动保持船位和艏向,还具有独立的集中手控船位和自动艏向控制	单个故障(活动部件或系统)情况下,自动保持船位和艏向	一舱失火或浸水情况下,自动保持船位和艏向
IMO	类别			1 级设备	2 级设备	3 级设备
	说明			单个故障,可能出现船位丢失	活动部件或系统单个故障情况下,会造成位置丢失	一舱失火或浸水情况下,不会造成位置丢失

近年来,随着中国海洋开发事业的不断发展,具有动力定位性能的船舶在国内需求逐步增大。CCS 在制订动力定位检验指南时,附加标志的分级也采用 IMO 的标准,而半自动或手动定位系统不授予附加标志。CCS 的附加标志 DP－1、DP－2、DP－3 分别标识了动力定位系统的 3 个等级,系统配置要求见表 10.3。

对于 DP－1 附加标志,只有单一的控制计算机系统,如果出现故障,计算机系统执行自检程序时停止工作,并通过自动方法或手动方法将推力器转速/螺距设置为零;具有 DP－2 附加标志的系统应具有两套控制计算机系统,有一套处于热备份状态,如果在线工作的计算机系统出现故障,可自动转换至热备份的计算机系统;DP－3 系统设有一个备用 DP 控制站,该备用控制站的位置与主 DP 系统之间采用 A60 级标准分舱隔离,并且至少应有一个位置参考系统和一台电罗经与备用控制站相连接,并独立于主 DP 控制系统。DP－2 与 DP－3 系统确保了系统任何的单个故障不会导致整个动力定位系统停止工作,而 DP－3 确保了在一舱浸水或失火的情况下,DP 系统还可以自动保持船位与艏向。

表 10.3　中国船级社动力定位系统布置要求

附加标志 / 设备		DP－1	DP－2	DP－3
动力系统	发电机和原动机	无冗余	有冗余	有冗余,舱室分开
	主配电板	1	1	2,舱室分开
	功率管理系统	无	有	有
推力器系统	推力器布置	无冗余	有冗余	有冗余,舱室分开

表 10.3(续)

<table>
<tr><th colspan="2">附加标志
设备</th><th>DP－1</th><th>DP－2</th><th colspan="2">DP－3</th></tr>
<tr><td rowspan="3">控制系统</td><td>自动控制,计算机系统数量</td><td>1</td><td>2</td><td colspan="2">3(其中之一在另一控制站)</td></tr>
<tr><td>具有自动艏向的独立操纵系统</td><td>有</td><td>有</td><td colspan="2">有</td></tr>
<tr><td>单个推力器的单独操控</td><td>有</td><td>有</td><td colspan="2">有</td></tr>
<tr><td rowspan="4">测量系统</td><td>位置参考系统</td><td>2</td><td>3</td><td>3</td><td rowspan="4">其中之一在另一控制站</td></tr>
<tr><td>垂直参考系统</td><td>1</td><td>2</td><td>2</td></tr>
<tr><td>罗经</td><td>1</td><td>2</td><td>3</td></tr>
<tr><td>风传感器</td><td>1</td><td>2</td><td>2</td></tr>
<tr><td colspan="2">UPS 电源</td><td>1</td><td>1</td><td colspan="2">2,舱室分开</td></tr>
<tr><td colspan="2">备用控制站</td><td>没有</td><td>没有</td><td colspan="2">有</td></tr>
</table>

10.2　动力定位系统的体系结构与设计

10.2.1　硬件体系结构及其设计

根据国际海事组织(IMO)和中国船级社(CCS)对具有 DP－3 附加标志的动力定位系统的规范要求设计并搭建了某平台的 DP－3 级动力定位控制系统[5,6],系统的硬件体系结构如图 10.1 所示。实线部分为控制系统,由显控台和控制计算机组成,根据 DP－3 级系统设备的配备要求,分别由 3 台显控台以及 3 台控制计算机组成,对于备份的显控台与控制计算机采用 A60 标准进行防火隔离。3 台控制计算机并行工作,同时负责接收传感器的数据,进行相同的控制解算,但指令路径最终只能是单一的,即其中只有一台控制计算机负责发送控制指令给推进系统。控制器之间设有自动切换逻辑,以便将推力器的指令源从一个控制器转换到另一个。

动力定位系统的显控台是供操作员发送和接收数据用的设备,主要由人机交互界面和图形化显示界面两部分组成。人机交互界面主要放置了所有的控制输入端、按钮、转换开关、指示器、报警器和显示器;图形显示界面是基于 Windows 编程的,显示形式较为丰富,熟悉的 Windows 窗口风格如菜单栏、对话框可以减少 DP 操作员的错误操作。DP－3 级系统的显控台主要配备了 3 台工控机以及显示器,采用 Windows 操作系统,基于 Windows 的图形显示界面(GUI)就运行在工控机上。人机交互界面采用 RS232 协议与图形交互界面进行实时交互,以随时响应 DP 操作人员的操作指令。

控制计算机系统采用基于 PC104 总线的内置多板嵌入式系统,每台控制计算机在硬件上包括集成 Celeron(M)处理器的核心模块,8 通道的串口模块,基于 PC104 总线的 A/D、D/A 卡模块以及一个提供 5 V 电压的电源模块。该系统采用基于优先级的抢占式多任务调度的嵌入式实时操作系统 Vxworks，A/D 模块主要用来获得深度信息，D/A 模块主要负责将推力分配后的数字推力器指令转化为模拟指令，串口板模块主要获得光纤罗经测得的艏向角、风传感器的风力、风向值、位置参考系统测得的船位值，以及垂向运动单元的垂荡、横摇、纵摇值。控制计算机的硬件结构如图 10.2 所示。

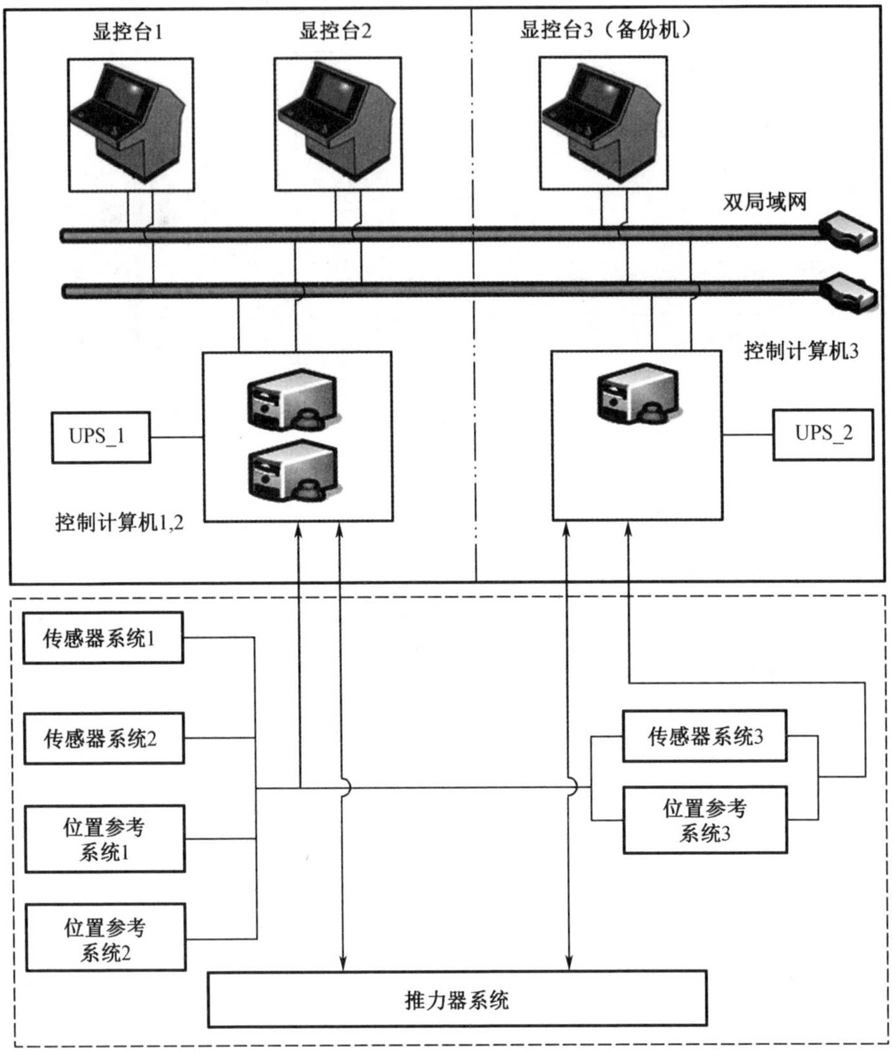

图 10.1 DP-3 级动力定位控制系统的硬件体系结构图

10.2.2 软件体系结构

动力定位控制系统中显控台是控制与显示系统，控制器是计算系统，双局域网连接电缆是数据获取与传输系统，根据各部分功能的不同将软件分为应用层、实时层以及物理层的分层体系结构[7]，如图 10.3 所示。

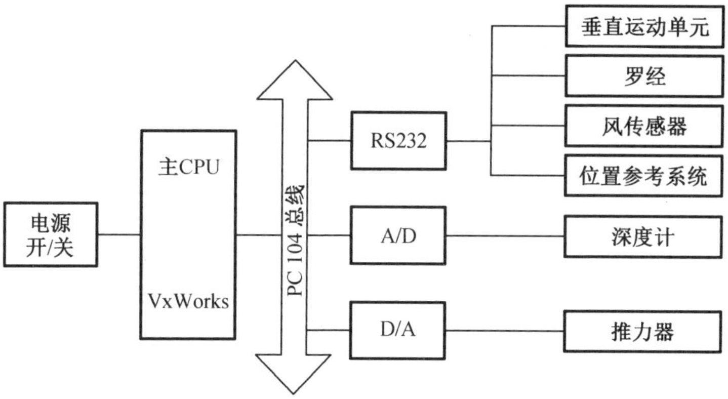

图 10.2 控制计算机的硬件结构

1. 应用层

动力定位的应用层负责动力定位驾驶员的操作指令的下达以及对控制系统各子系统性能的监控，主要体现在对所有传感器数据、推力器指令、控制器指令以及推力器反馈信号、功率消耗等情况的实时检测以及记录保存，对性能反常的情况做出实时判断、及时报警以便及早地检测出目前存在的或可能发生的故障。

定位系统的操作模式选择以及跟作业相关的操作都是在应用层中实现的，控制系统的基本操作模式包括准备模式（Standby）、操纵杆手动控制模式（Joystick）、手\自动混合控制模式（Mixed joystick/auto）以及定位控制模式（Auto position）。

2. 实时层

实时层是整个动力定位控制系统的计算系统。动力定位系统是个计算高度密集的实时系统，根据系统所要求的响应时间不同，又可将实时层分为高层控制层和底层控制层。在恶劣的深海环境下作业，推力器一旦不能及时做出反应，后果将不可设想，因而动力定位对高层和底层控制软件实施的实时性提出了很高的要求。高层控制需要在每一个控制节拍内接收来自所有传感器的数据并对数据进行信号处理、滤波估计以获得最优的控制输入，同时结合来自操纵人员的操作指令以及规划系统的期望指令解算出当前抵抗外界扰动需要的控制力和力矩，并通过推力分配及时将控制指令分配给各个推力器，进而通过底层控制的执行器控制将单个推力器的推力转换成实际的控制输入以驱动推力器做出响应。高层控制往往需要在 0.1 ~ 5 s 完成传感器数据的接收、信号处理、滤波估计、控制指令解算以及控制分配等任务；底层控制对时间的要求更为苛刻，执行器控制需要根据推力器的特性在 0.001 ~ 1 s 将推力指令转换为推力器指令。

为了保证控制的实时有效性，采用基于优先级的抢占式多任务调度的嵌入式实时操作系统 VxWorks，控制系统在 VxWorks 下的实现具体体现在多个任务的调度，任务的划分因此在控制系统中显得尤为重要。系统运行时，所执行的任务按功能主要分为两类：一类是 DP 控制计算任务，另一类是多机容错任务。控制解算在每个控制节拍内完成常规的运动控制计算，解算出海上动力定位船舶或海洋平台保持期望位置所需要的控制指令。多机容错旨在协调 3 台控制计算机之间的并行运作与故障诊断，DP－3 动力定位实时控制计算机组的 3 台控制计算机需要实时保持同步工作，运行相同的控制解算任务，同时须对同一控制节拍解算的结果进行投票表决,而且只有具有控制权的一台控制计算机配合具有指令权的一台显控台负责将最终的控制指令发送给推力器系统。

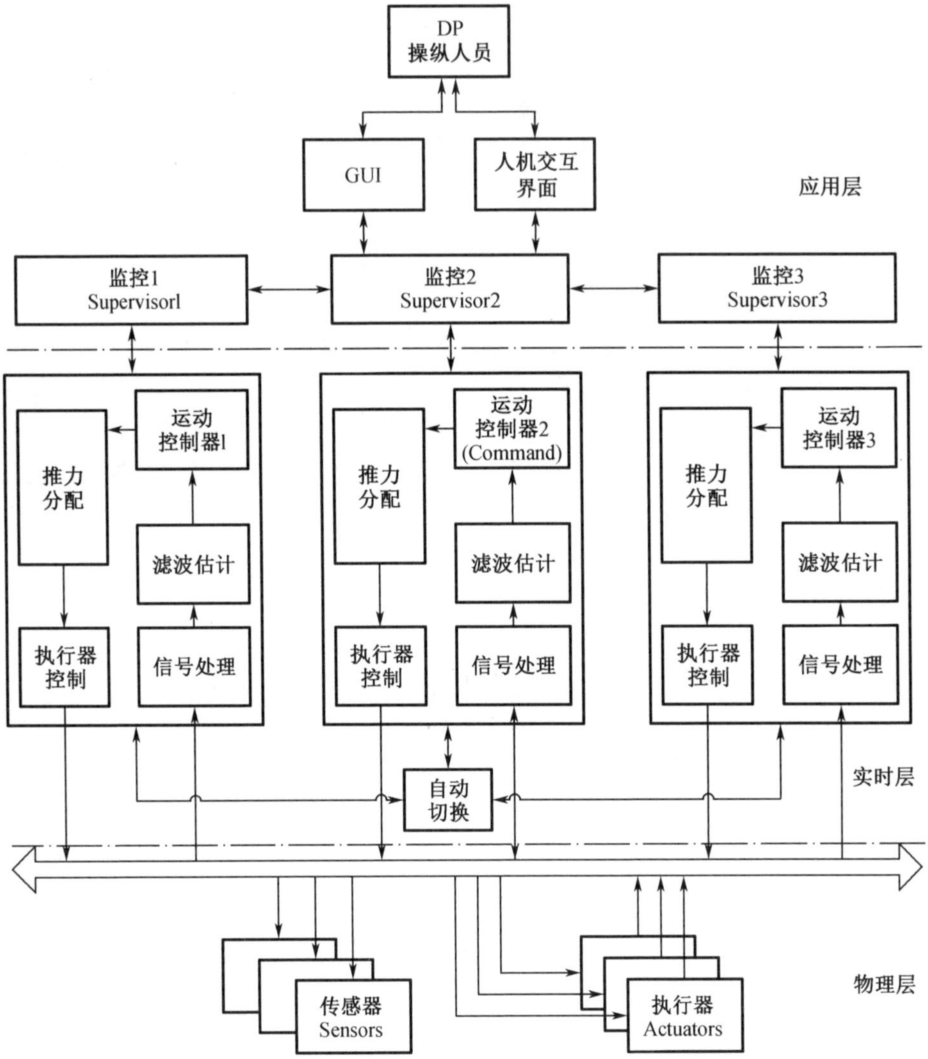

图 10.3 DP-3 动力定位控制系统的软件结构

实时控制计算机组的控制解算与容错管理在 VxWorks 下的具体实现主要体现在多个任务的调度,因而任务的划分在软件体系结构中尤为重要。实时控制计算机组运行时,所执行的应用软件的任务主要分为以下几类[8]:

①串口通信任务:通过串口板获取风传感器、光纤罗经以及垂向运动单元等传感器所测得的信息。

②网络通信任务:由于显控系统与控制计算机组采用双冗余局域网进行连接,基于 TCP/IP 协议的网络通信任务包括显控系统 3 台显控台之间的数据、指令任务通信,控制计算机组的 3 台实时处理计算机间的数据流、控制流通信以及显控系统与控制计算机组之间的数据交互。

③动力定位控制解算任务：每台控制计算机需要在每一个同步周期内接收来自所有传感器的数据，对数据进行信号处理、滤波估计以获得最优的控制输入，同时结合操纵人员的操作指令与外界环境的影响解算出当前抵抗外界扰动需要的控制力和力矩，并通过推力分配将控制力与力矩分配给各个推力器，最后根据推力器的性能将推力指令转换为最终的推力器指令驱动推力器做出响应。

④三机容错管理任务：主要实现3台控制计算机的动力定位控制解算任务级同步、对解算所得到的控制结果进行表决与比较、根据表决结果进行故障诊断与系统重构，特别当主控计算机出现故障时，多机容错管理任务可以及时有效地切换指令权从而减少故障机器的错误输出影响，保证动力定位系统的不间断运作。

⑤显控交互任务：接收显控系统中具有指令权的显控台的操作指令，同时向显控系统的所有显控台反馈动力定位系统的运行状态以及船舶或平台的运动信息。

由于DP－3动力定位系统应该配置至少3套传感器系统（包括位置参考系统、运动传感器、风传感器），为了保证传感器数据的实时性，串口通信任务都是基于中断共享的。所有应用软件的任务不仅基于优先级运行，同时根据各任务的相互关系借助了信号量进行任务间的调度。一般来说，为了保证动力定位系统的持续正常运行，容错管理任务具有相对最高的优先级，动力定位的控制解算任务由容错管理任务来协调同步运作，3台计算机在一定的时限内完成同一次的解算任务。网络通信任务处于较高的优先级，它使每台控制计算机具备多机信息交换能力，为容错管理提供支持。由于所要求的实时性不是特别强，显控交互处于相对较低的优先级别。与传统单一的控制系统的软件结构相比，在所有的任务中，多机容错是DP－3动力定位控制系统所特有的，下面对多机容错任务中的多机同步与多数表决机制做重点论述。

DP控制计算任务具体可分为：信号处理、传感器数据的处理、运动控制器、最优控制分配、执行器控制。

①信号处理。

由于DP－3动力定位系统的传感器和位置参考系统是冗余的，至少有3个传感器同时测量一个变量，一旦控制器采用了故障传感器的数据，计算出来的推力指令也将出现错误，因而传感器数据处理前需要及时检测出发生故障的传感器并对数据的质量进行监控。通过适当的权值选取方法、投票原则对冗余的传感器数据进行处理以便为控制器提供最优的输入数据。对单个传感器数据的质量检测包括设置被测变量的边界范围、野点剔除。此外，通过比较一段时间内某个传感器的信息变化或者通过比较不同传感器所测得的同一变量的值来判断该传感器是否出现故障，不过在比较不同类型的传感器的实测值时，需要综合考虑不同传感器的动态响应特性。

②传感器数据的处理。

动力定位系统的传感器信息主要包括风传感器所测得的风力、风向信息，光纤罗经测得的船舶艏向信息，位置参考系统提供的船位信息，速度计测得的速度，以及垂向参考单元所获得的船舶垂荡、横摇及纵摇信息。运动控制器所需的信息主要包括船舶位置、艏向、风速和风向，而位置参考系统需要用垂直基准传感器测得的纵摇和横摇信息进行倾斜补偿。

为了降低传感器测量误差的影响，在控制指令解算前应对传感器数据进行处理，通常采用滤波器滤掉传感器信息中的高频部分以避免推力器因响应一阶波浪力而造成过多磨损，因此对于动力定位系统来说推力器系统只响应船舶的低频运动。同时消除传感器自身的噪声也是滤波器的一项任务。除了滤波的功能外，滤波器还应具备状态估计的功能，当系统只能获得位置信息时，滤波器能根据当前提供的位置信息估计出速度、加速度信息，特别当系统因为位置参考系统失效而进入船位推算时，控制器在一定时间内可根据状态估计器预测推算出的信息继续解算推力指令。

③运动控制器。

控制器根据一定的控制算法解算出水平面3个自由度所需抵抗外界环境干扰的力和力矩并将该控制指令发送给推力器系统。控制规律通常包括风的前馈控制/补偿以及基于位置偏差信号的反馈控制。风作为作用于动力定位船舶或平台的主要干扰因素，对风的主动补偿可在浮式结构物未移动时根据风的变化提前产生抵抗风的力和力矩作用以改善系统定位的精度。反馈控制环节需要根据定位所期望的位置和当前的位置的偏差不断地计算出推力指令，当然进入控制器前传感器所测得的当前位置和艏向信息都是经过滤波处理的，同时规划所产生的期望路径也会做适当的局部优化处理以形成比较光滑的路径点。因此，控制指令的产生需要综合考虑滤波处理后的传感器数据、规划系统的期望路径以及外界的海洋环境扰动。

控制器除了解算期望的控制指令外，还负责将控制指令发送给推力系统，由于DP-3系统要求控制器是冗余的，而且至少配备3个控制器才能满足相关规范的要求，在发送期望指令给推力系统时就涉及控制权的切换问题。如果采用三重并联的结构，即3台控制器同时接收来自显控台的指令、并行接收经过信号处理、滤波估计的所有传感器数据，同时完成最终控制指令的解算，但由于采用的是三重并联结构，即只有一个控制器负责向推力器系统发送控制指令，若负责发送控制指令的那台控制器发生故障，则自动切换逻辑将自动完成控制权的转移，将推力器的指令源从一个控制器转换到另一个。

④最优控制分配。

控制/推力分配负责将高层控制器所产生的两个推力指令和一个力矩指令分配给各个推力器。由于动力定位功能船舶一般装有比常规船舶更多数量和种类的推力器，推力器数量和种类的增多无疑使得控制输入的维数要多于系统所要求控制的自由度，即所谓的过驱动控制问题。对于实时控制系统，过驱动推力分配所要解决的是如何在所要求的响应时间内迅速找到一个最优的控制输入组合以满足期望的控制力和力矩，抵抗外界的干扰的影响，因而过驱动系统的控制分配问题通常采用最优化问题来描述。对于动力定位系统来说，推力器系统的燃油耗费往往是很惊人的，所以通常将燃油的最小消耗作为优化问题的目标，当然，为了满足高层控制器的期望控制指令也应尽量减少期望的控制指令和推力器实际发出的指令之间的偏差以保证控制的精度，但往往各个目标函数是相互制约的。同时，对推力器主机的功率约束、物理约束以及推力器的磨损等因素都应该加以考虑。

⑤执行器控制。

执行器控制负责将单个推力器的推力指令转换成推力器指令，即控制系统的实际输入，如推力器的转速、螺距、方向角等，为此需要根据推力器的性能对推力器进行建模。通过螺旋桨敞水试验只能获得固定的、局部的力与转速或力与螺距的关系，而桨叶的局部水流、平台的运动、平台的结构以及海流、波浪等因素都能造成模型的偏差，使得推力器实际的控制输入偏离控制器的期望指令，从而对定位的精度和响应时间造成不利的影响，因此推力控制器的设计需要综合考虑的因素很多。

多机容错任务主要包括：多机同步、投票表决与系统重构。

①多机同步。

为了实现控制计算机组的控制输出表决，对动力定位控制解算任务采取了任务级松散同步的策略，确保不同的控制计算机上的动力定位控制计算任务都在确定的时间内完成，但不必严格要求时间段同步。通过周期性释放同步信号量实现三机同步任务的开始，3台机器各自完成相同的控制解算任务后分别向其他两台机器发送消息，并同时接收来自另外两台机器发送的消息。通过三机之间的相互等待，在进行多机消息通信时设置一个最大同步等待周期，即允许的同步误差。若在这个等待周期内后到达同步的机器收到先到达同步的其他两台机器发来的消息，则认为同步成功；若某机器在给定的时间限内仍未收到任何计算机发送的消息，在等待时间耗尽时，认为该机的任务同步超时。动力定位控制计算的任务同步流程如图10.4所示，如果在最大同步等待周期，3台机器都在所要求的时间段内完成控制解算并成功收到另外两台机器的消息，则认为同步成功，即

$$t \geqslant \max(t_{cal\_1}, t_{cal\_2}, t_{cal\_3}) + \max(t_{wait\_1}, t_{wait\_2}, t_{wait\_3})$$

$$t_{max\_wait} \geqslant \max(t_{wait\_1}, t_{wait\_2}, t_{wait\_3})$$

式中，t 为同步周期；t_{max_wait} 为最大同步等待周期；t_{cal_i} 为第 i 台控制计算机动力定位控制解算耗费的时间；t_{wait_i} 为第 i 台计算机等待接收其他两台计算机发送的消息所耗费的时间。

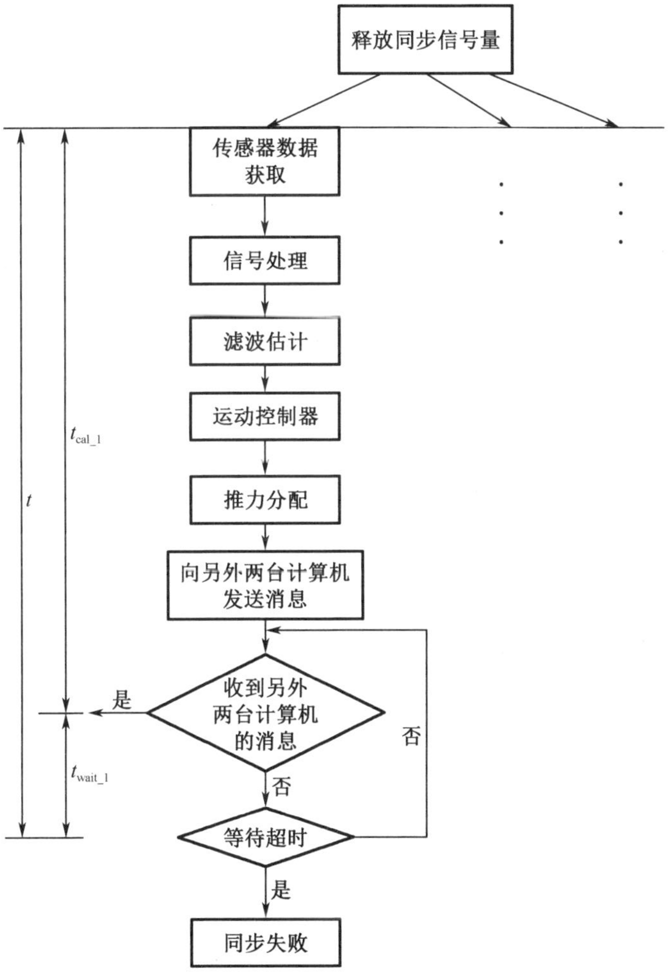

图10.4　三台控制计算机的任务同步流程图

②投票表决。

DP－3 动力定位控制系统增加了对控制输出的投票表决，以屏蔽冗余系统的单点故障。动力定位实时控制计算机组的 3 台控制计算机在相同的控制输入下运行相同的控制解算程序，如果 3 台计算机正常运行且成功同步的话，3 台控制计算机解算的结果应该完全相同。为此采取多数投票的原则产生最终的控制输出：如果 3 台控制计算机的解算结果完全一致，则主控计算机可输出任一台计算机的解算结果；如果存在 2 台计算机的解算结果完全相同，则主控计算机输出这两台计算机解算的相同的结果；如果 3 台计算机的解算结果都不一致，则输出上个节拍的控制结果。

③系统重构。

采用多数投票表决机制能屏蔽控制解算错误，还能诊断出错误或故障机器。当出现单机解算错误时，三机多数表决可以屏蔽出错任务解算的错误结果并得到一致的正确结果，用表决后的正确结果修改单机的错误结果，虽然双机系统也可以进行比较，但双机比对只能检测出系统的故障或错误，不能具体诊断出哪台单机发生了故障。DP－3 动力定位控制系统采用三模冗余的软、硬件设计，可容忍两次整机故障，使系统具有双故障－工作的能力，如图 10.5 所示，若有一个计算机模块失效，则通过多数投票定位故障计算机并将其隔离，此时系统降级为双冗余系统继续运行，若期间又有一台计算机出现故障并被隔离，则系统可运行在单机模式，确保推力器系统的实时响应。

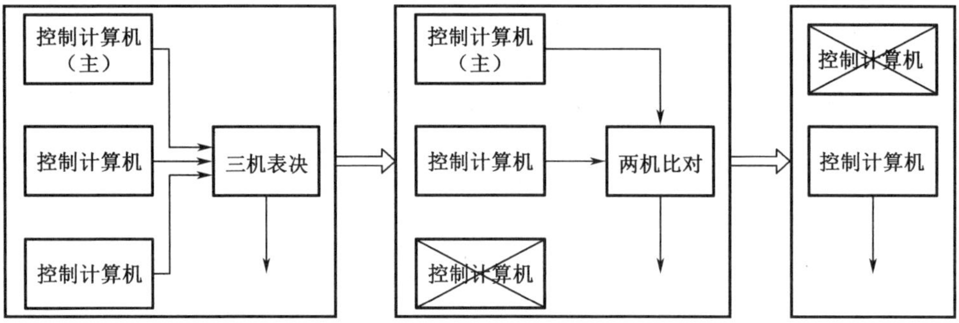

图 10.5　DP－3 动力定位控制计算机组的降级过程

3. 物理层

物理层是软件体系中直接与系统硬件打交道的软件层，是实时层与系统的传感器、执行器之间的数据接口，主要负责 A/D、D/A 以及 DI/O 的转换功能。控制计算机最终所推算出的控制输出需要经过 D/A 转换，将数字信号命令转化为模拟信号才能被推力器所识别，同时某些传感器的模拟测量值需要经过 A/D 转换才能提供给控制计算机使用。

10.3　系统集成与仿真

10.3.1　仿真系统设计

为了生动再现深水钻井平台在海洋中动力定位的场景，在惠普工作站上以 981 半潜式深水钻井平台为模型,综合利用了 Multigen-Paradigm 公司的 Vega 软件的 Lynx 图形界面和 API 函数,将运动仿真和视景仿真实时结合在一起,基于 MFC 完成了视景仿真界面的开发[9]。

视景仿真中三维虚拟场景的建立主要包括海洋平台的实体建模、海洋环境以及天空环境的生成,加载生成 adf 文件后由运动仿真系统实时解算的平台运动信息来实现平台模型在虚拟海洋环境中的动态运动控制。运动仿真系统主要是根据深水钻井平台的运动学特性、动力学特性、外界环境干扰以及当前的控制输入来实时求解动力定位平台的运动信息,包括低频运动与水动力建模、环境载荷建模以及推力器建模。推力器建模根据推力器的性能曲线将控制系统发送的推力器指令转化为推力器系统的推力。动力定位平台的位姿信息解算流程如图 10.6 所示,其中 $\boldsymbol{A} = -\boldsymbol{M}^{-1}\boldsymbol{D}, \boldsymbol{B} = \boldsymbol{M}^{-1}$。

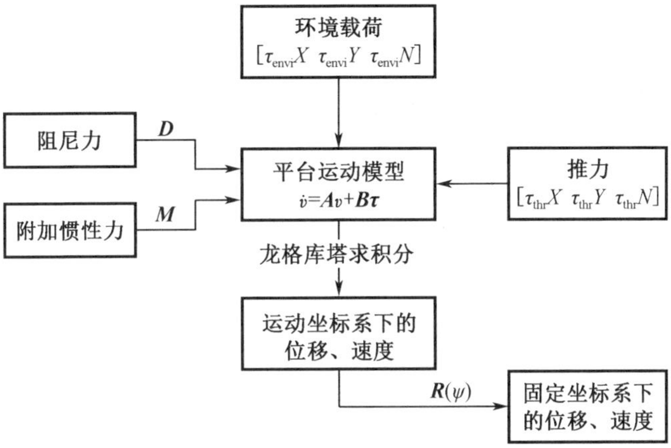

图 10.6　动力定位平台的位姿信息解算流程

当开始进行仿真时,运动与视景仿真系统首先对 MFC 框架和 Vega 场景进行初始化,完成初始化后进入程序的主循环。在主循环中,每个节拍根据运动仿真解算的钻井平台的运动信息实时更新平台在视景中的姿态以及推力器的状态,同时刷新仿真界面上钻井平台的状态信息显示,最终实现海洋平台在虚拟视景中的运动仿真,其流程如图 10.7 所示。基于 MFC 的人机交互框架可以实现根据不同的工况随时改变风、海流以及波浪等环境干扰力的作用效果,满足不同仿真的需要。

交互操作主要指在网络分布环境下多个仿真子系统间相互协调工作的能力,视景仿真需要控制系统提供信息有效地描述现实系统的活动机理,因而实时视景仿真系统往往不是独立存在的,需要与控制仿真子系统进行数据交互。本系统通过 TCP/IP 协议,基于 Windows Socket 编程实现控制子系统与视景仿真子系统的实时交互。视景仿真子系统作为网络的服务器端,接收控制子系统发出的指令,进行运动信息的解算,利用新解算出的运动信息驱动三维视体在虚拟海洋环境中运动,同时将新解算出来的平台运动信息反馈给控制系统;控制系统的控制计算机组作为网络的客户端,负责接收视景仿真子系统反馈的平台运动信息,进行同样的控制解算,最终将控制指令转化为推力器指令通过网络发送给视景仿真系统;显控系统与控制计算机组通过以太网进行通信,显控系统通过人机交互界面下达操作指令给控制计算机组,使其根据更新后平台的状态信息进行新一轮的控制命令求解,同时根据新的系统状态信息刷新图形显示界面,从而形成一个闭环调试过程。

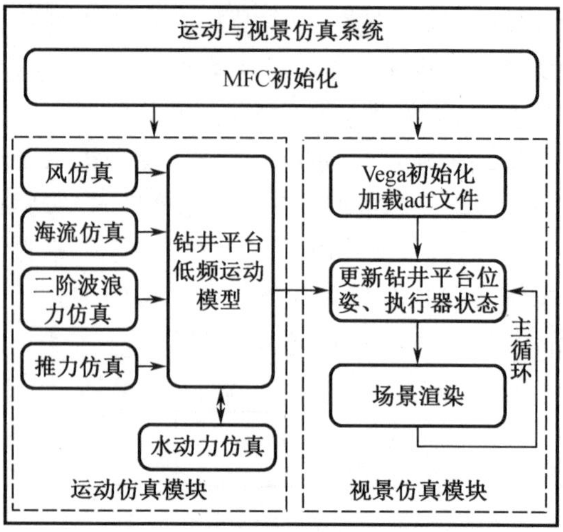

图 10.7 运动与视景仿真系统流程

实时交互仿真系统的信息流程如图 10.8 所示,虚线部分的工作由惠普仿真工作站完成。

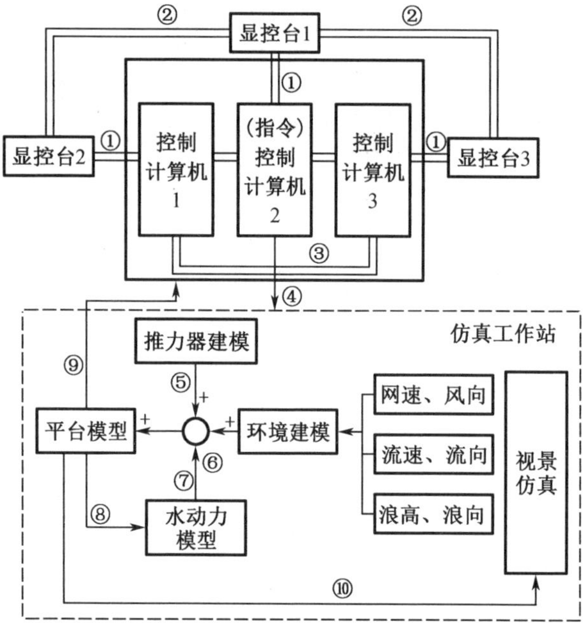

图 10.8 实时交互仿真系统的信息流程

①表示显控系统与控制计算机组之间的通信,一方面显控台通过人机交互设备向控制计算机组发送操作指令,另一方面控制计算机实时地向显控台反馈系统的状态信息以刷新显控台的图形显示界面。操作指令包括系统运行模式的选择,如自动定位、手动控制、混合控制等;系统主要功能的选择,如位置改变控制、艏向改变控制、推力分配设置、手动控制推力器等;此外还包括控制计算机指令权的切换及位置参考系统、传感器和推力器系统的开

关设置等。

②与③为保证控制计算机组的实时容错控制而进行的多机通信，如 3 台控制计算机周期性地互发消息来检测网络节点上的机器是否处于正常的工作状态。

④为具有指令权的控制计算机最终发送给仿真系统的控制指令/推力器指令。

⑤为平台推力器系统产生的推力在纵荡、横荡以及艏摇方向上的合力/力矩。

⑥为环境干扰力/力矩，风、海流以及二阶波浪力在纵荡、横荡以及艏摇方向上的合力/力矩。

⑦为平台定位时在纵荡、横荡以及艏摇 3 个方向上的水动力/力矩。

⑧为平台的纵荡、横荡以及艏摇速度。

⑨为运动仿真解算出的平台运动信息，包括动力定位平台的位置、艏向、速度、加速度等。

⑩为视景仿真需要用来实时驱动三维视体在虚拟海洋环境中运动的平台位姿信息。

10.3.2 仿真结果

本节对 981 深水钻井平台在定位状态下的待机工况和作业工况分别进行了仿真试验，这里的工况局限于指海洋钻井平台已经到达所要求的钻井区域时所处的海洋环境，作业工况时钻井平台下潜到工作吃水进行钻井作业，两种工况的区别主要体现在风和海流上。当钻井平台进行钻井作业时，由于需要下潜到工作吃水，平台的上层建筑受风面积较待机工况减少，因而风对平台的作用力会有所减弱，同时随着平台吃水深度的增加海流的作用力在一定程度上也减弱了，海洋环境条件见表 10.4。981 深水钻井平台在这两种工况下的有因次系统矩阵估算如下：

待机工况：

$$\boldsymbol{M}=\begin{bmatrix}6.04e7 & 0 & 0\\ 0 & 8.45e7 & -0.616e7\\ 2 & -0.616e7 & 9.62e10\end{bmatrix},\quad \boldsymbol{D}=\begin{bmatrix}6.56e5 & 0 & 0\\ 0 & 5.159e5 & -1.51e5\\ 2 & -1.51e5 & 1.68e9\end{bmatrix}$$

作业工况：

$$\boldsymbol{M}=\begin{bmatrix}6.74e7 & 0 & 0\\ 0 & 9.15e7 & -0.608e7\\ 2 & -0.608e7 & 1.08e11\end{bmatrix},\quad \boldsymbol{D}=\begin{bmatrix}6.76e5 & 0 & 0\\ 0 & 5.319e5 & -1.56e5\\ 2 & -1.56e5 & 1.7313e9\end{bmatrix}$$

表 10.4 981 深水钻井平台海洋环境条件

环境名称	参数	作业工况	待机工况
二阶波浪力	谱名称	ISSC 谱	ISSC 谱
	有义波高 H_s/m	6.0	6.0
	谱峰周期 T_p/s	11.2	11.2
	特征周期 T_s/s	9.5	9.5
风	一分钟平均风速/(m/s)	23.2	25.7
海流	流速/(m/s)	0.93	1.03

控制仿真子系统在控制方法上主要采用风前馈结合 PID 反馈的控制策略对钻井平台进行运动控制，每 0.5 s 为一个控制节拍。环境干扰参数的选取参照表 10.4，其中二阶波浪

力的浪向角取为90°,海流的流向角为30°,阵风在表10.4稳定值23.2 m/s(或25.7 m/s)的基础上叠加上一个[-1.0,1.0]范围内的随机扰动,风向角取为0°。同时对视景仿真子系统解算出来的平台运动信息加上合理大小的噪声以模拟各传感器的真实数据。

图10.9至图10.12分别给出了钻井平台在待机工况下定位时的纵荡、横荡以及艏摇运动的响应,定位时保持平台的艏向始终指向正北。图10.9为平台被要求先后定位在目标点(0,0)与(10,10)时的位置响应,x为北向位移,y为东向位移。图10.10至图10.12为钻井平台定位在(0,0)点时水平面3个自由度的运动响应,相比海流、二阶波浪力,风在数量级上对平台运动的影响是主要的,由于此时平台艏向迎风,主要是纵向受风的作用,而横向和艏向受风的作用力和力矩较小,特别是风的随机扰动对平台纵向运动的影响较大,所以看出平台的纵荡运动明显比横荡波动要强烈。

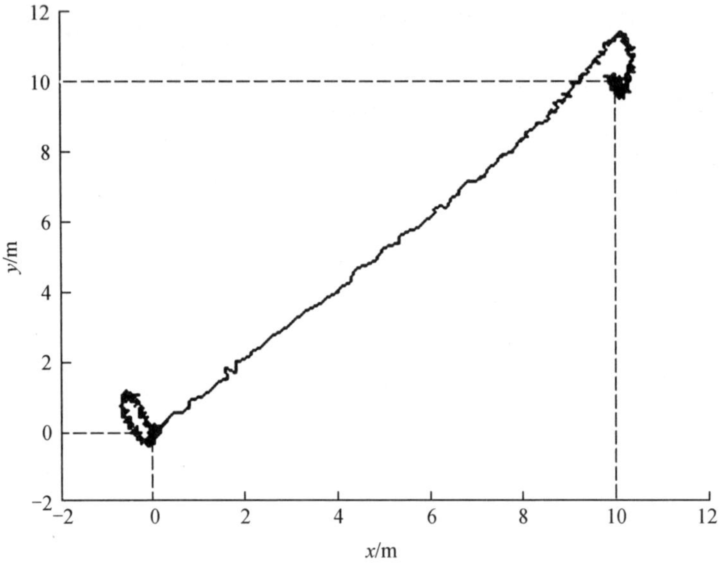

图10.9 平台动力定位时的位置响应

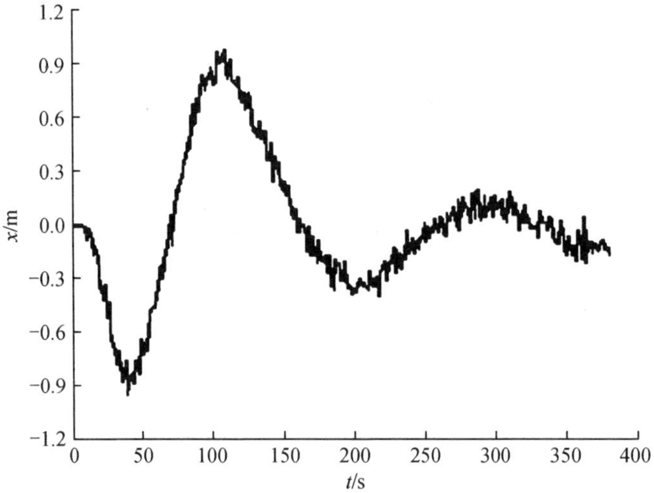

图10.10 平台动力定位时的纵荡响应

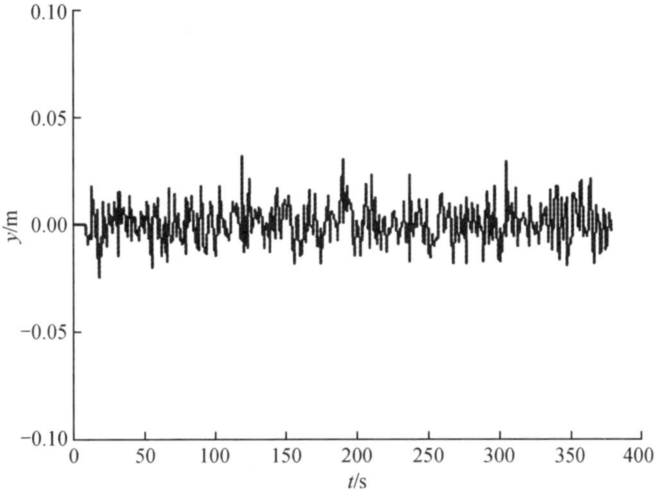

图 10.11　平台动力定位时的横荡响应

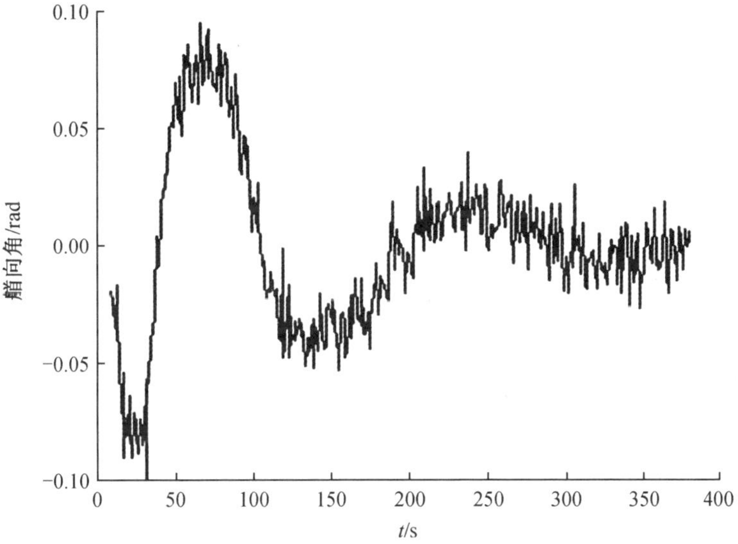

图 10.12　平台定位时的艏摇响应

10.4　模型试验

10.4.1　模型试验硬件系统设计

1.981 平台模型

随着深水海洋平台的工作水深不断增加，对深海半潜式作业平台整个系统采用适当的缩尺比进行试验是一个巨大的挑战。981 平台模型对 981 深水钻井平台采取 1∶50 的缩尺比进行设计与加工,见表10.5,对于981深水钻井平台的最大作业水深3 000 m,缩尺后的试验水深仍大于水池最大工作水深,所以在水池中不能完整模拟钻井平台的实际作业工况。

表10.5 981平台模型的主尺度

主尺度	981平台	模型平台
长/m	114.07	2.281
宽/m	78.68	1.574
基线到主甲板的高度/m	38.6	0.772
基线到钻井甲板的高度/m	48.3	0.966
吃水/m	19	0.38

2. 位置测量系统

位置测量系统采用瑞典的Qualisys光学运动捕捉系统,该运动捕捉系统使用独特的高速数码相机来精确捕捉带有主动或被动标记点的测量物体的运动,高速相机之间可以通过有线连接或无线传输进行同步传输数据,可实时对被测物体进行2D、3D和6DOF运动的捕捉与数据采集。Qualisys位置测量系统的两个高速相机被固定在水池的宽度方向的$X-Y$航车的驾驶室上,3个标记点被固定在模型平台的甲板上,如图10.13所示。

图10.13 平台模型与位置测量系统Qualisys

3. 推力器系统

平台模型的8个全回转推力器布置情况如图10.14所示,8个全回转推力器的直径与功率完全相同,各推力器参数见表10.6。在循环水槽对每个推力器进行了推力试验,如图10.15所示。图10.16展示了8个全回转推力器在推力方向角为0°推力大小与转速(RPM)的关系。

图 10.14　平台模型的推力器布置

表 10.6　平台模型的推力器参数

推力器编号	1	2	3	4	5	6	7	8
种类	全回转	全回转	全回转	全回转	全回转	全回转	全回转	全回转
桨叶	2	2	2	2	2	2	2	2
直径/cm	15	15	15	15	15	15	15	15
最大推力/N	9.8	9.7	9.9	9.7	9.9	9.7	9.8	9.7
最大转速/(r/min)	380	379	380	390	385	379	380	381

图 10.15　全回转推力器的推力试验

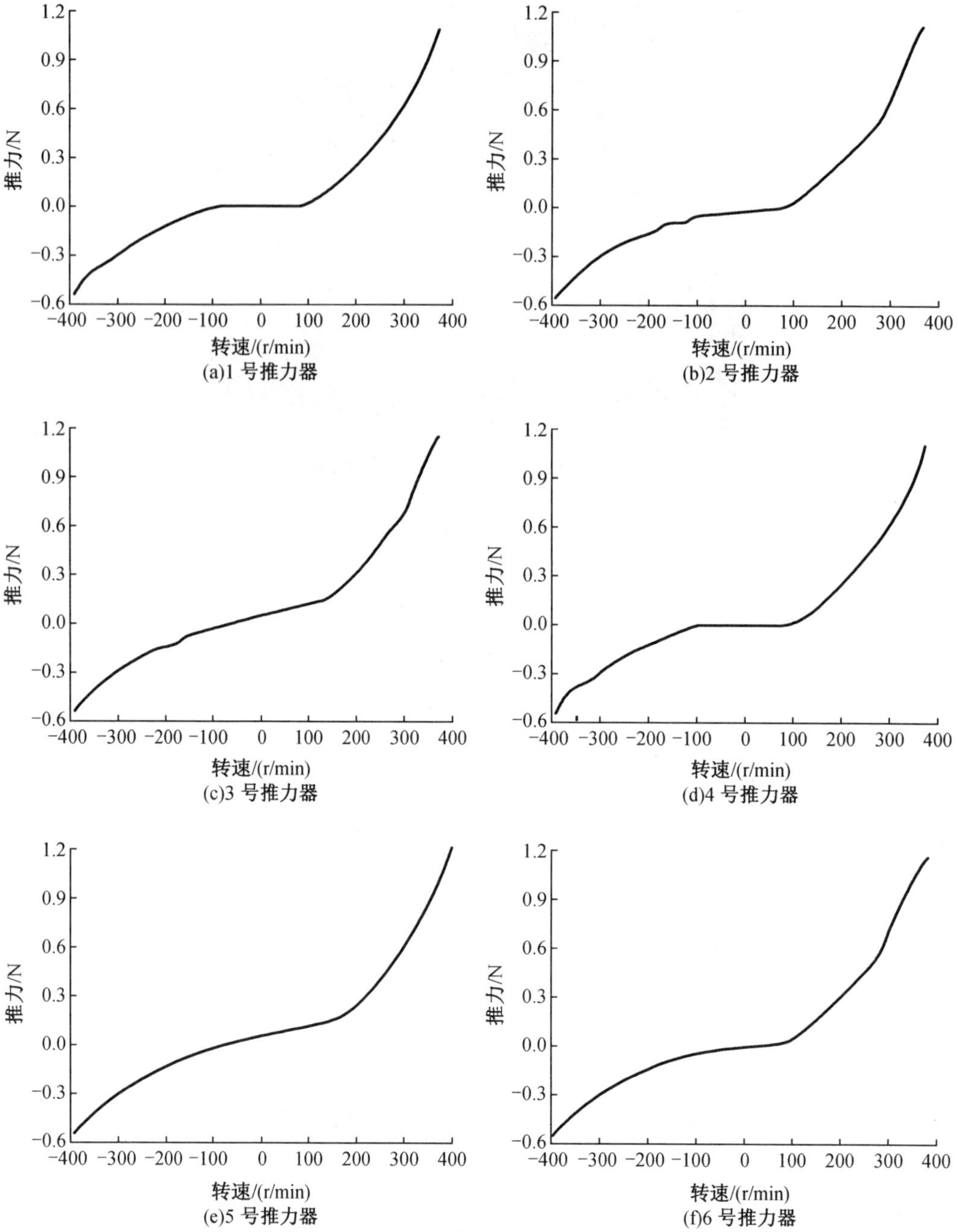

图 10.16　模型平台 8 个全回转推力器在 0°时的推力大小与转速的关系

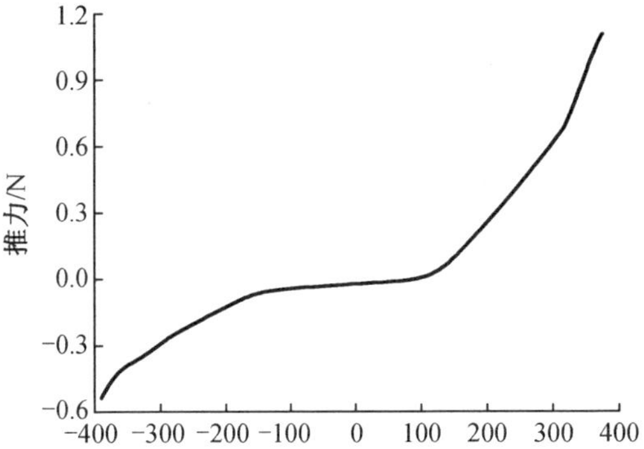

(g)7 号推力器

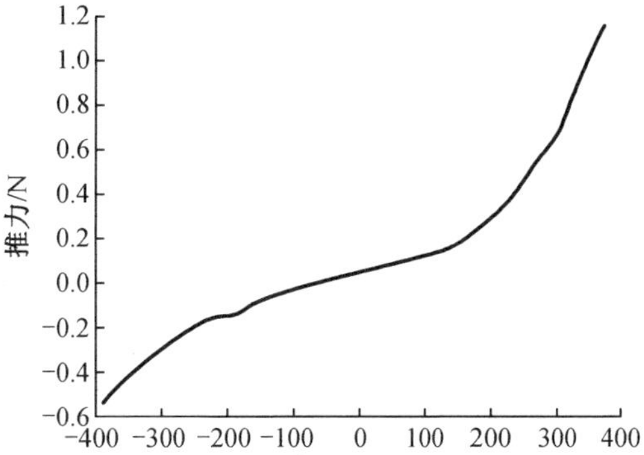

(h)8 号推力器

图 10.16(续)

4. 控制系统设计

981 平台模型的控制系统由自研的动力定位显控系统与实时控制计算机组成,显控系统包括人机交互界面与图形用户界面,通过显控台上的人机交互设备可下达动力定位驾驶员的操作指令,显控台内的工业控制计算机运行基于 VC + + 开发的图形用户界面,用于实时监测平台的运动状态信息,包括平台的位置、艏向、速度、推力器的推力大小和推力方向等信息。实时控制计算机根据显控台的操作指令,结合外界海洋环境条件对纵荡、横荡与艏摇 3 个方向的控制指令进行解算,通过 CAN 总线对全回转推力器系统进行控制。动力定位实时控制计算机通过与 Qualisys 自带的数据采集计算机建立网络连接,基于 TCP/IP 协议从数据采集计算机实时接收模型平台的位姿信息,整个模型试验的硬件系统如图 10. 17 所示。

5. 海洋环境模拟条件

平台模型的动力定位试验主要测试模型平台在风、海流与波浪作用下,动力定位系统对平台各自由度运动的控制能力。试验水池的造波机采用摇板式造波机,造波机总宽为 30 m,选用交流伺服电机,通过电动缸驱动摇板造波。造波机可以造规则波与不规则波,规则波周期为 0.5 ~4.0 s,最大波高为 0.40 m(周期 1.4 ~2.0 s),波高与波长的相对误差 $<3\%$;不规则波的最大有义波高为 0.30 m(周期 1.5 ~2.0 s),频谱和方向分布以及在模型试验区域内的有义波高相对误差 $<5\%$;斜向长峰波所能产生波浪的最大波向角 $\theta_{max}=30°$;单边造波可以造纵向长峰波、斜向长峰波和短峰波。

试验水池造流装置由潜水泵、升降架、轨道等组成。潜水泵固定于升降架上,升降架左右跨距 10 m,共布置 10 台造流泵,分为 5 列 2 层,两层的中心间距为 1.5 m,泵与泵的水平间距为 2.5 m。为保证造流泵正常工作,泵的吸水口和水池池壁间的距离定为 1.5 m。造流采用池内循环、局部射流系统的造流形式,可在水面以下形成垂向 3 m、宽度 12 m 的流动面积。流场速度为 0.1 ~0.5 m/s,非均匀扰流。

试验水池暂时无造风条件,试验时以一定常力来模拟。

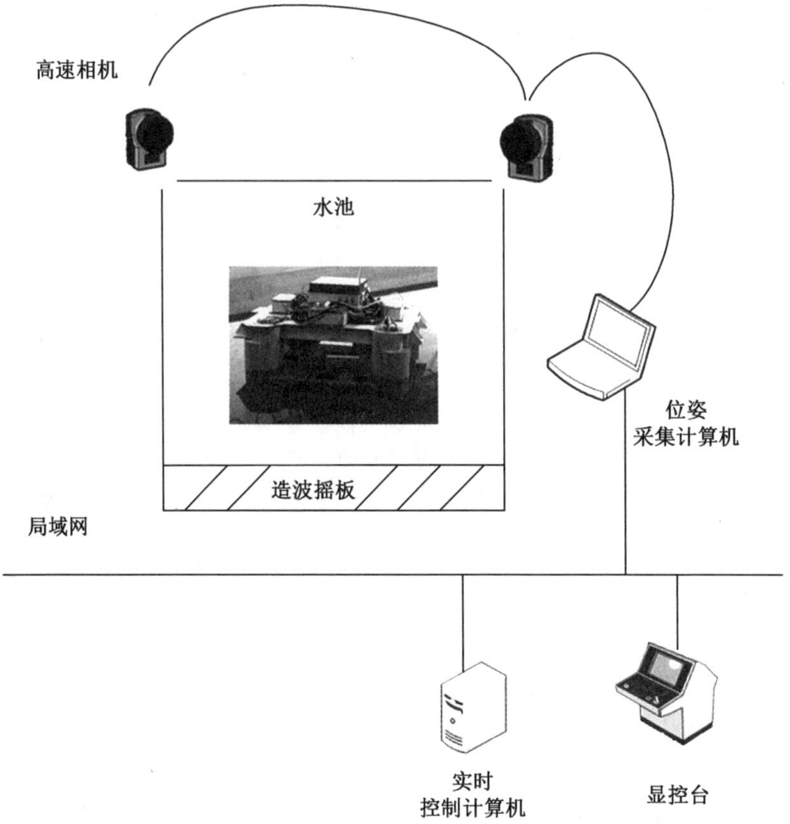

图 10.17　平台模型动力定位试验的硬件系统

10.4.2　模型试验软件系统设计

动力定位模型试验系统的信息流如图 10.18 所示，平台模型动力定位试验时的期望位姿包括北向位置、东向位置与艏向角，由操作人员通过显控台的人机交互界面进行手动输入，图形用户软件负责将期望的位姿信息通过网络发送给实时控制计算机。实时控制计算机基于 TCP/IP 协议通过网络实时接收位置测量系统所捕捉到的模型平台的 6DOF 运动信息，滤波估计模块对位姿信息进行滤波处理，运动控制器结合期望位姿信息与滤波后的位姿信息根据一定的控制律对期望控制力与期望控制力矩进行解算，控制分配模块根据运动控制器所解算的期望控制指令，采取相应的优化标准对在线运行的推力器进行分配，最终，实时控制计算机通过 CAN 总线来传输执行器控制信号。全回转推力器的回转轴采用微型精密电位计作为位置反馈，转速控制器通过对转速电机的脉冲提取计算转速作为反馈。

运动控制器采用经典 PID 反馈控制与风前馈控制来产生期望的纵荡力、横荡力与艏摇力矩，形式如下：

$$\boldsymbol{\tau}_{\mathrm{d}} = \boldsymbol{F}(\boldsymbol{v}_{\mathrm{w}},\boldsymbol{\alpha}_{\mathrm{w}}) + \boldsymbol{K}_{\mathrm{p}}\boldsymbol{R}^{\mathrm{T}}(\psi)e + \boldsymbol{K}_{\mathrm{d}}\dot{e} + \boldsymbol{K}_{\mathrm{i}}\int_0^t \boldsymbol{R}^{\mathrm{T}}(\psi)e\mathrm{d}t \tag{10.1}$$

式中，大地坐标系下的模型平台的位姿偏差 $e=\eta_{\mathrm{d}}-\eta$，η_{d} 为期望位姿，η 为实际位姿；$\boldsymbol{v}_{\mathrm{w}}$、$\boldsymbol{\alpha}_{\mathrm{w}}$ 分别为相对风速大小与相对风向角，前馈风力 $\boldsymbol{F}$ 根据相对风速 $\boldsymbol{v}_{\mathrm{w}}$ 与相对风向 $\boldsymbol{\alpha}_{\mathrm{w}}$ 来对风载

荷进行补偿；$\boldsymbol{K}_p$、$\boldsymbol{K}_i$、$\boldsymbol{K}_d$ 分别为 PID 控制器的增益系数。

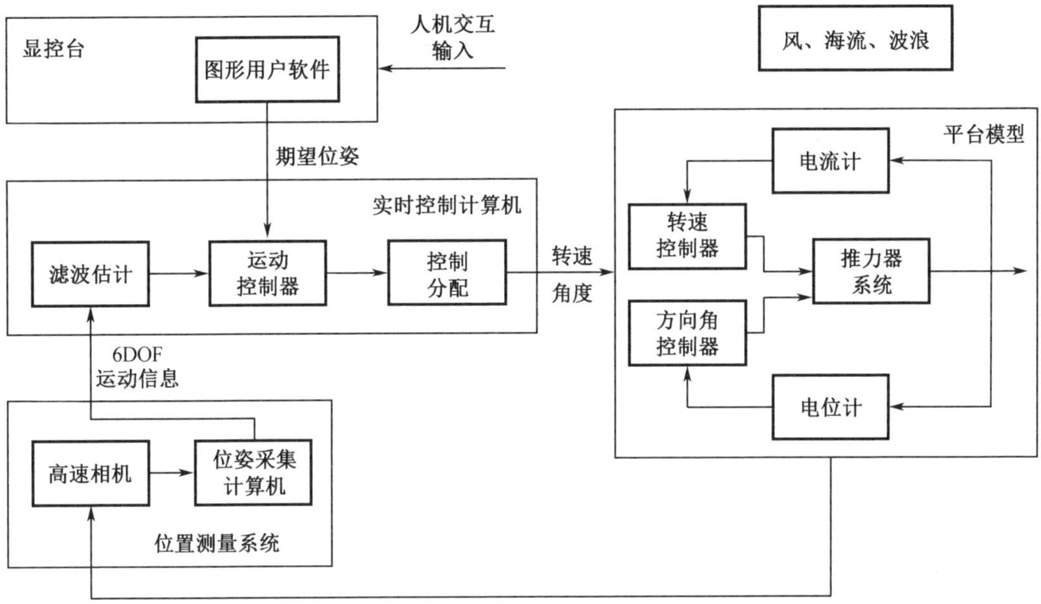

图 10.18　动力定位模型试验系统的信息流

10.4.3　试验数据与分析

1. 试验工况

981 深水钻井平台的设计工况条件包括作业工况和待机工况，根据 1∶50 的缩尺比对实际环境载荷进行了相应的缩减，动力定位模型试验时的工况参数见表 10.7。

表 10.7　模型试验时的工况

环境载荷	参数	待机工况		作业工况	
		981 平台	模型平台	981 平台	模型平台
波浪	谱名称	JONSWAP	JONSWAP	JONSWAP	JONSWAP
	有义波高 H_s/m	6	0.12	6	0.12
	谱峰周期 T_p/s	11.2	1.58	11.2	1.58
	特征周期 T_s/s	9.5	1.34	9.5	1.34
风	风速/(m/min)	25.7	3.67	23.2	3.28
海流	流速/(m/s)	1.03	0.146	0.93	0.132

有义波高为 0.12 m，谱峰周期为 1.58 s，特征周期为 1.34 s，方向为 180°，采用的波浪谱为 JONSWAP 谱，谱函数为

$$S(\omega) = \alpha H_s^2 \omega_p^4 \omega^{-5} e^{\frac{-5}{4}\left(\frac{\omega}{\omega_p}\right)} \gamma^a \tag{10.2}$$

式中，$a=\mathrm{e}^{\frac{-(\omega-\omega_p)^2}{2\sigma^2\omega_p^2}}$，$\alpha=\dfrac{0.0624}{0.23+0.0336\gamma-0.185/(1.96+\gamma)}$，$\sigma$ 的取值为$\begin{cases}\sigma=0.07 & \omega<\omega_p\\ \sigma=0.09 & 其他\end{cases}$，$\gamma=2$。

2. 试验数据与分析

为了验证基于不同推力器配置矩阵的广义逆分配策略的可行性与有效性，模型平台自503 s开始自动定位与定向试验，在Qualisys位置参考系统的坐标系定义下，定位目标点(0.0 m,0.0 m)，艏向目标点为0°，后要求平台模型原地转艏，期望艏向40°，试验结果如图10.19和图10.20所示。图10.19是控制分配出来的8个全回转推力器的推力大小时历曲线[11-12]，图10.20是推力器系统的实际转速，图10.21至图10.23是平台模型的纵向位移x、横向位移y与艏向位移heading，虚线表示期望的位姿，实线表示平台模型的实际位姿响应。

由于模型平台下浮体的尺寸限制，下浮体一端相邻的2个全回转推力器的安装位置距离较近，因而不能实现同时回转，为了安全起见，让模型平台的8个全回转推力器都工作在固定方向角模式下。此时的推力器系统配置矩阵为

$$\boldsymbol{B}(\alpha)=\begin{bmatrix}\cos\alpha_1 & \cdots & \cos\alpha_8\\ \sin\alpha_1 & \cdots & \sin\alpha_8\\ l_{x1}\sin\alpha_1-l_{y1}\cos\alpha_1 & \cdots & l_{x8}\sin\alpha_8-l_{y8}\cos\alpha_8\end{bmatrix}\tag{10.3}$$

式中，1号、2号、5号、6号推力器的推力方向角固定在$-45°$，因而有$\alpha_1=\alpha_2=\alpha_5=\alpha_6=-45°$；3号、4号、7号、8号推力器的推力方向角固定在45°，因而有$\alpha_3=\alpha_4=\alpha_7=\alpha_8=45°$。

由图10.21至图10.23可以看出，在当前控制分配模式下，平台模型的定位效果良好，平台模型的横向控制平均偏差大约0.1 m，艏向保持情况良好，平均偏差2°左右，同时在波浪中原地转艏并没有对期望位置的保持造成影响，由于不规则波的浪向是180°，所以平台模型的纵向偏差相对稍大，最大的瞬时偏差达0.7 m。

为了验证容错控制分配策略的可行性，试验过程中使平台模型下浮体一端的相邻2个推力器相继出现失电，1号推力器于628 s失电，2号推力器于767 s失电，测试平台模型在当前容错分配策略下的定位与定向能力，图10.24是推力器系统的推力时历曲线。同样采取表10.7所示的不规则波的环境参数，同时加载风(定常力模拟)、海流对模型平台进行定位与定向试验，风、波浪、海流在方向上均采取每间隔10°的加载方向。由于本书篇幅的限制只选取海况比较恶劣的一种工况，即风、波浪与海流均以同一方向180°加载在平台模型上。定位结果如图10.25至图10.27所示，虚线为期望的北向、东向与艏向位移，实线为平台模型的定纵、定横与定向响应。

平台模型自52 s开始同时定位与定向，期望位置为(0.0 m,0.0 m)，期望艏向为0°。由图10.25至图10.27可以看出，由于风、波浪与海流同时作用于同一方向上，而平台模型的期望艏向为0°，所以模型平台的纵后方向受到的环境干扰力最为严重，北向的平均偏差较大，最大的瞬时偏差为0.8 m，东向的平均偏差保持在0.15 m左右，艏向的最大瞬时偏差为5°。由图10.24可以看出，当1号推力器与2号推力器相继失效后，剩余推力器的推力明显发生变化，这是容错再分配的结果，此时系统依靠剩余6个推力器来产生抵抗外界载荷所需要的期望力与期望力矩。由图10.25至图10.27可以看出在2个推力器相继失效后定位与艏向保持并没有出现突然的大偏差，不过5号推力器与6号推力器的推力快接近推力极限，

说明模型平台在当时的海况下，失去下浮体一端相邻的2个推力器后剩余的推力器中有为保持当前定位与定向的精度而出现饱和现象。如果系统容错再分配出来的期望推力总是超出剩余正常工作的推力器的最大能力，使剩余推力器连续运行在推力极限点，那么控制器所期望的控制力与控制力矩将无法满足，最终模型平台的纵荡、横荡与艏向的控制效果均会受到影响，此时一般采取艏向最优的原则，在水面船舶3个自由度的控制上首先选择满足艏向控制的要求。

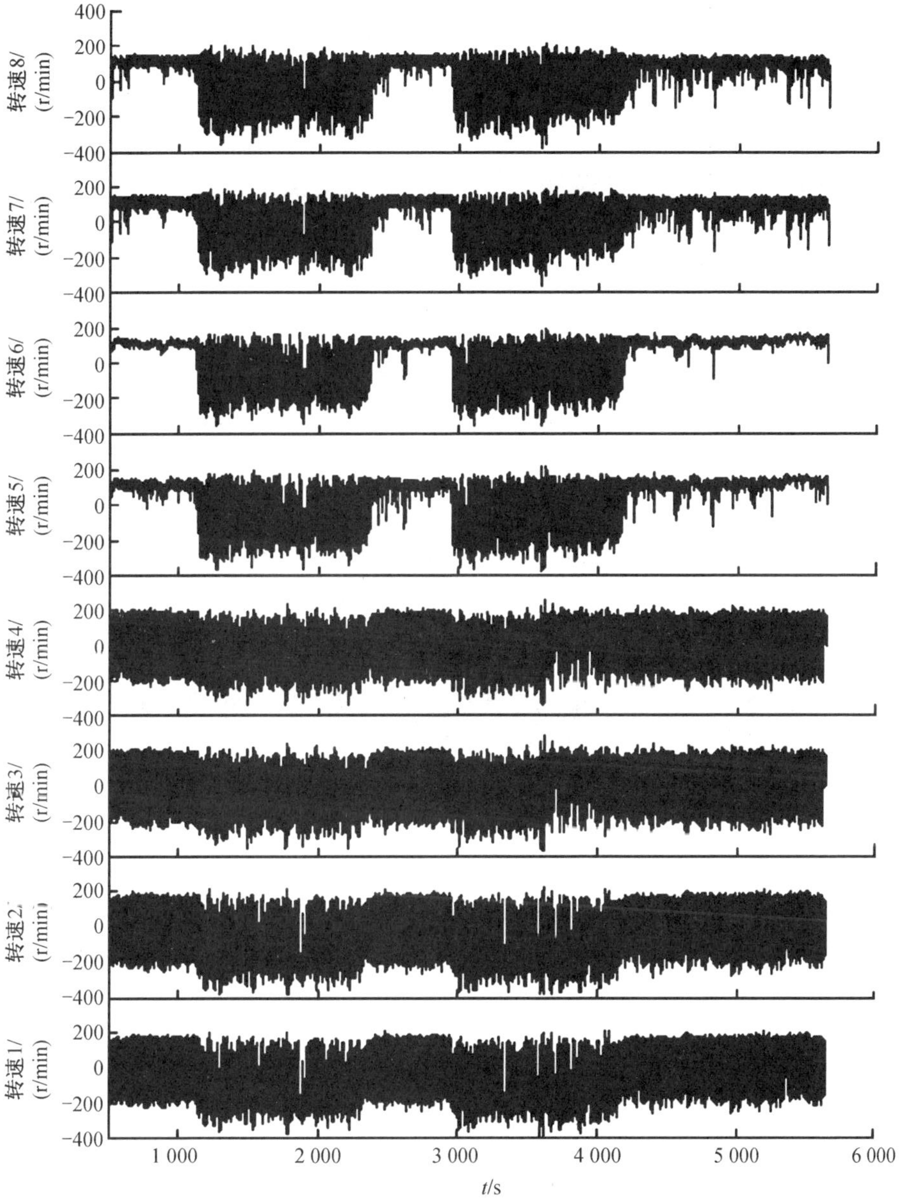

图10.19　平台模型推力器系统的推力大小时历曲线

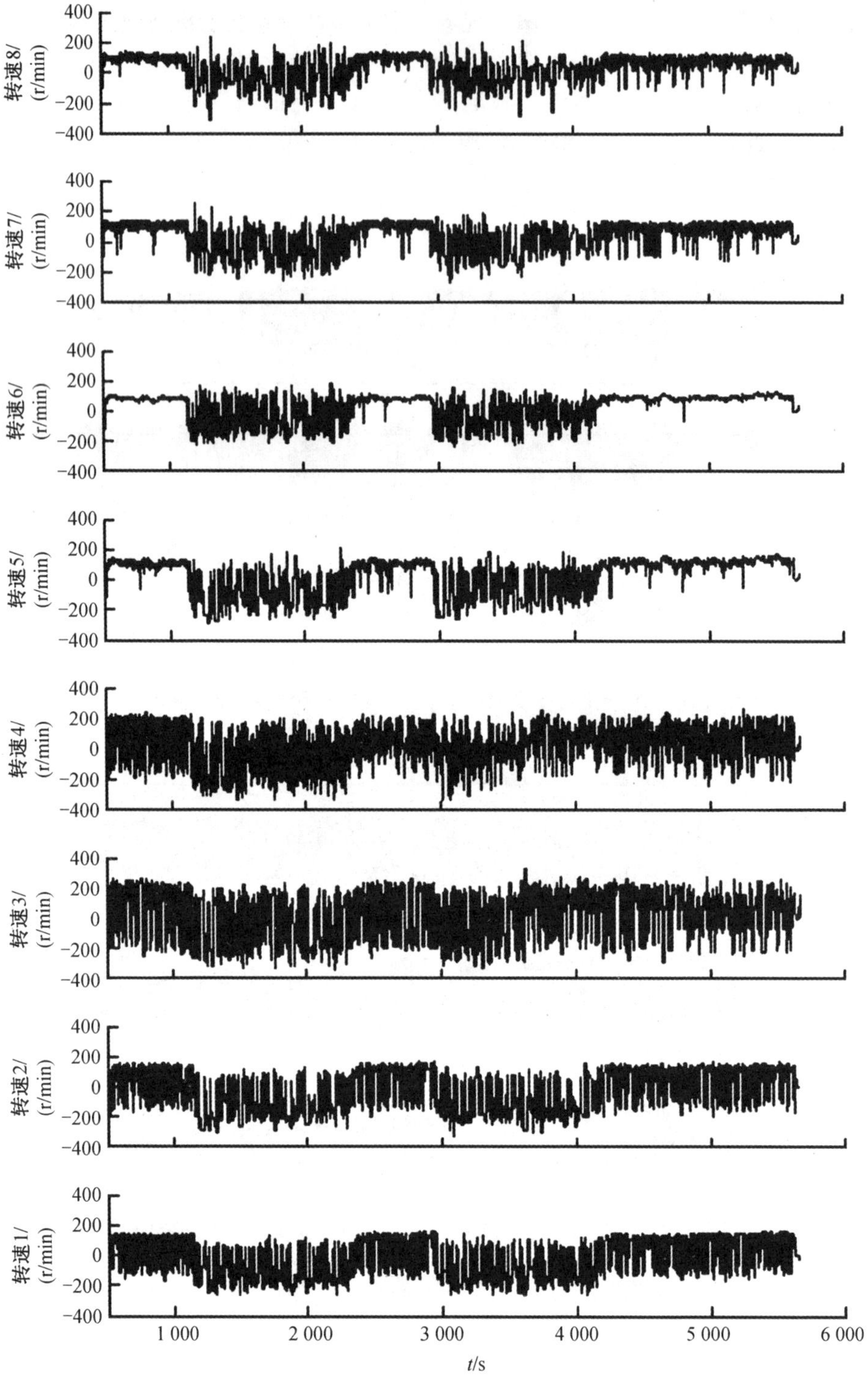

图 10.20　平台模型推力器系统的实际转速

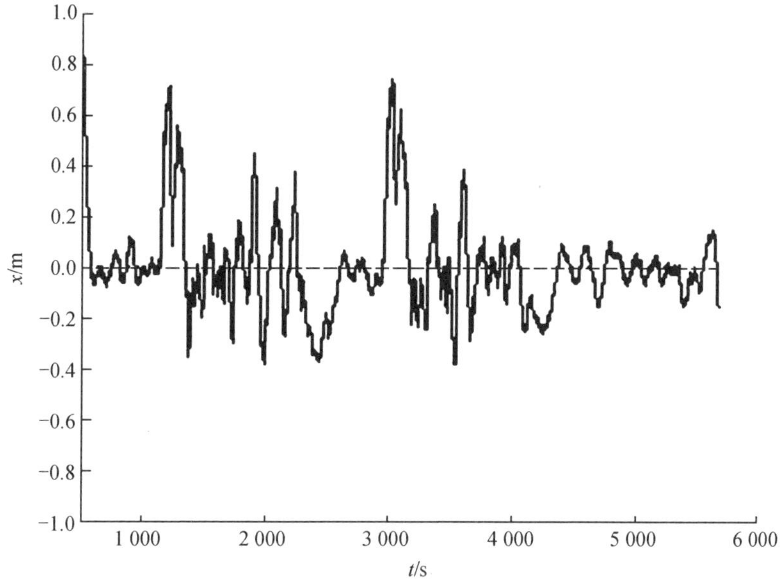

图 10.21　平台模型的纵荡响应

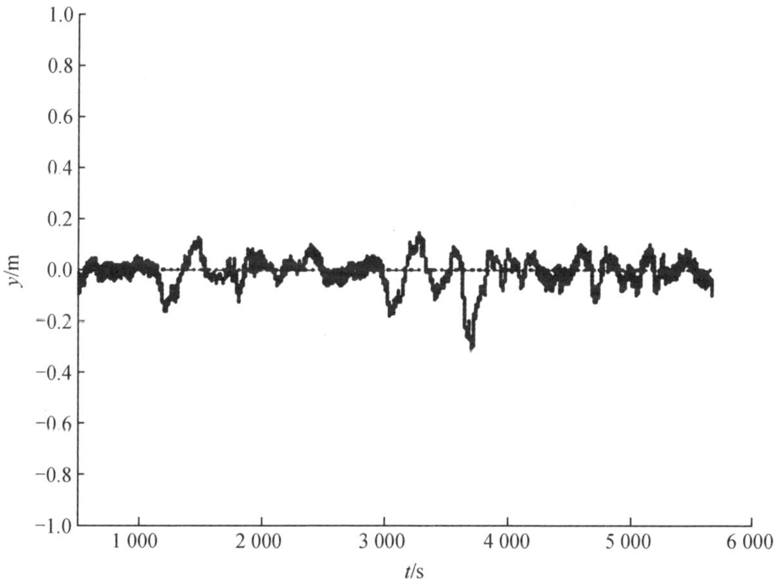

图 10.22　平台模型的横荡响应

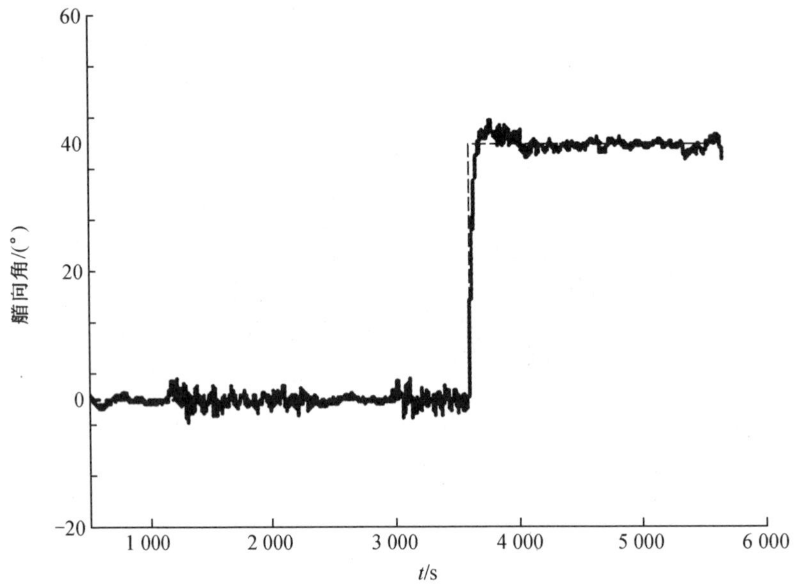

图 10.23　平台模型的艏摇响应

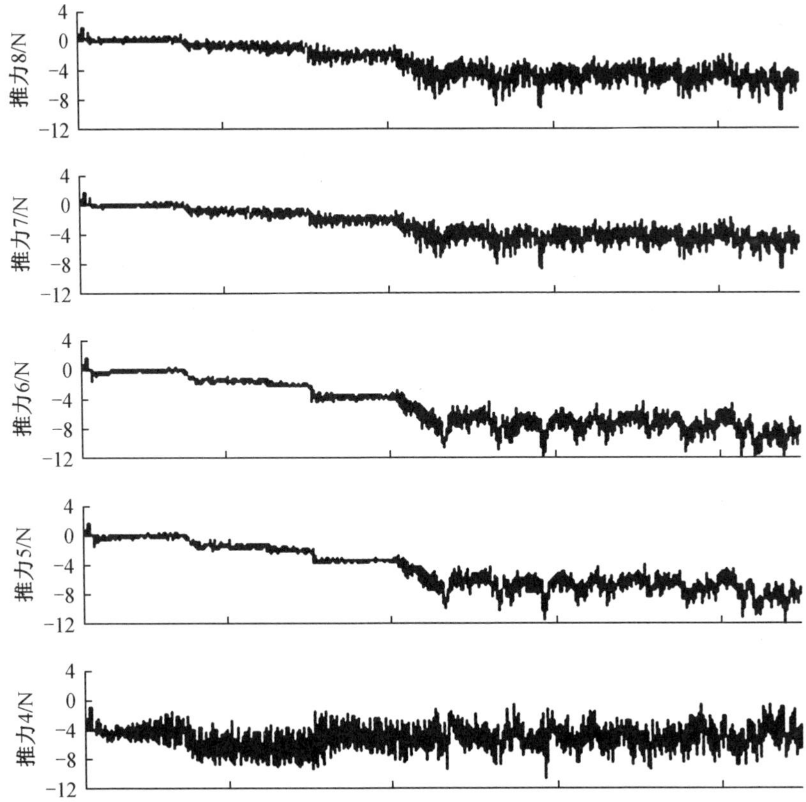

图 10.24　平台模型推力器系统的推力时历曲线

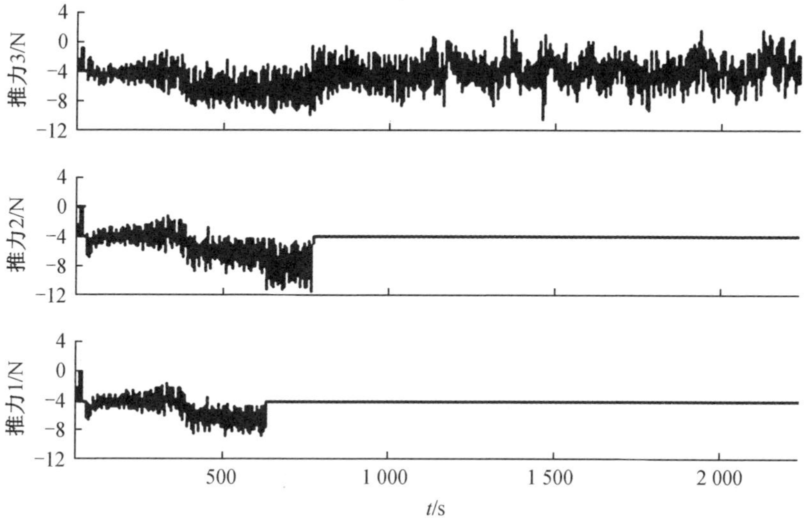

图 10.24(续)

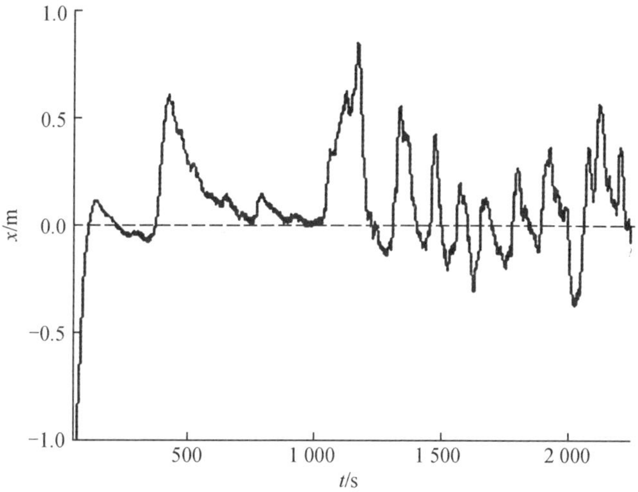

图 10.25　平台模型的定纵响应

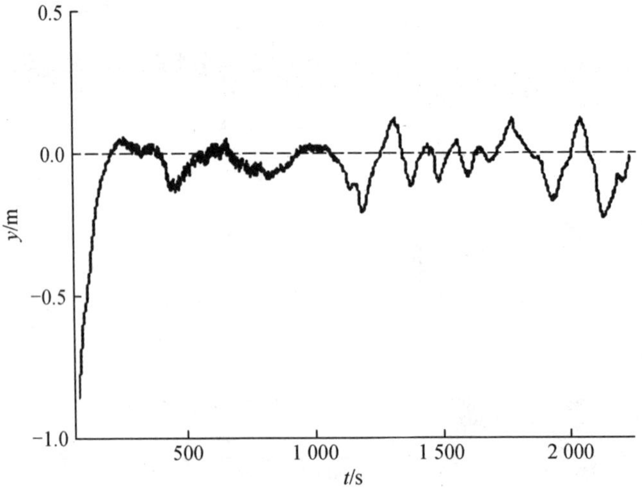

图 10.26　平台模型的定横响应

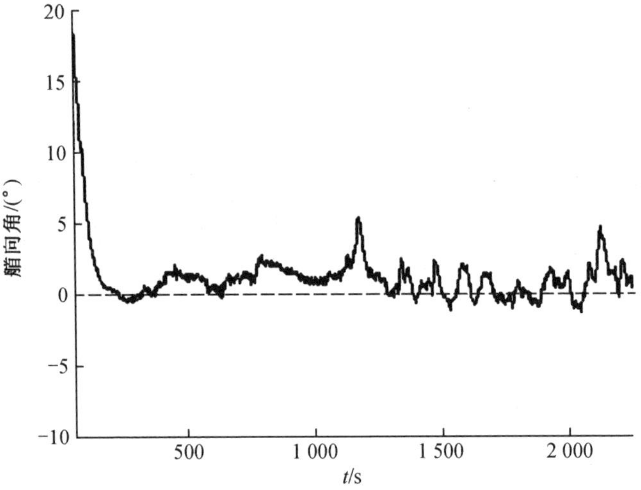

图 10.27　平台模型的定向响应

参考文献

[1] IMO. Guidelines for vessels with dynamic positioning systems[S]. MSC/Circ 645,1996:1-16.

[2] DNV GL. Newbuildings special equipment and systems-additional class, in 'Rules for classification of ships newbuildings'[S]. DNV GL,Part 6,Chapter 7,2011.

[3] 卫卫,李春璘,王鹏,等. 动力定位 DP-3 附加标志在钻井平台上的设计与应用[J]. 船舶,2009,20(4):34-41.

[4] 孙武. 动力定位系统规范介绍[J]. 上海造船,2003(1):55-57.

[5] WANG F, LV M, BAI Y, et al. Software implemented fault tolerance of triple-redundant dynamic positioning(DP) control system[J]. Ships and Offshore Structures,2017,12(4):545-552.

[6] WANG F,LV M,XU F. Design and implementation of a triple-redundant dynamic positioning control system for deepwater drilling rigs[J]. Applied Ocean Research,2016,57:140-151.

[7] 王芳,万磊,姜大鹏,等. DP-3 级动力定位控制系统的体系结构[J]. 应用基础与工程科学学报,2012,20(1):130-138.

[8] 王芳,万磊,姜大鹏,等. 基于 Vxworks 的 DP-3 动力定位控制系统设计与分析[J]. 上海交通大学学报,2012,46(2):217-222.

[9] 王芳,万磊,徐玉如,等. 深水半潜式钻井平台动力定位实时交互仿真系统[J]. 哈尔滨工程大学学报,2011,32(11):1395-1399.

[10] 王芳. 过驱动水面航行器的控制分配技术研究[D]. 哈尔滨:哈尔滨工程大学,2002.

[11] 王芳,万磊,陈红丽,等. 981 深水钻井平台的最优控制分配策略研究[C]//第十五届中国海洋(岸)工程学术讨论会论文集,2011:338-344.

[12] 王芳,潘再生,万磊,等. 深水钻井平台动力定位的推力分配研究[J]. 船舶力学,2013,17(1-2):19-28.